Grenoble
1769

Chorier, Nicolas

La Jurisprudence du célèbre conseiller et jurisconsulte Guy Pape dans ses décisions

2e édition corrigée et augmentée de quantité de nouvelles notes très nécessaires, par un avocat au Parlement

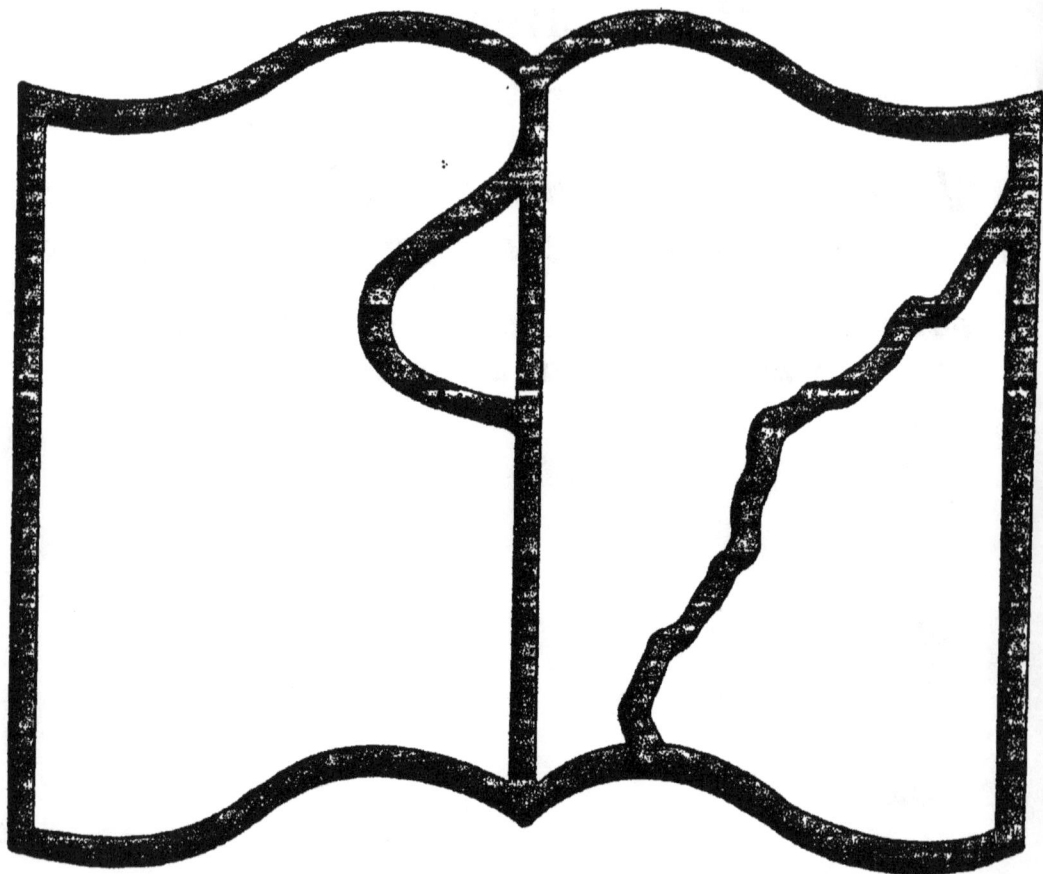

**Symbole applicable
pour tout, ou partie
des documents microfilmés**

Texte détérioré — reliure défectueuse

NF Z 43-120-11

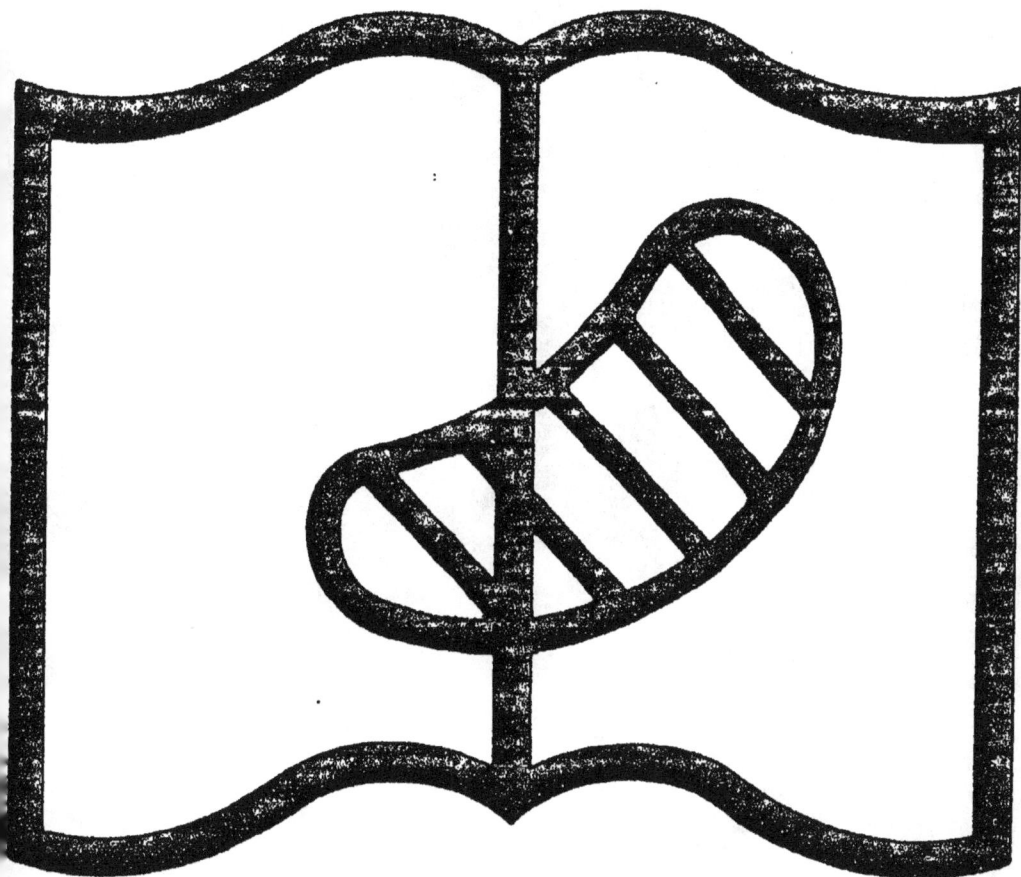

Symbole applicable
pour tout, ou partie
des documents microfilmés

Original illisible

NF Z 43-120-10

LA
JURISPRUDENCE
DU CÉLÉBRE CONSEILLER
ET JURISCONSULTE
GUY PAPE,
DANS SES DÉCISIONS.

AVEC plufieurs Remarques importantes, dans lefquelles font entr'autres employés plus de mille Arrêts du Parlement de Grenoble.

Par Mᵉ. NICOLAS CHORIER, *Avocat au Parlement.*

SECONDE ÉDITION

Corrigée & augmentée de quantité de nouvelles Notes très-néceffaires, par un Avocat au Parlement ; & d'une Table générale & analytique des Matieres, tant fur le Texte que fur les Notes.

A GRENOBLE,

La Veuve d'ANDRÉ GIROUD, Imprimeur-Libraire du Parlement,
à la Salle du Palais.

Et fe vend à PARIS,
SAILLANT ET NYON, Libraires, rue St. Jean de Beauvais.

M. DCC. LXIX.
AVEC PRIVILEGE DU ROI.

A NOSSEIGNEURS
DE PARLEMENT,
AIDES ET FINANCES
DE DAUPHINÉ.

NOSSEIGNEURS,

EN vous offrant la nouvelle Edition de la Jurifprudence de GUY PAPE, *nous rempliffons*

b

un devoir que nous impose la vénération & le respect pour les Magistrats suprêmes auxquels le meilleur des Rois a confié le bonheur de cette Province, & nous satisfaisons aux sentiments profonds de la reconnoissance que vos bontés & votre protection ont gravés dans nos cœurs.

Cette Edition, qui renferme l'abrégé d'un Ouvrage qui a perpétué jusqu'à nous la mémoire de ce Magistrat qui fut l'honneur & la gloire de sa Compagnie, ne devoit paroître que sous les auspices des Ministres de la Loi, qui nous retracent les lumieres & les vertus d'un de ses plus fidelles interprêtes.

Si nous n'écoutions, NOSSEIGNEURS, que les sentiments qui nous animent, nous entreprendrions de jetter quelques fleurs sur les tributs d'amour & de reconnoissance que vous offrent tous les jours nos Concitoyens ; mais le respect nous ferme la bouche, & ne nous permet que des vœux pour votre conservation.

Nous sommes avec un très-profond respect,

NOSSEIGNEURS,

Les très-humbles & très-obéissants serviteurs, Veuve d'Andre' Giroud, & ses trois Fils.

AVIS
DE L'ÉDITEUR.

LE mérite de la Jurisprudence du célébre Conseiller & Jurisconsulte GUY PAPE, est assez généralement connu : c'est ce qui me dispense d'en faire l'éloge. Tout le monde sait que la premiere édition de cet excellent Ouvrage étoit épuisée depuis long-temps, & que le public en attendoit avec empressement une nouvelle : de maniere que l'Éditeur a tout lieu de croire qu'il ne lui saura pas mauvais gré d'avoir satisfait ses desirs. Enfin les Amateurs doivent accueillir & regarder cette édition comme supérieure à la premiere ; car outre beaucoup de fautes que l'on a corrigées, soit dans le corps de l'Ouvrage & dans la Table générale, ils y trouveront une grande quantité de nouvelles Notes très-nécessaires, faites par un savant Jurisconsulte : quant à la partie Typographique, on ose espérer qu'ils seront également satisfaits ; on y a donné tous les soins possibles.

LIVRES qui se trouvent chez la Veuve GIROUD, Imprimeur-Libraire, à la Salle du Palais.

CODE de Louis XV, ou le Recueil des principaux Réglements & Ordonnances du Roi, tant sur la Justice, Police & Finances, que sur la Jurisdiction Ecclésiastique ; troisieme édition, augmentée d'une Table générale & analytique des Matieres & de différentes pieces intéressantes, où l'on a joint le Traité des Légitimes, suivant le Droit Romain, 2 vol. in-12. 1765.

——— Municipal, ou Recueil des principaux Edits, Réglements & Ordonnances du Roi, qui intéressent en général & en particulier les Officiers Municipaux & de Police des Villes & Communautés, avec leurs Privileges & Prérogatives, & une Table générale & analytique des Matieres, 2 vol. in-12. 1760.

——— de Louis XIV, contenant les quatre Ordonnances ; celle sur les Matieres Civiles de 1667 ; sur la Réformation de la Justice de 1669 ; sur les Matieres Criminelles de 1670, & sur le Commerce de 1673 ; nouvelle édition, 1 vol. in-18. 1761.

Le grand Recueil des Edits, Déclarations, Lettres-Patentes du Roi, Arrêts & Réglements de ses Conseils & du Parlement de Grenoble ; ensemble de la Chambre des Comptes & du Bureau des Finances, concernant en général & en particulier la Province de Dauphiné ; ouvrage évidemment nécessaire à tous les gens d'affaires, 24 vol. in-4°.

Code Guillet, ou Recueil d'Edits, Déclarations & Réglements concernant la Jurisdiction, les Privileges & les Exemptions du Parlement, Chambre des Comptes & Bureau des Finances de Dauphiné, 1 vol. petit in-fol. nouvelle édition.

Institutes de l'Empereur Justinien, conférés avec le Droit François, par Boutaric, 1 vol. in-4°.

Instruction pour la Procédure, tant en Matiere Civile que Criminelle, tirée des Ordonnances de 1667 & 1670, 1 vol. in-12.

Alphabetica Series Rubricarum omnium Juris utriusque, Civilis & Canonici, in duas Tabulas distributa, editio nova, in-12. 1770. Sous presse.

Siecle de Louis XIV, par M. de Voltaire, 4 vol in-12.

——— politique de Louis XIV, par le même, 1 vol. in-12. 1755.

Les devoirs du Chrétien, dressés en forme de Catéchisme, sous le nom connu de Catéchisme d'Agen, contenant une ample Instruction sur tous les Sacrements, in-12, 1 vol.

Heures, ou Prieres choisies pour sanctifier la journée, avec un Examen, Instructions & Prieres pour la Confession ; une Préparation & de très-bonnes Prieres pour la Communion, par M. le Cardinal de Camus, à l'usage de Rome & du Diocese de Grenoble, Latin & François, 1 vol. in-18. 1766.

☞ On trouve aussi chez la même Libraire un assortiment de Livres sur le Droit Civil & Canonique, l'Histoire sacrée & profane, les Belles-Lettres, l'Agriculture & autres Ouvrages mélés, tant anciens que modernes. Elle se charge également de faire venir par commission les grands Corps d'Ouvrages & Livres d'assortiment qui s'impriment tant en France que dans les pays étrangers.

LA VIE
DE GUY PAPE,
OU
DE LA PAPE,
CONSEILLER AU PARLEMENT DE GRENOBLE.

Unius ætatis funt quæ fortiter fiunt ; quæ verò pro utilitate Reipublicæ fcribuntur, æterna funt. Fl. Vegetius, de re Militar. lib. 2, cap. 3.

L n'appartient qu'au mérite extraordinaire de s'affujettir la fortune, cette maîtreffe du monde : auffi quelque indifférence qu'elle ait témoignée en des temps à la Maifon de PAPE, ou de LA PAPE, toujours abondante en toutes fortes de vertus, & en Hommes de rare mérite, elle n'a jamais ceffé de la protéger.

I.

LES Ancêtres de Guy Pape poffédèrent le Fief noble de la Pape, diftant d'une lieue feulement de la Ville de Lyon, dans le Marquifat de Miribel, & leur Famille s'en étant attribuée le nom, l'a rendu célèbre. Au jugement des Philofophes, les Maifons illuftres font de petits États, & comme les Grands, elles ont leurs révolutions & leurs périodes. Celle de la Pape, ou de Pape, n'ayant pas toujours eu la fortune bien favorable, perdit ce Fief, & ne perdit pas néanmoins la haute confidération où elle étoit entre les plus Nobles de la Ville de Lyon,

qui étoit fa patrie. Elle y donna la naiffance à deux Hommes
de mérite vers le milieu du quatorzieme fiecle ; ils lui furent
deux nouvelles lumieres : Jean de la Pape fut l'un, & Pierre
de la Pape fut l'autre : celui-là eut part à l'eftime, & par elle
à la bienveillance des Comtes de Savoie. Le Fief de la Pape
étoit dépendant de la Breffe, & cette Province l'étoit du Comté
de Savoie, qui s'étendoit jufqu'auprès de Lyon. Ces Princes
n'avoient pas encore acquis le titre de Ducs, qui n'a rien
ajouté de réel à leur Royale Dignité : le Roi Bofon, l'Empereur
Louis IV, fon fils, & de la Princeffe Ermengarde, petite-fille
de l'Empereur Louis le Débonnaire, & le Comte Charles,
fils de ceux-ci, font la véritable Tige de cette Royale Maifon,
auffi généreufe jufqu'à nos jours, que toujours Augufte. Quel
honneur auroit pu rendre plus éclatant celui d'une fi noble
origine ? Berolde eft un Héros fabuleux, conçu dans la cervelle
creufe d'un Moine ignorant. Les faveurs des Comtes de Savoie
ne leur acquirent pas fi parfaitement Jean de la Pape, qu'il ne
refufât de fe donner entiérement à eux. Il avoit époufé Catherine
Aimar, dans la petite Ville de Saint-Saphorin-d'Ozon, éloignée
de celle de Vienne de deux lieues feulement, & il y avoit fixé
fa réfidence. Saint-Saphorin eft le nom corrompu de Saint-
Symphorien. Mais Pierre de la Pape s'étant confacré à l'Églife,
fut Official de celle de Lyon : fa profonde fcience dans le Droit
Civil & dans le Canonique, l'éleva à cet honneur, qui étoit
plus illuftre qu'il n'eft aujourd'hui ; la *jurifdiction des Officiaux*
ayant en ce temps-là incomparablement plus d'autorité & plus
d'étendue qu'elle n'en a en celui-ci. Ce fut à Saint-Saphorin
que Guy Pape naquit, au commencement du quinzieme fiecle ;
& fa naiffance n'apporta guere plus de joie au pere qu'à l'oncle,
qui vécut affez pour feconder dans l'éducation de fon neveu, les
foins du pere, par les fiens fidelles & judicieux. On le deftina
aux Lettres ; & d'abord que fon âge y confentit, on l'engagea
à l'étude. Son naturel férieux & févére, lui fit haïr ou méprifer,
dans cet âge, les divertiffemens des efprits enjoués : il s'appliqua
uniquement à ce que fon pere & fon oncle exigeoient de lui.
L'Official n'eut pas de la peine à lui perfuader qu'il étoit né
pour s'occuper utilement, & non pour s'amufer à des jeux
puériles. Il fe dévoua à la fcience des Loix : ce fut avec un
fuccès que chacun admira, qu'il fuivit ce fage confeil. Pour
fe perfectionner dans cet Art, fi louable & fi néceffaire, il paffa
en Italie : on étoit perfuadé qu'on ne pouvoit être bon Légifte,

fans l'être devenu dans quelqu'une de fes Univerfités : il préféra celle de Pavie, & il y fut un des Difciples de Pierre de Bezuccio, & de Jean de Gambarano, Profeffeurs fort eftimés : ce fut de leurs mains qu'il reçut, l'an 1430, le caractere du Doctorat, & le Bonnet de Docteur. A fon retour, la réputation du Profeffeur Jean de Graffis l'arrêta quelque temps à Turin, où il fit des leçons publiques, qui apprirent que la Jurifprudence, quelque ténébreufe qu'elle foit, n'avoit pour lui ni obfcurité, ni fecret impénétrable. Il revint ainfi d'Italie, armé de Loix, comme parle l'Empereur Juftinien, pour défendre la Juftice des attentats des méchants, & des infultes de la mauvaife foi : c'eft l'objet que fe propofe l'honnête homme, comme Prêtre vertueux de la Juftice, pendant que tant d'autres n'envifagent que le lucre & le paiement, comme vils efclaves de l'avarice, toûjours mercenaire & fouvent criminelle par fes fréquentes révoltes contre les devoirs. Peu de temps après fon retour il perdit Catherine Aimar fa mere, qui voulut être enfevelie dans l'Eglife de Veniffieu. Un grand homme étoit perfuadé que M. Vinictius, Conful Romain fous Tibere, a communiqué fon nom à ce lieu, & qu'il étoit Gaulois : M. Velléius Paterculus lui a adreffé fa belle Hiftoire, & l'a rendu plus célèbre par cet honneur qu'il lui a fait, qu'il ne l'a été par celui de cette fublime Dignité de Conful. La mort de l'Official fon oncle fuivit de près celle de fa mere : l'une & l'autre toucha fenfible-ment Guy Pape, les mouvemens de la reconnoiffance & de la gratitude animant ceux de la nature. Cet oncle bienfaifant voulut être utile à fon neveu, même après fa mort, par le legs qu'il lui fit de fa docte bibliotheque : en effet, elle ne pouvoit qu'être d'un grand prix, l'Art d'imprimer n'étant pas encore inventé ; elle n'étoit compofée que de Manufcrits, la cherté defquels n'eft pas aujourd'hui bien concevable : il reçut les der-niers devoirs dans l'Eglife des FF. Prêcheurs de Lyon, & dans le tombeau de la Famille de la Pape, au-devant de la Chapelle dédiée à N. D. de la Confolation. La mort d'un Homme de tant de mérite affligea extrêmement fon frere & fon neveu ; mais la part que tous les gens de bien parurent prendre à leur douleur, en fut le lénitif. Cette perte fut pleurée, comme une perte qui intéreffoit toute la Ville & tout le Diocefe de Lyon : la vertu n'eft jamais tellement propre à ceux qui la poffedent, qu'elle ne foit toûjours un bien public.

c ij

I I.

LES Lettres, qu'une infolente & brutale barbarie fembloit avoir étouffées, commençoient à revivre : néanmoins la Jurifprudence occupoit principalement les plus beaux efprits, par la raifon que l'utile, quand l'honnête ne s'y oppofe point, a toujours tous les charmes du délectable. Guy Pape fe donna prefque tout à elle, & fe partagea peu à d'autres. C'étoit la maladie populaire de ce temps-là : mais il étoit indéterminé au choix du lieu où il exerceroit cette noble & fainte profeffion des Loix, à laquelle il s'étoit confacré. Son deftin fit ce choix pour lui, & l'entraîna à Lyon, l'arrachant à la réfiftance de fon pere, qui vouloit le donner à Vienne. D'abord il mérita, dans cette opulente Ville, les louanges des Magiftrats, & les applaudiffemens des peuples ; ils n'étoient jamais refufés aux Légiftes hardis & fubtils. Toutes les Loix étoient dans fa mémoire fans confufion ; & dans les affaires les plus difficiles, elles fe préfentoient toujours à lui fans défordre. La Maifon du Jurifconfulte eft l'oracle de toute la Cité, dit Ciceron ; celle de Guy Pape étoit l'oracle de toute la Province. Durant le féjour qu'il y fit, il ajouta à la parfaite connoiffance qu'il avoit du Droit Romain, celle du Droit François, qui lui fut depuis très-utile en plufieurs occafions : il eut même cette louable curiofité, de feuilleter les Regiftres de la Cour Royale du Bailliage de Lyon (il parle ainfi) & d'y prendre des extraits de plufieurs actes, & entr'autres de la Bulle du Pape Martin V, par laquelle ce Souverain Pontife déclare qu'il n'a point prétendu toucher par une précédente, qu'il avoit faite pour la confervation de la Jurifdiction Eccléfiaftique, à celle des Rois de France, fur le poffeffoire des Bénéfices du ROYAUME, ET DU DAUPHINÉ : on confidéroit dans toutes les Cours le Royaume & le Dauphiné, comme deux États féparés, entre lefquels il n'y avoit point d'union, qui n'en fît qu'un Corps : cette Bulle, qui eft de l'an douzieme du Pontificat de ce Pape, répond à l'an 1430 : le Roi Charles VII régnoit alors. Guy Pape aimoit Lyon ; mais il étoit né pour Grenoble : fa fuffifance lui ayant acquis une réputation extraordinaire, & par elle de grands & puiffants amis, il y étoit defiré. Le Confeil Delphinal avoit pour chef, dès l'an 1429, Adam de Cambray fon Préfident unique ; & Étienne Guillon étoit un de fes Confeillers. Le mérite de celui-

ci avoit été pour lui le feul prix de cette Charge. Il étoit auffi
natif de Saint-Saphorin : ce fut le principe de l'amitié qui fe
forma entre Guy Pape & lui : leur commune Patrie, & leur
commune étude, les avoit unis d'une fincere affeƈtion : s'étant
tous deux donnés à la fcience des Loix, ils avoient fouvent eu
des occafions de conférer enfemble fur divers fujets ; & ce
commerce avoit formé entr'eux une étroite liaifon. Guillon fe
promit de pouvoir s'acquérir Guy Pape, en lui promettant fa
proteƈtion, fon amitié & fon alliance. Le Parlement de Grenoble étoit dans une gloire éclatante. Guy Pape confond
toujours le Confeil Delphinal avec le Parlement ; il n'y met
pas de la différence, & je l'imite. Ce Confeiller, auffi habile
dans l'art de gagner les efprits, que dans la fcience des Loix,
ne négligea rien : enfin il infpira à fon ami toutes fes penfées,
& le porta à ce qu'il defiroit. Il lui perfuada de fe choifir une
feconde Patrie, où il étoit fûr de trouver des avantages qui ne
fe préfenteroient jamais à lui dans celle que fa naiffance lui avoit
donnée, ni dans celle qu'il fembloit s'être choifie. Il étoit alors
dans la vigueur de fon âge; il n'eut pas befoin du fecours du
temps pour faire du progrès. D'abord qu'il parut dans cette
Ville, toutes les louanges & tous les applaudiffemens furent
pour lui. C'eft le génie des peuples de préférer toujours, &
fouvent par le feul amour de la nouveauté, la vertu étrangere
à la vertu domeftique : l'admiration eft pour celle-là, & l'envie
pour celle-ci. Grenoble ne manquoit pas de bons Avocats, ni
de doƈtes Jurifconfultes, & il y avoit une Univerfité qui en
étoit le Séminaire; néanmoins les affaires les plus importantes
fuivirent la prévention. Tous les empreffemens furent pour ce
nouveau Citoyen; il obfcurcit ceux qui éclatoient le plus. Les
Seigneurs des Terres fpécieufes lui en donnerent les Judicatures,
& crurent lui avoir moins fait d'honneur qu'à elles. Il fut même
pourvu de celle de Grenoble; mais elle n'étoit pas perpétuelle.
Comme dans fes fonƈtions on ne voyoit rien que de louable,
fes ennemis, car le mérite en a toujours, n'ofoient pas lui
refufer leur approbation : de maniere que les Officiers du Parlement lui faifoient fouvent l'honneur de l'appeller à fes Jugemens, de confulter fes fentimens, & de s'éclaircir de leurs
doutes par fes lumieres. Quand on ne cherche que la vérité,
tout fecours eft agréable, s'il eft utile.

I I I.

APRÈS que fa réputation eut jetté de fi profondes racines
dans l'opinion publique, qu'elle ne pouvoit plus être ébranlée,
quelque fecouffe que l'envie lui donnât, il acquit une femme
belle, jeune & vertueufe, & une Terre en toute Juftice ; mais
ces deux acquifitions lui cauferent durant long-temps bien plus
de chagrins que de plaifirs. Il époufa *Louife Guillon*, & acquit
la Terre de S. Auban dans le Gapençois. Guillon fon Mécenas
lui tint fa parole, & lui donna fa fille ; & Lancelot de Poitiers
traita avec lui de cette Terre. Cette femme ne fut pas long-
temps heureufe : fon mari étoit févére, & fa fombre févérité
participoit quelquefois de cette rude dureté qui fait tant de
peur à ce fexe doux & timide, qui n'attaque que par les foibles
armes de fa beauté, & qui ne fe défend que par fes larmes. Il
rendit, par fon peu de complaifance, fa femme moins raifonnable ; fon jugement s'affoiblit & fe troubla. L'acquifition de
la Terre de Saint-Auban ne l'exerça pas moins cruellement : elle
lui donna des inquiétudes, qui firent plus de bruit que fes chagrins domeftiques. Le Bâtard de Poitiers (on appelloit ainfi
Lancelot, & le nom de Bâtard n'étoit ni injurieux ni défobli-
geant) publioit qu'il avoit été furpris, lorfqu'il avoit fait les
conventions en vertu defquelles Guy Pape s'étoit mis en poffeffion de cette Terre. Cette penfée lui avoit été infpirée par de
fecrets ennemis de la fortune & de la vertu de Guy Pape : mais
ces conventions avoient été jurées, & ce favant Jurifconfulte
tira du ferment de fa Partie une exception péremptoire : le
ferment foutient dans la Jurifprudence Canonique, les actes
nuls ; il les fait fubfifter, comme ils feroient par eux-mêmes,
s'ils n'étoient affectés d'aucun vice ; ce fut le bouclier de Guy
Pape contre Lancelot : on n'eft pas moins digne de blâme dans
la milice du Palais, qu'on l'eft dans la milice armée, fi on
néglige de fe fervir de tous fes avantages. L'Official de l'Évêque de Saint-Paul-trois-Châteaux jugea pour le ferment ; & la
caufe ayant été portée par l'appel de Lancelot à la Métropole
d'Arles, ce Jugement fut confirmé. On fut alors perfuadé que
Lancelot étoit dans la mauvaife foi qu'il imputoit à fon adverfaire, qui fe maintint dans fa poffeffion : fa poftérité n'y a pas
depuis été troublée, & cette Terre eft encore dans fa Famille.
Il y en ajouta deux autres, qui n'y font plus ; celle de Montclar,

dans le Diois, & celle de Cornillon auprès de la Ville de Grenoble. Étant libre & débarraſſé de ce fameux procès, il ſe rengagea dans l'exercice de ſa profeſſion ; il le continua avec tant de bonheur & de probité, que chacun le jugea digne de fiéger ſur les fleurs de lis dans le Conſeil ſouverain : la voix du peuple eſt une preuve & un pronoſtic. L'année ſuivante, qui fut celle de 1440, le revêtit de la Pourpre de la ſouveraine Magiſtrature ; il fut fait Conſeiller, & il entra dans cette célébre Compagnie, par le choix qu'on fit de lui : ſon mérite décida de ce choix. Elle n'étoit compoſée que d'un Préſident, de ſix Conſeillers, d'un Procureur du Prince, & d'un Avocat-Fiſcal : Guillon en étoit alors le Préſident. Ce petit nombre ſembloit foible, & ne l'étoit pas ; ſa force & ſa dignité étant dans la probité & dans la doctrine. La chicane n'avoit pas encore créé entre les peuples des nations de Plaideurs. L'application de Guy Pape aux devoirs & aux fonctions de ſa Charge fut incomparable. Il commença d'abord l'utile & judicieux ouvrage de ſes QUESTIONS. Ayant mis au net les quarante-ſix premieres, il les envoya à Barthelemi du Nievre, qui étoit dans Vienne un Juriſconſulte de grand ſavoir & de grand nom. C'en étoit la montre : il voulut apprendre par le jugement de ce ſavant homme, quel ſeroit celui du public. Cependant il s'éleva une furieuſe tempête contre Guillon, & contre lui : elle fit tant de bruit ſur leur tête, qu'ils crurent leur naufrage inévitable. On avoit conjuré leur perte : leurs ennemis ne manquoient pas de prétextes ; mais ils avoient plus de couleur de quelque vérité contre le beau-pere que contre le gendre. En effet Guillon fut trop foible pour réſiſter ; il fut abattu, & dépouillé ſans pitié, de même que ſans raiſon, de ſa Charge, & de ſes biens. Guillaume Couſinot lui fut ſubrogé l'an 1442 ; toutefois ſa chûte, quelque rude qu'elle fût, ne l'étourdit point. Il avoit du courage & de l'eſprit, & ne s'étant pas abandonné à un lâche déſeſpoir, il trouva dans la vénalité où étoient alors toutes choſes, le moyen de ſe relever ; il fut rétabli par l'abo- lition qu'il obtint. Un crime pardonné marque un crime commis, & l'honneur qui ſe regagne par le pardon, eſt bien ulcéré.

IV.

LA fortune de Guillon ne demeura pas long-temps debout ; mais celle de ſon gendre fut plus heureuſe, & ce fut à ſon

innocence qu'il fut redevable de son bonheur. Le Dauphin
Louis, qui fut depuis le fameux Roi Louis XI, ayant osé donner
un soufflet à la belle *Agnès Sorel*, s'étoit attiré toute l'indignation du Roi Charles VII son pere. Il fut exilé de la Cour, &
après avoir promené ses chagrins en divers lieux, enfin il
résolut de les porter en Dauphiné : il y vint vers la fin de l'an
1444, & il s'y arrêta. La violence, la vengeance, la fierté &
l'avarice impitoyable y entrerent avec lui. La politique de
cette Principauté fut renversée, & la volonté de ce Prince fut
l'unique Loi qu'il voulut y être religieusement observée. Il
n'étoit pas du sentiment du Roi Antigonus, qui ne croyoit juste
que ce qui étoit juste, & vertueux que ce qui étoit vertueux.
Il agit d'abord en toutes choses comme Souverain absolu &
suprême, qui n'étoit comptable de sa conduite qu'à Dieu, &
non pas même au Roi. Le Pape Nicolas IV, qui fut le Pere &
le Restaurateur des Lettres dans l'Italie, ayant succédé à
Eugene IV l'an 1447, le Dauphin jugea à propos de lui témoigner solemnellement la joie qu'il avoit de son exaltation :
il ne douta point que l'amitié de ce Souverain Pontife, qui
avoit l'estime de tous les Chrétiens, ne lui pût être utile en
plusieurs occasions, & qu'il ne devoit point la négliger. Il
avoit de l'estime & de la bienveillance pour Guy Pape ; & il
étoit persuadé qu'il n'y avoit point d'emploi si relevé, ni si
difficile dont il ne fût capable par son esprit, par sa sagesse &
par son expérience ; il le choisit pour cette noble Ambassade,
& le revêtit, pour rendre au Pape ce devoir d'une obédience
filiale, de la qualité d'Ambassadeur, qui imprime un caractere
sacré. Guy Pape n'étoit pas un nom inconnu dans la Cour
Romaine ; il fut reçu du Pape comme le devoit être l'Ambassadeur d'un si grand Prince, & un Homme d'un si grand mérite.
Le Pape étoit très-bon Jurisconsulte : la Jurisprudence lui avoit
ouvert le chemin qui l'avoit conduit au Trône du souverain
Pontificat. Qu'on juge de la réception qu'il fit à cet Ambassadeur, si savant dans les deux Droits, par celle qu'il faisoit
même à tous les Poëtes : il répandoit ses bontés jusques sur les
plus médiocres. Et un bon Poëte, disoit Malherbe qui en étoit
un excellent, n'est guere plus utile à l'État qu'un bon joueur
de Quilles. Durant le séjour que fit Guy Pape à Rome, il fut
bon ménager du temps ; il n'en perdit point : il eut le soin de
s'y instruire du genre de gouvernement de cette Capitale du
Monde Chrétien, & particuliérement de tout ce qui regardoit

la

la Chambre Apoftolique : l'idée qu'il s'en forma , fut qu'elle
avoit du rapport avec les Chambres des Comptes de cette
Monarchie. Ceux qui font dans les fonctions d'un Miniftere
public , n'ont point de momens qui foient proprement à eux :
toutes leurs heures font au public , & ils lui en font comptables.

V.

IL partit de Rome au commencement du mois d'Octobre ,
& le récit qu'il fit au Dauphin de fes négociations , à fon retour,
le fatisfit ; & il n'y avoit rien de moins facile que de le fatisfaire :
auffi il continua de l'employer dans fes affaires les plus importantes. Il fut un des Commiffaires qui déciderent, l'an 1448, la
queftion des repréfailles que le Procureur-Général du Dauphin
(on l'appelloit Procureur-Fifcal) demandoit contre les fujets
de l'Evêque de Valence , Louis de Poitiers. Son opinion fut
fuivie ; elles furent accordées , mais avec beaucoup de précaution ; la feule volonté de la Juftice défintéreffée fut écoutée ,
& non feulement celle du Dauphin , qui gardoit peu de mefures
dans fes intérêts. Mais ce Prélat appréhendant les fuites , pro-
pofa un accommodement , & Guy Pape eut la Commiffion de
le concerter avec lui & de le conclure. Les Prélats de Dauphiné
ne s'étoient point encore humiliés devant les Dauphins , par
l'hommage , ni par le ferment de fidélité. Louis plus hardi, &
mieux éclairé que fes prédéceffeurs , témoigna à l'Evêque , que
fon intention étoit qu'il reconnût de la Souveraineté Delphinale
tout le Temporel que fon Eglife poffédoit , & qu'il devînt fon
Vaffal : fon droit étoit le même que celui de la Couronne
Royale des Defcendants de Charlemagne , qui ne pouvoit
fouffrir de controverfe légitime : mais l'Evêque tiroit le fien
des fucceffeurs de Bofon , ufurpateur injufte & violent ; il ne
l'ignoroit pas ; tellement qu'il reçut , fans contefter , la Loi
qu'il plut au Dauphin de lui impofer : il s'affujettit par un
Traité folemnel du mois de Septembre de l'an 1450. Ces fervices
n'empêcherent pas que la perfécution ne fe réveillât contre Guy
Pape & contre Guillon : on ranima les pourfuites criminelles
que la grace du Prince avoit éteintes , & ce même Prince voulut
qu'elles fe fiffent de fon autorité. Guillon avoit de puiffants
ennemis auprès du Dauphin , & Guy Pape étant à Guillon ce
qu'il lui étoit , il étoit impoffible qu'ils lui fuffent amis. Mais
ils ne le haïffoient que par la haine qu'ils avoient conçue contre

d

Guillon, qui n'eut pas de machines affez fortes pour foutenir
fa fortune : il fut contraint de fe mettre à couvert de la foudre
qui le menaçoit, & il ne le put que par la fuite ; il perdit encore
une feconde fois cette fublime Charge de Préfident unique,
qui avoit irrité irréconciliablement l'envie contre lui ; fes biens
furent en proie ; on ne commença d'avoir pour fes malheurs,
des fentimens de pitié, que lorfqu'on ceffa de le voir dans la
fplendeur de cette haute Dignité : la haine ne fe modere qu'après
s'être foulée de vengeance : les méchants, quand il ne leur
refte plus de mal à faire, affectent de paroître bons.

V I.

GUY PAPE fut abfous & loué : la calomnie, qui a ofé
infulter à l'homme de bien, à la fin malgré elle, fe convertit
pour lui en louange. On lui avoit imputé, comme une prévarication, d'avoir abufé de la facilité & de l'ignorance du Bâtard
de Poitiers, duquel on fuppofoit qu'il avoit été le Confeil,
mais il avoit réfuté cette impofture, par des vérités qui avoient
facilement triomphé de la malignité de fes ennemis ; & d'ailleurs, celui duquel on employoit le nom & le droit, ni ne fe
plaignoit, ni ne paroiffoit plus : & il n'y avoit pas apparence
qu'il eût acquiefcé aux Jugemens rendus contre lui, ni qu'il fe
fût réconcilié, comme il avoit fait, avec celui qui les avoit
obtenus avec tant d'éclat, fi les reproches de fa confcience ne
l'y avoient forcé : la confcience eft un témoin qu'on ne peut
corrompre, & un Juge qu'on ne peut point fléchir. On avoit
joint à ce premier chef d'accufation, un fait fondé fur
l'injuftice d'une fordide avarice : on l'accufoit de n'avoir
point payé les Hôtes chez lefquels il avoit logé dans
les voyages & durant les féjours que les Commiffions qu'il
avoit eues l'avoient obligé de faire fouvent en divers lieux.
Il falloit qu'il fût bien exempt de véritables crimes, puifqu'on
lui en faifoit d'objections fi frivoles. Ce qu'il répondit fut, fur ce
qu'on pouvoit dire contre lui raifonnablement à cet égard, que
s'il n'avoit pas encore payé à fes Hôtes ce qu'il leur devoit, ils
avoient la liberté d'agir contre lui, & que cette action ne
pouvant être que civile, il n'y avoit pas moyen de la convertir
en criminelle : mais rien ne lui étant demandé par ces prétendus
créanciers, il n'y avoit pas de meilleure preuve qu'il ne leur
devoit rien. Le Dauphin augmenta l'affection qu'il avoit pour
lui, par la parfaite connoiffance qu'il eut alors de fa probité.

Afin qu'on n'en doutât point, il la lui témoigna par un nouveau bienfait : il l'honora de la Charge de Maître des Requêtes de fon Hôtel : ce fut une réparation célébre de l'injure que la fauffe accufation lui avoit faite ; il fut plus eftimé & plus applaudi. Les injuftes outrages par lefquels on offenfe la vertu, font des nuages qui la font paroître plus belle & plus brillante, quand elle les a diffipés. Guy Pape eut en ce même temps, avec ce glorieux avantage, le plaifir de recevoir Jean Pape fon pere, dans fa maifon : ce bon & vertueux vieillard avoit quitté Saint-Saphorin, où il avoit fes habitudes & fes anciens amis, ce qui lui en rendoit le féjour agréable. Un Capitaine Grec dit, que ce qui faifoit qu'on ne pouvoit rien ajouter à la joie que lui caufoient fes victoires, c'eft celle qu'il avoit d'avoir fon Pere pour un des fpectateurs de fa gloire : c'en fut auffi une infinie à Guy Pape, d'avoir le fien pour fpectateur du triomphe de fa vertu.

VII.

LE Confeil Souverain fut érigé cette même année en Parlement. Ce Corps changea de nom, & fut le même ; ce ne fut point une autre Jurifdiction : il conferva toute celle qu'il avoit, & n'en acquit pas de nouvelle ; fa Souveraineté ne pouvoit devenir plus fouveraine. François Portier fut mis à fa tête, & il n'eut qu'un Préfident. Ce fut dans la Ville de Vienne, que l'Edit de cette mémorable érection fut concerté, dreffé, publié, & premiérement exécuté : cette noble & célébre Ville eft, par cette raifon, l'origine naturelle & politique de ce noble & célébre Corps. Ne doit-on point d'égards, ne doit-on rien à fon lieu natal ? Ce changement, qui acheva d'enfevelir toutes les efpérances de Guillon, ne borna point celles de Guy Pape : fa Dignité crut avec celle du Corps dont il étoit membre depuis treize ans. La difgrace de fon beau-pere ne le priva pas des bonnes graces du Dauphin, qui fe fervit toujours de lui dans les occafions où il falloit du zele pour fes intérêts, du cœur pour l'action, & du jugement pour le confeil. Ce Prince avoit toute la piété qu'un grand politique peut & doit avoir : il affectoit même de paroître pieux. Un Juif de la Ville de Creft (cette Nation n'avoit pas encore été chaffée des Villes de Dauphiné) fut accufé d'avoir commis une irrévérence infolente devant une Image de la Sainte Vierge : c'étoit une impiété que le Prince jugea digne de punition. Il envoya Guy Pape à Creft, non-

seulement pour faire le procès à ce misérable ; mais encore pour
le juger. Les preuves ayant été foibles, l'accusé fut laissé en
repos : la haine implacable que l'on avoit pour ceux de sa Secte,
ne le rendit pas plus coupable qu'il ne l'étoit : le bon Juge
regarde le crime ; le passionné regarde le criminel. Une affaire
de plus haute conséquence, quelques mois après, l'appella à
Gap. Les habitants de cette Ville implorerent la protection du
Dauphin contre Réné, Roi de Naples & Comte de Provence,
qui les fatiguoit par des taxes qu'il avoit faites sur eux : il leur
en demandoit le paiement, & employoit la menace ; il avoit
même un fort parti dans cette Ville contre la liberté. Une
troupe de Factieux, d'abord que Guy Pape fut arrivé de la
part du Dauphin, se mit sous les armes, & fit grand bruit dans
les rues sous l'étendard de Réné : le Député du Dauphin avoit
de la fermeté ; on avoit prétendu par ce procédé si irrégulier,
de l'intimider, & de l'obliger à se retirer sans rien faire ; il se
moqua d'eux, & remplit son devoir. A son retour à Grenoble,
le juste plaisir qu'il devoit avoir de s'être acquitté dignement de
sa Commission, fut suivi de craintes mortelles, dans une dan-
gereuse maladie qui l'affligea. C'étoit dans le Carême, & la
délicatesse de sa conscience ne lui permit d'user des viandes
défendues, qu'après qu'il en eut obtenu la dispense. Sa santé
étant rétablie, il reprit & poursuivit cette grande œuvre de ses
Décisions, qu'il avoit déjà bien avancée. Mais le service du
Dauphin ne le laissa pas long-temps entre les bras de ses Muses,
dans la paix de son étude, & dans le calme d'une vie privée.
Ce Prince préféroit d'être craint à être aimé, & croyoit qu'aux
deux côtés de son Trône, comme les Poëtes parlent de celui de
Jupiter, les peuples devoient toujours voir la violence & la
terreur. Ses recherches contre les deux premiers Ordres de la
Principauté, touchant les droits impérieux de la Souveraineté,
pour les humilier ; & ses continuelles exactions sur le dernier,
par les Édits, par les nouveaux établissemens, & par les impôts
continuels, avoient enfin lassé la patience des plus respectueux,
& avoient touché les moins sensibles : ils avoient porté leurs
plaintes au Roi, rien ne pouvant fléchir leur jeune Maître. Le
Roi, dans l'ame duquel étoient encore toutes les bontés de
l'ancienne Royauté, entreprit de les protéger contre les duretés
de la nouvelle politique de son fils. Il lui ordonna de venir
incessamment le joindre ; ce fut sans effet ; ce Prince qui faisoit
gloire de n'écouter que ses pensées, fut sourd aux promesses &

aux offres, & se moqua des menaces. En ces occasions, s'arrêter à moitié chemin, c'est en tout sens aux Souverains, une
marque de foiblesse. Le Roi résolut de se faire obéir par la force
des armes, celle de la persuasion étant trop foible : il commença
à assembler des Troupes. Le Dauphin avoit ses amis & ses parti-
sans à la Cour, & si on ne s'engageoit pas dans ses intérêts par
un motif de zele & d'affection, on y entroit par celui de la
crainte de sa vengeance, si on le désobligeoit. Il n'y avoit
qu'Antoine de Chabannes, Comte de Dammartin, qui fut
constamment & fidellement au Roi, parce qu'il étoit personnel-
lement ennemi du Dauphin. Ces deux Princes étoient bien
dignes de pitié ; l'un cherchoit son fils dans son fils, & ne l'y
trouvoit pas ; l'autre cherchoit son pere dans son pere, &
croyoit ne l'y pas trouver. Le Dauphin étant averti de l'arme-
ment qui se préparoit contre lui, ne put qu'en être alarmé , &
il s'imagina que les prieres & les soumissions, si elles étoient
bien animées, lui seroient un secours qui désarmeroit la colere
du Roi son pere. Guy Pape étoit éloquent dans sa langue
maternelle, & un des oracles de la Jurisprudence : il avoit
même dans la Cour de France une réputation qui répondoit à
son grand mérite. Le Dauphin le choisit , comme le plus propre que nul autre qui fût auprès de lui, à soutenir le poids d'une
négociation si importante & si difficile. Le Roi étoit à Angers:
ce fidelle Ambassadeur s'y porta avec diligence, & fut oui
favorablement ; il plut, & néanmoins il ne persuada pas. La
réponse du Roi fut douce pour lui, mais amere pour le Dauphin;
le Roi lui témoigna sa satisfaction de l'avoir oui , & son
mécontentement de l'aversion que le Dauphin lui témoignoit.
Sa réponse positive fut qu'il falloit que ce Prince obéît : mais il
étoit trop attaché à ses résolutions; il lui étoit trop difficile de
s'en déprendre : les grandes ames sont persuadées qu'elles font
toujours bien, & que le repentir est un aveu d'avoir mal fait.
Guy Pape fait lui-même le récit d'un spectacle qui le surprit
dans ce voyage, & l'on ne peut me rien imputer si je le fais
après lui. Passant à Châlons, ce lui fut un étonnement de voir
un porc pendu aux fourches patibulaires, & d'apprendre que
cet animal avoit été condamné à la mort, & à ce genre de
supplice, pour avoir tué un enfant. Les animaux incapables de
raison, le sont par conséquent de vice & de vertu, de bonnes
& de mauvaises actions, de récompense & de peine. Ce châtiment d'un crime imaginaire, étoit une menace aux crimes
véritablement crimes.

VIII.

Le Comte de Dammartin, à qui le Roi avoit donné le commandement de l'armée qu'il envoyoit contre le Dauphin, entra en Dauphiné avant que Guy Pape y fût de retour. Le Prince, qui avoit prévu tous les accidens, évita d'être surpris, éluda les artifices, & prévint la force par la fuite. Il emporta avec lui de terribles desseins de vengeance contre ceux qui avoient abandonné son parti, ou qu'il soupçonna de ne l'avoir pas appuyé de toutes leurs forces. Il ne douta point de la fidélité de Guy Pape ; mais comme il jugeoit facilement de la qualité des services, par celle des succès, il ne fit rien paroître par où l'on pût comprendre en quelle situation étoit son esprit à l'égard de ce Ministre. Celui-ci n'ayant pas eu ainsi la liberté ni le moyen de s'expliquer au Prince, ni d'apprendre de lui ses sentimens, resta dans une incertitude embarrassante : il appréhenda, n'ayant rien obtenu dans l'esprit du Roi, d'avoir tout perdu dans celui du Dauphin ; & d'être mal dans l'esprit du Roi, après avoir été si bien dans celui du Dauphin, duquel on le croyoit la créature la plus zélée. Pour ne donner ni à l'une ni à l'autre de ces deux Puissances aucun sujet de soupçon, il se retira dans la Suisse, & n'en sortit point que les troubles ne fussent pacifiés. Son parti étoit pris, mais il ne pouvoit le déclarer sans devenir suspect, ou au Roi, ou au Dauphin, & peut-être à tous les deux en même temps. Cependant ce Monarque s'étoit avancé jusqu'à Vienne : il y convoqua les États Généraux de la Principauté, & rien n'y fut changé qu'utilement dans l'ordre politique. On entra bientôt dans un calme profond : les exactions extraordinaires cesserent ; la Justice reprit toute son autorité ; Guy Pape fut rappellé, & son exil volontaire lui fit honneur. Il y avoit alors dans Vienne quelque semence de division : le Corps de Ville & le Chapitre de l'Église Cathédrale étoient animés l'un contre l'autre ; & un péage, que le Chapitre de cette Église exigeoit, étoit la cause de ce différent, par les abus qui s'y commettoient. Guy Pape y fut envoyé pour prévenir les désordres : il ouit les témoins que les parties produisirent, & s'étant apperçu que les habitants se disposoient à la voie de fait, il mit le péage en sequestre, il en fit faire la recette par ceux qu'il nomma ; ce fut au mois de Mai de l'an 1459 : sa prudence épargna bien des déplaisirs aux parties.

Quelque temps après ce démêlé fut réglé, & rien ne l'a rallumé. Le Roi étant mort, plus accablé de chagrins que d'années, Louis lui succéda. Devenu Roi, il n'oublia pas les querelles du Dauphin : Baile fut un de ceux qu'il voulut sacrifier à sa haine & à sa vengeance. Il avoit succédé à François Portier, à la Préfidence unique du Parlement, & fon obéiffance aux ordres du Roi Charles étoit fon crime. Il fut deftitué honteufement, fi les injures que l'on a fait à l'homme de bien peuvent lui être une honte, & Guillaume de Corbie, Confeiller au Parlement de Paris, fut mis en fa place. La deftitution de Baile fut le paiement de fa vertu, & l'inftitution de Corbie fut celui d'un foupé. Cette même année, Guy Pape fit une perte qui lui fut un gain : Louife Guillon fa femme mourut. Il ne la perdit guere mieux par fa mort, qu'il l'avoit déjà perdue par fa haine, qu'elle écouta en mourant. Elle infulta à fon mari par fon teftament, inftituant Jean & Etienne Guillon fes freres, fes héritiers ; & n'y faifant aucune mention de lui : il n'y a pas de milieu pour la femme dans le mariage, entre l'amour & la haine. Cette mort rendit la liberté à Guy Pape. Le defir de ne mourir pas naît avec nous ; il n'avoit pas eu des enfans de cette femme, fi bien que ce defir de fe perpétuer dans fa poftérité le porta à de fecondes noces. Il époufa *Catherine de Cizerin* : les plaifirs de ce fecond mariage lui firent oublier tous les chagrins du premier, & lui furent un lénitif contre de nouveaux. Il n'avoit effectivement ni fervi ni nui au Roi encore Dauphin, dans ce grand accident, & il eft vrai qu'il avoit paffionnément voulu lui être utile ; mais il ne l'avoit pas fervi aveuglément, & c'étoit dans la politique de ce Prince, l'avoir deffervi : le foupçon a prefque toujours contre les Sujets auprès de la Puiffance régnante, la force de la preuve.

I X.

BAILE & Guy Pape étoient amis : l'eftime qu'ils avoient l'un pour l'autre, étoit le lien de leur amitié réciproque. Baile ne paroiffant plus dans le Parlement, Guy Pape commença à s'en retirer : c'eft par cette raifon qu'il ceffa dès-lors d'en recueillir les Arrêts. Il fe donna à d'autres occupations, & fe renferma dans fon cabinet, pour la confultation & pour la compofition. Il aimoit la folitude, qui eft l'élément des beaux efprits, dit un de nos Poëtes, & il la trouvoit dans une maifon qu'il avoit au

Fontanil, auprès du Prieuré de Saint Robert, à une lieue de la Ville de Grenoble. C'est là qu'il faisoit de fréquentes retraites, pour être ainsi tout à soi, en se refusant aux affaires qui venoient à lui en foule de toutes parts. *Silius Italicus* mérita par sa vertu, & par son esprit (*), les premieres Dignités de l'Empire Romain. La seule vénération qu'il avoit pour les Grands Hommes, lui persuada d'acquérir les maisons que Ciceron avoit possédées à la Campagne & dans Rome; & il alloit chaque année révérer le tombeau de Virgile à Naples : c'étoit rendre visite à ce Prince des Poëtes dans sa maison éternelle. La demeure de *Pétrarque* dans Vaucluse, auprès d'Avignon, a rendu ce lieu aussi célébre qu'il est agréable; mais ce qu'on y estime le plus, & ce qui y appelle la curiosité des honnêtes gens, ce sont les masures de la maison de ce fameux Poëte, plutôt que la beauté & les charmes de cette agréable solitude. Qui sera assez injuste pour ne pas juger que la réputation de l'illustre Guy Pape doit avoir attaché quelques-uns des rayons de sa gloire aux murailles ruinées, dans l'enceinte desquelles tant de doctes Ouvrages ont été produits ? Ce qui resta de divertissement à Guy Pape, après avoir quitté le Palais, ce fut celui de se posséder paisiblement dans cette maison, qui l'éloignoit du monde & du bruit. Dans ce loisir qu'il s'étoit fait, il n'y eut pas de l'oisiveté : il fut consulté de toutes parts, & même par le Duc de Savoie, & il composa plusieurs Ouvrages de Jurisprudence. C'étoit la science dont l'amour le possédoit; il se partageoit rarement à d'autres, quoiqu'il les estimât toutes, & qu'il fût infatigable. Il écrivit même de sa main, dans le Livre de la Pragmatique Sanction qui étoit dans la Bibliotheque du Parlement, des remarques utiles; mais ce Livre s'est égaré. Néanmoins il faut avouer que *ses Questions* sont la plus importante de ses Compositions, & celle qui seule lui a acquis plus de réputation que toutes ses autres œuvres ensemble. Les raisonnemens y sont judicieux; les preuves fortes & solides, & les Loix y sont employées dans leur vrai sens. Monsieur le Président Expilly ne pouvoit mieux louer cet excellent Ouvrage, qu'en disant, comme il fait, qu'il y paroît *un clair jugement*, *un solide savoir*, & *une constante prud'-hommie* : de sorte que ce n'est pas une merveille que ses Déci-

---

(*) On dit pourtant de lui que *scribebat carmina majori cura quàm ingenio.* Plin. jun. lib. 3, Epist. 7.

fions foient des Arrêts, *non-feulement en France*, comme il parle, *mais auffi en Italie, en Efpagne, en Portugal, en Allemagne, & par-tout où le Droit-Écrit eft connu.* Si l'expreffion n'y eft pas bien pure par fa latinité, on y voit du moins une admirable netteté : rien n'y eft embarraffé ni obfcur. Elles furent premiérement données au public, par le fecours de l'impreffion, l'an 1490, dans Grenoble même, environ quinze ans après la mort de leur Auteur : il ne l'eft pas néanmoins de la 633ᵉ, mais le Confeiller Claude Pafcal, qui avoit joint à la fcience du Droit une grande connoiffance des Belles - Lettres, & même de la Poéfie Latine, en laquelle il excelloit. Guy Pape ne les avoit pas entiérement négligées : il témoigne auffi en divers endroits de fes Ouvrages, que ceux de Ciceron & d'Ovide étoient fouvent dans fes mains. Il ne faut pas douter, cela étant, qu'il n'eût de même du commerce avec les autres célèbres Auteurs que nous eftimons. Mais entre les Docteurs, il avoit de la vénération pour Barthole, & pour Azo, auquel il donne le titre de *Trompette de la Vérité*. Entre les Jurifconfultes de fon temps, ceux qu'il juge les plus méritants, font les Préfidens Étienne Guillon & Jean de Baile ; le Docteur Rodolphe de Sefignac, mort dans la Ville de Chambery ; Vital de Cabanes , Jean de Godables, Official de Grenoble ; Jean d'Aiguillon & Pierre Rebuffe, Profeffeur en l'Univerfité de Montpellier. Barthelemi du Nievre étoit encore, au jugement de Guy Pape, un Jurifconfulte fi favant, qu'il lui envoya, comme nous l'avons déjà remarqué, fes quarante-fix premieres Queftions ou Décifions, écrites de fa main ; ce fut comme la montre de fon Ouvrage qu'il préfenta à ce Docteur, pour apprendre de fon fentiment, ce qu'il avoit à efpérer des fentimens publics. Les ignorants font tous préfomptueux, & ils font préfomptueux parce qu'ils font ignorants ; ils n'aiment pas la cenfure : mais les bons efprits font dociles, & pour incivile, & pour rude que foit la repréhenfion, elle ne leur déplaît pas, pourvu qu'elle leur apprenne ce qu'ils ne favoient point encore : un préfent donné de mauvaife grace, ne laiffe pas d'être un bienfait.

X.

ASSURÉMENT le fameux Préfident Expilly a raifon de dire, qu'il paroît dans les Décifions de Guy Pape *une conftante prud'- hommie.* En effet, il avoit beaucoup de religion & de piété :

fa confcience n'étoit pas même inacceffible aux fcrupules. Quelles réflexions ne fait-il pas, quand il traite de l'obligation de payer la dîme ? Il met au nombre de fes bonheurs, d'avoir oui prêcher dans Lyon en 1415 Saint Vincent Ferrier, & le Bienheureux Bernard de Sienne dans Pavie ; & d'avoir vu le Cardinal Louis Alleman, au tombeau duquel il fe faifoit de fréquents miracles dans la Ville d'Arles. Paffant à Langres, dans fon Ambaffade vers le Roi Charles VII, il n'oublia pas de vifiter dans l'Églife Cathédrale de cette Ville, le tombeau de l'Évêque Jean de Michel, célèbre par fes miracles, de quelques-uns defquels il écrit qu'il fut témoin. Il étoit fi perfuadé de tout ce que l'Églife lui ordonnoit de croire, qu'il fonda l'an 1461 un anniverfaire perpétuel dans l'Églife Cathédrale de Grenoble, pour le repos de fon ame, ayant donné pour cela un jardin qui lui appartenoit dans le territoire de la Pertuiferie, enfermé maintenant dans cette Ville. Onze ans après, il légua une penfion, auffi perpétuelle, aux FF. Prêcheurs de cette même Ville, par fon teftament qui eft de l'an 1472, à la charge que celui qui prêcheroit la Paffion le jour du Vendredi Saint, recommanderoit à fon Auditoire de prier Dieu pour fon ame. Ce fut par le même principe d'une fincere piété, qu'il fonda une Chapelle, dédiée à la Sainte Vierge, dans la Paroiffe de Saint Vincent du Plâtre, au Curé de laquelle il en donna la Rectorie. Auffi il n'y avoit rien de violent ni d'injufte dans fa conduite envers fes Sujets de Saint-Auban, de Montclar & de Cornillon : il étoit Seigneur de ces trois Terres ; il n'y convertiffoit pas fon autorité en tyrannie. Il fit de nouveaux Statuts dans celle de Saint-Auban ; chacun en fut content, perfonne n'en murmura. Il obligea l'an 1460 les habitants de cette Terre de lui rendre l'hommage qu'ils lui devoient ; mais il n'ajouta rien pour fes intérêts à l'ancien ufage. Il nourriffoit ceux qui dans fes Terres étoient foumis au droit de *Corvées*, pendant qu'ils travailloient pour lui ; & dans le haut crédit où il étoit, il ne lui auroit pas été impoffible de fe décharger de cette dépenfe. Il régloit fes defirs par ce qui lui étoit permis, & non par ce qui lui étoit poffible ; & lorfqu'il maria Françoife Pape fa fille, avec Guigues de Dorgeoife, fes Sujets de Saint-Auban lui firent un préfent de quatre-vingts florins. La Dot d'une fille eft un des cas de la fubvention extraordinaire que les Sujets doivent à leurs Seigneurs : il pouvoit tirer contr'eux des avantages de cette contribution, quoiqu'elle fût volontaire ; il confentit néanmoins qu'ils fiffent tous

les actes néceffaires , pour empêcher qu'elle pût jamais être
un titre qui en fît un droit néceffaire & indifpenfable. Tout finit
excepté ce qui n'a point commencé : Guy Pape étant parvenu
à un âge qui lui faifoit voir de près la fin de fa carriere, attendoit la mort fans effroi : fes bonnes actions la lui rendoient
moins terrible. Il mourut paifiblement après l'an 1475. Sa réfi- Mort de Guy
Pape.
dence ordinaire étant dans la ville de Grenoble, il y poffédoit
la maifon qui a appartenu à feu Monfieur le Confeiller Ferrand,
mort Doyen du Parlement, dans la rue des Clercs , & il y
mourut. Un Hôte fi illuftre, eft un illuftre honneur à cette
maifon. La preuve du temps de fa mort eft dans le cent-dixhui-
tieme de fes Confeils, où il emploie un Arrêt du vingt-cinquieme
de Septembre de cette même année. Les derniers honneurs
lui furent rendus dans l'Églife des FF. Prêcheurs, & fon corps
fut dépofé dans le tombeau de fon pere: mais cette Églife ayant
été ruinée par les fureurs des guerres civiles , & convertie en
place ouverte & libre , ce tombeau n'a pas été mieux épargné
que les Autels. Violer les fépulchres , n'eft-ce point affaffiner
les morts ? Cette Églife avoit fuccédé à une autre, dédiée à S.
Pierre , que l'Évêque Guillaume de Saffenage avoit donnée
aux FF. Prêcheurs en les établiffant dans Grenoble, comme
leur Fondateur ; & cette nouvelle Églife avoit été achevée &
confacrée feulement l'année 1430 , par l'Évêque Jean de Chiffai.
Il y avoit des tombeaux, pour qui les impies qui la ruinerent
n'eurent pas tout le refpect qu'ils méritoient. Celui du célèbre
Corneille Agrippa étoit un de ceux qui en méritoient le plus. Son
Epitaphe s'y lifoit dans une table de métal , qui a long-temps
roulé dans les Chambres des Religieux, l'illuftre Monfieur de
Boiffieu l'ayant même vue : il ne faut pas d'autre preuve pour
convaincre d'impofture ceux qui , par une malignité égale à
leur ignorance , ont accufé de magie cet homme trop libre ; qui
n'a pourtant offenfé perfonne, que parce qu'il a écrit des vérités
avec peu de retenue. Il avoit établi & fixé fa demeure dans la
petite Ville de S. Antoine dans le Viennois , & il s'y maria : un
fils lui naquit, qui fut héritier de fon nom & de fes biens ; mais
il fut moins favant & moins confidéré que fon pere. En effet ,
fes concitoyens prétendirent l'affujettir aux charges dont les
Nobles font exempts, ce qui fit naître entr'eux une conteftation
qui fut portée & traitée au Parlement. J'ai des écritures faites
pour lui dans ce procès, & la maniere dont il eft parlé de fon
pere, apprend qu'il paffoit dans les fentimens publics pour un

grand & excellent perſonnage. Cette digreſſion ne ſera pas
inutile : ce qui ſert à la défenſe de la vérité & de l'innocence
ne déplaît qu'à leurs ennemis. C'eſt dans cette même maiſon
où eſt mort Guy Pape, qu'Agrippa a auſſi fini ſes jours. Le
ſieur Ferrand, tige dans cette Ville d'une Famille noble de ce
nom, la poſſédoit : il étoit homme de mérite, & aimoit Agrippa
qui en avoit beaucoup ; de ſorte qu'aux voyages qu'il faiſoit de
Saint-Antoine à Grenoble, il vouloit être ſon Hôte, & ce fut
chez lui qu'Agrippa fut attaqué de la maladie qui lui cauſa la
mort.

X I.

Catherine de Cizerin fit Guy Pape pere de quatre fils &
de deux filles. Jean Pape, l'aîné des fils, épouſa Antoinette
d'Eurre. Il étoit un des Domeſtiques commenſaux du Roi
François Ier, & elle l'étoit de la Reine Claude, femme de ce
grand Roi. Les autres fils de Guy Pape furent François, Humbert & Roux ou Rodolphe. François vendit Montclar à Jean
de Grammont, Seigneur de Vacheres, & continua la Famille
de Pape. Philibert ſon fils imita ſon exemple, & vendit tout ce
que ſon aïeul avoit poſſédé dans Grenoble & aux environs, &
même la Seigneurie de Cornillon. François épouſa Claude
d'Aubres ; & Jacques de Saint-Auban, leur arriere-petit-fils,
remarque dans ſes Mémoires qu'elle s'appelloit ainſi, & que
Michel d'Aubres, Coſeigneur de Vinſobres, étoit ſon pere.
Après ce témoignage, n'eſt-ce pas une erreur de la donner,
comme l'on fait, à la Maiſon de Tholon, dans laquelle en
effet, on ne trouve ni de Michel, ni de Seigneur de Vinſobres ?
Humbert fut Protonotaire, & fut pourvu du Prieuré de Cha-
botes ; mais Roux mourut jeune & ſans emploi. Françoiſe Pape
& Claude Pape, furent les deux filles. La premiere fut mariée
à Guy de Dorgeoiſe, de la noble & ancienne famille de Dorgeoiſe dans le Voironnois ; & Roux de la Font, Seigneur de
Savine, épouſa la ſeconde : la Terre de Savine eſt dans l'Embrunois. Jacques Pape, petit-fils de Philibert Pape, ayant été
emporté par la débauche, où étoient alors les eſprits, s'engagea
dans la Secte des Prétendus Réformés, & fut un des plus fermes
ſoutiens de leur parti, & s'y acquit tant de réputation & de
crédit, qu'il oſa diſputer le premier rang dans ces Provinces à
l'heureux Leſdiguieres : il prétendit au Gouvernement général,
& le lui diſputa ; mais le bonheur de ce Héros fit pour lui contre
Saint-Auban, ce qui n'auroit pas été facile à ſes grandes vertus :
dans ces combats de deux Rivaux d'égal mérite, la fatalité

décide; elle donne la victoire sans juger; mais dans cette occasion, la fortune donna ses faveurs à la vertu, que ses ennemis
mêmes révéroient comme héroïque. Ce n'est pourtant pas flatter
cette Famille, de dire avec le Président Expilly, qu'elle est
fertile en personnages illustres, *en l'une & en l'autre* Profession,
dans les Armes & dans les Lettres. Enfin la postérité de Guy
Pape a été digne de lui dans tous les temps : elle n'a point
dégénéré : il n'y a jamais eu que générosité, valeur & bonté :
ces nobles qualités lui sont des attributs essentiels. J'ai représenté
les principaux degrés de cette Famille, c'est-à-dire les premiers,
pour montrer son origine; & les derniers, pour la liaison avec
ceux qui vivoient au temps de la derniere recherche faite contre
les usurpateurs du titre de Noblesse ; c'est dans le troisieme
volume de l'Etat politique de Dauphiné, & cela suffisoit au
dessein que je m'y étois proposé d'être utile, & non de flatter
la vanité. La parfaite généalogie n'est pas une liste ennuyeuse
de noms seulement ; mais elle immortalise les morts vertueux,
en les recommandant au souvenir des vivants, & en leur pro-
posant l'imitation des vertus des morts.

X I I.

CEUX même qui semblent s'opposer à la gloire de la vertu,
la réverent. François Hottoman est le seul d'un mérite relevé,
qui a le moins gardé de mesures pour Guy Pape; si est-ce qu'il
témoigne souvent, qu'il avoit pour lui de la vénération & du
respect. D'autres plus passionnés pour la vérité, ont assez estimé
les judicieuses Décisions de ce fameux Jurisconsulte, pour en
faire le sujet & l'occupation de leur étude & de leurs veilles;
ils les ont enrichies de doctes remarques : ce sont Antoine
Rambaud ; Bertrand de Rabot ; Nicolas Bonneton ; N. Pisard ;
Jean de la Croix de Chevrieres ; Gaspard Baro ; Etienne de
Ranchin ; Pierre Matthieu & Jacques Ferrieres, Le Languedoc
a donné la naissance aux trois derniers; les autres l'ont eue dans
le Dauphiné.

ANTOINE RAMBAUD, sorti de la Famille des Rambaud ,
Seigneurs de Montgardin dans le Gapençois, étudia dans les
plus célébres Universités de France & d'Italie. Il enseigna le
Droit durant sept ans, par des leçons publiques & particulieres,
dans diverses Villes du Royaume; & enfin l'amour de la Patrie
le rappellant, il vint à Grenoble, & fut un des *Avocats*

Confiftoriaux. Ces Avocats étoient fouvent Juges fouverains ; la Cour les appelloit aux Jugemens des caufes & des procès, quand le nombre compétent des Juges y manquoit par la récufation, ou par l'abfence. C'eft dans cette Ville que Rambaud compofa, l'an 1504, les premieres Notes faites fur Guy Pape ; & elles furent imprimées fous le nom d'ADDITIONS. La Famille de Rambaud étoit en ce temps-là confidérée entre les plus nobles du Gapençois : mais Rambaud ne fe contenta pas d'être né Noble par le bienfait de la fortune, il voulut le devenir encore plus glorieufement par celui de la vertu : il s'appliqua uniquement à l'amour des chofes louables, & c'eft où il trouva cette Nobleffe que les Sages refpectent. C'eft un bonheur d'être né Noble, parce qu'on a des Ancêtres qui l'ont été par leur vertu ; mais l'être par fon mérite, & fans un fecours étranger, c'eft un honneur qui divinife les hommes.

BERTRAND DE RABOT, fils de Jean de Rabot, qui fut l'un des plus Grands Hommes de fon fiecle par fon favoir, & par fes emplois, étoit Confeiller en ce Parlement fous le Regne de Henri III. Ses Notes fur Guy Pape apprennent quel progrès il avoit fait dans la Jurifprudence. Sa Famille eft encore dans l'éclat où la vertu & la Nobleffe mettent les Maifons illuftres. Jean de Rabot fon pere, étoit entré dans le Parlement par une Charge de Confeiller l'an 1477, & depuis ce temps-là cette Maifon y a eu continuellement, & fans interruption, ou des Préfidens, ou des Confeillers, ou des Avocats-Généraux : il n'y a pas de Famille qui fe foit confervée comme elle cet avantage avec autant de bonheur, durant plus de deux cens ans. Quel bonheur n'eft-ce pas à la vertu, de paroître depuis fi longtemps vêtue de Pourpre ?

NICOLAS BONNETON étoit Procureur-Syndic des trois Ordres de Dauphiné, fous le Regne de Charles IX. Cette Charge n'étoit poffédée que par des Gentilshommes d'une fuffifance reconnue, & d'une probité non fufpecte. Il n'eut qu'un fils & une fille. Ifabelle Bonneton fut la fille, & le célébre Préfident Expilly l'époufa. Il fut redevable de fon fils à la nature, & de fon gendre à fon choix. Ce qu'il fe dut à foimême par fon choix, l'emporta infiniment fur ce qu'il devoit à la nature par fon préfent.

N. PISARD naquit dans Vienne. Sa Famille eft éteinte ;

comme fon nom le feroit, fi les Notes qu'il a faites fur quelques
Décifions de Guy Pape ne l'avoient confervé: mais ce n'eſt qu'un
fombre rayon de lumiere qui tombe fur lui dans fon tombeau.

JEAN DE LA CROIX DE CHEVRIERES eſt à foi-même
fon éloge. Il fut Maître des Requêtes, Préfident au Parlement,
& enfin Evêque de Grenoble ; la fortune & la vertu furent
pour lui de bonne intelligence. Il a fait des Notes fur les Queſtions de Guy Pape, & un Commentaire fur le Statut de Louis
XI, touchant les donations entre-vifs. On peut dire hardiment
que c'eſt le Commentaire qui a rendu à ce Statut l'autorité
qu'il fembloit avoir perdue, & que peut-être il n'avoit jamais
eue. Ce que les Grands Hommes appuient, ils l'élevent ; leurs
fentimens font la force de la vérité.

GASPARD BARO étoit un des Confeillers du Parlement
duquel on eſtimoit le plus le favoir, l'expérience & l'intégrité.
Il donna fes Notes au Libraire qui avoit entrepris, l'an 1617, une
nouvelle édition de Guy Pape ; & ce fut à une longue follici-
tation qu'il céda, & non à la tentation de faire connoître fon
nom par-tout où celui de Guy Pape feroit porté. Balthaſar Baro,
l'un des quarante que choifit le Cardinal de Richelieu pour
compofer l'Académie Françoife, a été auffi un des illuſtres de
cette Famille ; il excelloit dans la Poéfie Françoife : ainfi cette
Maifon a eu dans ce temps un double avantage en la production
d'un Jurifconfulte & d'un Poëte : elle a eu la fécondité de ces
champs bienheureux, où en même faifon naiffent des fruits pour
le befoin, & des fleurs pour le plaifir.

ETIENNE DE RANCHIN eut pour pere Jean de Ranchin
Confeiller en la Cour des Aides de Montpellier ; & il donna
au public, l'an 1586, un mêlange de Décifions Latines, auxquelles
on a rendu propre le titre de Conclufions de Ranchin. Il exerça
toujours fa Charge de Confeiller en cette Cour-là, & celle
de Profeffeur dans l'Univerfité de Montpellier avec un égal
honneur. Mais il ne s'étoit pas tout donné à la fcience du Droit,
comme font ceux qui par la foibleffe de leur efprit borné, ou
par leur fainéantife, ou par leur avarice, ne font capables que
d'une chofe : il eut du commerce avec les Lettres, moins févéres,
& il a fait un Commentaire fur les Œuvres d'Apulée, qui verra
le jour lorfqu'il plaira à celui qui en a le manufcrit. La République des Lettres eſt la feule propriétaire de pareils tréfors ;

ceux qui les ont en leur pouvoir n'en font que les dépofitaires, ils ne peuvent fe difpenfer de lui en faire reftitution.

PIERRE MATTHIEU naquit à Touloufe. Le Roi Henri IV le fit fon Hiftoriographe, & l'honora de fa bienveillance. Il mourut d'une fievre maligne qui l'attaqua à l'âge de 57. ans au fiege de Montauban, où il avoit fuivi le Roi Louis XIII. Son tombeau eft dans le Cloître de l'Eglife Saint-Etienne de Touloufe; & Jean-Baptifte Matthieu fon fils l'orna d'une Epitaphe Latine, qui ne lui donne que les juftes louanges que fon efprit, fa probité & fes Ouvrages ont méritées. Les beaux efprits d'Italie eftiment infiniment fon Hiftoire, à caufe des favantes remarques dont il a enrichi fes marges; mais fur-tout à caufe de fon ftyle, qui a du rapport avec leur maniere d'écrire libre, hardie, coupée & métaphorique. Ses Notes fur Guy Pape prouvent combien il étoit bon Jurifconfulte; & fes autres Ouvrages, combien fon favoir avoit d'étendue. Il avoit de l'efprit & de l'ambition. Quand on a de l'efprit on aime la vertu, & quand on a de l'ambition on aime la gloire. On n'emprifonne jamais la vertu ni l'ambition dans la carriere obfcure d'un lucre fervile.

JACQUES FERRIERES naquit à Touloufe. Un Confeiller au Parlement, que fon opiniâtreté dans les erreurs de la Secte de Calvin firent périr l'an 1571, fut fon pere. Il fut grand Jurifconfulte & fameux Avocat: de forte que la Charge de fon pere ayant été fupprimée, fon propre mérite effaça cette honte, & l'éleva à la Magiftrature municipale de Capitoul: ce lui fut un grand fond d'honneur & de louange. Il publia lui-même fes favantes Remarques fur Guy Pape, les ayant dédiées à Nicolas de Verdun, alors Premier Préfident du Parlement de Touloufe, comme il le fut quelques années après de celui de Paris. Mais fes divers Traités n'ont été donnés au public que l'an 1651, c'eft à dire après fa mort, par les foins d'Anne Ferrieres fon fils, auquel fa Famille n'a pas furvécu. Le regret qu'il eut de la diffipation que fa femme avoit faite, par fa conduite peu judicieufe, de tout ce qu'il avoit acquis de bien par fon travail infatigable, le jetta dans une mélancolie qui le fit mourir. Si dans le corps d'une femme n'eft pas l'ame d'un homme, ce qui arrive rarement, la tête lui tourne dans une direction pénible & embarraffante.

V. L'Avocat de Proverce, liv. 2, q 2, p. 90.

Fin de la Vie de Guy Pape.

POSTÉRITÉ

POSTÉRITÉ DE GUY PAPE, Seigneur de Saint-Auban, de Montclar & de Cornillon. Il testa l'an 1472, & mourut après, l'an 1475.

De CATHERINE DE CIZERIN, il eut,

Jean, Seigneur de Saint Auban. Catherine d'Eurre, m. sans enfans.

François, Seigneur de St. Auban, testa en 1512. Claudine d'Aubres, fille de Michel d'Aubres, Coseigneur de Vinsobres.

Humbert, Protonotaire.

Rodolphe.

Françoise. Guigues de Dorgeoise. Claude Roux de la Font, Seigneur de Savine.

Philibert, testa en 1528. Claudine de Besignan, mariée en 1515.

Gaspard, testa en 1567. Blanche de Poitiers.

Balthasar. Gabrielle Artaud.

Claude. Antoine.

Jeanne, mariée à Guy de Brunel.

Hector. Jacques, testa en 1594. Georges. Jeanne. Justine.

Lucrece de Pierret 1573

Guy II. 1650. Mabile de Massues, 1604.

Françoise. Jean-Louis de Caritat.

Isabeau.

Laurence.

Jean. Jean-Louis, Sieur de Vercoiran, Maréchal de Camp.

Gaspard, testa en 1658. Blanche de Perissol, m. en 1644.

Françoise. René de Benefice.

Lucrece. Henri de Merley.

Olympe. Paul de Durand.

Samson, Seigneur de Saint-Auban, mort sans enfans.

Guy III. Elisabeth de Massanes de Montpellier.

Jacques, Seigneur de St. Euphene.

Laurent, m. jeune.

Guy IV. Marquis de Saint-Auban.

f.

TABLE

DES SECTIONS ET ARTICLES

DE LA JURISPRUDENCE DE GUY PAPE.

MATIERES DU PREMIER LIVRE.

Où il est traité des Puissances, des Jurisdictions & des Matieres
Ecclésiastiques.

xl

LIVRE SECOND.

Des Puissances Laïques.

De la Jurisdiction Temporelle, & des Droits Seigneuriaux.

LIVRE TROISIEME.

Des Succeſſions Teſtamentaires & Légitimes.

ART.

LIVRE QUATRIEME.

Des Inftrumens, des Contrats & des Crimes.

LIVRE CINQUIEME.

Des Actions, des Exceptions, des Jugemens, des Exécutions, &c.

Fin de la Table des Sections & Articles.

LA

LA

JURISPRUDENCE

DU CÉLÉBRE CONSEILLER
ET JURISCONSULTE

GUY PAPE,

DANS SES DÉCISIONS.
LIVRE PREMIER.

SECTION PREMIERE.

DU PAPE.

ARTICLE I.

De l'Autorité & de la Puissance du Pape *.

LE Pape (a) a la plénitude de la puissance, dit notre Auteur, tenant la place du Prince des Apôtres ; de sorte qu'il faut avoir pour lui une entiere soumission. Guy Pape en cet endroit donnant au Pape une autorité trop étendue, on n'a pas cru *qu.* 589; devoir rapporter ses termes ; mais ce qui excuse notre Jurisconsulte dans cette exagération, & dans d'autres que je passe sous si;

A

lence, c'est qu'il n'en est pas l'Auteur, & que ce sont des imaginations nées au-delà des Alpes, pour favoriser de vastes prétentions.

* *Audio etiam edictum propositum : Pontifex maximus, Episcopus Episcoporum, &c. Tertull. de pudicitia;* ce qui montre la haute considération où étoit déjà alors cette sacrée dignité. Sidonius Appollinaris, qui vivoit dans le cinquieme siecle, donne le titre de Pape à tous les Evêques auxquels il écrit; & il lui est donné aussi par Claudien, frere de S. Mamert, Evêque de Vienne. C'est dans le 4e. & dans le 6e. livre des lettres du même Sidonius. Alcimus Avitus appelle Papes les Patriarches de Constantinople & de Jerusalem; comme il fait Hormisdas & Symmachus, Evêques de Rome, dans ses lettres 7, 28, 87. Ce mot ne signifie autre chose que *pere*; & les Grecs encore aujourd'hui nomment leurs Prêtres Papes. C'est d'eux qu'il est venu.

(a) Ces propositions sont tirées des livres de la Jurisprudence Canonique Romaine; mais l'Eglise Gallicane ne consent pas à toutes. Les principes de vrai Christianisme attachent les fonctions & les droits du Sacerdoce au spirituel, & donnent absolument tout le temporel à l'Empire. *Divisum imperium, cum Jove Cæsar habet. Servus servorum diceris,* dit Pétrarque à ce sujet, *cave ne Dominorum Dominus fieri velis. Memento professionis, memento debiti, memento Domini, qui meritò nulli magis quàm Vicario læsus irascitur. De remed. dialog.* 107. L'humilité retenue & paisible est le fondement de la Religion dans le Christianisme; l'orgueil inquiet & ambitieux est celui de l'impiété dans toutes les Sectes. *V. Coquill. Mémoir. & Libertés de l'Eglise Gallicane.*

ARTICLE II.
Appel des Souverains au Pape.

APRÈS quoi, ce n'est pas une merveille, que les Docteurs Canonistes enseignent, que l'on peut appeller au Pape des Princes mêmes (a), qui ne reconnoissent point de Supérieur, quoique l'Evêque, ou l'Ecclésiastique feudataire ne puisse recourir dans les occasions qui regardent le fief, qu'au Prince de qui ils le tiennent, & non au Pape.

qu. 436.

(a) Il n'y a pas des exemples que les sujets aient appellé de leurs Rois aux Papes; mais il y en a plusieurs que les Rois ont appellé des Papes aux Conciles. Les Rois de France ne sont point obligés d'obéir aux citations des Papes, ni à celles des Conciles, parce qu'ils n'ont point de jurisdiction sur eux: c'est une maxime du droit public de ce Royaume; comme c'en est encore une que d'appeller du Roi à une autre Puissance, c'est un crime de leze-Majesté. Du Luc, *Placitorum lib.* 2, *tit.* 2, *ch.* 19. Fevret, *de l'abus ch.* 6, *n.* 8. *Papa in ipsum Imperatorem nititur superioritatem habere; quod ridiculum est dicere, atque abominabile audire,* dit *Johan. Petrus Ferrariensis in praxi, tit.* 3, *glos.* 8, *n.* 3. Le

Roi eſt Empereur dans ſon Royaume, dont le temporel n'eſt ſujet directement, ni indirectement à d'autre autorité ni juriſdiction que la royale : tellement que la diſpenſe que donne le Pape à un Religieux, pour paſſer d'un Ordre dans lequel il n'eſt permis de rien poſſéder, à un autre où il eſt libre d'avoir un temporel, ne le réhabilite point pour rentrer dans les biens de ſon patrimoine, ou pour avoir une penſion, quoique viagere ſeulement, comme il a été jugé pour ſieur Gilles de Gayant par Arrêt du 2 de Mars 1684, contre Jacques de Gayant, transféré de l'Ordre de S. Antoine de Viennois, où il étoit profés, à celui du Saint-Eſprit. Néanmoins la clauſe du Bref obtenu par celui qui réclame contre ſes vœux, par laquelle il eſt rétabli dans ſes biens, n'eſt pas abuſive ; parce qu'elle n'y eſt conſidérée que comme une conſéquence de la réclamation admiſe, & non comme une diſpoſition formelle, ni comme un acte de juriſdiction. Jugé par Arrêt du 23 de Juillet 1685, pour Frere Charles de la Croix.

Arrêt.

ARTICLE III.
Des Reſcrits de Complainte, Conqueſtus.

C'EST pourquoi l'uſage des Reſcrits (a) par leſquels le Pape déléguoit, pour procéder par les cenſures de l'Egliſe, contre ceux qui avoient donné lieu à ce recours extraordinaire, s'ils refuſoient de ſatisfaire à ce qu'ils devoient par acte obligatoire, ou par Jugement, eſt aujourd'hui aboli. Il choquoit la juriſdiction ordinaire, & bleſſoit en cela la Sanction Pragmatique & le Concile. Les Conſuls de la ville de Grenoble ayant obtenu un de ces Reſcrits contre N. Bonthoux, le Parlement leur défendit par Arrêt du 15 Décembre de l'an 1461 de s'en ſervir. Son motif fut que ce Concile, que la Pragmatique autoriſoit en ce point, s'étoit propoſé de réprimer les fréquentes entrepriſes qui ſe faiſoient, par l'autorité du Pape, ſur la juriſdiction ordinaire.

qu. 17.

C'eſt le Concile de Baſle.

Arrêt.

(a) Ces Reſcrits ont le nom de conqueſtus & de ſignificavit. On en voit la forme dans le chap. ſtatum de Reſcriptis in 6. Les créanciers faiſoient, en vertu de tels Reſcrits, excommunier leurs débiteurs, s'ils ne les ſatisfaiſoient dans le temps qui leur étoit preſcrit. Cet abus n'a même pris fin qu'avec le 15e. ſiécle dans le Dauphiné.

ARTICLE IV.
Des Conſervateurs Apoſtoliques.

NÉANMOINS dans une autre occaſion, ce même Parlement ſembla approuver un établiſſement qui n'étoit pas appuyé de plus de juſtice que celui-là. Lorſque les Papes donnoient des

privileges à des Eglises , ou à des Corps Ecclésiastiques , ils
qu. 18. commettoient ordinairement des Juges Conservateurs, qu'ils
choisissoient dans cet Ordre , pour les en faire jouir par la terreur
des censures. Il y avoit apparence que comme cette introduc-
qu. 247. tion offensoit la jurisdiction ordinaire , le Concile & la Pragmatique l'avoient supprimée ; néanmoins le Parlement ne jugea
pas que cela fût, par un Arrêt de l'année qui suivit celle-là. Le
Doyen & le Chapitre de l'Eglise S. Maurice de Vienne avoient
fait ajourner les Consuls de cette même Ville devant l'Official
de celle de Grenoble, ancien Conservateur de leurs privileges,
commis par les Bulles de quelques Papes : les Consuls s'adres-
serent au Parlement pour être déchargés de cette assignation ;
ce qu'ils n'obtinrent pas. Ils furent renvoyés à l'Official, &
condamnés aux dépens par Arrêt du 10 de Novembre 1462 (*a*).
On jugea que ces commissions n'étoient point révoquées , &
qu'elles subsistoient encore sans altération.

(*a*) Il n'y a plus de Conservateurs Apostoliques dans la Monarchie. La Pragmatique Sanction , le Concordat, & les inconvéniens qui naissoient de cet établissement, en ont aboli l'usage, qui duroit encore au temps du Conseiller François Marc, qui cite cet Arrêt de Guy Pape dans sa quest. 1085 de la premiere partie. C'étoit une invention de la Cour de Rome pour l'autoriser ; & on n'étoit pas alors assez éclairé pour distinguer le Saint Siege de la Cour Romaine. Guy Pape, & le Parlement les confondoient. La Cour Romaine se trompe souvent; le Saint Siege est toujours infaillible. Fevret, *Traité des Juges Conservateurs , dans le livre 4 de l'abus, chap. 2, n. 14 & suivans.*

A R T I C L E V.

Des Causes Majeures.

LEs Décrets de ce même Concile , & ceux de la Pragmatique ordonnent que toutes sortes de causes seront vuidées
sur les lieux par les Juges ordinaires , auxquels le droit , ou
qu. 103. la coutume en attribue la connoissance. Ils n'en exceptent que les
causes majeures (*a*) exprimées dans le droit. Elles sont réservées
à la seule jurisdiction du Pape. La disposition est claire ; mais
on n'en voit pas bien l'application. Quelques Docteurs comp-
tent jusqu'à quatre-vingt-neuf de ces causes majeures. L'union
des principales Dignités ecclésiastiques & des grands bénéfices,
est de ce nombre ; celle des inférieurs & des moindres n'en est

pas. C'est même un droit épiscopal, d'unir ceux-ci, lorsqu'il est ou nécessaire ou utile ; comme ce l'est de transférer les Moines & les Religieux d'un Monastere à un autre. Néanmoins (b) le Pape ayant uni le Prieuré de S. Cire à celui de Veynes, le Parlement lui a renvoyé la décision des différens qui sont nés de cette union. Il n'a pas changé de sentimens depuis ; & dans le procès de l'Eglise de Die, contre Frere François Pellat, il a fait un pareil Jugement. Ce Religieux prétendoit que l'union du Prieuré de S. Maurice au Chapitre de cette Eglise faite par le Pape étoit nulle, comme subreptice : sur ce fondement, il avoit impétré une Bulle qui commettoit l'Official de Grenoble pour le lui conférer, si cette union avoit quelque vice en elle qui l'annullât. Ce Chapitre intéressé en l'affaire se pourvut au Parlement, qui jugea encore dans cette espece, que les unions des bénéfices, que le Pape a faites, sont causes majeures qui lui appartiennent, avec leurs circonstances & leurs dépendances.

(a) La Cour de Rome & celle de France ne conviennent ni de la qualité, ni du nombre des causes majeures. Le célébre Archevêque Pierre de Marca n'en a parlé *dans le ch. 27 du livre 7 de Concord.* que pour dissimuler ses sentimens : bien des raisons ne lui permettoient pas de les déclarer. Le savant Jean Gerbays, Docteur de la Faculté de Sorbonne, a moins gardé de mesure. Les causes majeures, dans la Pragmatique Sanction & dans le Concordat, sont celles qui sont de cette qualité, suivant l'usage de la Nation & de l'Eglise Gallicane, & non suivant l'opinion des Canonistes. On en juge en conformité de ce qu'on a toujours pratiqué dans la Monarchie ; le Droit public de laquelle, régle celui qui est attribué aux Papes par le Droit Canon, qui est leur ouvrage. De sorte que les causes qui regardent la Foi, les doutes, les ambiguités & les difficultés importantes dans la discipline, les accusations & les dépositions des Evêques, même pour cause d'hérésie, ne peuvent être traitées que dans le Royaume. L'article du Concordat touchant les causes majeures n'a point apporté de nouveauté à l'ancien usage, non plus que le Concile de Basle, & la Pragmatique dans les titres de *majoribus causis.*

(b) Le même Guy Pape parle de cette union dans son Conseil 134, où il traite des solemnités, & des effets de l'union des bénéfices. Les formes établies dans le Concile de Constance doivent y être gardées. Il faut, 1. que les intéressés y soient appellés ; 2. qu'il y ait preuve de la nécessité, ou de l'utilité. La Cure de la Paroisse de Saint Martin de Vienne avoit été unie au Chapitre de l'Eglise Cathédrale, il y avoit deux cens ans. Le sieur Voisin, *Arrêt.* Prieur du Prieuré dans l'Eglise duquel cette Cure est servie, appella comme d'abus de cette union ; & par Arrêt du 21 de Juillet 1647, l'abus fut déclaré, en ce que les solemnités prescrites par ce Concile n'y avoient pas été observées : cette union fut cassée & déclarée nulle, dépens compensés.

A 3

ARTICLE VI.

Des Dispenses.

TOUTES les dispenses sont de la qualité des concessions abusives, quand elles sont accordées contre les devoirs auxquels la Loi & la Religion nous obligent. On s'adresse souvent au Pape pour être dispensé du jeûne & de l'abstinence durant le Carême. Toutefois ceux qu'il en dispense ne sont point exempts de péché, s'ils n'ont pas dû l'être par quelque raison légitime (a). Et notre Auteur, après avoir remarqué que les dispenses sont de deux especes différentes, les unes étant simples, & les autres n'ayant pour objet ou pour cause, que le dessein d'éviter un plus grand mal, conclut qu'elles ne remettent pas la coulpe, mais la peine seulement ; ce qui n'est pas facile à comprendre.

qu. III.

(a) La dispense *est provida & debita juris relaxatio, utilitate seu necessitate pensatâ.* Celle qui n'a pour suppôt ni utilité, ni nécessité est sans effet. Les Evêques & même les Curés dispensent du jeûne avec juste cause. Le Vénitien Marc Paul écrit que dans un lac, au milieu duquel est un célébre Monastere, dédié à S. Léonard, on ne voit aucun poisson, que depuis le jour des Cendres jusqu'à celui de Pâques. C'est un secours que Dieu envoie aux Moines de ce Couvent, & aux peuples des environs. Les Romains, dans le Paganisme, ordonnoient quelquefois des jeûnes publics. *Eorum prodigiorum causâ,* dit Tite-Live, *libros Sibyllinos Decemviri cùm adiissent, renuntiaverunt jejunium instituendum Cereri esse.* Les livres de la Sibylle de Cumes furent conservés dans Rome jusqu'au regne d'Honorius ; Stilicon, qui gouvernoit l'Etat, les ayant fait brûler.

SECTION II.

DES Évêques, de leurs Grands Vicaires, & de leurs Subdélégués.

ARTICLE I.

Des Evêques censurants leurs Supérieurs.

LE titre d'Evêque est un titre général*, qui convient aux Archevêques, aux Primats & aux Patriarches. Ce qui se dit à l'avantage de l'Episcopat les regarde, de même que les Prélats, à qui ce titre d'Evêque est demeuré propre. Il y a de la subordination entre ceux-ci & les autres; & dans la hiérarchie le siege des uns est placé sur un degré plus haut que celui des autres. Cette subordination ne permet pas à l'Evêque d'excommunier, dans son Diocese, l'Archevêque son Supérieur (a), _{qu. 318.} quelque faute qu'il y ait commise; comme il pourroit censurer un Archevêque, qui n'auroit point de supériorité sur lui.

* L'Evêque est un inspecteur général. Par cette raison, ceux qui avoient la direction des choses vénales, *qua civitatum populis ad quotidianum victum usui sunt*, étoient nommés *Episcopi*, comme nous l'apprend le Jurisconsulte Charisius dans la loi derniere, au §. 7. ff. *de muneribus & honoribus*; & chez les Grecs, les Gouverneurs des jeunes gens de qualité avoient, comme nous l'enseigne aussi Oppien, le titre d'Evêque, qu'Homere donne aux espions dans le 10e. livre de l'Iliade. Les Latins les appellent *Speculatores*: & c'est ce que doivent être les saints & sages Evêques.

(a) Le Pape Grégoire I V étant venu en France, pour réconcilier l'Empereur Louis le Débonnaire avec ses fils, le bruit courut que son dessein étoit d'excommunier les Evêques qui étoient avec l'Empereur. Ces généreux Prélats n'en furent pas troublés; *asseverabant*, dit un Historien contemporain, *se nolle auctoritate ejus succumbere; sed si excommunicans adveniret, excommunicatus abiret*. N'étoit-ce point une menace des inférieurs à leur Supérieur? Le Parlement connoît de tous les intérêts temporels des Evêques. Les Archevêques & les Evêques y ont séance immédiatement après les Présidens; mais il faut qu'ils s'y présentent en habit épiscopal, suivant l'Arrêt du mois de Mars 1556. Néanmoins, dans les temps *Arrêt.* auxquels la Religion n'avoit rien perdu de sa pureté, il n'étoit pas même permis aux Ecclésiastiques d'entrer dans le Palais. Il leur fut défendu par le Concile d'Elvire de l'an 305, & par celui d'Atles de l'an 314, d'exercer les Magistratures, & de se mêler des affaires publiques: *Nihil Deo & Imperatori*, disent-ils, *nihil templo palatioque commune*. Et comme parle Optatus Episcopus Milevitanus, qui vivoit l'an 368, *Nota erat nosse Reges*. Au reste la relation qui est entre l'inférieur & le supérieur, empêche que celui-là ne prescrive contre l'autre, en ce qui est de la révérence & de la soumission. Elle est pour elle-même & pour la conservation de ses droits, une interruption perpétuelle.

ARTICLE II.
De la premiere Tonsure.

TOut Evêque peut donner la premiere Tonsure, & par elle l'Ordre de Cléricature, même sans le consentement de l'Evêque du Tonsuré; n'étant pas défendu au Laïque, comme il l'est au Clerc, de recevoir aucun Ordre que de son Evêque. La raison en est que celui qui se présente pour être tonsuré, _{qu. 449.}

8 LA JURISPRUDENCE

n'eſt que de la jurifdiction temporelle de ſon Evêque, & que le Clerc l'eſt encore de la ſpirituelle, qu'il a déja reconnu. Le premier Ordre conféré à un Laïque par un Evêque étranger ſubſiſte toujours, comme un caractere indélébile imprimé à l'ame. Les Clercs ſont les Soldats de l'Egliſe militante; les Evêques y ſont des Chefs, auxquels, pour ſon intérêt, la liberté & le droit d'enrôler ne doivent pas être conteſtés.

On obſerve néanmoins, que ſi l'Ordinaire n'y a pas conſenti, le Tonſuré ſera irrégulier, & incapable de poſſéder aucun bénéfice, juſqu'à ce qu'il ait obtenu diſpenſe du Pape, *per Reſcriptum quod vocatur perinde valere.* Ferriere *in hanc quæſt.* Les Abbés de Cîteaux conferent la premiere Tonſure & les quatre moindres, & même le Diaconat & le Sous-Diaconat. L'un & l'autre n'étoient point Ordres Eccléſiaſtiques dans l'ancienne Egliſe; les Diacres & les Sous-Diacres pouvoient être mariés, comme il ſe recueille de divers Canons du Concile d'Ancyre, qui s'appelle aujourd'hui Angoury.

ARTICLE III.

De la Jurifdiction Epiſcopale ſur les Moines.

LEs Evêques étant des inſpecteurs que Dieu a établi ſur les mœurs de tous ceux qui vivent dans leurs Dioceſes, ſi l'Abbé, ou le Supérieur régulier néglige, par une complaiſance vicieuſe, de châtier ceux de ſes Moines ou de ſes Religieux qui ont commis des fautes puniſſables, ils en feront eux-mêmes le châtiment(a). Mais cela ſuppoſe que l'action ait fait de l'éclat; car ſi elle n'eſt pas d'une notoriété publique, ils avertiront ce Supérieur de s'acquitter de ſon devoir, en puniſſant le coupable. Avant ce préliminaire, ils ne devront rien entreprendre.

(a) Les exemptions avoient fort diminué la jurifdiction épiſcopale, & peut-être l'auroient-elles enfin anéantie, ſi le Concile de Baſle, la Pragmatique Sanction, le Concordat, les Ordonnances d'Orléans & de Blois, & les Arrêts des Cours ſouveraines du Royaume ne s'étoient oppoſés, pour elle, & pour les Evêques, aux entrepriſes de la Cour Romaine. Les Religieux délinquants hors de leur Cloître, ou avec ſcandale, en l'adminiſtration des Sacremens & dans leurs prédications, ne peuvent ſe ſervir de leur exemption. Il y a pluſieurs autres cas, où ils ſont ſujets à la jurifdiction des Evêques. Le droit de viſite dans les Egliſes des Paroiſſes qui dépendent des Abbés, en eſt un.

ARTICLE

ARTICLE IV.

De l'Appel des Évêques pour leurs Diocéfains.

COMME ils font intéreffés dans ce qui concerne les Églifes, les Chapitres, les Colleges & même les Villes qui leur font foumifes dans l'étendue de leurs Diocefes, ils peuvent appeller pour eux, fans avoir befoin de procuration ni de mandat; leur qualité leur eft un légitime pouvoir & les autorife (a).

qu. 203.
Voy. ci-après liv. 5, fect. 1,
art. 11.

(a) Il eft pourtant remarquable que les Evêques ne peuvent faire aucun acte de jurifdiction contentieufe ni l'exercer par eux mêmes, mais feulement par leurs Officiaux, fi ce n'eft dans la vifite de leurs Diocefes. Leurs premiers foins font dus au falut des ames, non aux affaires temporelles; c'eft pourquoi ils nourriffent & paient les Prédicateurs de leurs Eglifes Cathédrales, *qui eorum vices fupplent.* Prêcher & vivre comme l'on prêche, c'eft le point vertical des devoirs de l'Epifcopat; la parole émeut, l'action perfuade. Il y a une Prébende pour eux dans les Eglifes Collégiales. Quant à celles des Prieurés & des Paroiffes, on fuit la coutume. Cette dépenfe, fi la coutume n'eft pas contraire, fe régale entre les Prieurs & les Paroiffiens. Il y a eu Arrêt pour cela le 17 d'Août 1620, entre le Syndic de S. Antoine de Viennois, & les Catholiques d'une Paroiffe, lequel ordonne que, par provifion, le Prieur nourritoit le Prédicateur du Carême, & que les Paroiffiens Catholiques le paieroient. La même chofe a été encore jugée de la forte avec le Prieur d'Oyfans. Les Abbés & les Prieurs qui font en poffeffion de nommer les Prédicateurs y font maintenus, comme l'a été le Sieur Abbé de Gailla, contre le Sieur Evêque d'Albi, par trois Arrêts du Parlement de Paris, & par un de celui de Grenoble du 18 de Mars 1660.

Arrêt.

Arrêt.

Arrêt.

ARTICLE V.

De l'Afyle dans les Palais des Évêques.

L'ÉPISCOPAT eft utile au Chriftianifme; les droits d'une Dignité fi facrée & fi fublime, font un retranchement aux vertus contre les attentats des méchants. Lorfque dans les actions criminelles il y a plus de malheur que de crime; ceux qui les ont commifes, trouvent dans les Palais des Évêques un afyle inviolable, comme le font les Églifes confacrées à Dieu (a). Mais fi la nature du crime rend indigne de ce privilege celui qui s'y eft réfugié; l'Évêque l'en fera fortir, & nulle autre Puiffance ne doit l'entreprendre par la violence & par la force.

qu. 436.

qu. 111.

(a) Quoique l'article 166 de l'Ordonnance de Villiers-Coterets, de l'an 1539, ait aboli l'ufage des afyles, on n'a pas vu que l'on ait manqué de respect pour les Evêques dans les occasions. L'asyle étoit, par l'ancien Droit François, *in Ecclesiis & adjacentibus, in atrio & in spatio aripennis*, aux environs. Il falloit y entrer sans armes, ou l'on en étoit tiré *armatorum viribus*; ce qui se recueille des anciens Capitulaires & de l'Edit du Roi Lothaire. Mais la Religion n'est-elle point offensée, quand elle protege les crimes; & n'est-ce pas le faire que de protéger les criminels? Valere Messalin dit autrefois fort sagement dans le Sénat Romain, *Principes quidem instar Deo-*

rum esse; sed neque à Diis nisi justas supplicum preces audiri, neque quemquam in Capitolium aliave urbis templa perfugere, ut eo subsidio ad flagitia utatur. Tacit. *annal. lib. 5, § 6.* C'étoit un sacrilege dans la Ville d'Athenes d'exécuter en sa personne, & même d'ajourner celui qui assistoit à un sacrifice ou à une cérémonie de religion. Evander Thespien, qui avoit fait enlever Menippe son débiteur, *in mysteriis*, fut accusé *de violata religione*, & perdit sa dette qui étoit de deux talens. Demosthenes *adversus Midiam.*

ARTICLE VI.

Du Pouvoir des Grands Vicaires.

Réguliérement les Grands Vicaires des Évêques & des Prélats ne se substituent pas d'autres Vicaires; néanmoins étant malades, ils peuvent subdéléguer, si leur maladie n'est pas de durée. Ils ne pourront non plus pourvoir aux bénéfices, si leur provision ne leur en donne expressément & positivement le pouvoir (a).

qu. 374.

(a) François Marc traite de ces Vicaires, de l'étendue de leur pouvoir, & *quandò, aut quomodò evacuetur*, dans les questions 995, 997, 999, 1002, 1098 & 1233 de la premiere partie, & dans la 413 de la seconde. La jurisdiction volontaire des Evêques s'exerce par les Grands Vicaires, & la conten- tieuse par les Officiaux. Mais il importe que les Vicariats pour la collation des bénéfices soient insinués; sans cela ils sont sans effet. Bordenave traite des jurisdictions volontaire & contentieuse dans le *chap. 17 des Cours Ecclesiastiques*; & Fevret dans le *chapitre 1. du livre 2 de l'abus.*

ARTICLE VII.

Des Subdélégués.

Quand les Évêques ont subdélégué, l'appel des Ordonnances de leurs Subdélégués vient à eux, & ne va pas à l'Archevêque leur Supérieur. Les commissions qu'ils donnent, ne les dépouillent pas de leur jurisdiction naturelle.

qu. 436, n. 41 & 42.

SECTION III.
DES ABBÉS ET DES MOINES.

ARTICLE I.
De la Jurisdiction des Abbés.

LEs Abbés, en ce qui regarde les mœurs, la regle & la difcipline, font les Juges de leurs Moines *. Leur jurif- *qu. 5591* diction fuit ceux-ci en quelque lieu qu'ils aillent ; & ils n'y font pas moins fujets pour avoir péché hors de leur Couvent (a).

(*) Evagrius fait l'éloge des Moines de la Paleftine dans le chap. 11 du 1 livre de fon Hiftoire Eccléfiaftique, difant qu'ils font *Luctatores expertes fanguinis, Athletæ carne nudati, qui jejunium habent pro convivio, omni ciborum genere inftructo.* Exemple & reproche. On ne fait rien quand on change d'habit, fi on fe garde tout entier ; il faut fe quitter en entrant dans le Couvent : mais reffufciter les morts n'eft guere un plus grand miracle que de mourir parfaitement à foi-même.

(a) Le Moine & le Religieux doit en ces cas être renvoyé à fon Supérieur, par le Juge devant qui il a été accufé ; comme le fut un Moine du Prieuré de S. Robert, auprès de Grenoble, par Arrêt de 1556. Rabot. *Arrêt.* Aujourd'hui, quand le Religieux a péché hors de fon Couvent, & que ç'a été avec quelque fcandale, l'Evê

que ou le Juge Laïque en prend connoiffance : la qualité du fait la donne ou à l'Evêque ou au Juge. L'Abbé général de l'Ordre de S. Ruf envoie, comme il le juge à propos, fes Religieux dans les Couvens dépendants de lui : on les appelle Cloîtriers ; & fes ordres mandat. Un Religieux ayant appellé comme d'abus d'un mandat qui lui ordonnoit d'aller à la Tour-d'Aigues, il fut déclaré par Arrêt du *Arrêt.* 7 de Septembre 1657, qu'il n'y avoit abus, & l'appellant fut condamné aux dépens. Ce que les Supérieurs & même les Chapitres ordonnent pour la correction des mœurs, eft exécuté nonobftant oppofition & appellation, n'y ayant pas de l'abus. Jugé par Arrêt du *Arrêt.* 18 Mai 1666 pour le Chapitre de l'Eglife de Gap, contre Me. Louis Aftruc, l'un des Prêtres de cette Eglife.

ARTICLE II.
De la Profeffion Religieufe.

LA Tonfure fait le Clerc, la Profeffion (a) fait le Moine & le Religieux : elle imprime ce caractere, & elle eft parfaite & confommée par le vœu & par l'habit. Par le vœu qui fe fait folemnellement, & par l'habit que l'on reçoit de

B 2

qu. 502. la main de celui qui (*b*) a le droit de le donner, comme l'ont les Abbés & les Prieurs, & même sans le consentement de leurs Religieux en faveur de la Religion.

(*a*) Il ne se fait point de profession légitime avant l'âge de 16 ans complets; l'Ordonnance de Blois s'est accommodée à la disposition du Concile de Trente. Celle d'Orléans vouloit 25 ans pour les hommes, & 20 pour l'autre sexe. Il est étrange qu'un mineur ne puisse pas disposer d'un fonds de dix écus, sans être autorisé, & qu'il puisse disposer de soi-même en toute liberté, étant sujet comme il l'est dans la foiblesse de cet âge, à tant de préoccupations, de subornations, de fourberies & d'embûches.

(*b*) La profession que reçoit un Moine sans Dignité, mais qui est en cette possession & qui en a reçu d'autres, est valable, comme il a été jugé par Arrêt du 14 d'Août 1546. Mais *Arrêt.* la nullité de la profession est couverte par le cours de cinq ans dans lesquels on a pu réclamer. Jugé par Arrêt en *Arrêt.* fait de dévolut fondé sur la nullité de la profession, du 30 de Juillet 1677. Enfin la coutume donne la jurisdiction volontaire; qui même *extenditur. ad non subditos consentientes.* C'est par cette raison que la profession que reçoit un simple Moine qui en a reçu d'autres, est légitime & subsiste.

ARTICLE III.

De la Profession gratuite.

MAIS l'entrée de la Religion est simoniaque, si elle (*a*) n'est gratuite. Les Abbesses & les Prieures n'y font pas assez de réflexion lorsqu'elles reçoivent des filles qui prennent l'habit de Religieuses dans leurs Couvens, ou de leurs parents, quelquefois cent florins, comme parle notre Auteur, quelquefois davantage. On prétend justifier cet usage en di- *qu. 80.* sant que c'est une dot; mais ayant examiné cette raison, il conclut que c'est pourtant une simonie, & que ce n'en seroit pas une, si on donnoit seulement quelque chose au Couvent par une pure libéralité sans convention. J'ai vu souvent (*b*), continue-t-il, accorder à la derniere Prieure de Montfleuri, qui étoit de la noble maison de Guyffray, des lettres précises qui avoient force définitive contre les parents de ses Religieuses, pour le paiement des sommes qu'ils avoient promises avec serment. Néanmoins tels sermens n'autorisent pas une chose criminelle. Quel moyen de convertir un abus vicieux en coutume innocente & louable? Je crois, poursuit-il, que cela s'est fait par inadvertence, les parties n'ayant pas opposé les considérations à la demande qui leur étoit faite; j'aurai soin à l'avenir de faire que Messieurs du Parlement y prendront garde ; car en cette occasion le serment ne doit point être considéré, parce qu'il ne serviroit qu'à appuyer un pacte simoniaque & une coutume qui conduit au péché.

(*a*) On appelle dot ce que l'on donne aux Religieuses pour leur entrée dans la Religion : elles sont les Epouses de Jesus-Christ, & la dot est un secours qui rend plus supportables les charges du mariage. Faut-il de tels secours dans le mariage spirituel ? François Marc est dans les sentimens de Guy Pape, qu'il fortifie par ses raisonnemens dans la quest. 953 de la premiere partie. Un Auteur moderne a fait un traité contre cet usage, qu'il fait passer pour un sacrilege. Quoiqu'il en soit, il y auroit plus d'honneur à ne rien prendre. *Amplius laudi earum tribuunt, qui aliquid rei detrahunt*, dit Symmachus, en parlant des Vestales; *si quidem saluti publicæ dicata virginitas crescit merito, cùm caret præmio.* Saint Emond, Evêque de Cantorbery, étoit persuadé de la vérité de cette simonie, comme l'apprend l'ancien Auteur de sa vie, inserée dans le sixieme tome de Surius, *ad diem 16 Novembris.* Le célébre Cassien, qui mourut l'an 448, met entre les raisons qui ne permettent pas aux Monasteres de rien recevoir des Moines qui y entrent, celle-ci, *ne egressi exinde ea quæ in principio renuntiationis suæ spirituali fervore succensi intulerunt, tepefacti posteà, non sine magna injuria Monasterii, sacrilego spiritu recipere atque exigere moliantur.* De instit. renuntiantium, lib. 4, cap. 4. Les Moines avoient alors la liberté de quitter cette profession ; ce genre de vie étoit purement volontaire pour sa durée. Tout a changé depuis ; l'ava-

rice est entrée dans les Monasteres avec la nécessité d'y demeurer quand une fois on s'y est obligé. Le Parlement a opposé sa sagesse & son autorité à ces désordres des derniers temps, par son Arrêt général du 6 de Juillet 1667, *Arrêt.* sur la réforme des quatre Ordres des Religieux Mendians, défendant aux Supérieurs de rien prendre pour la réception des Religieux, & ne tolérant que des pensions viageres. On a condamné cet abus; & il ne peut être reçu dans les Monasteres des Religieuses que le nombre à l'entretenement duquel les revenus suffiront ; & dans les différens qui naîtront delà, l'état véritable & fidelle en doit être rapporté pour les régler. Les Religieuses du Couvent de la Visitation de Sainte Marie de Forcalquier, demandoient le paiement d'une pareille dot au sieur de Figuier, Auditeur en la Chambre des Comptes d'Aix, qui s'y étoit obligé & qui le refusoit: la cause avoit été évoquée du Parlement de cette Ville-là, & renvoyée à celui de Grenoble : il y a été ordonné par Arrêt du mois d'Avril 1687, *Arrêt.* qu'elles rapporteront dans deux mois l'état de leurs revenus; & si elles n'y satisfont, cet Arrêt a déchargé le sieur de Figuier de tout paiement. Toutefois on a beau faire ; un abus invétéré & tel qu'est celui-ci, qu'un prétexte de piété toujours spécieux soutient, ne manque jamais de moyens artificiels d'éluder, lors même qu'il feint d'obéir. Il se cache & résiste plus dangereusement :

B 3

ne pouvant s'accommoder avec liberté de la dépouille des familles, comme il faisoit auparavant, il en emporte ce qu'il peut, par des incursions hardies & heureuses qu'il y fait ; le zele trompeur & trompé, les déguise mens suborneurs de l'avarice, & les inquiétudes des parents qui craignent ou qui aspirent, le favorisant dans tout ce qu'il propose.

(b) Le Monastere de Montfleuri est dans une haute réputation. La France n'en a pas de plus célébre, ni la vertu religieuse de siege plus inaccessible aux vices & aux désordres. Il fut fondé l'an 1343 par le Dauphin Humbert II, sous la regle de saint Dominique, dans le château de Montfleuri, éloigné de Grenoble seulement d'une lieue. Ses Religieuses y furent établies l'an 1347 qu'il fut achevé ; & Cécile du Pont fut la premiere Prieure, & Jeanne de Ligneres, cousine du Dauphin, la premiere Céleriere. Comme il est un des Membres de l'Ordre de S. Dominique, il n'est pas à couvert, non plus que les autres, de l'exécution de cet Arrêt ou Réglement général de 1667. Mais, *quid Leges sine moribus vane proficiunt*, dit un Ancien?

ARTICLE IV.
Des Moines Officiaux.

QUOIQUE dans le commerce de la vie civile, les Moines passent pour morts (a), ils peuvent néanmoins être Juges & Officiaux, les Abbés librement, & les Religieux du consentement de leurs Abbés & de leurs Supérieurs. La cause de cette différence est, que les Abbés & les Supérieurs sont déjà, par les devoirs de leurs charges & par la qualité de leurs emplois, hors la solitude & dans la conversation publique, ce que ne sont pas leurs Moines & leurs Religieux. C'est même l'usage de l'Officialité de Vienne & de celle de Lyon ; & notre Auteur fait cette remarque, qu'il a vu un certain Prieur, premiérement à la tête de (b) l'Officialité de Vienne, & après de celle de Lyon. Il n'y a rien là de surprenant, parce que les Moines, si leurs Supérieurs y consentent, peuvent êtreArbitres, & même Avocats & Procureurs.

qu. 463.

(a) Les Moines sont présumés morts : les morts doivent-ils avoir de part au commerce de la vie civile ? Aussi il y a long-temps que le Dauphiné n'a pas vu de Moines Officiaux. L'Archevêque de Vienne ayant pourvu de la charge de son Official un Moine de l'Ordre de S. Benoît, dispensé par le Pape, la provision & la Bulle furent déclarées abusives par Arrêt de l'an 1613. Si *Solitarius interpretatur vocabulum Monachi, quid facit in turba qui solus est?* C'est la pensée d'Isidore; celle de S. Isac Syrien est plus forte ; *secessio & solitudo Monachi*, dit-il, *similis est conversantibus in sepulchris.* C'est une regle que les Moines ne peuvent posséder des bénéfices; à plus forte raison ne peuvent-ils être revêtus de charges & d'emplois séculiers. Qu'ils sont incapables

Arrêt.

de bénéfices féculiers; cela a été jugé par Arrêt du 28 Février 1643, pour Meffire Jean Perinel, Curé de Villar-Benoît, contre les Peres Augustins, poffeffeurs de la Sacriftie de ce même lieu.

(*b*) Les Officiaux légitimement pourvus, doivent obferver dans les procès criminels l'ufage des Cours du Royaume & les formes établies par les Ordonnances : s'ils ne le font, il y a abus, comme il a été jugé par *Arrêt.* Arrêt du 30 Juillet 1638, en la caufe de Dodat & de Danjot : mais l'Ordonnance de 1667, *tit.* 1. *art.* 1. les affujettit même en matiere civile, à cette uniformité. La contravention feroit un abus; comme c'en eft un, s'ils font citer devant eux un Laïque, fous prétexte qu'exerçant un Office Eccléfiaftique, il y a mal verfé, ce qui a *Arrêt.* été jugé par Arrêt du 11 Juillet 1636, pour Meffire François Vial, Avocat & Promoteur du Diocefe de Die; s'ils ordonnent la fequeftration des fruits *Arrêt.* d'un bénéfice, jugé par Arrêt du 2

d'Août 1656, pour fieur Pierre Baffet, contre Varcia; & enfin s'ils jugent fans être gradués. Mais il n'y en a pas, s'ils ufent d'inhibitions & de défenfes dans les matieres de leur connoiffance; jugé par Arrêt du 4 Septembre 1674, pour *Arrêt.* les habitants d'Auberive, dans le Viennois, contre Meffire François Chulliat, leur Curé, appellant comme d'abus de l'Official de Vienne. Si les Juges ou les Arbitres entreprennent fur la jurifdiction eccléfiaftique, on peut appeller d'eux comme d'abus. Des Arbitres convenus ayant impofé, fans la participation du Pape, une penfion fur le Prieuré d'Eurre, il fut dit par Arrêt du *Arrêt.* mois de Mars 1637, pour le fieur de Jourdan, qu'il y avoit abus; comme il y en a, fi l'Official commet de fon autorité un Notaire Royal pour informer contre un Prêtre, & s'il emplóie un Sergent Royal pour l'ajourner devant lui, comme M. de Rabot Veiffil- *Arrêt.* lieu remarque dans fes Mémoires M.S. S. qu'il a été jugé fur fes conclufions.

ARTICLE V.
Des Moines & Religieux héritiers.

CELA étant, les Moines & les Religieux ne font pas abfolument incapables des fucceffions teftamentaires. Le Parlement tolere qu'ils foient inftitués héritiers univerfels avec effet, & entretient les teftamens par lefquels ils le font (*a*). Il eft vrai que pour l'intérêt public il leur ordonne, fi l'héritage confifte *qu.337.* en fonds de terre & en immeubles, de les vendre dans le délai d'une année qu'il leur prefcrit, & il prend foin que le prix foit mis dans les mains d'une perfonne capable d'en répondre. Son motif eft de les tirer ainfi de ces main-mortes & de les faire rentrer dans le commerce public, pour conferver aux Seigneurs directs les droits dont ils feroient privés, s'ils demeuroient perpétuellement dans les mains de poffeffeurs de cette qualité (*b*).

(*a*) Les teftamens faits au préjudice des familles, par lefquelles feules l'Etat fubfifte, en faveur des Religieux, ne font le plus fouvent que fuggeftions.

Que peuvent refufer les foibles à des gens qu'ils croient avoir en leurs mains les clefs du Paradis, pour en ouvrir toutes les portes à leurs bienfaicteurs? Toutefois le Parlement de Grenoble les tolere en certains cas, s'ils font exempts de tout foupçon, & fi les Religieux inftitués ne font point incapables par leur Regle & par leur vœux de rien poffeder de temporel, de permanent & de ftable, comme le font les Religieux & les Religieufes de l'Ordre de faint François de l'Obfervance, & principalement les Religieufes de la Réforme de fainte Collette. Quand Guy Pape écrivoit, cet Ordre étoit tombé dans une étrange corruption : la Regle de fon Inftituteur y étoit étrangere & même inconnue; la pauvreté qui étoit fa forme effentielle & le caractere qui le diftingue principalement des autres, en avoit été bannie. Le Cardinal d'Amboife, Légat en France, tacha de corriger cet abus criminel, & rappella à fa premiere pureté cet Ordre qui fait tant d'honneur au Chriftianifme. La Réforme des Obfervantins, des Capucins &

des Recollets, a depuis achevé de le purifier & de le ramener à cet état de perfection, d'où trop peu de confiance en la Providence divine l'avoit éloigné. Il ne falloit pas un plus foible fecours contre tant d'ennemis; la corruption des plus fains eft la plus dangereufe, les corps robuftes n'ont point de médiocres maladies. La défappropriation des Religieufes du Couvent de fainte Claire de Grenoble y eft le fuppôt de toutes les vertus qui s'y pratiquent. Nous en avons traité dans une differtation dont elle eft le fujet. Au refte M. le Préfident Expilly rapporte, dans les chap. 158 & 220 de fes Arrêts, l'Edit de Château-Briant fait pour le Dauphiné, touchant les fucceffions des Religieux.

(b) Cette raifon n'eft pas la meilleure. L'intérêt des familles, qui ne peuvent fouffrir, que l'Etat ne fouffre, en eft une plus forte. D'Olive traite de l'incapacité des Religieux dans le chap. 4 du livre 1. de fes queftions, où il cite la queftion 295 de Guy Pape, qui pourtant ne regarde point ce fujet.

ARTICLE VI.
Des Moines Témoins.

LEs Moines & les Religieux, & (a) même les Religieux Mendians, quoiqu'ils femblent plus morts au monde que les autres, peuvent pareillement affifter, comme témoins, aux teftamens ; & le Parlement juge que ces teftamens ne laiffent pas d'être bons & valables. Néanmoins Jean (b) Fabri écrit le contraire; mais un ufage plus utile que commun l'a emporté. Et à la vérité, fi un teftament, fi un codicile n'eft pas nul parce qu'on y a appellé un hérétique ou un excommunié pour témoin; pourquoi le fera-t-il, fi un Religieux (c) Mendiant y a affifté en cette même qualité? & s'il peut être témoin à un acte de cette importance ; pourquoi ne le fera-t-il à tout autre?

qu. 517.

(a) C'eft

(*a*) C'est une commune opinion que le Moine & le Religieux peut être témoin à un testament. Le Conseiller Bertrand de Rabot apprend même sur cette question 517, que c'est l'usage de Dauphiné, disant positivement que *testis esse potest Monachus in testamento.* Si l'usage s'y étoit opposé, il n'auroit pas parlé si résolument. Il a été jugé en conformité de cet usage, au rapport de M. le Conseiller de Mistral, par Arrêt du 12 d'Août 1683, qui a confirmé le testament de Jeanne Lombard, fait en Savoie, auquel deux Religieux étoient témoins. Ce fut dans la cause de sieur de Lessins & de Binar, Châtelain d'Aoste.

(*b*) Jean Fabri, Chancelier de France, dans ses Commentaires sur les Instituts, *in §. testes de testamentis.*

(*c*) Il y avoit dans Rome des Colleges de Mendians sous prétexte de Religion. *Circuit cauponas Religio Mendicans,* dit Tertullien in Apologetic. *exigit mercedem pro solo templi aditu :* *non licet Deos esse gratuitos ; venales sunt.* C'étoient des imposteurs. Une des Loix qu'explique Cicéron dans le deuxieme livre *de Legibus,* est celle-ci : *Præter Idæa matris famulos, eosque justis diebus, ne quis stipem cogito;* & y remarquant la cause de la défense, il dit que ce genre de quête *implet superstitione animos, exhaurit domos.* Il y avoit dans l'ancienne République de Marseille une Loi conforme à celle-là : *Omnibus qui per aliquam Religionis simulationem,* dit Valere Maxime, *alimenta inertiæ quærunt, clausas portas habent, & mendacem ut famosam superstitionem submovendam esse existiment.* C'étoient des Idolâtres, chez qui la pauvreté n'étoit ni vertu ni vertueuse.

Ingens opprobrium pauperies jubet
Quidvis & facere & pati;
Virt utisque viam deserit ardua.

C'est l'éloge injurieux que lui donne le Poëte, qui comptoit lui-même entre ses amis Auguste & Mécénas.

ARTICLE VII.

Des Prieurs des Freres Prêcheurs de Grenoble.

LEs Religieux entrent aussi quelquefois dans les fonctions des Curés ; les (*a*) Prieurs des Freres Prêcheurs du Couvent de Grenoble donnent à leurs Religieux , & même hors de leur Couvent , si l'occasion le veut ainsi , la sainte Communion & l'Extrême-Onction. Cette administration des Sacremens est de la jurisdiction volontaire : on ne les confere qu'à ceux qui le veulent ; & cette jurisdiction est exercée en tous lieux par celui qui l'a , & principalement par celui qui l'a sur les sujets & les inférieurs.

(*a*) Ce privilege est commun à tous les Religieux , & l'étoit même du temps de Guy Pape aux Freres Mineurs du Couvent de Grenoble, desquels il n'a parlé en aucun endroit de ses Ouvrages. Les Freres Prêcheurs le possédoient tout entier. L'Ordre de ceux-ci n'est pas si absolument fondé sur la pauvreté

C

que l'eft celui de S. François, dont les Religieux, lorfqu'ils fe fouviennent bien du défintéreffement auquel leur inftitut les oblige, peuvent être comparés aux premiers Chrétiens, qui avoient tout abandonné pour fuivre JESUS-CHRIST. *Quorum non erat infamia quòd pauperes dicerentur, fed gloria; qui non egebant, qui non inhiabant aliena, qui pauperes effe non poterant quia Deo divites erant,* comme parlent d'eux Arnobe & Minutius Felix.

SECTION IV.
DES Clercs, des Eccléfiaftiques, & de leurs Privileges.*

ARTICLE I.
Des Preuves de Cléricature.

qu. 474.   IL n'y a que les Clercs qui foient capables de poffèder légitimement les bénéfices eccléfiaftiques ; mais la Cléricature fe prouve par actes, c'eft-à-dire par les lettres de Tonfure ;
qu. 138.   la perte defquelles peut néanmoins être prouvée par la dépofition de témoins irréprochables (a).

---

* Le Clergé de France à toujours été fort privilégié, comme parle Bodin dans fa République ; le Décret du deuxieme Concile de Macon, tenu fous le regne de Gontran, montre à quel excès on prétendoit porter le refpect qu'il exigeoit des peuples. *Si quis fæcularium,* dit-il, *quempiam Clericorum honoratorum in itinere habuerit obvium, ei colla fubdat ; fi fint ambo equites, caput aperiat ; fin Clericus pedibus ambulet, fæcularis equo, hic illicò defcendat, alioqui ab Ecclefia, quam in Miniftris de gradu & honore dejicit, quoad Epifcopus voluerit, fufpendatur.* Les Prélats font les *Clerici honorati* de ce Décret.

(a) Plufieurs chofes ne peuvent être prouvées que par acte, dont néanmoins la perte fe peut prouver par témoins. Il y a fur ce fujet un paffage remarquable dans l'Oraifon de Ciceron pour le Poëte Archias, *de tabulis deperditis fuper re cujus tamen memoria extat.* Mais en ce cas il faut que les témoins qui dépofent, difent avoir vu la teneur defdits actes. Boiffeau *fur l'article 54 de l'Ordonnance de Moulins.* qu. 439. Ainfi les preuves de Tonfure fe doivent faire par écrit, & non par témoins. Mais fi les lettres de Tonfure ou de qu. 474. Cléricature font perdues, leur perte & leur teneur peut être prouvée par témoins. La profeffion de Religion ne fe prouve de même que par actes, comme il a été jugé par Arrêt du 7 *Arrêt.* d'Août 1661, en la caufe de Meffire François d'Eurre, Seigneur du Puy faint-Martin, & de Meffire Louis Efcallin des Aymars, Baron de la Garde, où il s'agiffoit d'une profeffion dans l'Ordre de S. Jean de Jerufalem.

ARTICLE II.

De l'Immunité & de l'Exemption des Clercs.

UN des principaux privileges des Clercs, est que vivant cléricalement, ils font exempts des tailles (a) & des subsi- *qu.79.* des qui s'imposent sur le peuple, comme le font les Nobles, quoique leur naissance ne leur ait pas donné ce caractere. Et *qu.381.* cette exemption fut assurée aux Clercs étudians dans les Écoles *qu.382.* de Grammaire, par Arrêt publié le 4 du mois de Juillet 1455. Mais elle n'a d'effet que dans les lieux qui ne font point cadas- *qu.83.* trés; & ils le font dans l'Oysans & dans le Briançonnois. Ce *qu.371.* privilege ne s'y est pas étendu au préjudice de leurs cadastres, que *qu.79.* l'on suit exactement dans les cottisations.

(a) Le Réglement du mois d'Octobre 1639 ayant réalisé la taille dans le Dauphiné, a déclaré ceux qui en doivent être exempts, ou par leur naissance ou par leur qualité, & nul privilege n'y est conservé aux Ecclésiastiques par la seule consideration de leur caractere. De fait ils font les vrais Philosophes Chrétiens; & le Philosophe qui n'est pas désintéressé, *habitum Philosophiæ indebitè & insolenter usurpat :* & comme disent les Empereurs Valentinien & Valens dans la Loi *reddatur C. de Profess. & Medicis, lib. 10. turpe est ut patria functiones ferre non possit, qui etiam fortuna vim se ferre profitetur.*

ARTICLE III.

De la perte du Privilege de Cléricature.

POUR ne perdre point le privilege de Cléricature, princi- palement à l'égard de la jurisdiction, il (a) faut absolument que le Clerc s'abstienne du mariage & de toute profession de métier vil & abjet. Pour le mariage notre Décisionnaire dit dans une de ses questions, que si les Clercs mariés conservoient leur Tonsure de sorte qu'elle parût toujours, ne portoient que des habits convenables à cet Ordre, servoient aux Offices divins & ne faisoient rien que de louable, il y auroit lieu de dire qu'ils vivent cléricalement, & par conséquent de ne leur *qu.83.* disputer pas l'exemption. Mais dans un autre, son sentiment est *qu.138.* que Jean Paviot, Clerc de la premiere Tonsure & étudiant, devoit contribuer aux tailles, parce qu'il étoit marié. Quant *qu.381.* aux métiers bas & vils, entre les raisons qui firent déclarer, par Arrêt du 9 du mois d'Août de l'an 1457, Claude Marbod indi- gne de jouir du privilege de Cléricature, celle-ci qu'il étoit Boulanger public, fut une des plus fortes; les autres furent qu'il étoit marié, qu'il ne lui paroissoit point de Tonsure & qu'il étoit vêtu comme l'étoient alors les Séculiers.

(a) Ferrier remarque sur cette question 138, plusieurs moyens pour lesquels le privilege de Cléricature se perd, & en la plupart il faut trois admonitions. A l'égard des métiers vils, la Clémentine premiere *de vita & honest. Clericor.* les réduit à deux ; *Diœcesanis locorum districtè præcipimus,* dit-elle, *Clericos Carnificum, seu Macellariorum, & Tabernariorum officium publicè & personaliter exercentes, nominatim & tertiò moneant, ut sic ab hujusmodi officiis intrà convenientem terminum ipsorum arbitrio moderandum desistant, & quòd ipsa nullo unquam tempore reassumant.* Ce sont les Bouchers & les Cabaretiers. L'Empereur Julien écrivant à Arsace, Pontife de la Galatie, lui ordonne d'empêcher que les Prêtres des Dieux ne mangent ni ne boivent dans les cabarets, & n'exercent aucun art déshonnête. Terentius Varro, qui perdit la bataille de Cannes contre Annibal, & Wolcey, Cardinal d'York, favori & premier Ministre de Henri VIII, Roi d'Angleterre, étoient fils de Bouchers. Le premier ne laissa pas d'être Consul ; *non solùm humili, sed etiam sordido loco natus,* dit Tite-Live, *lib.* 22. Il est remarquable que les Aréopagites défendirent l'entrée de l'Aréopage à un homme qui s'y présentoit, & cela seulement parce qu'il avoit mangé ce jour-là dans une taverne. Atheneus Dipnosophist. *lib.* 3. Le mot *Carnifex* signifie aussi l'Exécuteur de la Haute-Justice ; mais il n'est pas pris en ce sens dans la Clémentine, quoiqu'il soit vrai qu'en ce temps-là, ni même en celui auquel Monstrelet vivoit, l'Exécuteur n'étoit pas dans l'infamie & dans l'horreur où il est maintenant ; le peuple de Paris, comme le dit cet Historien, avoit même quelquefois à sa tête Maître Bourrel, & il remarque comme il parla dans ses fréquentes séditions sous le regne du Roi Jean, contre le Dauphin Charles Régent du Royaume. Comme on perd le privilege de Cléricature en exerçant des métiers vils & abjets, on se ferme l'entrée des Dignités Ecclésiastiques en se dévouant à des fonctions peu honnêtes. Ainsi un Clerc qui avoit fait celles de Trompette & de Crieur public, fut jugé indigne d'une Chanoinie dont il avoit été pourvu dans une Eglise Cathédrale, par Arrêt de l'an 1669, rapporté par M. Jean Guy Basset, mais sans date. La politique Romaine ne permettoit point aux Crieurs publics d'entrer dans les Charges de Décurionnat, qui étoit le Sénat des Colonies & des Municipes ; mais ce ne leur étoit pas un obstacle de l'avoir été. Nous l'apprenons de ce passage de Cicéron dans une Lettre à Lepto, qui est dans le sixieme livre de ses Epîtres : *Simul ut accepi à Seleuco litteras, quæsivi à Balbo per litteras quid esset in Lege ; rescripsit eos qui fecerunt præconium vetari esse in Decurionibus ; qui fecissent, non vetari : quare bono animo sint & tui & mei familiares ; neque enim erat ferendum, cùm qui hodie haruspicinam facerent, in Senatu Romæ legerentur ; eos qui aliquandò præconium fecissent, in Municipiis Decuriones esse non licere.*

Arrêt

ARTICLE IV.

Des Biens des Clercs.

LEs Clercs féculiers difposent en toute liberté de leurs biens *qu. 110.*
propres (*a*), entre-vifs & mourants, comme les autres fujets.
Les fruits de leurs bénéfices leur appartiennent en propriété : ils
en difposent aufli comme il leur plaît ; & s'ils ne l'ont pas fait,
ils paffent d'eux à leurs héritiers légitimes (*b*). Par la Coutume les
Bénéficiers ne different pas des ufufruitiers, qui font les fruits
leurs, comme parlent les Jurifconfultes.

(*a*) Ils difposent de même de leurs
bénéfices par la réfignation & par les
voies permifes dans le Droit. Il y a de
la différence entre les réfignations faites par les majeurs & celles que font
les mineurs. Celles-là font pourtant
nulles fi on y a été porté par les impreffions de la crainte, par la force
& par les violences ; ce que le réfi-
gnant ne fera plus reçu à propofer
après trois ans de paifible poffeffion
de fon réfignataire, fi dans cet intervalle il ne l'a point interpellé judiciellement. Il a été jugé ainfi par Arrêt *Arrêt.*
du 4 de Février 1672, pour Meffire
Jean Auberi, Curé de Piegon, contre
Meffire François du Port. Néanmoins
fi le Bénéficier majeur a réfigné dans
la prifon, où il eft détenu étant accufé
de crime, la réfignation, quelque crain- *Arrêt.*
te qu'il allegue du fuccès de l'accufation intentée contre lui, fubfiftera ;
comme il a été jugé pour Meffire
Claude Lombard, réfignataire de la
Cure de Luc, contre Meffire Pierre
Serre, par Arrêt du 4 Mars 1673. *Arrêt.*
Toutefois un Curé qui avoit réfigné
étant *in reatu*, ayant révoqué fa réfignation & impétré des lettres-royaux,
même après fa réfignation admife, en
obtint l'entérinement & fut maintenu
en ce bénéfice, c'eft-à-dire dans fa Cure,
par Arrêt du 8 de Janvier 1674. Ce fut *Arrêt.*
par ces deux motifs ; l'un qu'il n'avoit
ni d'autre bénéfice ni d'autre bien, &
qu'il feroit contraint de mendier *in opprobrium Cleri* ; & l'autre qu'il avoit
réfigné *in reatu*. Mais le mineur qui
réfigne fans la participation de fon pere,
rentre facilement dans le bénéfice qu'il
a réfigné : fa réfignation en ce cas eft
nulle ; & elle a été déclarée telle,
même fans le fecours extraordinaire
des lettres-royaux, pour Dom André
Royans, Religieux profés de l'Ordre
de Clugny, par la feule confidération
de la minorité & de la léfion ; & cela
par Arrêt du 21 Juillet 1643. Il y a *Arrêt.*
moins à douter quand le pere du réfi-
gnant mineur agit pour lui, *quafi de-
cepto*, comme il peut *pro corrupto* ; il
fait facilement annuller telle réfignation faite à fon infu. Il y en a deux *Arrêt.*
Arrêts dans une même famille ; l'un
eft du 20 de Juin 1618, pour le Sieur
Confeiller Baffet de S. Nazaire ; &
l'autre de l'onzieme d'Août 1656, *Arrêt.*
pour Meffire Jean Guy Baffet, Auteur
de la derniere compilation des Arrêts
du Parlement de Grenoble ; les réfignations que leurs fils avoient
faites de leurs bénéfices, fans leur
faire part, furent annullées par ces
Arrêts. Mais dans l'inftance ju-

gée par le dernier, furent employées des lettres-royaux pour plus de sûreté.

(*b*) Ce n'est plus une matiere de controverse, comme il l'étoit encore dans le siécle dernier, le Parlement l'ayant décidé par Arrêt de l'an 1548, au rapport du savant Conseiller de Rabot, & à l'avantage des héritiers d'un Bénéficier à qui ces fruits étoient contestés; & ils consistoient entr'autres aux arrérages d'une pension. Le successeur au bénéfice ne peut les prétendre, que dès le jour seulement qu'il en a pris possession, comme il a été aussi jugé par Arrêt du 4 de Mars 1682. *Arrêt.*

Arrêt.

ARTICLE V.
Des Ayant charge d'ames , de leur Dépouille.

qu. 110.

MAIS cette liberté de tester n'est propre qu'aux (*a*) simples Clercs. Ceux qui ont charge d'ames en sont privés, comme le sont les Évêques, les Curés & les Vicaires perpétuels. Leur dépouille est acquise à leurs bénéfices; & sur ce point notre Auteur fait mention d'une certaine transaction faite l'an 1423, entre les Prieurs & les Vicaires perpétuels du Diocese de Grenoble.

(*a*) Il n'y a plus de différence entre les Bénéficiers, qui limite la liberté de tester; & ce droit de dépouille n'est plus en usage, si ce n'est dans les Ordres réguliers. *Mos servatur hodiè indistinctè*, dit Baro sur cette question 110, *ut Beneficiarii, sive habeant administrationem sive non, testari possint; & si non testantur, succedunt eis propinquiores ab intestato.*

ARTICLE VI.
Des Commendataires.

qu. 152.

LA (*a*) commende des bénéfices est un titre canonique, & le Commendataire est véritablement Bénéficier. C'est pourquoi on ne retranche rien du temps qui a formé une prescription contre l'Église, celui durant lequel elle a été en commende (*b*): le Commendataire en est le légitime époux, & elle n'est pas présumée avoir manqué de défenseur ayant eu un possesseur légitime.

(*a*) La commende perpétuelle est en France un titre canonique; ce qu'elle n'est pas si absolument en Italie, où l'on détrait de la prescription qui a couru contre un bénéfice, celui durant lequel il a été en commende.

(*b*) Les Abbés Commendataires, qui ont territoire & jurisdiction épiscopale, approuvent même les Confesseurs, donnent les dispenses des bans & conferent *pleno jure* , parce qu'alors le Commendataire est Ordinaire; & cela ne se feroit pas si la commende n'étoit un titre canonique.

SECTION V.

Des Bénéfices & des Biens Ecclésiastiques *.

ARTICLE I.

Des Colleges.

LEs Colleges font dans la fécularité ce que font les Monafteres dans la régularité. Un Monaftere (*a*) où il n'y auroit qu'un Moine, n'en conferveroit pas les privileges ni même le nom. Un College Eccléfiaftique doit être compofé du moins de trois Collégiés; le corps pour être parfait ne peut avoir moins de membres. Le fceau, le réfectoire & le dortoir font des marques qu'une Églife eft Collégiale, qui fuffifent pour la preuve de cette qualité; & même deux de ces trois font capables de l'établir.

qu. 152.

(*) Le revenu du Clergé de France eft fort confidérable; les Ordres monaftiques de S. Benoît, de Clugny, de Cifteaux & quelques-autres y ont jufqu'à quatorze cens cinquante-fix Abbayes, & douze mille trois cens vingt-deux Prieurés. Il fut vérifié aux Etats de Blois de l'an 1576, que dans ce nombre il y avoit cinq cens quarante Abbayes d'hommes très-riches, & cinq cens foixante-fept Abbayes & Prieurés de filles : & déjà fous le regne de Charles IX. l'Ordre Eccléfiaftique tenoit des douze parties du Royaume de France, les fept, comme parle Bodin dans le cinquieme livre de la République. Mais dans le premier âge du Chriftianifme, la pauvreté & le martyre fembloient être de l'effence du Sacerdoce.

(*a*) La commune opinion eft que deux font un College Eccléfiaftique; mais qu'il faut être trois pour un College purement féculier. Notre Auteur a bien voulu rapporter les marques de la Collegialité; mais il ne s'eft pas avifé d'en faire autant touchant la Paroiffialité. La premiere preuve qu'une Eglife eft Curiale, eft *poteftas fori pœnitentiæ*, comme parlent les Docteurs; les limites certaines & évidentes de la Paroiffe font la feconde. La troifieme eft que *Rector exerceat Curam nomine fuo*, comme il a été jugé par Arrêt du 21 de Novembre 1673, pour Meffire Charles Brotin, Curé de Boriere, contre Meffire Etienne Baron, Prieur-Curé du petit Guifans. Le Cimetiere & les Fonts baptifmaux font preuves équivoques, qui ne fuffifent point, comme il a été jugé plufieurs fois; 1. au mois de Février 1662, pour le Chapitre de S. Chef & pour le Curé de la Buiffe, qui l'eft auffi de Ras, contre Meffire François Pafquet, qui avoit impétré la prétendue Cure de Ras; 2. par Arrêt du 27 de Juillet 1672, pour Meffire Henri Faye Defpeyffes, Abbé de S. Pierre de Vienne, & pour Meffire Louis de Vienne de Brunieres, Curé de S. Alban; 3.

Arrêt.

Arrêt.

Arrêt.

Arrêt. par Arrêt du 22 de Mars 1673, pour le fieur Gaillard, Archidiacre de l'Eglife de Gap, & pour les fieurs Pafcal & Sarrafin, Curés de la même Ville de Gap, contre les Confuls de Freffi-nieres & Meffire Sauvaire Clement. Les Curés vertueux font dans leurs Paroiffes les défenfeurs de la Foi & le foutien des bonnes mœurs. Leur portion congrue eft aujourd'hui de 300 livres: fi néanmoins ils ont d'ailleurs dequoi la compofer fans la prendre fur les dîmes, un Arrêt du Grand Confeil veut qu'ils s'en contentent. Le privilege de cette portion congrue eft grand & doit l'être. Elle eft même préférable fur les dîmes à la décime due au Roi.

Jugé par Arrêt du 19 de Septembre *Arrêt.* 1675, pour Meffire Claude Barbe, Curé de S. Hilaire. Moyennant cette portion le Curé eft tenu d'entretenir fon Clerc, nulle poffeffion contraire ne pouvant rejetter cette dépenfe ni fur les Communautés ni fur les Prieurs; comme il a été jugé par deux Arrêts, l'un du 13 de Février 1675, pour *Arrêt.* Meffire Scipion de Blanchard, Prieur, contre le Curé & la Communauté de Roche-Fourchat; & l'autre du 6 de Mars 1680, pour Meffire Matthieu Pla- *Arrêt.* tel, Prieur du Moneftier d'Alemont, contre Meffire Antoine Bertrand, Curé du même lieu.

ARTICLE II.

Des Églifes & Bénéfices nouveaux.

IL ne fe fait point de nouvelle Églife ni de (a) nouveau bénéfice, que de l'autorité des Évêques; & c'eft même d'une néceffité abfolue que les Curés des Paroiffes où l'établiffement s'en doit faire, y confentent. Ils font (b) obligés de s'y oppofer pour l'intérêt de leurs Églifes. Notre Jurifcon-fulte ayant voulu fonder une Chapelle fous le titre de Notre-Dame, dans la Paroiffe de S. Vincent du Plâtre du Fontanil, en donna la Rectorie au Curé. Non-feulement il ne lui caufa point de préjudice, mais au contraire il lui caufa du bien par un nouveau revenu: en effet, l'ufage de ce pays ne permet pas que l'on nuife aux droits des Paroiffes. Et cette fonda-tion fut faite dans un fonds contigu à la maifon du Fonda-teur, qui s'en réferve le patronage; ce fut l'an 1457.

qu. 360.

(a) Ces nouveaux établiffemens ne fe font qu'après qu'on les a dotés d'un revenu capable d'en foutenir les char-ges. *Hoc unufquifque Epifcoporum me-minerit ut non priùs dedicet Ecclefiam, nifi anteà dotem Bafilica & obfequium ipfius, per donationem chartula confirma-* tam accipiat. C'eft un des Décrets *Con-cilii Bracarenfis* de l'an 552, duquel eft tiré le Canon *placuit* 2, cauf. 1, q. 2.

(b) François Marc traite de ce con-fentement des Curés dans fes queftions 1533, 1012, 1013 & 1014 de la premiere partie.

ARTICLE

ARTICLE III.

Des Chapelles des Châteaux.

CETTE Chapelle fut un véritable bénéfice ; ce que ne font pas celles que les Seigneurs font dans leurs châteaux, & d'autres dans leurs maifons (a). Il faudroit pour leur donner cette qualité de bénéfices eccléfiaftiques, qu'elles euffent l'approbation de l'Évêque diocéfain. Par cette raifon qu'elles ne font pas *qu. 187* bénéfices eccléfiaftiques, il eft libre aux Fondateurs de les donner à qui bon leur femble, pourvu que ce foit à des hommes capables de les fervir. La Chapelle dédiée (b) à faint Vincent dans l'Églife de Grenoble, eft de cette qualité : le Roi comme Dauphin la confere ; auffi eft-elle une fondation de l'Empereur Charlemagne.

(a) *Hoc prohibet Plato, ut delubra nemo audeat conftruere*, dit Apulée, *cenfet enim fatis effe civibus ad immolandas hoftias, templa publica ; fit autem Lex hujufmodi fimpliciter cunctis impofita, facella nemo in privata domo habeat.* C'eft la Loi de Platon, *de Legibus lib.* 10, à laquelle fe rapporte ce que dit Apulée. Les Romains ne permettoient point que dans les maifons particulieres il y en eût. C'étoit un des abus que les Cenfeurs étoient principalement obligés de corriger. Le Cenfeur Appius en ayant une chez lui, M. Cœlius eut deffein de lui intenter une action criminelle pour cela, comme fi ç'avoit été une prévarication à fon devoir ; il en donna avis à Ciceron, fon ami, qui n'avoit pas fujet d'être fatisfait d'Appius. C'eft dans la Lettre 12, *lib.* 8 *Epiftol. ad familiares.* Les Cenfeurs

Lépidus & Fulvius firent un réglement par lequel ils défendoient aux particuliers d'avoir des Chapelles, *Sacella*, dans leurs maifons & rendoient au public celles qu'ils avoient occupées. Tite-Live en parle dans le livre 40. Ces Chapelles ne font pas bénéfices eccléfiaftiques, comme le remarque auffi d'Olive dans le chapitre 9 du premier livre de fes queftions, où il emploie celle-ci 187 de Guy Pape. François Marc traite de la Chapelle de faint Vincent & des Oratoires, dans les queftions 1007, 1009 & 1011 de la premiere partie.

(b) La fondation de cette Chapelle eft fabuleufe ; l'Eglife Notre-Dame de Grenoble ayant été bâtie long-temps après la mort de Charlemagne, par l'Évêque Ifarne.

ARTICLE IV.

De la prife de Poffeffion des Bénéfices.

ON a mis en doute fi la poffeffion doit être prife non-feulement du bénéfice en général, mais auffi en particulier & en détail de tout ce qui en dépend ; mais il eft certain qu'il

D

suffit qu'elle le soit du bénéfice en général (a), sans descendre à ce
détail. Le nouveau Prélat est présumé posséder tout le bénéfice,
quoiqu'il n'ait pris aucune possession en particulier des membres
de ce corps. La raison en est que l'Église même, pendant qu'il
a été vacant, l'a toujours possédé, & que ni elle ne meurt ni
elle ne change. Ainsi la possession du prédécesseur passe parfaitement à son successeur, comme si elle n'avoit point été
interrompue.

qu. 555.

(a) Le titre du bénéfice est la possession de droit; l'actuelle est celle qui
se prend au lieu du bénéfice, ou en
cas d'empêchement au lieu plus proche
de sa situation. S'il se peut, il y sera
procédé un jour de Dimanche ou de
Fête, au son de la cloche; mais pour
être valable elle doit être fondée de
titre, du moins coloré; & si la provision est du Pape *in forma dignum*, il
faudra auparavant avoir obtenu *le Visa*
de l'Evêque. Ce qui ne seroit pas nécessaire si elle étoit *in forma gratiosa*;
mais l'usage en est aboli dans cette
Monarchie. C'est une maxime que
*tantùm valet genus quoad omnia, quan-
tùm enumeratio specierum*; & c'est par
cette raison que la prise de possession en
général suffit.

ARTICLE V.
Si la Possession du Prédécesseur sert au Successeur.

DANS les Offices & dans les Dignités, le prédécesseur, & le
successeur sont considérés comme une même personne (a),
l'Office & la Dignité ne mourant jamais. Pierre Pape, oncle
de notre Auteur, ayant été consulté par le Sacristain de l'Église
Cathédrale de Vienne, son avis fut que l'action que ce Sacristain
avoit eu contre un Prieur, il l'avoit contre son successeur au
Prieuré, sans que ce changement de Prieur l'eût altérée. Il s'y
agissoit d'une pension de deux livres de cire, que le premier avoit
toujours payée, mais que celui-ci n'avoit ni payée ni reconnue.
Le droit du demandeur en ces occasions, ne change point par
le changement du défendeur, n'ayant pu avoir la volonté de
déroger à sa possession, & la possession se conservant ou se
perdant par la seule volonté. L'aptitude a la force & l'effet de
l'acte, & la possession civile dure autant que la volonté de se la
conserver; mais la naturelle & corporelle n'a pas plus de durée
que l'acte réel & corporel.

qu. 629.

(a) C'est une regle que le titre du
prédécesseur, *totaliter per ejus mortem
vel renuntiationem extinguitur*; de sorte
que le successeur ne peut en tirer avantage. Néanmoins s'il s'agit des droits
de bénéfice, *possessio prædecessoris transit
ad successorem*. François Marc, q. 142,
p. 1. C'est pourquoi le successeur au

bénéfice eſt tenu de payer les dettes réelles de ſon prédéceſſeur, qui ſont conçues pour l'intérêt ou, pour l'utilité du bénéfice ; comme il a été jugé par Arrêt du 29 Novembre 1611, entre Gaſpard Vincent, demandeur, & Meſſire Antoine Tholoſain, Abbé général de l'Ordre de S. Antoine de Viennois. Pour les autres dettes, le ſucceſſeur n'y eſt tenu que *ad concurrentem quamtitatem peculii & ſpolii.* Enfin c'eſt une regle que, *privilegio ſucceſſoris non reſcinditur factum legitimum prædeceſſoris. L. qua à patre C. de temp. in integr. reſtitut.* Quelques réparations que faſſe le Bénéficier dans ſon bénéfice, il ne s'y acquiert aucun droit ni à ſes héritiers : ni lui ni eux ne peuvent répéter ce qu'elles ont coûté, ni s'en conſerver la poſſeſſion pour quelques années. Il faut néceſſairement que pour la continuer, le Supérieur, avant que l'on ſe ſoit engagé à réparer, l'ait promiſe & permiſe; comme il a été jugé par deux Arrêts, l'un du 31 de Juillet 1675, & l'autre du 8 d'Août de l'année ſuivante; le premier pour le Syndic de l'Egliſe Cathédrale de Grenoble, contre Antoine & Hyacinthe Cottavos, qui avoient fourni les deniers employés à ſa réparation, ſous réſerve du privilege à Meſſire Vincent Cottave, Recteur de la Chapellenie de ſaint Vincent, unie après ſa mort à la menſe du Chapitre pour les diſtributions ; le ſecond pour le même Syndic, contre Meſſire Pierre Platel, Vicaire perpétuel de Seſſin & de Seſſinet.

ARTICLE VI.
Du Temporel des Égliſes Contribuables.

CEPENDANT le temporel de l'Égliſe n'eſt pas moins ſujet aux Puiſſances laïques & à leur ſouveraineté (a), que ce qui reſte du temporel dans les mains des autres ſujets. Les Saints Canons y conſentent. C'eſt pourquoi, en bien des cas, il entre dans les contributions publiques, comme lorſque les fortifications des Villes & les réparations de leurs murailles en ſont la cauſe. Le Dauphin Louis ayant déclaré la guerre au Duc de Savoie l'an 1454, l'Évêque de Grenoble répara à ſes dépens cette porte des Cloîtres qui répond à ſon Palais. Le Chapitre *qu. 78.* de l'Egliſe Cathédrale fut taxé à ſoixante florins, & celui de l'Egliſe Saint-André à douze. Cette fixation fut faite avec eux *qu. 79* par un traité volontaire. S'ils avoient refuſé cette contribution, le Gouverneur du pays n'auroit pu les y contraindre : ils n'auroient dû l'être que de (b) l'autorité de leur Juge compétent, qui eſt le Juge Eccléſiaſtique. Les réparations des chemins publics & quelques-autres ouvrages ont le même privilege ; tous les Ordres y contribuent, & ni Eccléſiaſtique ni Noble n'en eſt exempt.

(a) Le temporel ne change jamais de nature, non plus que le ſpirituel ; tellement que le temporel du Royaume ne peut être ſpiritualiſé, ni le ſpirituel

D 2

temporalité. Le Pape n'a ni droit ni autorité sur ce temporel, qui ne reconnoît que la souveraineté du Roi. Elle suffiroit seule, par conséquent, en tout ce qui intéresse celui des Eglises, qui n'en est qu'une partie détachée. Et c'est une maxime dans les libertés de l'Eglise Gallicane, que les Evêques tiennent le temporel du Roi, sans la permission & sans le consentement duquel ni le Pape, ni eux n'en peuvent disposer. Il est même sujet aux contributions dans les besoins publics, comme l'est le temporel resté aux séculiers. Il peut dans ces occasions, être engagé, vendu & aliéné : *idem juris est de parte quoad partem quod de toto ad totum.* Cette vérité est le suppôt de l'établissement des décimes en droit perpétuel & domanial pour l'Etat. Néanmoins le recouvrement des décimes ne se fait point par le ministere des Receveurs ordinaires des tailles ; elles en ont de particuliers, la création desquels est de l'an 1552. Ces Charges de Receveurs des décimes sont patrimoniales & susceptibles d'hypotheque ; les créanciers les suivent en quelques mains qu'elles passent, conformément à ce qui a été *Arrêt.* jugé par Arrêt du 10 Décembre 1682, contre Marie Robin, veuve de Geoffroy Humbert, Contrôleur des décimes du Diocese de Valence : ce qui se pratique pour les Contrôleurs, l'étant aussi à l'égard des Receveurs. L'illustre Archevêque de Marca traite de cette matiere dans les chap. 18 & 19 du 8 liv. *de* *Concordia.* Ces richesses de l'Eglise sont un soutien à la Religion. Il faut avouer avec Pachimere, Historien Grec, que l'Eglise étoit mal quand ses Prélats étoient pauvres & sans honneur. Je ne suis pas du sentiment de ceux qui disent que les premiers qui lui ont donné des biens temporels, ont semé de la ciguë & du napel sur les Autels, pour empoisonner leurs Ministres.

(b) Le sujet de la quest. 225 de Joannes Gallus est que *Episcopi non declinant Parlamentum in reparationibus.* Elle est dans le cas des réparations *hereditagiorum* de l'Evêché d'Avranches. La question 193 est en même fait contre l'Archevêque de Carcassonne. Le Juge Royal connoît seul de ces réparations. Celles que font les Bénéficiers dans les bénéfices ne se répetent point : ils n'en peuvent rien prétendre, si le Supérieur ne l'a promis avant qu'elles aient été faites, comme il a été jugé par deux Arrêts, l'un du 31 Juillet *Arrêt.* 1675, pour l'Eglise Cathédrale de Grenoble, contre Antoine & Hyacinthe Cottavos ; & l'autre du 8 Août 1676, *Arrêt.* pour la même Eglise, contre Messire Pierre Platel, Vicaire perpétuel de Sessin. Ces réparations sont si absolument acquises au bénéfice, qu'elles ne peuvent même être compensées avec les détériorations en faveur du Bénéficier qui les a faites. Jugé par Arrêt du 18 de Mai 1680, pour Messire Zacharie *Arrêt.* de Corbeau, contre Messire Annet Mistral.

ARTICLE VII.

Nul n'est exempt de la Dîme.

SI nous rapportons l'inſtitution de la dîme (*a*) à la Loi Divine, elle eſt ſans doute celui des biens d'Égliſe qui lui eſt le plus propre & le plus naturel ; & par cette conſidération perſonne n'en doit être exempt. Noble Guillaume du Va- *qu. 266.* che , Châtelain de Grane , refuſoit au Prieur de ce lieu la dîme des grains qui venoient des fonds & des terres du Dauphin. La Cour lui ordonna l'an 1459, de ſatisfaire à ce devoir.

(*a*) Dans l'Occident la dîme eſt un droit purement ſeigneurial en ſon origine ; elle n'a rien de commun avec celle que Moïſe inſtitua pour les Lévites , qui n'avoient pas d'autres biens. C'eſt pourquoi elle a été poſſédée ſans trouble par les Souverains ou par les Seigneurs des terres durant plus de mille ans, comme un droit temporel. Chez les Romains *tria erant vectigalium genera , portorium , ſcriptura & aratio ſeu decima.* Le dernier genre eſt la dîme. Les Eccléſiaſtiques commencerent dans le cinquieme ſiécle de perſuader aux Chrétiens de leur payer auſſi une dîme. Ce fut alors une libéralité volontaire de quelques particuliers, comme il ſe recueille de l'Homelie 41e. de Céſarius , Evêque d'Arles. D'une gratification on en a fait une dette. J'en ai traité aſſez amplement dans ma diſſertation DE LA SOUVERAINETE' ET DE LA JURISDICTION ROYALE. L'uſage, qui eſt un aveugle, les regarde aujourd'hui comme un droit divin & ſacré, & lui a acquis les mêmes reſpects qui ſont dus aux devoirs eſſentiels de la Religion. Elle doit dans la même Paroiſſe être payée avec uniformité, & le Jugement obtenu pour cela par un des Décimants ſert aux autres ; comme il a été jugé par Arrêt du 17 de Mars 1653, pour *Arrêt.* le Prieur du Prieuré de S. Martin de Coſſan, contre les Conſuls d'Aliſſan. La demande de la dîme ſur des eſpeces deſquelles on n'en a jamais payé, étant *inſolite*, comme parlent les Praticiens, il ſuffit d'en oppoſer pour la rendre inutile. Le Prieur de S. Martin de Miſeré ayant prétendu celle du vin qui vient des ceps portés ſur des arbres, qu'on appelle communément *hautains*, dans le Graiſivodan, il lui fut oppoſé qu'elle étoit inſolite, n'ayant jamais été payée ni même demandée, & ce fait fut jugé pertinent ; on fut reçu à le prouver, par Arrêt du 4 de Juillet 1658. *Arrt.* Depuis la choſe a été jugée & ne s'en paie point, ni en aucun endroit du Graiſivodan. C'eſt de cette ſorte de vignoble dont parle Horace dans ces vers :

Ergo aut adulta vitium propagine
Altas maritat populos.

La *dîme des gros fruits* eſt impreſcriptible ; & on appelle gros fruits le froment, le ſeigle, l'orge, l'avoine & le vin des vignes hautes. Le millet, le foin, l'huile, la laine & d'autres ſemblables eſpeces, ſont ce que l'on appelle *menus fruits* ; la preuve de quarante ans d'exemption & de franchiſe ſuffit en ce cas,

Arrêt. comme il a été jugé par Arrêt du 8 de Mars 1686, contre le Prieur de Varaſt, pour les habitants de Châtillon le déſert. Néanmoins quoique ceux du Mandement de Rouſſillon dans le Viennois euſſent employé les mêmes exceptions contre les Peres Jeſuites du College de Vienne, qui leur demandoient la dîme du bled noir qu'ils ſemoient dans leurs terres, ils furent

Arrêt. condamnés à la payer, par Arrêt du 14 d'Avril 1674. Ce genre de bled eſt ce qu'on appelle ailleurs bled ſarraſin. Les *novales* ſont les fonds défrichés nouvellement.

Impius hac tàm culta novalia Miles habebit.

Les dîmes en appartiennent aux Curés primitifs, qui poſſedent les anciennes dîmes; toutefois ſi les Vicaires perpétuels ont part à celles-ci, ils l'auront aux autres à proportion, comme il a été jugé par Arrêt de l'an 1652, *Arrêt.* pour le Chapitre de l'Egliſe Cathédrale de Vienne, contre le Vicaire perpétuel de la Paroiſſe de Crachiez, le Syndic du Diocéſe étant intervenu dans la cauſe; & il l'a été encore par Arrêt du mois de Septembre 1667, *Arrêt.* pour les Curés primitifs de Bevenays, contre Meſſire Guillaume Belen, Vicaire perpétuel, & par d'autres. Philon dans les antiquités judaïques, ſi l'on peut dire qu'elles ſont ſon ouvrage, rapporte l'origine de la dîme, au paiement de laquelle les Juifs étoient obligés, à une autre cauſe que celle de l'entretenement des Lévites. Il dit que Moïſe les y a aſſujettis pour leur être un ſouvenir de combien de miſeres Dieu les avoit délivrés en les tirant d'Egypte, & un monument éternel de la grace qu'il leur avoit faite.

ARTICLE VIII.
De l'Exemption des Templiers & des Hoſpitaliers de S. Jean de Jeruſalem.

LEs Templiers & les Hoſpitaliers de S. Jean de Jeruſalem ont pourtant été déchargés de la dîme, pour les fruits des fonds de leurs Commanderies qu'ils cultivent eux-mêmes ou qu'ils font cultiver à leurs frais (a). Mais il ne leur eſt pas permis d'en exiger de ceux qui naiſſent dans les fonds qu'ils donnent à cultiver (b) & à la culture deſquels ils ne contribuent

qu. 107. point. Noble Reymond Dupuy, Commandeur d'Eſchirolles, avoit remis des terres incultes de ſa Commanderie à des gens qui les avoient défrichées & y avoient ſemé du bled: de ces novales il retiroit la dîme. Le Chapitre de l'Egliſe Cathédrale de Grenoble s'en étant plaint au Parlement, cette dîme lui fut adjugée, & le Commandeur fut condamné à lui rendre des gerbes qu'il avoit enlevées. Ce fut par Arrêt du 21 de Juin 1459.

(a) Papon rapporte cet Arrêt dans le titre des dîmes; & c'eſt une regle que | le privilege de certains Moines & Religieux de ne pas payer de dîme, ne s'entend que de leurs jardins, de leurs clos & de leurs terres, qu'ils cultivent eux-mêmes ou du moins leurs serviteurs domestiques. Il a été jugé ainsi par plusieurs Arrêts; 1. contre les Chartreux, *Arrêt.* par Arrêt du 26 de Février 1643, pour le Prieur de Ventavon; 2. contre les *Arrêt.* Minimes, par Arrêt du 3 de Juillet 1647, pour le Chapitre de l'Eglise

Notre-Dame de Grenoble; 3. contre les Religieuses du Couvent de Prémol de l'Ordre des Chartreux, par Arrêt *Arrêt.* du 15 de Juin 1665, pour l'Evêque de Grenoble.

(*b*) Cela n'est pas vrai à présent; car le privilege a lieu lorsque les privilégiés donnent leurs terres même à bail non excédant neuf années.

ARTICLE IX.
Du Transport des Gerbes.

IL avoit été jugé deux années auparavant pour le même Chapitre, que ceux à qui appartient la dîme, ont droit (*a*) d'empêcher que les gerbes soient portées à leur insu, des fonds où elles ont été faites par les propriétaires, dans leur maison ou ailleurs. Il est juste qu'ils y consentent ou ceux qui levent la dîme pour eux, y étant intéressés comme ils le font. D'un côté une partie en est à eux à proportion de la dîme. D'autre *qu. 283.* part cette liberté faciliteroit des fourberies qui s'y commet-troient; & si elle étoit donnée, elle les autoriseroit. C'est une regle (*b*) qu'en chose commune la cause de celui qui défend & qui empêche est la plus favorable.

(*a*) Le transport des gerbes fut aussi défendu par Arrêt du 4. de Juin 1540, au rapport du Conseiller Bertrand de Rabot, à qui Nicolas Bonneton donne l'éloge du très-docte; *Arrêt.* & cet Arrêt a été suivi de plusieurs autres. Néanmoins si la pluie ou quelque temps fâcheux oblige à ce transport, il sera impuni après en avoir averti le Décimant. Ce qui a été jugé par Arrêt du 1. de Février

1678, contre le Curé d'une Paroisse de la Terre de Grignan. Enfin l'Ordonnance de François I du 1. de Mars 1545, & celle de Charles IX du 14 d'Août 1568, obligent les pro- *Arrêt.* priétaires d'avertir les Décimateurs, avant que d'enlever leurs grains.

(*b*) *In re pari potiorem esse causam possidentis constat. L. Sabinus ff. de Comm. dividendo.*

ARTICLE X.
Des Dîmes possédées par Laïques.

LA coutume que le Pape n'auroit pas approuvée, de ne point payer de dîme, seroit vicieuse & criminelle, comme le seroit encore celle qui permettoit aux Laïques d'en jouir, comme ils font aujourd'hui en divers lieux ; le titre de leur poſſeſſion eſt, ou la tolérance des Prélats, ou l'inféodation (a) qui en a été approuvée par le Concile général de Latran, ſous le Pape Alexandre III. Ces poſſeſſeurs laïques des dîmes étant troublés dans leur poſſeſſion, peuvent demander d'y être réintégrés & maintenus, puiſqu'ils ont un titre non-ſeulement de fait, mais auſſi de droit ; & au poſſeſſoire, celui de fait ſuffit.

qu. 284.

(a) On n'a jamais vu de titre d'inféodation de dîme faite par l'Egliſe avant ce *Concile de Latran*, tenu l'an 1179, & jamais on n'en verra. C'eſt une ſuppoſition imaginée ſeulement pour ne donner pas atteinte à la doctrine que l'on a voulu autoriſer, que la dîme dans l'Occident eſt d'inſtitution divine ; ce que Mr. Expilly montre qu'elle n'eſt pas, dans ſon plaidoyer 33. Des Evêques s'étant aſſemblés dans l'Abbaye de S. Denis, il y eut un terrible ſoulévement contr'eux ; parce que *cùm de Fidei puritate, de corrigendis tàm ſuis, quàm ſubditorum moribus ſermocinari debuiſſent, juxta vulgare proverbium, cunctum ſuum ſermonem ad decimam verterant Eccleſiarum, quas Laïcis, ac Deo ſervientibus Monachis auferre moliti, reſiſtente eis in hac re venerabili Dei Cultore Abbone, & promiſcuam in ſe vulgi concitavere manum.* C'eſt le récit du Moine Aymoin dans la vie de l'Abbé Abbon ; d'où l'on apprend qu'en ce temps-là on n'étoit pas perſuadé que la dîme ne peut être poſſedée légitimement par des Laïques, ni par conſéquent qu'elle fût d'inſtitution divine. Aymoin vivoit dans le neuvieme ſiécle. *Voyez le livre intitulé* Hiſtoire de l'origine des Dîmes, *imprimé à Lyon en* 1689.

ARTICLE XI.
La Stérilité n'exempte pas de la Dîme.

LA ſtérilité & la diſette qui excuſe quelquefois du paiement des penſions, n'excuſe pas de celui de la dîme (a) ; pluſieurs avantages nous venant du ſoin & de l'exactitude d'y ſatisfaire. Les principaux ſont la ſanté des corps, la fertilité des terres, la rémiſſion des péchés & divers dons ſpirituels. C'eſt la réflexion de notre Auteur, auſſi pieux dans cette occaſion que bon Juriſconſulte en toutes. Que deviendront nos ames, ajoute-t-il en un autre lieu, ſi nous négligeons ce devoir ? Il n'y aura rien de bon à eſpérer. Les ames de ceux à qui elle a été demandée & qui l'ont refuſée, ſont en voie de damnation, dit S. Thomas.

qu. 266.
qu. 285.

(a) François Marc traite problématiquement cette même queſtion dans la ſeconde partie, queſt. 198, & ſi en cas de diſette la dîme peut être payée en argent. Ceux de la Valpute ou Vallouyſe étoient en coutume de la payer en deniers. Il fut leur Avocat avant qué d'être Conſeiller, &
ſoutint

foutint qu'ils devoient être maintenus dans leur poſſeſſion ; mais il ne dit pas quel fut le ſuccès de ſa cauſe. La dîme doit principalement être employée à la ſubſiſtance des Pauvres; néanmoins la Juriſprudence Canonique ne les en diſpenſe point, par cette ſeule raiſon qu'elle eſt une dette, & que nul n'eſt excuſé de payer ce qu'il doit. C'eſt un ſophiſme. Le droit des Moiſſonneurs n'en eſt pas même exempt. Il avoit été ordonné *Arrêt.* par Arrêt du 6 de Juillet 1647, contre le ſieur Doyen de S. Chef, qu'il ſeroit levé préférablement à elle ; mais par un *Arrêt.* autre de l'an 1654, le contraire a été jugé pour le Prieur de Saint Vallier,

contre les Manœuvres & les Moiſſonneurs. Ainſi la dîme ne ſouffre aucune diminution & eſt payée ſur le total ſans en détraire ce droit, quoique privilégié ſur toute la moiſſon. Il a été pourtant jugé par Arrêt du 6 de Sep- *Arrêt.* tembre 1684, remarqué par M. le Préſident de Sayve, dans ſes Mémoires manuſcrits, contre le Syndic du Chapitre de S. Pierre de Vienne, pour la Communauté de S. Marcel, en vertu de la preſcription, que la dîme ne ſeroit levée qu'après la gerbe du Moiſſonneur ; & il l'avoit été de même pour la Communauté de Moras.

ARTICLE XII.
De la Preſcription de la Dîme.

LEs Théologiens & les Canoniſtes ſoutiennent qu'il n'y a jamais de légitime preſcription contre la dîme, parce, *qu. 284.* diſent-ils, qu'elle eſt un établiſſement du Droit Divin pour les Lévites. Néanmoins ils conviennent que la quotité en eſt preſcriptible (*a*) : on le juge ainſi, ſuivant la coutume générale de Dauphiné, dans toutes les Juriſdictions, & même dans l'Officialité de Grenoble & au Parlement.

(*a*) Le Parlement a jugé par pluſieurs Arrêts, que la quotité de la dîme eſt preſcriptible : ſi néanmoins il ſe trouve un titre valable, qui fixe la dîme pour la quote; on n'aura point d'égard à la preſcription qui l'aura *Arrêt.* réduite à moins. Jugé par Arrêt du 18 de Juillet 1657, pour le Prieur de la Saone, contre les Conſuls de S. Hilaire; & par un autre de l'onzieme *Arrêt.* de Septembre 1660, contre les Conſuls de Lient pour leur Curé. Il y a d'autres Arrêts conformes à ceux-là. La vingt-quatrieme de la dîme pour les Pauvres eſt impreſcriptible; elle peut être demandée de 29 années,

comme il a été jugé par Arrêt du 24 *Arrêt.* d'Avril 1676, pour les Conſuls de Ribeyret, contre Meſſire Jean Benoit, Prieur du Prieuré de ce même lieu. Les penſions impoſées pour les Pauvres ſur les bénéfices, ont le même privilege; & ne ſont point ſujettes aux preſcriptions introduites par les Réglemens. Au reſte la dîme ne s'arrérage point; la demande en doit être faite chaque année: elle eſt preſcrite pour l'année qu'elle n'a point été demandée ; Balb. *de preſcript. part.* 1. 5. *partis, num.* 7; Fab. *def.* 66. *C. de ſacroſ. Eccleſ.* & les Canoniſtes en tombent d'accord. Archidiaconus *in cap. de decimis in* 6.

E

ARTICLE XIII.

Des Clercs Feudataires.

C'EST de l'ordre du droit des fiefs, que le Seigneur exerce sa jurisdiction, concernant le fief, indifferemment (a) sur tous ses Vassaux, en ce qui procede des fiefs qu'ils tiennent de lui. Les Canonistes reconnoissent que la qualité du Feudataire ne change point la nature du fief qu'il possede, ni par conséquent la jurisdiction. Tellement que tout privilege de Cléricature cesse dans les matieres féodales, & que le Juge laïque est seul compétent pour en connoître, même contre le Clerc, comme le Parlement le juge. Le Seigneur du fief est un patron au Feudataire. Rien ne nuit au Patron laïque dans les bénéfices ; rien ne nuit non plus aux Seigneurs dans leurs fiefs.

qu. 139.

(a) La connoissance des matieres féodales n'appartient point à l'Eglise. Le savant Archevêque Pierre de Marca traite cette question dans le 3. livre *de Concord. chap.* 3 ; & dans le 8. *ch.* 21, 22 & suivants, où il remarque que les Ecclésiastiques ne sont plus obligés de prendre investiture ni de rendre hommage de leurs Terres.

ARTICLE XIV.

Des Legs pour les Ames.

LES legs qui ont pour motifs le repos des ames des morts, ont le privilege de la cause pieuse. L'emploi auquel le testateur les a destinés ne peut être changé, & ils ne doivent sans de fortes causes être divertis à d'autres usages. Il n'est pas même permis au Pape de le faire (a) ; & s'il le veut, il faut qu'il use de toute la plénitude de sa puissance. Enfin ces legs sont si favorables, qu'ils ne laissent pas de subsister, encore que les testamens ne subsistent point.

qu. 100.
qu. 556.
qu. 176.

(a) Si le Pape prétendoit changer par ses Bulles l'emploi & la destination des legs & les fondations, elles seroient abusives. Ce que notre Auteur appelle plénitude de puissance, *plenitudinem potestatis;* d'autres l'appellent *plenitudinem tempestatis.* Mais ces pensions pour obits, soit en deniers soit en grains, sont rachetables & réductibles *ad legitimum modum,* comme toutes les autres; & *hoc jure utimur.* La volonté des morts dans leurs dispositions est une loi sacrée aux Magistrats, quelque souverains qu'ils soient; c'est pourquoi sous l'Empire de Tibere, le Sénat Romain ne permit pas aux habitants de Tebie, d'employer aux réparations des chemins publics un legs qui leur avoit été fait pour leur élever un nouveau théatre, & ordonna qu'il ne feroit point diverti à d'autre emploi. *Sueton. in Tiberio, cap. 21.*

ARTICLE XV.
Des Penfions pour Anniverfaires.

LEs rentes conftituées pour anniverfaires, ne font pas fans privilege : on les appelle communément penfions. Le poffeffeur du fonds qui y eft affujetti ne peut en éviter le paiement : l'action perfonnelle (a), dit notre Auteur, eft même exercée contre lui, quoiqu'il n'ait pas reconnu. Il a été jugé de la forte, & par ces motifs. Cette action eft permife contre le tiers poffeffeur, pour le paiement du tribut dû au Prince ; *qu. 576.* à plus forte raifon doit-elle l'être en un cas qui intéreffe les morts, qui font facrés aux vivants : ce paiement leur eft une rançon. Il femble même, ajoute notre Décifionnaire, que la connoiffance des différens qui naiffent de ces penfions, doit être portée à la Jurifdiction Eccléfiaftique, comme l'eft celle des queftions defquelles les droits des obfeques & des funérailles font l'origine ; & d'ailleurs ce qui eft donné ou légué pour le repos des ames, a rang dans les (b) caufes pieufes.

(a) Cette action contre le tiers poffeffeur eft réelle : elle fuit le fonds en quelque main qu'il paffe ; & c'eft improprement que Guy Pape dit qu'elle eft perfonnelle. Ce n'eft pas avec plus de raifon qu'il dit qu'elle devroit être exercée devant le Juge d'Eglife, puifque les actions réelles ne font pas de fa jurifdiction. Elle fe prefcrit même par l'efpace de quarante ans, en faveur du poffeffeur du fonds qui y eft affujetti fpécialement, comme il a été jugé, les Chambres ayant été confultées, par Arrêt du 19 de Juillet *Arrêt.* 1639, *fauf le recours* contre les héritiers de celui qui l'a conftituée & impofée généralement fur tous fes biens, & particuliérement fur ce fonds : ils ne peuvent prefcrire que par cent ans. C'eft le privilege des penfions pour anniverfaires. Cet Arrêt eft rapporté par Monfieur de Rabot Veiffilieu, Avocat Général, dans fes Mémoires manufcrits.

(b) La caufe pieufe a beaucoup de privileges. En voici deux exemples. Meffire Clément Roget, Curé d'Entremons, avoit légué à fon Eglife la fomme de quatre-vingt livres pour faire des prieres pour fon ame : mais il étoit Aubain, & fes biens ayant été acquis au Roi par droit d'aubaine, Felix Picot ceffionnaire de celui qui en avoit obtenu le don, en refufoit le paiement : il y fut condamné par Arrêt du 21 de *Arrêt.* Mars 1667, avec dépens au profit de Meffire Pierre Gerlat, moderne Curé d'Entremons. Il eft néanmoins certain que réguliérement l'Aubain ne peut ni tefter, ni léguer que pour fes enfans. Le fieur de Champfleuri étant fur le *Arrêt.* point d'entrer dans l'Ordre des Char-

E 2

treux, déposa entre les mains du sieur Prieur de S. Laurent de Grenoble une somme de 7000 livres, pour l'employer en missions ; mais ses biens ayant été mis en discussion, ses créanciers firent arrêter *Arrêt.* cette somme entre les mains du dépositaire pour leur sûreté ; si est-ce que sans y avoir égard, la main-levée en fut accordée au Promoteur du Diocese de Die, pour l'employer suivant sa destination.

SECTION VI.

DE l'Aliénation des Biens Ecclésiastiques.

L'ÉGLISE a des biens de toute nature & de toute qualité, qui dépendent des bénéfices. Elle possede des Seigneuries, des Terres & des Fiefs, des domaines & des fonds sans Dignité, des censes, des rentes, des pensions & de semblables revenus. Il est défendu aux Ecclésiastiques d'aliéner ; mais il leur est permis d'acquérir toujours. Passons aux remarques de notre Auteur touchant les aliénations.

ARTICLE I.
Des solemnités des Aliénations.

IL est du devoir des Ecclésiastiques de veiller à la conservation des biens de leurs bénéfices. Si les solemnités prescrites par le droit & par l'usage n'ont été observées dans les *qu. 149.* aliénations qui sont faites volontairement, elles sont nulles (a). Les plus essentielles sont qu'elles aient été précédées d'un traité & d'une délibération ; que l'Évêque & le Chapitre y aient consenti, ou que le Pape les ait approuvées, si l'Évêque s'est obligé par son serment de n'aliéner que de l'autorité du S. Siege ; que la cause de l'aliénation soit juste ; que le prix en soit raisonnable & qu'il soit employé utilement pour l'Église.

(a) Néanmoins l'échange fait entre deux Eglises, quoiqu'il soit une espece d'aliénation, subsiste sans solemnité, & n'est point révoqué par ces manquemens, comme il a été jugé pour le Couvent de Prémol, par Arrêt du *Arrêt.* 1 de Septembre 1676, contre le sieur de Rochas, Prieur de Vaunaveys. De même le bail de la dîme à ferme, pour être exigée par le Fermier durant 29 ans, comme il se pratique dans les montagnes de Dauphiné, où il est appellé affitement, s'il n'y a point de lésion, subsistera, quoique les solemnités n'y aient pas été gardées, comme il a été jugé par Arrêt du 16 de Novembre 1665, pour les Consuls d'Oulle, contre Messire Gaspard Gravier, Prieur du Prieuré de S. Laurent du Lac. *Arrêt.*

ARTICLE II.
Des Capitulants Préfents.

ET il fuffit d'appeller au traité & à la délibération qui fe fait par l'Évêque & par le Chapitre., les Chanoines & les Capitulants préfents (a). On n'eft point obligé d'attendre ceux qui ne font pas fur les lieux. *qu. 160.*

(a) Ce n'eft pas affez d'avoir le confentement des Capitulants; il faut l'avoir d'eux capitulairement affemblés : & il eft remarquable qu'où il s'agit de quelqu'innovation , un feul Chanoine peut l'empêcher par fon avis & peut le faire écrire dans le regiftre du Chapitre ; comme il a été jugé par l'Arrêt du 15 de Juillet 1681, *Arrêt.* pour Meffire Pierre Martinon , Chanoine de l'Eglife de Die , contre le Syndic.

ARTICLE III.
De la Caufe légitime d'Aliénation.

LA caufe de l'aliénation eft légitime, (a) fi elle eft néceffaire, utile & commode , ou fi on y a été porté par un puiffant motif de pure piété. Sur ce principe l'Évêque & l'Abbé peuvent *qu. 594.* vendre des biens de leurs bénéfices, avec le confentement de leurs Chapitres; & ce confentement n'eft pas même néceffaire, *qu. 100.* fi (b) la néceffité de vendre eft preffante, ou fi ce que l'on aliene eft de fi peu de valeur qu'il paroiffe inutile.

(a) La caufe doit être évidente par un procès-verbal en bonne forme: les déclarations qu'en feroient les parties & même l'Evêque., n'en feroient pas une preuve fuffifante.

(b) Le troifieme Concile de Cartage permet aux Evêques d'aliéner les biens de leurs Eglifes ; & comme parle le Concile de Ponas, tenu dans le Viennois, *iis uti & abuti,* pourvu qu'ils leur donnent autant de leurs biens propres: cette compenfation étoit l'excufe & même la juftification de ce qu'ils avoient fait fans ordre & fans néceffité.

ARTICLE IV.
De l'Emploi du prix.

LA preuve de l'emploi du prix (a) doit être indubitable & évidente , de même que celle de l'utilité: la préfomption qui *qu. 151.* naît d'une énonciative , n'eft jamais une preuve parfaite; & ce qui fera dit dans le contrat de vente touchant l'utilité & l'emploi, *qu. 594.* n'en fera pas une.

(a) L'aliénation n'eft réguliérement permife que parce qu'elle eft utile à l'E- glife ; ce qu'elle ne feroit pas, fi le prix n'en avoit été employé à fon utilité.

E 3

ARTICLE V.

De l'Aliénation des Biens d'un Bénéfice vacant.

L'ALIÉNATION des biens (a) d'une Église vacante, faite avec les solemnités requises, mais sans cause légitime, ou dans laquelle cette Église ou ce bénéfice souffre du préjudice, n'est pas nulle de droit, car elle peut être ratifiée ; mais il y a lieu de la faire rescinder du chef de la lésion, par la voie de la restitution en entier.

qu. 159.

(a) Les actes auxquels nulle des solemnités qui leur sont propres ne manque, semblent faits légitimement ; & par cette considération, ils ne sont pas nuls *ipso jure.* Dans l'espece que propose notre Auteur, & même en celle d'une Église non vacante, quoique la cause de la vente ne paroisse pas légitime, le prix en ayant été utilement employé & n'y ayant point de lésion, cette utilité la soutient ; comme il a été jugé par Arrêt du mois de Juillet 1674, *Arrêt.* pour les Prêtres Collégiés de l'Eglise Notre-Dame de pitié de Saure dans le Diocèse de Nîmes, contre Etienne Molle.

ARTICLE VI.

Quand commence la Prescription.

LA prescription qui pourroit favoriser en ce cas l'aliénation nulle, ne commence à courir qu'après la mort du Prélat qui l'a faite (a) ; en autre cas, elle courra dès le jour du contrat. Ce fut une des conclusions du Parlement, dans le jugement du procès de l'Évêque de S. Paul-Trois-Châteaux, contre N. Gabriel de Ternes, Seigneur de Targes, dans lequel il demandoit l'évacuation de la Terre de Baumes, inféodée par un de ses prédécesseurs aux auteurs de ce moderne possesseur. Mais (b) cette inféodation participoit de la nature du bail en emphitéose. Elle n'avoit pas été gratuite, comme le fief doit l'être ; le Feudataire avoit donné à l'Évêque tout ce qu'il possédoit dans la Terre de S. Restitut & dans quelques-autres : ainsi c'étoit tout ensemble fief, emphitéose & échange.

qu. 150.

qu. 148.

(a) La prescription ne commence qu'après que la cause de l'empêchement du recours a cessé ; & elle dure autant que le Bénéficier qui a fait l'aliénation. Si est-ce qu'il peut lui-même former ce recours contre son propre contrat, quand ce seroit une transaction ; & cela non-seulement dans les dix ans de l'Ordonnance, mais aussi durant 40 ans, comme il a été jugé par Arrêt du 13 de Mars 1677, pour *Arrêt.* Messire Pierre Cais, Curé de Rouon, contre Dame Françoise de Gilbert de Verdun.

(b) C'est la coutume & un privilege de la Noblesse, que les *Gentilshommes* soient *debout en rendant hommage.* Néanmoins celui de la Terre de Baumes se rend par le Vassal à genoux, les mains jointes entre celles de l'Evêque assis dans un fauteuil. Messire Charles de la Baume de Suse ayant refusé de le rendre de cette maniere, à cause de sa naissance illustre & de sa qualité, y fut néanmoins condamné & même avec dépens, par Arrêt du 14 d'Août 1641 : l'ancien usage prouvé par divers actes d'hommages précédents fut entretenu. *Arrêt.*

ARTICLE VII.

De l'Inféodation & Emphitéose des fonds après de précédents.

SI on est dans (a) la coutume de donner des terres & des fonds en fief ou en emphitéose, l'Evêque aura la liberté de les inféoder ou de les bailler de nouveau en emphitéose, si ce n'est qu'ils aient été réunis à la mense épiscopale, c'est-à-dire, à l'Evêché. Cette réunion se fait par la consolidation du domaine utile avec le direct; & elle est consommée, lorsqu'en cette qualité l'Evêque en a retiré les fruits & les revenus. Ce fut une des déterminations de la Cour dans ce même procès, qui fut jugé par Arrêt du 6 Février 1448. *qu. 153. qu. 154. qu. 155.*

(a) *Solitum alienari dicitur, ubi præcessit una concessio valida; vel extant duæ cum cursu 40 annorum, ex Jazone, Balbo & Seraphino.* Lotherius de Benef. lib. 3, q. 15, n. 19. On présume alors qu'une nouvelle emphitéose n'est qu'une continuation de la premiere.

ARTICLE VIII.

De l'Emphitéose nouvelle.

CE n'est que dans la (a) premiere emphitéose, où les solemnités doivent être observées; celle qui sera faite après, quoique sans solemnité, ne sera pas nulle. Le Parlement a fait Arrêt dans ces cas, l'an 1456, pour les Richards, contre le Prieur de Mirabel, après qu'ils eurent prouvé que le fonds que le Prieur prétendoit leur ôter, avoit été auparavant mis en emphitéose. Ils furent maintenus dans leur possession. *qu. 46. qu. 112.*

(a) Si dans emphitéose de biens d'Eglise il n'y a pas eu de traité précédent, ni de procédure sur la nécessité ou l'utilité, l'acte est nul, quoique les autres solemnités s'y rencontrent. Jugé par Arrêt du 15 de Janvier 1650, pour Messire André Arnaud, Chanoine de l'Eglise Collégiale de la Magdelaine de Grenoble, contre Claude Simonin du Laurier. *Arrêt.*

ARTICLE IX.

De l'Emphitéofe des fonds ruinés & de peu de valeur.

qu. 158.. **L**ES fonds ruinés & les terres tombées en friche peuvent être aliénés par bail en emphitéose (*a*), après qu'il en aura été traité & délibéré avec le Chapitre, s'il y consent.

(*a*) Le Concile de Latran, tenu | quelqu'avantage pour l'Eglise.
sous Alexandre III, le permet, s'il y a |

ARTICLE X.

De la valeur de la chose aliénée.

ENFIN, si le recours contre ces aliénations est fondé sur la lésion, & si on la propose pour moyen de rescision, on jugera de la valeur de la chose aliénée, par l'état où elle étoit quand elle l'a été, & non par celui où elle est dans le temps qu. 157. auquel le recours est intenté, comme le Parlement le décida dans ce célèbre procès. Il n'y auroit pas de la justice que l'on tirât avantage contre le possesseur, de ses soins, de sa dépense & de son industrie, qui en ont augmenté le prix.

SECTION VII.

DE la Nomination, de la Collation, du Patronage & du Possessoire des Bénéfices.

ARTICLE I.

Que la Nomination ne se réitére.

qu. 374. **L**A (*a*) nomination que fait le Patron, a la force de l'élection canonique. Comme ceux qui ont fait une mauvaise élection, n'ont pas la liberté d'en faire une seconde; le Patron qui présente un sujet indigne ou incapable, n'est non-plus reçu à présenter de nouveau. Cet acte n'est pas réitérable, quand on a mal usé de son droit.

(*a*) Le Patron Ecclésiastique a six mois | *vacationis.* La collusion d'un préten-
pour nommer; le Laïque n'en a que | du dévolutaire avec le possesseur du
quatre, qui commencent *à die notitia* | bénéfice, n'exclut pas le Patron de son
droit.

droit de nomination ; comme il a été *Arrêt.* jugé par divers Arrêts ; 1. par Arrêt du 13 d'Août 1672, pour Messire Pierre Pons, contre Messire Ennemond du Bœuf, qui avoit impétré par dévolut, sur Guillon du Bœuf son frere, la Chapelle de Notre-Dame-de-Pitié, fondée dans l'Eglise Paroissiale d'Avallon: mais ç'avoit été pour exclure la nomination du Patron, qui ayant appris que le possesseur du bénéfice l'avoit abandonné au dévolutaire son frere, nomma le sieur Pons, qui fut main- *Arrêt.* tenu par cet Arrêt ; 2. par Arrêt du 16 Janvier 1668, pour Messire Jean Perinel, contre Messire Louis Lestelley. J'ajouterai quelques-autres especes de faits en cette même matiere, décidées aussi par Arrêt ; & en le faisant, *opera pretium me facturum puto*, pour me servir de l'expression d'un Ancien.

I. Tout ce qui est ordonné par le titre de la fondation, doit être religieusement exécuté & n'est point sujet à prescription, à laquelle on ne s'arrête *Arrêt.* point ; ce qui a été jugé par Arrêt du 22 de Février 1673, pour les Prêtres Altariens de l'Eglise Paroissiale de Tullins, contre Messire Louis Glasson, qui avoit impétré une Chapelle affectée par sa fondation à ces Prêtres: elle avoit néanmoins déjà eu, à leur préjudice, des Recteurs particuliers. Ainsi, si le Fondateur a voulu que le bénéfice soit purement électif & qu'il ne tombe jamais en la collation volontaire de l'Ordinaire ; les provisions qui en seront obtenues, encore que ce soit en conséquence d'autres, qui ont eu effet, seront déclarées abusives ; le Patron même qui aura nommé, sera reçu à agir pour cela: il y en a trois Arrêts, *Arrêt.* l'un du 7 de Septembre 1670, pour

Noble Claude de Rigaud, sieur de Rajat ; le 2 du 3 d'Août 1680, pour *Arrêt.* Jeanne Bonnefont, veuve de Claude Gautier ; & le 3 du 21 de Mai 1681, *Arrêt.* pour le Syndic des Cordeliers de Moirans, par le même principe de l'obligation indispensable d'obéir à ce qui est ordonné par les Fondateurs. Celui qui est nommé doit avoir au temps de sa nomination toutes les qualités que la fondation desire en lui, comme il a été jugé par Arrêt du 28 d'Août 1652, *Arrêt.* pour le sieur Bichon, contre le sieur Chabert ; & encore par un autre du 8 de Juillet 1666, pour Frere Charles de *Arrêt.* la Robiniere, contre Frere François Jayet. La rigueur de cette Loi ne souffre d'adoucissement que pour ceux de la famille du Fondateur ; pourvu néanmoins qu'il ait ordonné seulement que celui qui sera nommé, sera Prêtre, par exemple, & qu'il n'ait point ajouté que s'il ne l'est pas, le bénéfice *eo ipso* sera vacant : il pourra en ce cas être fait Prêtre dans le temps qui lui sera prescrit ou qui l'est par le Droit ; & s'il le néglige, le bénéfice sera alors vacant, & le Patron n'aura pas la liberté d'en nommer un autre au préjudice du dévolutaire ; comme il a été jugé par Arrêt du 19 d'Août 1676, pour Messire *Arrêt.* Jean-Baptiste Besson, contre Etienne Maurel. Mais si l'incapacité procede d'une autre cause, inconnue au Patron lors qu'il a nommé, il ne lui sera pas défendu de nommer de nouveau.

II. Deux bénéfices, les fonctions de l'un desquels sont attachées à celles de l'autre dépendamment ou autrement, sont incompatibles dans la même personne ; comme si le Recteur de l'un doit être assisté du Recteur de l'autre dans le service divin ; comme il a été

Arrêt. jugé par Arrêt du 14 de Mars 1672, pour Messire Pierre Chaix, contre Messire Antoine Odras, & il l'a été de même dans le cas de la dépendance *Arrêt.* du bénéfice, par Arrêt du 9 de Juillet 1678, pour Messire Jean Barthelemi de Combes, contre Messire Isidore Huart.

III. Celui qui est avec bonne foi dans la quasi-possession de nommer, peut le faire valablement jusqu'à ce qu'il ait été instruit du droit du véritable & légitime Patron. Après cela il ne le pourra plus, parce qu'il est dès-lors dans la mauvaise foi; de sorte que, sans que l'on s'arrête à la nomination qu'il aura faite, celui que le véritable Patron aura nommé l'emportera & sera maintenu; comme il a été jugé *Arrêt.* par Arrêt du 11 de Mai 1672, pour les Peres Jésuites du College de Tournon & le moderne Curé des Maries, qu'ils avoient nommé, contre le Chapitre de S. Bernard de Romans, qui en avoit nommé un autre, comme il avoit fait le précédent.

IV. Quoique le Patron ne puisse se nommer soi-même, il peut l'être par les autres Patrons, & s'il y a partage sur sa nomination entr'eux, son consentement le rompra en sa faveur. Jugé par Arrêt du 31 de Juillet 1683, *Arrêt.* pour Messire Louis Chomel, contre Messire François Chomel. C'est ce qui se pratique aussi dans toutes les élections, en ce même cas; & il y a eu un Arrêt du 18 de Juin 1671, pour *Arrêt.* Messire Claude Botheac, contre Messire Jacques de Ripert.

V. Si l'Ordinaire n'a pas fait mention dans ses lettres de provision, de la présentation qui lui a été faite, de celui qu'il pourvoit, par le Patron, elle y sera sous-entendue. La présomption sera favorable au Patron, contre lequel il ne pourra, dans l'occasion, tirer avantage de cette omission, qui même pourroit avoir été affectée. Jugé par deux Arrêts; l'un du 27 Mars 1681, & l'autre *Arrêt.* du 7 de Mars 1683, pour Messire *Arrêt.* Jacques Villar & Antoinette Rolland, contre Messire Calixte Grimaud & Michel Chabert.

ARTICLE II.

De la Collation du Pape au préjudice du Patron Laïque.

qu. 374. LE Pape exerce une autorité (a) plus souveraine sur les Patrons Ecclésiastiques que sur les Laïques; car il ne peut au préjudice de ceux-ci, par aucune plénitude de puissance, conférer avec effet. Le Concile de Basle & la Pragmatique Sanction s'opposent à cette entreprise.

(a) Les Canonistes disent que *beneficia omnia Papa obedientialia sunt & manualia;* & sur cette supposition ils fondent le droit qu'ils lui attribuent de pouvoir prévenir tous Patrons & tous Collateurs. Ce qui n'est pas reçu dans ce Royaume; il n'y a que le Roi qui puisse déroger à ce droit dans le temps de la Régale ouverte. Quelques-uns croient qu'il n'est pas véritable que le Roi puisse déroger durant la Régale au droit des Patrons Laïques. L'intérêt des Patrons Laïques est en telle considération, qu'il a été jugé par Arrêt du 3 *Arrêt.*

de Mai 1555, que ce patronage eſt même impreſcriptible, & que l'Ordinaire ne peut le preſcrire contre lui. Il y a un Arrêt dans cette eſpece le 30 de Mai 1653, pour Meſſire Jean-Pierre Serre, contre Meſſire Jean Dubois; &

Arrêt.

ſi le Pape pourvoit dans les quatre mois qu'a le Patron Laïque pour nommer, la ſignature de proviſion eſt abuſive, comme il a été jugé par Arrêt du 3 de Mars 1663, pour Aimé Paſcal, contre Meſſire Claude Peliſſon.

Arrêt.

ARTICLE III.

De la Collation du Bénéfice vacant par échange.

A plus forte raiſon l'Ordinaire ne peut au préjudice du Patron Laïque (*a*) conférer les bénéfices vacants (*b*) par échange dans ces quatre mois, pendant leſquels il lui eſt libre de préſenter. La Cure de S. George d'Eſpéranche dans le Viennois, eſt de la nomination du Dauphin; elle étoit (*c*) vacante de cette maniere, & l'Archevêque de Vienne la conféra à Meſſire Antoine Peliſſier, avant que ces quatre mois fuſſent expirés; dans cet intervalle le Gouverneur du Pays lui préſenta pour le Dauphin Meſſire Jacques du Bœuf. Cette collation précipitée fit naître un procès entre ces deux concurrens, & le Procureur Général y étant intervenu, il fut jugé à l'avantage du Dauphin; le bénéfice demeura à celui qui avoit été nommé pour lui. Toutefois, s'il avoit conſenti à la collation faite par l'Archevêque, elle auroit ſubſiſté. Ce qui montre qu'elle n'étoit pas nulle de droit.

qu. 374.

(*a*) Les Evêques conferent, les Patrons nomment. Si néanmoins les Patrons, s'étant réſervé le droit de conférer, il leur a été aſſuré par indult, la collation leur appartiendra; mais celle des Rois Très-Chrétiens, à l'égard des bénéfices de leur fondation, ſe ſoutient ſans indult par elle-même, pourvu que le droit ſoit établi par le titre de la fondation, *ratione Sacerdotii & unctionis.* Mais ſi la collation n'eſt faite *capaci & idoneo*, elle eſt nulle; comme en ce cas l'eſt la nomination. *Capacitas porrò & idonea qualitas conſiſtit in legitimis natalibus, Ordine Eccleſiaſtico qualem beneficium requirit, legitima ætate, bonis moribus & ſuffi-*

cienti ſcientia. Gregor. Toloſ. de benef. cap. 35. Cottas, dans le livre 4 de ſa paraphraſe, dit que la collation eſt *gratuita quædam beneficii vacantis aſſignatio ab habente poteſtatem idoneo Clerico legitimè facta.*

(*b*) Le copermutant évincé rentre dans ſon bénéfice: on le juge ainſi.

(*c*) La permutation & la réſignation faites ſans la volonté du Patron Laïque, n'ont point d'effet contre lui; tellement qu'il peut nommer au bénéfice comme vacant. C'eſt-là le cas de cette queſtion de Guy Pape 374. On ne peut non plus, ſans ſon conſentement, aſſujettir le bénéfice à une penſion.

F 2

ARTICLE IV.

De la Collation au préjudice du Patron Ecclésiastique.

IL n'est pas mieux (a) permis à l'Ordinaire de pourvoir & de conférer au mépris du Patron Ecclésiastique ; comme il *qu. 374.* a été jugé par Arrêt du 15 de Septembre 1460, touchant la Cure du Prieuré de Mont-Fanjas. Le Légat à *Latere* le pourroit, parce qu'il représente le Pape par le privilege de ses facultés.

(a) L'Evêque ne peut prévenir le Patron Ecclésiastique, non plus que *Arrêt.* le Laïque. Jugé par Arrêt du 7 de Mai 1683, pour le sieur Prieur de Beaumont. Le Pape prévient le Patron Ecclésiastique ; néanmoins si l'Evêque a conféré, cette collation, quoique nulle, empêchera la prévention du Pape ; *Arrêt.* comme il a été jugé par Arrêt du 7 de Mai 1683, pour Messire Esprit Ventallon, pourvu de la Vicairie perpétuelle des Costes dans le Champsaur. La collation est de la discipline extérieure de l'Eglise ; & par cette raison elle peut être communiquée aux femmes. En effet, il y a des Abbesses qui conferent des Cures & des bénéfices de plein droit.

ARTICLE V.

De l'Installation aux Bénéfices.

LE Parlement ne (a) s'attribue pas le droit d'installer aux bénéfices par la mise en possession, parce qu'elle participe plus du pétitoire que du possessoire, & de la spiritualité que de la temporalité. Il y a pourtant des cas qui semblent intéresser de plus près le spirituel que le temporel, dont la connoissance n'est pas absolument portée aux Juges d'Église ; les Juges temporels ou l'ont, ou y entrent pour le secours des autres. Ceux où il s'agit du concubinage public des Ecclésiastiques, de l'impiété, de l'hérésie, de la simonie & du parjure, en sont les plus remarquables & les plus punissables.

[Cet article n'est pas de Guy Pape.]

(a) *Stallum* est le siege qu'a le Chanoine dans le chœur : ce mot signifie banc, table & boutique à étaler & à vendre ; étal & étau. Installer c'est mettre quelqu'un dans sa place. Quand il n'y a ni procès ni difficulté sur la possession, les Ecclésiastiques installent, & l'on suit la coutume du bénéfice. Le Juge temporel n'intervient dans ces actes, qu'aux occasions où il s'agit *de retinenda vel recuperanda beneficii possessione, & non de adipiscenda.*

ARTICLE VI.

Le Patronage vendu passe aux héritiers étrangers:

LE droit de patronage peut être cédé & vendu (*a*) ; & par cette raison, si le Fondateur d'une Chapelle a ordonné que la nomination en appartiendra à son fils, qu'il a institué son héritier universel, & aux héritiers du même, il sera acquis à ceux-ci, quoiqu'ils lui soient étrangers. *Aliud*, s'il a donné la nomination à ses descendants ; car alors ils ne peuvent céder ce droit à un étranger, au préjudice de ceux qui viendront après eux ; & ce patronage est appellé familier, *gentilitius*, qui est différent de l'héréditaire, & de celui qui est attaché à un fief ou universalité des biens. Ses parens qui lui auroient succédé, s'il n'avoit point fait de testament, n'auront pas sujet de s'en plaindre, parce que c'est une regle que les choses cessibles sont aussi transmissibles aux héritiers étrangers. La raison de douter est que dans les fidéicommis des ascendans, ce mot d'héritier signifie réguliérement le parent le plus proche ; mais celle de décider, tirée de la qualité du patronage l'emporte.

(*a*) L'opinion de notre Auteur est que le patronage *jus est cessibile, & vendibile* ; mais d'Olive, *au chap. 3 du premier livre de ses questions*, où il cite celle-ci 507 de Guy Pape, dit que *tenant du spirituel & Ecclésiastique, il ne peut être ni vendu ni permuté.* Il n'a pas fait réflexion que le patronage n'a principalement pour suppôt que le temporel venu des mains du Fondateur : sans doute ce temporel est la substance solide & sensible du bénéfice ; le spirituel n'en est que l'accessoire ; sans lui il n'y auroit ni bénéfice ni spiritualité. C'est aussi une maxime de Droit Canonique François, que le patronage s'acquiert par contrat, par donation, par succession, par confiscation de la Terre à laquelle il est annexé, & enfin par possession de 50 ans ; comme il a été jugé par Arrêt du premier de Juin 1682, pour Jean Fauquet & Susanne Aleman d'Ambrun, maintenus en la moitié du droit de patronage de la Chapelle dédiée à S. Jacques dans l'Eglise Paroissiale, qui l'est à S. Marcellin dans cette même Ville. Mais il faut que l'Ordinaire consente à l'aliénation du patronage ; & son consentement tacite suffit. Jugé par l'Arrêt du 21 de Mars 1681, rapporté ci-dessus. Comme il dépend de la discipline extérieure de l'Eglise, il peut être communiqué aux femmes & possédé par elles.

ARTICLE VII.

De la Restitution du Patronage en fidéicommis.

LES Docteurs disent que le patronage est d'un prix inestimable : aussi il ne passe pas après la mort du Patron à ses proches, mais à ses héritiers qui le représentent.

F 3

Tous les droits directs leur demeurent, quoiqu'ils soient chargés de fidéicommis, & celui de patronage est de cette qualité; tellement qu'ils passent toujours des héritiers du Patron à leur héritier. Mais cela suppose (a) que les héritiers du Patron n'en aient point fait eux-mêmes de leur gré, de restitution au fidéicommissaire. Si néanmoins le fidéicommis est si universel que le testateur ait défendu toute détraction, & même de la quarte trébellianique, le droit de patronage appartiendra entièrement au fidéicommissaire. Si la quarte restoit à l'héritier, un quart de ce droit lui resteroit avec elle.

(a) Les héritiers succedent au patronage par souches & non par têtes. Néanmoins le patronage, quant à ses fonctions, est indivisible: il faut que la nomination soit faite uniformément par tous ceux qui en ont le droit.

ARTICLE VIII.
De la Jurisdiction Royale sur le Possessoire des choses spirituelles.

LE Parlement & les Juges Royaux sont seuls compétents pour connoître du possessoire (a) des choses spirituelles, parce qu'il n'y a rien qui participe du spirituel, comme il y a dans le pétitoire à l'égard d'une même chose; de sorte que c'est à eux qu'il appartient d'ordonner de la récréance, de la maintenue & de la réintégrande des bénéfices. Cette (b) jurisdiction a été conservée au Roi Charles VII, pour tous les bénéfices du Royaume & du Dauphiné, par une Bulle du Pape Martin V; & par cette Bulle, ce souverain Pontife a déclaré qu'ayant réprimé par une autre la liberté que prenoient les Ecclésiastiques de se soumettre à la jurisdiction séculiere, il n'avoit pas eu intention de déroger ni de nuire à la jurisdiction Royale sur le possessoire des bénéfices du Royaume de France & du Dauphiné. Notre Auteur représente cette Bulle dans la premiere de ses questions, y ayant procès au Parlement entre Guillaume Basset & Jacques du Bœuf, Prêtres de la Ville de Grenoble, sur la possession de la Chapelle consacrée à Sainte Catherine, dans l'Église Cathédrale de Grenoble. Basset y fut maintenu par Arrêt du mois de Décembre 1455, qui défendit à sa partie de l'y troubler. La décision du différent au pétitoire fut renvoyée au Juge Ecclésiastique, en conformité de la Pragmatique Sanction.

(a) Le possessoire des bénéfices est traité devant le Juge séculier par quatre raisons principales; 1. cùm agitur possessorio de re quidem spirituali, sed non spiritualitet. 2. Le possessoire étant de fait, & tout fait se réduisant ad id *quod interest*, le Juge féculier eft feul compétent pour en connoître, l'étant feul pour la connoiffance *de eo quod interest*. 3. Le Roi feul peut maintenir & protéger les poffeffeurs contre la violence; & pour empêcher qu'on ne vienne aux armes, l'Eglife n'a ni autorité ni fonction. 4. Le poffeffoire eft plutôt pour ce que le bénéfice a de réel & de corporel, que pour le fpirituel. La maintenue du droit de fépulture appartient auffi aux Juges Royaux; & la feule poffeffion, quoique fans titre, fuffit pour l'obtenir ; comme il *Arrêt.* a été jugé par Arrêt du 16 de Mai 1676, pour Philibert Brotel, contre le Curé de Virieu. Et dans ces matieres, les Jugemens des Juges Royaux font exécutés, quant à la maintenue & à la récréance, nonobftant l'appel à la caution ju-

ratoire de la partie. Monfieur Expilly, *chap.* 1, 13, *Ord. de* 1667, *tit.* 15, *art.* 9.

(*b*) Elle eft propre & naturelle à la Couronne ; & le Roi en jouit par le feul titre de fa fouveraineté Royale ; à quoi ne faifoient pas réflexion les Miniftres de l'Etat fous le Regne de Charles VII ; ils n'étoient favants que dans le Droit Canonique de Rome, oppofé prefqu'à tous ceux de cette Couronne : le Droit public du Royaume eft pourtant imprefcriptible. Au refte les Juges Royaux connoiffent de la maintenue des bénéfices qui font dans leur Reffort, quoique le Collateur v. g. foit en France, & le Bénéficier en pays étranger. Jugé par Arrêt du 18 de Juillet 1678, pour Meffire Thomas Carocio, pourvu du Prieuré de Sainte Marie de Suze.

ARTICLE IX.
Des Titres & Qualifications.

LE titre coloré fuffit pour la récréance ; & ce titre eft coloré, qui vient de celui qui a pu le donner & dans la forme extérieure duquel il ne paroît aucun vice. L'on ne doit *qu.* 552. pas entrer dans la queftion de fa validité ; & aucun bénéfice ne pouvant être poffédé (*a*) fans titre canonique, les parties ne *qu.* 71. peuvent s'exempter de produire & de communiquer les leurs.

(*a*) Des qualifications, qualités & capacités, qui font fynonymes, voyez l'Ordonnance d'Abbeville art. 287 & & 289. Pour la validité des degrés & pour la capacité, il fuffit d'avoir reçu les Ordres de l'Evêque d'origine, de domicile ou de bénéfice. Jugé par *Arrêt.* Arrêt du 16 de Février 1682, pour Meffire Etienne Mutte, contre Meffire Simonet Chomel. S'il arrive que celui qui fe prétend pourvu ne produife fes qualités ; la forclufion fera acquife de plein droit contre lui à fon adverfaire, qui fera maintenu à fon préjudice dans

la poffeffion du bénéfice. Jugé par Arrêt du 17 Mai 1671, pour Meffire *Arrêt.* Charles de Beauvoir, contre Meffire Charles Flandin. Suivant l'Ordonnance de 1539, art. 46 ; celle d'Abbeville qui n'en eft qu'une ampliation, dans les articles 287 & 289, & celle de 1667, tit. 15, art. 2 & 6, qualités, qualifications & capacités font fynonymes, & fignifient les titres des parties, qui juftifient de leur caractere pour les Ordres Eccléfiaftiques, fans lefquels les bénéfices ne peuvent être poffédés.

ARTICLE X.
De la Réintégrande.

qu. 85.

qu. 51.

ON feroit même réintégré, (*a*) fans emploi de titre, quand on ne feroit que juftifier que l'on a été mis en poffeffion par l'autorité du légitime & véritable Supérieur, pourvu néanmoins que lon ne voie pas manifeftement & évidemment que celui qui prétend l'être n'a nul droit.

(*a*) Qui a joui paifiblement d'un bénéfice durant trois ans, ne peut être troublé, fi ce n'eft que l'on ait été empêché d'agir par quelque légitime caufe, & qu'il y en ait eu proteftation. Celui qui eft condamné en réintégrande ne peut faire demande au pétitoire, qu'après avoir réparé entiérement le trouble. Ordonnance de 1667, tit. 28, art. 4. Qui étant en poffeffion de la dîme y a été troublé, doit y être réintégré, avec reftitution de fruits fur le pied des trois dernieres années. Jugé par Arrêt du 4 de Février 1686, pour les Chartreux, contre le Prieur de Montmaur. *Arrêt.*

ARTICLE XI.
Des raifons du Pétitoire dans le Poffeffoire.

ON a la liberté (*a*) d'employer dans les procès où il s'agit de la poffeffion des bénéfices, des raifons qui ne devoient l'être qu'en ceux où il s'agit de la propriété, lorfqu'elles fervent à fortifier celles qui ne regardent que la poffeffion : les unes viennent ainfi au fecours des autres. Le ftyle du Parlement y

qu. 71. confent ; & de fait dans l'interdit *uti poffidetis*, celui-là obtient la poffeffion, qui a plus de droit en la propriété.

(*a*) Le poffeffoire ne peut être cumulé avec le pétitoire. *Ordonnance de* 1667, *tit.* 18, *art.* 5.

ARTICLE XII.
De la Poffeffion de la Dîme & des Penfions Eccléfiaftiques.

LE Jugement de la poffeffion de la dîme & des penfions eccléfiaftiques (*a*) appartient pareillement à la jurifdiction temporelle. Le Prieur du Prieuré de Lans dans la Baronnie de Saffenage, prétendoit être dans la poffeffion d'exiger dix fetiers de bled chaque année, du Prieur de S. Robert, fur la dîme de la Paroiffe de Méaudres ; & il fe pourvut au Confeil Delphinal

qu. 552. pour y être maintenu. Celui-ci foutint qu'il s'agiffoit dans la prétention du Prieur de Lans d'un droit fpirituel, la dîme étant

de

de cette qualité. Si eſt-ce que le Conſeil n'eut pas d'égard à cette objeċtion ; & par Arrêt du 12 de Mars 1444 , il retint la connoiſ-ſance de la cauſe. La même choſe a depuis été jugée par deux Arrêts du Parlement, l'un du mois de Décembre 1455 , & l'au- *qu. 1.* tre du 21 de Juin 1459 ; le premier entre le Prieur de la Made-laine de Grenoble & le Commandeur de S. Antoine de la même Ville , & l'autre entre le Chapitre de l'Egliſe N. D. de la même Ville & le Seigneur d'Échirolles : en l'un il s'agiſſoit d'une pen-ſion eccléſiaſtique , & en l'autre de la poſſeſſion de la dîme.

(*a*). Les Doċteurs Canoniſtes qui ont ſpiritualiſé la dîme prédiale , re-connoiſſent néanmoins que la connoiſ-ſance de ſa poſſeſſion appartient au Juge ſéculier ; & il arrivera un jour, qui peut-être n'eſt pas loin, qu'on ne leur diſputera non plus celle du péti-toire. Févret écrit dans ſon *Traité de l'abus , liv. 6. chap. 1 , n. 1 & 3 ,* que la dîme étant dans l'Occident de Droit non Divin, mais purement hu-main, le pétitoire n'appartient au Juge d'Egliſe qu'entre Eccléſiaſtiques, & ſi un Laïque y eſt partie. C'eſt l'avis d'Anne Robert, qui pourtant n'a pas été ſuivi , ajoute-t-il , que le pétitoire appartient auſſi au Juge temporel.

SECTION VIII.

De la Juriſdiċtion temporelle ſur les Perſonnes & les choſes Eccléſiaſtiques. *

ARTICLE I.

Des Clercs mariés.

LEs Clercs mariés ne jouiſſent point des privileges de la Clé-ricature. Claude Marbod, (*a*) Clerc marié , ayant aſſaſſiné Raymond Fabri, Notaire, fut empriſonné de l'autorité du Juge de Grenoble ; mais l'Évêque & ſon Official prétendirent qu'il leur *qu. 138.* devoit être renvoyé, & offrirent même de juger conjointement avec le Juge la queſtion du privilege. La choſe ayant été miſe en délibération dans le Parlement, il fut jugé que ce criminel avoit perdu tout privilege , tant parce qu'il avoit été pris en habit (*b*) de ſéculier & qu'il exerçoit un métier vil (*c*), que par la qualité de ſon crime, qui étoit un aſſaſſinat prémédité. Ce fut par Arrêt du mois d'Août de l'an 1457 ; & ce malheureux fut condamné à la mort. Un dernier motif qui ne permit pas d'ac-

G

cepter l'offre de l'Official, de juger la queſtion de l'habit avec le Juge de la Ville, fut que l'habit eſt une choſe temporelle, qui ne participe en aucune maniere de la ſpiritualité.

* Comme il n'y a qu'une Souveraineté dans l'Etat ; il n'y a de même qu'une Juriſdiction, qui eſt la Royale : l'Eccléſiaſtique eſt une émanation de a cette Juriſdiction abſolue & ſouveraine, & ne vient pas, comme celle-ci, immédiatement de Dieu. Auſſi les Souverains l'étendent, la reſtreignent, la limitent & la réglent comme il leur plaît ; & elle leur obéit. On le voit dans les anciens Capitulaires & dans les Ordonnances générales.

(a) Pour jouir en ce temps du privilege de la Cléricature, il faut du moins être Sous-Diacre. Il n'y en a plus pour les Clercs mariés, comme le ſont les Prêtres dans toutes les Religions du monde & même dans la Chrétienne, à la réſerve de la Catholique-Romaine ; tellement qu'ils ne ſont capables de poſſéder aucun bénéfice. Si le Bénéficier réſigne & le lendemain, v. g. ſe marie, avant que la

réſignation ſoit admiſe, elle eſt nulle & ſans effet ; comme il a été jugé par *Arrêt* Arrêt du 3 de Mars 1665, dans une cauſe portée à l'Audience : il ne s'agiſſoit que de l'appel du Réſignataire, de ce que ſa partie pourvue en Cour de Rome n'avoit pas été condamnée à donner caution comme dévolutaire, ce que pourtant celui-ci nioit d'être. La Cour mit l'appellation & ce dont étoit appel au néant, & évoquant au principal, maintint le pourvu en Cour de Rome contre le Réſignataire, qui perdit ainſi ſa cauſe.

(b) *Talis quis præſumitur qualis per veſtitum demonſtratur. L. item, § ſi quis Virginem ff. de injuriis ; cap. ſi Judex, de ſentent. excom. in 6.*

(c) Des Clercs exerçant de vils métiers & des Clercs mariés, voyez ci-deſſus en la *ſect.* 4. *art.* 3, & les remarques ſur cet *art.* 1.

ARTICLE II.
Des Inventaires.

qu. 261. LE privilege de Cléricature mourant avec le Clerc, (a) l'inventaire de ſes biens ne peut être fait après ſa mort, que de l'autorité du Juge temporel, ſi ſon héritier eſt laïque.

(a) L'héritage repréſente le teſtateur ; mais quand il a été reconnu par l'adition, il repréſente l'héritier. Ainſi *Arrêt.* il fut jugé par Arrêt du 15 de Février 1579, que l'héritier laïque d'un Clerc devoit être convenu devant le Juge

ſéculier ; & depuis ce n'a plus été une queſtion ; non plus que ce n'en eſt pas une que l'inventaire des biens de l'Eccléſiaſtique ne doive être fait de l'autorité du même Juge, encore que l'héritier ſoit auſſi Clerc.

ARTICLE III.

Des Représailles.

LEs représailles ordonnées par les Magistrats temporels, n'ont pas moins d'effet contre (*a*) les Ecclésiastiques que contre les Laïques. Charles de S. Saturnin, Facteur de Pierre Thomas, Marchand d'Avignon, s'étant réfugié dans les Terres de l'Évêque de Valence, où il avoit porté quatorze cens écus faux, mais fabriqués dans le Dauphiné; le Dauphin intéressé dans cette affaire, avoit nommé des Commissaires pour en prendre connoissance : notre Auteur étoit un de ces Commissaires. *qu. 34.* Ils avoient requis l'Évêque par trois actes différents, de remettre au Dauphin ce criminel, & ces écus faux desquels il s'étoit effectivement saisi; il y avoit même eu chaque fois autant de comminations, qu'il seroit procédé à représailles contre lui & contre ses sujets. Enfin l'exécution des représailles ordonnées fut faite contre un Clerc du Diocese de Valence; sur quoi cette question, si les Clercs vivant cléricalement y sont sujets, s'éleva. Les Commissaires s'étant assemblés, elle fut jugée, par Arrêt du 8 d'Octobre 1448, contre les Clercs. L'Évêque reconnut sa faute, & il en évita les suites par son obéissance.

(*a*) Réguliérement les Ecclésiastiques, les Magistrats, les Ambassadeurs, les Voyageurs sous la foi du Droit des Gens ou du Droit public, les Ecoliers & ceux qui ont fait naufrage & les enfans, sont à couvert de l'exécution des représailles.

ARTICLE IV.

Ajournés pour déposer.

LEs Ecclésiastiques (*a*) qui ayant été ajournés pour rendre témoignage en matiere civile devant le Magistrat temporel, refuseront de le faire, seront contraints d'obéir par quelque légere exécution, comme seroit la saisie de leurs chevaux, dit notre Auteur: mais en fait criminel, il faut que l'Évêque, leur supérieur, le leur permette; néanmoins s'ils ont déposé sans cette permission, leur témoignage ne sera pas moins valable. C'est l'usage du Parlement & des Cours inférieures; & c'est encore ce qui se pratique à l'égard des Moines, des Religieux & des Réguliers. *qu. 65.*

G 2

(*a*) Aujourd'hui les Ecclésiastiques ne sont pas moins obligés de déposer en fait civil & en fait criminel, que les Séculiers. S'ils le refusent, on les y contraint par saisie de leur temporel. *Ordonnance du mois d'Août 1670, tit. 6, art. 3.*

ARTICLE. V.

De l'Amende contre le Clerc.

NÉANMOINS l'amende en laquelle l'Ecclésiastique convenu devant le Juge séculier aura (*a*) été condamné en sa contumace, ne lui sera point demandée après qu'il aura fait voir & prouvé sa qualité. Le Parlement l'a ainsi jugé par Arrêt du 13 d'Août 1460, pour des Clercs qui n'avoient pas comparu devant lui, & qui à cause de cela avoient été condamnés en des amendes en faveur du Fisc; ils en furent déchargés, & élargis des prisons où ils étoient.

qu. 450.

(*a*) Les Clercs ajournés devant le Juge temporel, doivent comparoître & proposer leur privilège. S'ils ne le font, ni ils n'éviteront les dépens, ni ils ne seront déchargés de l'amende; la contumace *pro delicto est*, elle est une espece de crime; elle participe du dol, & *dolus nemini suus debet patrocinari.*

ARTICLE VI.

Du Clerc in Flagranti.

S'IL arrive que le Clerc, reconnu pour tel, soit surpris dans une action criminelle (*a*), le Juge séculier a droit de le faire emprisonner, pourvu que le Juge Ecclésiastique n'y soit point présent & ne veuille exercer lui-même sa jurisdiction; mais il faudra que le Juge incompétent renvoie sans délai à celui-ci ce criminel, pour éviter l'excommunication (*b*) de laquelle il seroit frappé, s'il différoit. C'est pourquoi ces Officiers temporels ne sont pas bien sensés, qui arrêtent le coupable ou alors ou après l'action, ou qui ne le renvoient pas promptement. Ils sont excommuniés, & ne peuvent être absous, qu'après avoir satisfait à la partie qu'ils ont maltraitée, & au Juge duquel ils ont usurpé la jurisdiction.

qu. 73.

(*a*) Le Prêtre surpris dans une mauvaise action, est d'autant plus blâmable & plus punissable, que *oportet Sacerdotem & piâ exercitatione sobrium esse, & vitam subditis suam tanquàm speculam ostendere,* dit S. Jean-Chrysostôme.

(*b*) Les excommunications desquelles notre Auteur fait mention dans cet article, n'ont plus de lieu, principalement contre les Magistrats dans les fonctions de leurs Charges. Elles étoient si fréquentes en ce pays, que souvent le jour de Pâques & même durant tout le cours de l'année, la plupart du peuple se trouvoit excommunié, comme le dit le Réglement de Jean de Daillon, Gouverneur du Dauphiné, de l'an 1476. La Religieuse Theano refusa de faire des imprécations contre Alcibiade, quoique cela eût été ordonné à tous les Prêtres & à toutes les Religieuses de la Ville d'Athenes; disant qu'elle étoit Religieuse pour prier les Dieux & pour bénir, & non pour détester & pour maudire." *Plutarch.*

ARTICLE VII.
Du Concubinage public.

SI le Prêtre est concubinaire public, il est suspendu de droit de tout Office Divin; & s'il en fait des fonctions, il doit perdre son bénéfice. Mais cela (a) suppose que ce que prescrit la Sanction Pragmatique à cet égard, ait été observé. Dès-lors ce concubinaire notoire, comme parle notre Jurisconsulte, est irrégulier & mérite d'être privé de son bénéfice; comme le Parlement l'a jugé dans une cause bénéficiale, en l'exécution & en vertu de la Sanction Pragmatique. Donc il faut un Jugement contre le (b) concubinaire, pour donner lieu à l'impétration de son bénéfice, comme s'il étoit vacant. Cependant la Pragmatique veut qu'après la première intimation qui lui aura été faite, il perde les fruits d'un quartier, c'est-à-dire de trois mois, & qu'ils soient employés utilement pour les Églises. Or la saisie du temporel des bénéfices ne se fait valablement que de l'autorité du Magistrat civil.

qu. 558.

(a) Le titre de la Pragmatique Sanction & celui du Concordat *de publicis concubinariis*, prescrivent la forme de procéder contre les Prêtres concubinaires. *Philosophus in ratione vitæ peccans*, dit Ciceron; *hoc turpius est, quòd in Officio cujus magister esse vult, labitur, artemque vitæ professus delinquit in vita.* Si est-ce que *apud Biscalos Presbyter nullus accipitur non habens concubinam*, dit Jean, Evêque de Gironne; *arbitrantur enim à carnalibus non posse abstinere, & dicunt necesse esse Presbyteros ad Parochianorum uxores converti.*

(b) Le concubinage est prouvé non-seulement par Sentence & par confession judicielle, mais aussi par une connoissance publique, qui ne peut être dissimulée, quoique régulièrement dans ce Royaume, la notoriété ne dispense point d'informer. Le Prieur de Barbieres fut accusé d'un commerce criminel avec une femme, par le mari; mais il n'en fut pas convaincu par une preuve parfaite. Néanmoins il fut condamné par Arrêt du 20 de Mai 1674, d'absenter du lieu, & il lui fut défendu de fréquenter cette femme. L'interdiction d'un Curé, ni même la pri-

Arrêt.

vation d'un bénéfice, si les crimes dont il est accusé sont graves, n'est pas abusive, quoiqu'il n'y ait eu aucune monition précédente. Il y en a un Arrêt *Arrêt.* du 5 d'Août 1675, contre George Cousin, Curé de Mépieu, appellant comme d'abus. En autres cas, l'interdiction sans connoissance de cause & avant que l'accusé eût été suffisamment convaincu, seroit abusive; comme il a été jugé par Arrêt du 16 de *Arrêt.* Juin 1670, pour Messire Barthelemi Charavil, Curé de la Ville de S. Marcellin, appellant comme d'abus, contre le Promoteur de l'Archevêque de Vienne.

ARTICLE VIII.

De l'Impiété.

ET le même Magistrat civil est compétent pour la connoissance du crime d'impiété, de même que de celui d'hérésie. Un Juif habitant de Crest, fut accusé d'avoir commis une action déshonnête (*a*) & impie contre la sainte Vierge, *qu. 63.* & le Dauphin commit notre Auteur pour lui faire son procès. D'abord ce sage & judicieux Commissaire ne se crut pas compétent; jugeant dans la premiere vue que la connoissance de ce crime ne lui appartenoit pas, à cause de sa qualité; mais à l'Inquisiteur de la Foi ou au Juge d'Église. Néanmoins, après y avoir bien pensé, il changea d'avis & il jugea ce misérable; qui fut absous de cette accusation, le Procureur Fiscal qui étoit sa partie n'ayant pas prouvé ses faits.

(*a*) L'impiété est rarement sans scandale; & le scandale est un des cas Royaux. Un Huguenot convaincu d'avoir blasphémé contre l'honneur de la sainte Vierge, fut condamné à être pendu, & son corps à être brûlé après *Arrêt.* sa mort, par Arrêt de l'an 1666. Toutefois l'Ordonnance du Roi Louis XIII, du 5 de Mai 1636, relative à une plus ancienne, ne condamne les blasphémateurs qu'à des peines moindres que la mort, voulant seulement qu'à la septieme récidive ils aient la langue coupée. Elle est tirée de celle du Roi Philippe de Valois de l'an 1347, rapportée dans la troisieme partie *Styli antiqui Parlamenti Parisiensis, tit.* 4 de l'édition de M. Charles du Moulin. Elle est même rappellée par un Arrêt général du Parlement de Grenoble, du 30 Juillet de l'an..... qui marque la piété de cet illustre Corps. De sorte que le sacrilege & le blasphême ne sont plus *mixti fori,* comme François Marc dit qu'ils le sont, dans sa *question 123 de la seconde partie.* Théocrite enseigne sagement, que nul ne parle avec mépris des choses divines. C'est dans l'Idylle 26.

ARTICLE IX.

De l'Hérésie.

L'HÉRÉSIE (a) est un attentat contre Dieu, & une conspiration contre la vérité de sa parole sacrée. Ce crime confisque le corps & les biens ; & la confiscation des biens est aux Seigneurs des Terres dans lesquelles ils sont. On l'observe ainsi dans le Dauphiné ; & le Juge de la Terre de Montfleuri ayant condamné quelques hérétiques, suivit cet qu. 76. usage dans son Jugement. Ce qui est ordonné contre les hérétiques dans un lieu, est exécuté, à l'égard de la confiscation, dans tous ceux où ils ont du bien, sans qu'il y faille de nouveaux procès ni de nouveau Jugement.

(a) Les premiers Romains, quoiqu'Idolâtres, ne souffroient point *falsas & novas opiniones in religione, & novos ritus & cultus.* Le Sénat ordonna au Préteur M. Æmilius, au temps de la seconde guerre Punique, *bis religionibus uti populum liberaret.* Ce que le Préteur fit par cet Edit : *Uti quicumque libros vaticinos, precationesque, aut artem sacrificandi conscriptam haberet, eos libros omnes, litterasque, ad se ante illam diem deferret ; neve quis in publico sacrove loco, nemo aut externo ritu sacrificaret.* Tit. liv. C'est ce qui a été sagement pratiqué contre les Prétendus Réformés, pour achever & pour assurer leur conversion à la Religion Catholique, à laquelle ils se sont réunis dès le mois d'Octobre 1685, dans cette Ville. Les singularités dans les sentimens sont criminelles, lorsque par un orgueil turbulent, refusant de se soumettre à l'autorité, elles l'usurpent.

ARTICLE X.

De la Simonie.

LA simonie (a) est une espece d'hérésie : celui qui donne, & celui qui reçoit y pêche également. Mais dans l'usure, celui qui prête pêche seul ; tellement que les raisons que l'on en tire, pour les appliquer à la simonie, ne lui conviennent point. Jean Latra avoit donné cent écus d'or à Jean Pollet de Crémieu, pour acquérir à son fils la Prévôté de S. Antoine de Bourgoin. La chose n'ayant pas réussi, Latra demanda à Pollet cette somme, comme la lui ayant donnée pour une cause qui n'avoit pas eu d'effet. L'affaire ayant été portée au Parlement, l'opinion du Conseiller François de Cizerin fut, que la condition de cette somme étoit juste, comme l'est, par le Droit Canon, la répétition des in- qu. 587.

térêts qui n'étant pas dus, ont néanmoins été payés. D'autres résisterent à cette raison par celle-ci, qu'en une cause égale & pareille en turpitude, celui qui possede a quelqu'avantage sur son adversaire. Quelques-uns vouloient qu'avant que de se déterminer, on s'informât lequel des deux avoit provoqué l'autre à ce traité : leur motif étoit que comme dans les jeux défendus, celui qui a provoqué à jouer, ne répéte point ce qu'il a perdu ; de même celui qui auroit proposé ce traité, n'auroit rien à espérer. Mais il fut enfin jugé que Latra & Pollet étoient également coupables, & que l'un n'avoit pas droit de retirer cet argent, ni l'autre de le garder. La somme fut adjugée à l'Église qui avoit donnée occasion à ce traité, & qui en avoit été offensée : ce fut une réparation de l'injure qu'on avoit prétendu lui faire ; ce traité lui en étant une qui ne pouvoit être excusée.

(a) La simonie est appellée, comme remarque du Moulin *in reg. de public. resign. n. 50*, dans divers lieux & livres du Droit Canon, *Rabies, heresis, pestis, lepra, ita ut ejus respectu catera crimina prohibita reputentur.* Aussi est-elle sujette à quatre sortes de peines, que François Marc remarque dans la question 1119 de la premiere partie. Le Juge séculier connoît de ce crime sur tout dans la maintenue par dévolut, & quand il est proposé par voie d'exception. Le Parlement a jugé par *Arrêt.* Arrêt du 6 de Juillet 1625, que la simonie du pere nuit au fils, auquel il a acquis un bénéfice simoniaquement, quoique le fils l'ait ignorée. Mais après dix ans le Bénéficier ne peut plus être inquiété pour la simonie ; comme il a été jugé par Arrêt *Arrêt.* du 13 de Mai 1629, entre Messire André Gaude, Prieur de Mizons, & Nicolas Meinier. Mettre à prix les choses spirituelles, c'est vouloir leur faire changer de nature ; & les mettant au rang des matérielles, le légitime prix des bénéfices est dans le mérite.

ARTICLE XI.
Du Parjure ou Serment.

LE parjure (a) est aussi une injure faite à Dieu. Néanmoins la Loi qui lui en laisse la vengeance, n'a lieu que là où personne n'en souffre du préjudice. Les Juges temporels, par la coutume de ce Pays, connoissent de ce crime & le punissent. La connoissance en est commune aux deux Jurisdisdictions, à l'Ecclésiastique & à la Laïque. Il est vrai que la premiere est seule compétente pour le Jugement du parjure des Clercs, à l'exclusion de l'autre.

C'étoit

C'étoit un (*b*) ufage fréquent & même ordinaire au temps
que notre Auteur vivoit & étoit dans le Parlement, d'obliger
les contractants par leur ferment, à l'exécution de ce qu'ils pro-
mettoient : leur promeffe jurée leur étoit un lien indiffoluble.
Il n'y avoit que les Évêques qui en difpenfaffent, & il fal- *qu.* 35.
loit des raifons légitimes pour en être abfous ; ce que l'on n'étoit
qu'après que la partie les avoit contredites. Notre Décifion- *qu.* 110.
naire fit déclarer nulle, par Sentence de l'Official de S. Paul-
Trois-Châteaux, la difpenfe que Lancelot de Poitiers, bâ- *qu.* 178.
tard de Valentinois, avoit obtenue, fans qu'il eût été oui
& pût donner fes exceptions contre cette demande de dif- *qu.* 194.
penfe. Mais fi la partie, ayant été affignée, ne comparoiffoit ;
on paffoit outre en fa contumace, & le Jugement étoit valable.
Les effets (*c*) de ce ferment étoient merveilleux. En voici *qu.* 96.
quelques-uns : il foutenoit la rénonciation que le fils avoit
faite de fa légitime durant la vie de fon pere ; il ôtoit au *qu.* 463.
donateur la liberté de révoquer une donation qu'il auroit pu
révoquer, s'il ne l'avoit pas jurée ; il fortifioit une donation
purement naturelle, qui n'étoit accompagnée d'aucune folem-
nité du Droit civil, & la rendoit exécutoire ; il confirmoit le *qu.* 116.
pacte & la convention faite entre le pere & le fils, & les
contrats des mineurs ; il fuppléoit à l'âge ; & il y avoit même *qu.* 35.
des Docteurs qui étoient dans le fentiment qu'une obligation *qu.* 199.
jurée n'étoit fujette à aucune prefcription. Le Parlement ju- *qu.* 416.
gea par Arrêt du 12 de Septembre de l'an 1460, qu'on ne
pouvoit contrevenir ni de droit ni de fait, *nec de jure nec
de facto*, comme dit notre Auteur, à un contrat juré. Enfin *qu.* 417.
il fuffifoit d'avoir juré, pour être obligé d'une maniere à ne
pouvoir facilement fe dégager : pour cela il n'étoit nullement
néceffaire que l'on eût été parfaitement informé de toutes les
particularités & de tout le détail du fait qui étoit le fuppôt
du ferment ; il fuffifoit d'avoir juré. Ces remarques, auxquelles
on pourroit en ajouter bien d'autres, font voir que le génie
du Parlement lui imprimoit une forte révérence pour la Religion & pour tout ce qui fembloit intéreffer les refpects
que l'on doit à Dieu. Ce n'eft pas que cet ufage ne favorisât
fouvent l'injuftice & la fourberie ; mais le Sanctuaire même,
comme elles fe favent traveftir, ne leur eft pas toujours fermé.
Il n'y a point de Loi fi fainte qui ne foit fouvent employée
à la protection des crimes & des méchants contre lefquels
elle a été établie. Il en faut toujours venir à la réflexion po-

H

litique de Tacite : *Habet aliquid ex iniquo omne magnum exemplum , quod contra singulos , utilitate publicâ compensatur.*

(*a*) La Cour Romaine s'attribuoit la connoissance du parjure des Princes qui contrevenoient aux traités de paix & de guerre qu'ils avoient jurés; elle prétendoit ainsi entrer en celle des affaires des Etats les plus importantes. Au reste le parjure est en horreur aux esprits les plus barbares, & à ceux mêmes qui le pratiquent. C'est un proverbe chez les Arabes : *Ne te parjure jamais, non pas même pour te venger de ton ennemi qui t'a offensé.* Thom. Erpen. *proverb. Arabicor. cent.* 2. *art.* 38. Et chez les Romains les parjures étoient précipités du Mont Tarpéien. La force du serment ne servoit souvent, par le mauvais usage qu'on en faisoit, qu'à fortifier la mauvaise foi. Le serment concerté dans les contrats par la fourberie des Praticiens, est un mal plus criminel que le parjure qui sans préméditation s'oppose au bien. Qui s'est une fois parjuré ne doit plus être cru, quand même il dit la vérité. *Ubi semel quis pejeraverit, posteá ei credi, etiamsi per plures Deos juret, non oportet.* C'est la pensée du plus grand génie des Romains, dans l'oraison *pro Rabirio posthumo.*

(*b*) Aujourd'hui les Lettres-Royaux que l'on obtient pour la rescision des contrats jurés, sont entérinées sans dispense. La raison est que le serment n'étant qu'un accessoire du contrat, qu'il a pour cause & pour suppôt, si le contrat est nul ou annullé, tout ce qu'il contient l'est aussi, & ne peut avoir aucun effet: *Nam & jusjurandum pro pacto cedit, & eadem est vis pacti & jurisjurandi; certè non major jurisjurandi quàm pacti.* Cujas, *observ. lib.* 22. *cap.* 7.

(*c*) Pierre de Petrusse, Procureur du Roi à Cahors, sous le regne de François premier, remarque dans son livre *de viribus juramenti,* jusqu'à soixante-quinze effets du serment, & dans ce Traité il emploie l'autorité de Guy Pape en plus d'un lieu. La célébre Loi de l'Empereur Arcadius, qui est la huitieme du titre *de pact. & transact.* du Code Théodosien, & la quarante-unieme de celui de Justinien, a introduit le serment dans les contrats. Elle a rendu l'exécution des contrats jurés nécessaire; & infames ceux qui y résistent. Mais elle est l'ouvrage de Rufin, Préfet du Prétoire d'Orient : ce méchant homme pour s'assurer les biens de ceux qu'il en dépouilloit par des contrats injustes, s'avisa de les fortifier, en les contraignant de promettre par leur serment ou par le salut de l'Empereur de n'y point contrevenir. Le Poëte Claudien, qui doit sa naissance à la Ville de Vienne sa patrie, & sa réputation à celle de Rome, dit que

> *Cuicumque monile*
> *Contextum gemmis, aut prædia culta fuissent,*
> *Rufino populandus erat.*
>
> *Laribus pellit, detrudit avitis*
> *Finibus ; aut aufert vivis, aut occupat bares.*
> *Congesta cumulantur opes, orbisque ruinas*
> *Accipit una domus.*

Les Docteurs des derniers siécles qui ont le plus contribué à la renaissance de la Jurisprudence de Justinien, & principalement les Canonistes, pour l'intérêt de la Cour Romaine, ont appuyé avec toute la force dont ils étoient capables, cet usage du serment, par l'occasion que la Loi d'Arcadius leur en a donnée. Ils n'ont pas fait réflexion qu'il ne servoit qu'à faire triompher la mauvaise foi, comme il a fait durant plus de quatre cens ans; & ils ont ignoré que c'est aussi la mauvaise foi d'un méchant Ministre, qui a formé cette Loi sur laquelle ils se sont fondés. Souvent les Loix & les Ordonnances qui ont fait le plus de bruit dans l'intérêt public, n'ont eu pour cause & pour motif qu'un intérêt particulier, & quelquefois peu louable. *Juramentum non debet esse vinculum iniquitatis.*

ARTICLE XII.
Des Injures & de la Prévention.

QUANT aux injures & aux excès des Laïques contre les Clercs, & de ceux-ci contre les Laïques; (a) la prévention en acquiert la connoissance à celle des jurisdictions qui a prévenu l'autre, en informant la premiere. Paul de Violardis, Médecin de Grenoble, ayant outragé *qu. 562.* un autre Médecin qui avoit cette qualité avec celle de Clerc, que Violardis n'avoit pas; il fut informé contre celui-ci, de l'autorité du Juge; & Messire Jean Ardisson, Official de Grenoble, se prétendoit seul Juge compétent de cette querelle, à cause de la qualité de l'offensé. Il fut oui dans la Chambre du Conseil, & le Parlement jugea que puisque le Juge temporel de la Ville avoit prévenu, la cause lui devoit demeurer; comme elle fit. Et cette présente année 1461, dit notre Auteur, il y a des criminels dans les prisons de Porte-Traîne, qui étoient alors celles du Parlement, accusés d'avoir battu cruellement le Curé de Pâquiers; mais si l'Official prévient, il peut en ce cas d'injure, punir le Laïque qui l'a commise; & le Parlement l'a ainsi déterminé.

(a) La prévention à cet égard n'est plus considérée; l'Ordonnance de Villiers-Coterêts de 1539, & celle d'Abbeville de l'année suivante, ayant ôté toute connoissance aux Juges Ecclésiastiques des causes des laïques pures personnelles, où il ne s'agit de rien de spirituel, ni qui regarde les Sacremens. Et d'ailleurs la qualité du crime régle en d'autres cas la jurisdiction. Le délit commun simple appartient à l'Ecclésiastique; & le privilege à la temporelle; & tous les cas Royaux sont de la nature des privilégiés.

ARTICLE XIII.

Des Lettres de Grace.

SI (*a*) le Juge d'Église ayant prévenu, est saisi de la cause criminelle, intentée par le Clerc contre le Laïque ; il ne sera pas néanmoins le Juge de l'entérinement des lettres de grace ou de pardon, que ce Laïque aura obtenues, il n'y aura que le Parlement ou le Juge Royal qui soit compétent pour les entériner.

qu. 561.

(*a*) Accorder grace est un droit Royal, que l'Église ne peut s'attribuer. Monsieur Expilly en son plaidoyer 32; François Marc, Traité des lettres d'abolition, obtenues par les Clercs, dans la *quest.* 514 *de sa premiere partie* ; & *l'Ordonnance criminelle du mois d'Août 1670, dans le titre 16 des lettres d'abolition, rémission, pardon, &c.* L'entérinement de telles lettres fait par le Parlement, est sans recours ; ce que n'est pas celui qui l'est par un Juge Royal, inférieur & subalterne ; comme il a été jugé par Arrêt du 16 Mars 1683, pour le sieur de Charconne, appellant du Vibailli de Graisivodan, contre le sieur Pascal. La Cour, sans s'arrêter aux fins de non-recevoir proposées contre l'appel, augmenta de 300 liv. ses dommages & intérêts adjugés par le Vibailli. La *grace* éteint le crime, & l'*abolition* éteint l'accusation. *Abolitio accusationis est indulgentia delicti*, comme parle Monsieur le Président Faber, *Cod. de abolit. definit.* 1; de sorte que *eximitur reus, abolitione interveniente, ab accusatione, l. si interveniente. Ad S C. Turpillian.* nulle poursuite n'en pouvant être continuée. Cette grace, qui vient de la toute-puissance du Souverain, est *exploratissimum remedium.* C'est le titre que lui donne Symmachus dans l'Epitre 33 du livre 3.

Arrêt.

Fin du premier Livre.

LA
JURISPRUDENCE
DU CÉLÉBRE CONSEILLER
ET JURISCONSULTE
GUY PAPE,
DANS SES DÉCISIONS,
LIVRE II.

L E Pape eſt le Chef ſuprême, mais non monarchi-que, v. Coquill. tom. 1. de l'État Eccléſiaſtique dans la Chrétienté ; & le Roi, comme Dauphin, eſt celui de l'État politique dans le Dauphiné. Il y eſt la ſource de la juriſdiction : & comme la ſouveraine puiſſance réſide en ſa perſonne ; il eſt le ſoutien, de même que l'origine de tous les droits de la Seigneurie, qui ne ſont qu'un écoulement de l'autorité régnante.

SECTION PREMIERE.
DU DAUPHINÉ.*
ARTICLE I.
Le Dauphiné eſt un État particulier.

L E Dauphiné eſt une Principauté ſéparée du Royaume de France. Les Comtés de Valentinois & de Diois lui ſont unis, depuis l'an 1415 ; & il ne peut l'être à cette Monarchie,

que l'Empire ne lui foit premiérement réuni (a). Ces deux Comtés
font entrés par cette union dans tous fes droits & dans tous
fes privileges : ce qui eft ajouté à un territoire en prend les qualités & la nature. Les Pays & les Villes que le Roi acquiert par
la force des armes ou par celle des traïtés, deviennent fujets
aux Loix de fon État, & doivent être gouvernés par le même
Droit. L'union imprime à la chofe unie toutes les propriétés de
celle à laquelle elle l'eft : ainfi quand le Roi accorde des privileges aux habitants d'une Ville, pour en jouir dans toute
l'étendue de fon Royaume ; comme il ne faut borner facilement
les faveurs, ils en jouiront dans les pays qu'il y aura ajoutés
par la conquête ou par le contrat.

qu. 265.
qu. 489.

* *Provinciarum quæ Vicarii auc-*
toritate reguntur, præftantiffima eft
Delphinatus. Matth. in q. Guid. Pap.
233. Le Dauphiné eft la plus noble
partie de l'ancienne Province Viennoi-
fe, qui étoit la premiere de celles de
l'Empire Romain au-deçà des Alpes.
Vienne étoit fa Ville métropole. Le fils
aîné du plus grand Roi des Chrétiens
en fait fon titre d'honneur ; & mille
événemens remarquables, dans la paix
& dans la guerre, l'ont rendu célébre:
on n'a jamais mieux éprouvé ou vu
ailleurs ce que peut l'une & l'autre
fortune. Un bonheur continuel eft
moins fenfible, & obfcurcit plutôt
qu'il n'augmente la gloire.

(a) Un des articles du traité du
Dauphin Humbert II avec le Roi Philippe de Valois, de l'an 1343, eft
que le Dauphiné *ne peut être uni ni*
ajouté au Royaume de France, fors tant
comme l'Empire y feroit uni. Ce qui
a fait dire à du Moulin, dans fes Commentaires *in confuet. Parifienf.* tit. 1,
art 115, que le Dauphiné *non eft de*
Regno, nec legibus nec confuetudinibus
Regni regitur, licèt Regno infeparabiliter
accedat. Et ce qui depuis a été ajouté
au Dauphiné, jouit de fes privileges
& des droits du Royaume ; parce que
c'eft une regle que *additum accefforiè*
Regno, juribus Regni cenfetur. V. Patru,
plaid. 4.

ARTICLE II.

Le Dauphiné a fon Droit & fes Ufages.

qu. 117. PAR la raifon que le Dauphiné eft diftingué du Royaume,
il a fon droit & fon ufage particulier, & ceux de ce Royaume n'y font pas reçus. Il y en a de différents, comme entr'autres à l'égard des inftrumens garantigiés (a).

(a) Au temps de Guy Pape, les
actes obligatoires reçus par Notaires,
qui font ce que l'on appelle *Inftru-*
mens garantigiés, n'avoient point d'e-
xécution préparée. Encore aujourd'hui
il faut des lettres de contrainte du
Juge, ou *de debitis* prifes en Chancellerie, pour exécuter.

ARTICLE III.

De l'Allodialité de Dauphiné.

LA maxime reçue dans le Royaume, *nulle Terre sans Seigneur*, ne l'est pas dans le Dauphiné. Il est pays (a) d'allodialité; & on appelle allodialité, & franc-aleu, ce qui appartient si absolument & si indépendamment à son possesseur, qu'il ne reconnoît le tenir que de Dieu. Tellement que dans le Dauphiné, où l'on observe le Droit écrit, tous les fonds sont libres & exempts de servitude & de tous devoirs Seigneuriaux, s'il n'y a titre ou possession suffisante qui les asservisse : c'est l'effet de l'allodialité. Ainsi cette regle, *nulle Terre sans Seigneur*, qui assujettit tous les fonds aux Seigneurs Jurisdictionnels; même à l'égard des cenfes & des rentes, & non feulement pour la jurisdiction, n'y est pas connue.

(a) Monsieur de Boissieu traite au long de cette Allodialité dans le *chapitre 53 de l'usage des fiefs.* Alaod signifie, dans l'ancienne Langue Celtique, l'héritage & le fonds *qui nullis clientela, fidei, obsequii, homagii & emphyteusios praestationibus subditus est, sub jurisdictione, protectione & tuitione Regis, aut supremi Principis.* Cette franchise & cette exemption d'hommage, de lods & d'autre servitude, s'il n'y a titre, ou possession équivalente à titre, a été déclarée par Arrêt général, de l'avis des Chambres, du 16 Décembre 1649. Tellement que nuls lods ne sont dus au Roi, même dans les Terres Domaniales qu'il possede comme Dauphin, que des fonds sur lesquels il a des cenfes & des rentes; comme il a été jugé par Arrêt du 12 Août 1666, pour la Communauté de Moras, contre M^r. le Procureur Général: ce qui est la preuve univoque de la vraie Allodialité, contre la directe universelle, qui n'a pour suppôt que la Seigneurie fonciere feulement, fans autre titre plus exprès, fur toute la Terre dans l'étendue de ses limites.

Arrêt. (marginal note, left)

Arrêt. (marginal note, right)

ARTICLE IV.

De l'Exemption de Tailles·

LE Dauphiné a encore l'avantage d'être exempt de tailles (a); cette franchise lui ayant été assurée par le Dauphin Humbert II. Le Dauphin ne peut de sa propre autorité, comme parle notre Auteur, en imposer sur ses sujets, s'ils n'y consentent. Néanmoins les trois Ordres de ce Pays lui font quelquefois don de trente ou de quarante mille florins. Ce font des gratifications; c'est pourquoi on les appelle dons gratuits,

qu. 371. (marginal note)

aides & subsides, ou secours qui procede d'une pure libéralité. *Quantùm mutatus ab illo!*

(a) Il a perdu cette exemption. Le Réglement du mois d'Octobre 1639, y a même établi la réalité de la taille: la division de ses Ordres entr'eux, a causé cette nouveauté qui l'asservit; tant il est vrai que *omnis civitas divisa contra se, non stabit.* Matth. cap. 12.

SECTION II.
DU DAUPHIN *
ARTICLE I.
Privileges donnés par les Dauphins & par les Barons.

n. 354 LEs privileges donnés par les Dauphins, ne cedent point à ceux qui l'ont été par les Empereurs & par les Rois, & n'ont pas moins de force & d'efficace. En donner est un droit de **n. 106** la Souveraineté; & seulement ceux-là le peuvent, qui peuvent faire des Loix (a). Le privilege est une Loi particuliere; si est-ce que les Seigneurs & les Barons en accordent à leurs Vassaux dans leurs Terres. Ils sont dans cette possession; & le Parlement approuve cet usage. Notre Jurisconsulte étoit Seigneur de la Terre de S. Auban, qui est encore dans sa famille; il remarque qu'il y avoit fait des Réglemens, & il leur attribue même le titre d'Édit & de Constitutions.

* Charles, fils du Roi Jean, préféra la qualité de Dauphin à toute autre. Il gouverna le Royaume, le Roi son pere étant prisonnier en Angleterre; & les titres qu'il prenoit, étoient *Charles, fils du Roi de France, Régent du Royaume, Dauphin de Viennois, Duc de Normandie.* Charles, son petit-fils, ayant la même régence sous le Roi Charles VI. son pere, suivit cet exemple. Henri, fils de François I, étant Dauphin & Duc de Bretagne, ne s'en éloigna pas. La Dignité de Dauphin surpasse celles de Duc & d'Archiduc: dans une as-semblée de Rois, le Dauphin précéderoit celui des Romains & encore d'autres, dont la Royauté a de suppôt plus solide. Ainsi, sans être Roi, on peut être plus que Roi.

(a) *Potest concedere privilegium quicumque potest legem condere, & in quibus potest, etiam cum damno alterius, licèt in dubio non videatur velle.* Aujourd'hui il n'y a que le Roi dans la Monarchie, qui donne des privileges généraux; & les Seigneurs ne le peuvent plus dans leurs Terres, non-plus qu'y faire des statuts.

ARTICLE

ARTICLE II.

Des Évocations.

IL arrivoit souvent, lorsque le Dauphin Louis (a), fils du Roi Charles VII, étoit dans ce Pays, qu'il évoquoit à soi les causes pendantes au Parlement, & qu'il lui en renvoyoit d'autres, qu'il évoquoit de même des Cours inférieures. C'est un droit légitime de la Souveraineté.

(a) Le séjour de ce Prince dans le Dauphiné ne fut pas heureux. Il y fit grand nombre de Nobles, de gens la plupart sans mérite ; ses exactions & ses violences y furent insupportables.

Il évoquoit à soi & à son Conseil toutes les affaires de conséquence. Il le pouvoit, parce que *plena jurisdictio in Principe consistit.*

ARTICLE III.

De l'Appel des Ordonnances des Dauphins

TOUTEFOIS, quelque souverains que soient les Dauphins, il est permis d'appeller de leurs Jugemens & de leurs Ordonnances, comme l'on fait de ceux des Ducs de Bourgogne & de quelques-autres Princes de cette éminente qualité ; & ce recours est porté, selon la nature du fait, dit notre Auteur, ou au Connétable de France ou au Chancelier. qu. 436. n. 8.

(a) *Dominus noster Delphinus est loco Imperatoris in hac patria,* dit le Conseiller François Marc, en sa quest. 315 de la première partie. C'est ainsi que l'on dit que *Rex Franciæ est Imperator in Regno.* De sorte que l'on n'a

pas des exemples de semblables appels, à l'égard des premiers Dauphins ; & s'il y en a eu, ce n'a été que sous les successeurs d'Humbert II, par la subordination des fils aux peres.

SECTION III.

DES Gouverneurs & des Lieutenans au Gouvernement.

ARTICLE I.

Du Pouvoir des Gouverneurs.

LES Gouverneurs de Dauphiné représentent les Dauphins, & ont une (a) autorité presque souveraine: ils font, lorsqu'ils le jugent nécessaire, des Réglemens & des Statuts pour la Police & pour la Justice; ils donnent des sauve- qu. 56. qu. 418.

I

qu. 551. gardes ; ils ordonnent des repréſailles , & ils ſe choiſiſſent eux-mêmes leurs Lieutenans.

(a) Il ne leur reſte que les droits abſolument inſéparables de la Charge de Gouverneurs , & celui d'avoir la preſſéance dans le Parlement même. Ils pouvoient avant l'an 1641, preſque tout ce que les Dauphins auroient pu , *Exceptis his caſibus , videlicet abolitionis criminis læſæ Majeſtatis , alienationis patrimonii , & collationis Officiorum Curiæ Parlamenti.*

C'eſt la remarque du Conſeiller François Marc , dans la *queſt.* 53 *de la premiere partie.* Celui-là mérite les louanges d'un excellent Gouverneur, qui de ſa Province ne veut pas faire ſa proie, & qui évite d'être lui-même celle de ſes domeſtiques. *Voyez M. de Boiſſieu, uſ. des fiefs , chap.* 42.

ARTICLE II.
Pourvoient aux Charges ſubalternes.

LEs Magiſtratures & les Charges ſubalternes venant à vaquer , ils en pourvoient (a) ceux qu'ils jugent les mériter; & cette année 1459 , dit notre Auteur , le Gouverneur Louis de Laval a donné , avec la participation du Parlement , à Noble Jean du Motet, la Judicature du Graiſivodan, pour l'exercer durant deux ans ; & la Lieutenance à François Chanterel.

qu. 234.

(a) Ce privilege a été ſupprimé ; & le Roi ſeul pourvoit de ces Charges | ceux qui les achetent, & qui en les achetant les méritent.

ARTICLE III.
Des Lieutenans.

LE droit de ſe nommer des Lieutenans , eſt ſi propre & ſi naturel à la Charge de Gouverneur , qu'on a douté s'il falloit obéir à ceux que les Dauphins leur avoient envoyés ; mais ce doute a été décidé à l'avantage de ceux-ci. Le Seigneur de Targes , le Seigneur de Montenard & Noble Aymar de Clermont (ces qualités de Seigneur & de Noble ſont celles que notre Déciſionnaire leur donne) ont été reconnus pour vrais Lieutenans au Gouvernement , quoiqu'ils n'euſſent été nommés que par les Dauphins ; & ils en ont fait toutes les fonctions (a).

qu. 234.

(a) Cela n'eſt plus une controverſe ; les Lieutenans au Gouvernement & les Commandans , en l'abſence des

Gouverneurs & des Lieutenans Généraux , en ont tous les droits & toute l'autorité : ce qui ſouffre moins de doute à l'égard des derniers, quand ils ont une commission expresse par Lettres-Patentes, comme l'a M. le premier Président de Saint-André. Le célèbre François de la Baume, Comte de Suze, fut fait Lieutenant de Roi dans le Valentinois & dans le Diois, le Duc de Montpensier, Gouverneur Général de Dauphiné, l'ayant favorisé de son crédit auprès du Roi contre Gordes, Lieutenant Général : mais les Etats de la Province s'étant opposés à cette nouveauté ; les Lettres données au Comte furent révoquées. Le Dauphin Louis, qui fut depuis le Roi Louis XI, avoit fait aussi un Gouverneur particulier de ces deux Comtés, & l'avoit donné à Guillaume de Poitiers, Seigneur de Barry ; mais ce Gouvernement dura moins que ce Gouverneur. Le Comte de Disimieux, Gouverneur de Vienne, aspira de même à l'honneur d'exercer dans son Gouvernement, en vertu des Lettres qu'il en avoit obtenues, toutes les fonctions du Gouvernement Général, & d'en avoir tous les droits, à l'exclusion du premier Président du Parlement, qui est Commandant né sur toute la Province, à l'absence du Gouverneur Général & du Lieutenant de Roi. Mais le Parlement ayant délibéré par Arrêt du 4 de Septembre 1644, *Arrêt.* que très-humbles remontrances seroient faites au Roi, & que cependant il se maintiendroit dans sa possession; il n'y a pas depuis été troublé. L'autorité du Gouvernement s'affoiblit dans les mains de plusieurs Gouverneurs; elle est plus forte dans celles d'un seul.

SECTION IV.
DU PARLEMENT.*
ARTICLE I.
De l'Érection du Parlement.

CE noble Corps doit son érection au Dauphin Louis fils du Roi Charles VII, auquel il succéda. Le (*a*) Dauphin Humbert II avoit établi par Édit du premier du mois d'Août *qu. 43.* de l'an 1340, un Conseil Souverain dans la Ville de Grenoble ; & ce fut par un autre du mois de Juin de l'an 1453, *qu. 50.* fait dans la Ville de Vienne, que ce Conseil fut érigé en Parlement. Il n'y a pas moyen de s'imaginer que ce Prince, *qu. 554.* en ajoutant à son honneur, prétendit lui rien ôter de son autorité. Or ses fonctions, lorsqu'il n'étoit qu'un Conseil Souverain, n'étoient pas bornées de la seule connoissance des différents des particuliers ; il avoit beaucoup de part au Gouvernement politique & aux affaires d'État, & il prenoit avec raison le titre de (*b*) Cour, comme parlent les Grecs.

* *Pars nobilior humani generis, Senatus.* Symmachus. *lib.* 1. *Epiſt.* 46. C'eſt un Corps dévoué aux intérêts publics ; *Senatus per totam diem conſultat, ſæpè cùm illo tempore viliſſimus quiſque in campo otium ſuum oblectet, aut in popinâ lateat, aut tempus in aliquo circulo terat.* Senec. *de providentia.* Les Préſidens doivent avoir l'âge de quarante ans, & les Conſeillers celui de vingt-cinq, ſuivant les Edits de 1665, de 1669 & de 1672. Dans un âge moins avancé, ſi le grand mérite ne ſupplée aux années, peut-on prétendre au titre de Sénateur, dont *Senex & Senettus* eſt l'origine ? Les Parlemens ſont l'ouvrage le plus ſage & l'appui le plus ferme de la Souveraineté ; en faiſant régner la Juſtice, ils adouciſſent l'Empire, & aſſurent l'obéiſſance par la tranquillité. Il ſeroit avantageux à l'Etat que la juriſdiction de tous fût d'une égale étendue ; la puiſſance que l'on a toujours devant les yeux, fait bien plus d'impreſſion que celle qui ne ſe fait entendre que de loin. Il ſe commet impunément plus d'injuſtices & de mauvaiſes actions, en peu de mois, dans les Reſſorts trop étendus de quelques Parlemens, que dans ceux de pluſieurs autres qui le ſont moins, en beaucoup d'années. L'autorité qui ne ſe fait craindre que par les menaces des Loix, s'affoiblit & ſe diſſipe, lorſque pour remplir une trop vaſte circonférence, elle s'éloigne de ſon centre.

(a) Le Dauphin Humbert II établit premiérement le 22 du mois de Février 1337, un Conſeil Souverain dans la Ville de S. Marcellin, pour l'adminiſtration de la Juſtice : il le compoſa alors de ſept Conſeillers, entre leſquels il n'y a que Jean de S. Vallier qui ait le titre de Juriſconſulte ; ce qui montre que les autres n'en avoient pas le caractere ; ils étoient Eccléſiaſtiques & Chevaliers, qui n'avoient pas le caractere de Docteurs. Depuis il voulut que ce Conſeil réſidât à Beauvoir dans le Royans ; & enfin changeant d'avis, il le transféra par ſes Patentes du premier jour de l'an 1340, dans la Ville de Grenoble ; & le mois de Juillet de l'année ſuivante, il y établit une Univerſité, dans laquelle le Droit Civil & le Droit Canon furent enſeignés, y ayant deux Profeſſeurs pour chacun : il en avoit demandé la permiſſion du Pape Benoît XI, qui ſiégeoit dans Avignon, & l'avoit facilement obtenue. Ce Conſeil fut auſſi compoſé de ſept Juges, cinq deſquels furent Juriſconſultes, & les quatre Profeſſeurs de l'Univerſité, liſant actuellement, furent de ce nombre : Guillaume du Mas, Chancelier du Dauphin, fut mis à la tête de ce Corps, & en fut le Préſident. Mais cet établiſſement ne fut bien parfait que l'an 1342 ; & il reçut ſon plus grand éclat environ 112 ans après de la penſée qu'eut Louis XI de l'égaler aux Parlemens de France. Il fut élevé à cette Dignité par ce Prince encore Dauphin, l'an 1453, par Edit du mois de Juin ; & le 29 du mois de Juillet ſuivant, François Portier fut créé ſon Préſident. Il n'y en eut qu'un durant près de cent ans, & juſqu'à la Préſidence de Claude de Bellievre, qui commença l'an 1541, & finit l'an 1549. On lui joignit Michel de Gives, avec la qualité de ſecond Préſident ; qui fut ſi homme de bien, & par cette raiſon ſi pauvre, qu'il ne laiſſa pas de quoi ſe faire enterrer. Il mourut le 13 du mois d'Octobre de l'an 1558 ; & le Parlement eut le foin & fit la dépenfe de fes obfeques : trente-fept livres feize fols fix deniers du fonds des menus frais de la Cour, comme parle l'Arrêt de ce jour-là, y furent employés. *Publicola Regum exactoris & Agrippæ populi reconciliatoris*, dit Apulée, *in Apolog. funus, ob tenues opes, à Populo Romano collatis fextantibus adornatum eft.* C'eft ce que Valere Maxime remarque auffi dans le chap. 4 du liv. 4. *La pauvreté a fes Fléros* ; & ces funérailles fi extraordinaires, leur font des monumens plus glorieux & plus durables que les maufolées les plus fuperbes & les plus folides. Le Parlement étoit compofé en ce temps-là de deux Préfidens, de quatorze Confeillers, d'un Procureur Général & d'un Avocat Général : il ne l'étoit au temps de Guy Pape, que d'un Préfident, de fept confeillers, d'un Procureur Fifcal & d'un Avocat Fifcal. Il n'y avoit pas d'autre titre pour eux. Ceux de Procureur Général & d'Avocat Général n'étoient pas en ufage. Mais fous le regne de Louis XII, il n'y avoit qu'un Préfident & onze Confeillers. L'an 1566, il fut réduit à ce nombre de Confeillers. L'an 1600, il avoit déjà fix Préfidens, trente Confeillers, un Procureur Général & deux Avocats Généraux. Il eft compofé aujourd'hui de dix Préfidens au Mortier, de cinquante-un Confeillers, d'un Procureur Général & de deux Avocats Généraux. (On en a ajouté un troifieme). Les Préfidens & les Confeillers étoient diftribués en quatre Chambres, avant la fuppreffion de celle de l'Edit ; & un Arrêt du 16 de Décembre de l'an 1583, n'en permet l'affemblée dans les Jugemens des procès, que pour la décifion d'un point de Droit, qui en même cas

devra fervir de Réglement. L'érection du Confeil Delphinal en Parlement, fut approuvée par le Roi Charles VII, qui dès-lors reconnut ce Corps pour un vrai & légitime Parlement, dans toutes les occafions qui s'en préfenterent. Celui de Paris eft le premier & le plus ancien de tous ; celui de Touloufe eft le fecond ; & le Parlement de Grenoble eft le troifieme. La prefféance, & *præcedentia*, comme parlent les Jurifconfultes qui ont traité de cette matiere, ne lui a point été difputée par les autres, durant près de deux cens ans ; la penfée en étant feulement venue de nos jours à quelques Députés de celui de Bourdeaux, quoiqu'il n'ait été créé que l'an 1460, & que le Roi Charles VII, à qui il doit fa création, eût auparavant approuvé celle du Parlement de Grenoble : en effet il le reconnut pour tel dans fes Etats Généraux de fa Province, affemblés dans la Ville de Vienne l'an 1456, après que le Dauphin Louis fut forti de la Principauté, n'en ayant pas difputé la qualité & les titres à fes Députés. Cette longue poffeffion étoit un foutien inébranlable à fon droit ; auffi cette efpece de trouble n'a donné d'autre fatisfaction à ceux qui l'ont caufé, que celle d'avoir alterné une fois ou deux avec lui, la faveur ayant fortement appuyé de foibles prétentions. Pierre Matthieu, bon Jurifconfulte & célébre Hiftorien, étoit natif de Touloufe ; & fans doute il avoit plus de penchant pour Bourdeaux que pour Grenoble. Si eft-ce que fe rétractant dans fes notes fur la queftion 554 de Guy Pape, de ce qu'il avoit avancé fur la 53, & donné le troifieme rang à celui-ci ; *Senatus Delphinatûs*, dit-il, *tertius eft ordine juxtà feriem temporum, quibus*

I 3

Parlamenta creata sunt. Et là - même il remarque quelques actes fort éclatants de la possession de ce Parlement : elle fut en effet confirmée par ordre exprès du Roi , l'an 1614, la séance du Député du Parlement de Grenoble dans la Chambre de Justice , érigée par Edit du 17 du mois d'Octobre de cette année-là, ayant été ordonnée immédiatement après celle du Parlement de Toulouse, comme le remarque de bonne foi le Conseiller Cambolas, dans le *livre 5, chap.* 18 de ses Arrêts : & de fait le Député du Parlement de Grenoble avoit été nommé avant celui de Bourdeaux, dans les Lettres de commission qui portoient l'établissement de cette Chambre. Passons maintenant à des observations touchant l'usage de ce Parlement dans la pratique de diverses choses, qui ne sauroient être qu'utiles, & qu'il importe par conséquent de rendre publiques.

I. L'Ordonnance d'Abbeville de l'an 1540, en régle les ouvertures & les séances pour l'administration de la Justice; elle veut dans les articles 7 & 8, que l'ouverture ou l'entrée, comme elle parle, s'en fasse le treizieme jour du mois de Novembre, & que tous les Présidens & tous les Conseillers s'y trouvent, sans que rien les en puisse dispenser. Cet ordre fut renouvellé par *Arrêt.* un Arrêté exprès du 16 de Juin 1601, qui leur ordonne d'être assidus à leur devoir durant la séance de la Cour, & qui leur défend de s'absenter sans congé, ni même durant plus de huit jours. Les Charges , quelque nobles qu'elles soient, sont des servitudes. Il *Arrêt.* fut aussi arrêté le 3 de Novembre 1630, sur ce même point de l'ouverture, que l'Ordonnance d'Abbeville seroit invio-

lablement observée, & que les Présidens qui y auroient assisté à l'ouverture, choisiroient, au préjudice des plus anciens qu'eux qui auroient été absents, les Chambres où ils voudroient servir.

II. Les Archevêques & les Evêques y ont entrée, & séance dans les Audiences; mais il faut qu'ils s'y présentent en rochet & en camail , suivant le Réglement & l'Arrêté du mois de Mars 1558.

III. Le Gouverneur Général , & en *Arrêt.* son absence le Lieutenant Général , a préséance & est à la tête de la Compagnie dans les Audiences & dans les assemblées. Néanmoins le Comte de *Arrêt.* Soissons, Gouverneur Général , venant prendre lui-même possession du Gouvernement; ce ne fut que pour obéir aux exprès & réitérés commandemens du Roi, que le Parlement délibéra de l'aller saluer en Corps à l'entrée de la Province ; & il en fut fait un Arrêté.

IV. Ils sont tenus de prêter serment entre les mains du premier Président ou de celui qui préside en son absence, avant que de pouvoir faire aucune fonction du Gouvernement; si le Roi ne les en dispense; & c'est dans la Chambre du Conseil, où ils entrent sans épée, suivant l'Arrêté qui en a été fait, *Arrêt.* qu'ils prêtent ce serment.

V. Les Ducs & Pairs n'y siégent qu'après les Présidens ou après le plus ancien Conseiller qui préside. Arrêté. *Arrêt.*

VI. Les Baillis & les Sénéchaux entrant dans la Chambre du Conseil, pour y prêter le serment qu'ils doivent au Roi à leurs réceptions dans leurs Charges, quittent l'épée, qui leur est rendue en sortant; de sorte que l'ayant à leur côté, ils sont mis en possession par le Commiſſaire que la Cour députe pour les y inſtaller.

V I I. Les Chevaliers de l'Ordre ſont debout & ſans épée , lorſque leurs *Arrêt.* cauſes ſe plaident ; par Arrêté du 17 d'Avril 1571 ; mais ils ſont aſſis quand l'Avocat de leur partie parle : & par *Arrêt.* un précédent du 26 d'Avril 1567, il fut déterminé qu'ils poſeroient l'épée en entrant dans le Parlement.

VIII. Les Conſeillers, ſoit de ce même Parlement, ſoit d'autre , demeurent de même debout , pendant que leurs cauſes ſe plaident ; SAUF à aviſer pour les Préſidens & pour les *Arrêt.* Evêques, dit un Arrêté du 5 de Juillet 1560.

IX. Ceux qui ſont pourvus d'Office , ſoit au Parlement, ſoit aux Sieges ſubalternes, n'y ſont reçus qu'auparavant il n'ait été informé de leur vie & de leurs *Arrêt.* mœurs ; par Arrêté ſans date ; mais il eſt certain que cela n'a commencé à ſe pratiquer que depuis environ quatre-vingts ans.

X. Les Préſidens & les Conſeillers, les Procureurs Généraux & les Avocats Généraux ſont examinés. On doutoit que les derniers duſſent l'être , parce qu'ils ne ſont pas Juges ; mais le 6 de Mars 1610, il fut arrêté qu'ils le ſeroient ; & en effet M. Melchior de Fillon, qui avoit ſuccédé à M. François du Faure en la Charge de Procureur Général , ſouffrit cet examen. Néanmoins M. Vidaud , Seigneur de la Tour, ayant exercé la Charge de Procureur du Roi au Préſidial de Lyon pendant plus de vingt ans , a été reçu en celle-ci de Procureur Général , ſans ce préliminaire. La Loi a ſes raiſons ; le privilege qui en diſpenſe a les ſiennes. Le Sieur de Micha-de-Burcin fut de même

reçu ſans examen , par Arrêté du 4 de Février 1632 , en la Charge de Préſident, après avoir exercé celle de Vibailli de Graiſivodan durant dix-ſept ans , & ATTENDU, dit l'Arrêt, ſa capacité notoire. *Arrêt.*

XI. Les Conſeillers-Clercs inſtruiſent les procès criminels dans ce Parlement ; & ils aſſiſtent même aux Jugemens , comme Juges, ſi la peine des accuſés n'y doit pas être inflictive au corps. C'eſt l'uſage. Il fut arrêté le 6 de Mars 1610, *Arrêt.* que nul ne ſeroit reçu dans la Charge de Conſeiller-Clerc, qu'il n'eût célébré la Meſſe : on a même exigé depuis, des déclarations tendantes à empêcher que ces Offices ne paſſent à des laïques ; & il y en a une du 15 de Mars 1664, écrite & ſignée de la main d'un Conſeiller-Clerc avant ſa réception.

XII. Ceux qui ont les réſerves d'honneur comme *Vétérans,* par Lettres du Roi ou par Arrêt, après l'abdication de leurs Charges de Préſidens ou de Conſeillers , ont voix délibérative dans les aſſemblées des Chambres, & dans les procès qui ſe jugent par écrit ou en Audience, dans la premiere Chambre ſeulement , à la réſerve de l'extraordinaire où ils n'entrent point : & leur voix y fait partage ou le rompt ; mais ils ne rapportent jamais de procès, ni ils ne préſident. On n'a pas des exemples des réſerves d'honneur , avant 1630, que le Sieur Conſeiller de la Baume ayant réſigné ſon Office à ſon fils, après l'avoir dignement exercé durant plus de 20 ans, & étant même le Doyen du Parlement quand il réſigna, obtint du Roi par Lettres du 30 de Décembre 1629, qu'il en continueroit l'exercice durant trois ans ; ſur quoi il fut déterminé, par Arrêté exprès, *Arrêt* que ceux qui à l'avenir auroient servi dans leurs Charges durant cet espace de temps, & qui obtiendroient la même grace, jouiroient, tant eux que leurs Résignataires, de cette gratification; sans pourtant que le Résignataire ait cependant voix délibérative, ni qu'il participe à aucuns émolumens dépendans de l'Office. Le Sieur Moret-de-Bourchenu ayant suivi ces deux exemples, il fut dit par Arrêté du 8 d'Avril 1677, qu'encore que son fils, son Résignataire, n'eût pas l'exercice actuel de la Charge de Conseiller, en laquelle pourtant il avoit été reçu, il auroit rang dès le jour de sa réception, lorsqu'après ces trois années cet exercice lui seroit laissé libre par son pere; ou même auparavant, si la volonté de son pere étoit de s'en départir. Le motif de cet Arrêté fut que le Sieur de Bourchenu étoit alors le Doyen du Parlement; ce qui fut aussi étendu en même cas à ceux qui seroient Doyens; & à l'égard des autres, ils n'ont de rang que dès l'exercice actuel, & même les enfans des Doyens n'en auront pas d'autre, si leurs peres ont été retenus dans leurs Offices au-delà de trois ans.

Arrêt.

XIII. Deux, étant pourvus chacun d'un Office de Président, étoient en concurrence pour leur réception. L'un avoit dès long-temps fait tous les préliminaires nécessaires; mais il n'avoit pas servi effectivement autant que l'Ordonnance le desire: il avoit obtenu contre ce manquement des Lettres de dispense, dont il demandoit l'entérinement. L'autre n'avoit besoin d'aucune dispense; mais il n'avoit présenté ses Lettres que long-temps après le premier. Néanmoins il fut arrêté le 27 du mois de Janvier 1632, les Chambres ayant été assemblées pour ce sujet, que celui-

Arrêt.

ci seroit reçu le premier, & que l'autre le seroit immédiatement après lui.

XIV. Les Procureurs du Parlement sont appellés aux obseques des Présidens pour y porter les marques d'honneur; comme s'explique l'Arrêté du 17 de Mai de l'an 1650.

Arrêt.

XV. Le Résignataire d'un Office de Président, de Conseiller, de Procureur Général, &c. n'y est reçu qu'en rapportant procuration des héritiers du Résignant, s'il est mort, par laquelle ils consentent à sa réception. Arrêté du 17 de Juin 1654.

XVI. Le *Garde-des-Sceaux* de la Chancellerie, qui est auprès du Parlement, est aussi Conseiller. Il avoit été arrêté le 20 de Janvier 1650, que sa voix ne pourroit faire ni rompre de partage; mais depuis il fut délibéré par un autre, les Chambres assemblées, que tous les possesseurs de cette Charge auroient voix délibérative, qui pourroit faire partage & le rompre; ne leur étant néanmoins permis de faire aucun rapport de procès, ni de participer aux droits & aux émolumens.

Arrêt,

Arrêt.

XVII. Il est défendu par Arrêté du 12 de Novembre 1663, aux Présidens, aux Conseillers, au Gens du Roi, à leurs femmes & à leurs enfans de solliciter pour autres que pour leurs parens, jusqu'au quatrieme degré, & pour leurs domestiques.

Arrêt.

XVIII. Dans les causes des Chapitres & des Couvens, les Présidens ni les Conseillers ne peuvent être récusés par la considération des parens qu'ils y ont, en quelque degré qu'ils soient. Si est-ce que ces Conseillers ne font ni l'instruction ni le rapport de ces mêmes procès. Déterminé par Arrêté du 11 de Janvier 1619, en conformité duquel

Arrêt.

il

il a été jugé par Arrêt du 10 de Décembre, les Chambres ayant été consultées, dans la cause des Chartreux de Prémol, contre le sieur Baron d'Uriage.

Arrêt.

XIX. Ce n'est non-plus une récusation légitime contre les Présidens & les Conseillers, qu'ils habitent dans des maisons, qu'ils tiennent à titre de louage de l'une des parties. Par Arrêté du 17 de Février 1664.

Arrêt.

XX. Les récusations fondées sur l'alliance spirituelle, qui se contracte par le compérage dans le baptême avec les femmes ou les enfans des Présidens ou des Conseillers, n'ont pas d'effet, S'IL N'Y A DES CONSIDÉRATIONS QUI PUISSENT MOUVOIR LA COUR de juger au contraire de son Arrêté du 7 de Mars 1631.

Arrêt.

XXI. Un Arrêt du 18 de Juillet 1633, qui est un judicieux & sage Réglement pour la discipline du Palais, ordonne entr'autres que les Présidens, les Conseillers & les Gens du Roi, ne paroîtront en public qu'en robe longue, en soutane & en long manteau; qu'ils ne porteront que des habits noirs, & ni or ni argent; que le Parlement étant séant, ils ne recevront, qu'en habit long, les parties dans leurs maisons; qu'ils ne fréquenteront ni les cabarets ni les académies publiques de jeux de cartes & de dés; qu'ils ne solliciteront ni ne recommanderont aucuns procès que pour leurs proches parens ou pour leurs alliés; & enfin qu'ils ne feront aucune action qui ne soit digne d'Officiers de Cour souveraine. La peine de la premiere contravention est une espece d'amende de cinquante livres, qui pourtant n'en a pas le nom dans l'Arrêté; celle de la seconde est de cent livres;

Arrêt.

l'interdiction durant trois mois est la peine de la troisieme.

XXII. Ce n'est pas un acte digne d'un Magistrat de s'injurier & de se quereller dans la Chambre du Conseil. Le Conseiller Charles d'Herbeys donna lieu par cette raison l'an 1553, à un Réglement sévére, mais juste, contre ceux qui tomberoient dans cette faute. Il a été depuis renouvellé; & a même été exécuté par un Arrêt du 13 du mois de Février de l'an 1633, qui veut que la peine de ces emportemens soit une suspension d'une année, & une amende de mille livres. Il y avoit un Autel portatif dédié à la Victoire, à l'entrée des Temples où le Sénat Romain s'assembloit. *Illa Ara*, dit Symmachus, lib. 12, Epist. 61, *concordiam tenet omnium; illa Ara fidem convenit singulorum; neque aliud magis auctoritatem facit Sententiis nostris, quàm quòd omnia quasi juratus ordo decernit.* Les Sénateurs renonçoient devant cet Autel à toutes leurs passions particulieres, pour se donner entiérement au bien public & à leur devoir. Les Parlemens, comme le remarque le Président de la Rocheflavin, dans *le chap. 32 du livre* 10, ont le privilege de juger, leurs Chambres étant assemblées, les procès criminels intentés contre leurs hauts Officiers, qui sont les Présidens, les Conseillers, les Procureurs Généraux & les Avocats Généraux. Les autres Compagnies d'une moindre élévation n'ont pas cet avantage. Néamoins nous en avons peu d'exemples dans celui de Grenoble; la vertu de ses Officiers, toujours incorruptible dans tous les temps, ne lui a pas laissé d'occasion de mettre souvent en usage cette jurisdiction. C'est une gloire à la Magistrature souveraine

Arrêt.

K

de n'être point obligée de tourner contr'elle-même ses propres armes & les foudres de son autorité. Mais lorsque des procès de cette qualité ont été portés à ce Parlement, contre des Présidens ou des Conseillers des autres, ils y ont été jugés par toutes les Chambres assemblées, & non par une seule ; comme l'a été par Arrêt du 23 de Juin 1687, celui de M. le Président de la Garde, évoqué du Parlement d'Aix ; & cet Arrêt a été un éloge à son innocence.

XXIII. C'est par le motif du bien public & du devoir, que ce Parlement a défendu par plusieurs Arrêts, & principalement par un du 13 de Juillet 1672, & par un autre du 15 de Septembre 1674, le défrichement & la dégradation des bois & des forêts, comme capables de causer d'étranges miseres à la Province, le bois pour les bâtimens & pour le chauffage venant à lui manquer. Le Dauphin Humbert II ayant fondé une Université dans Grenoble, après y avoir établi le Conseil Souverain, fit détruire à trois lieues aux environs, tous les martinets & tous les fourneaux servant à la fonte du fer & de l'acier, & défendit d'y en faire à l'avenir. Ils sont, dit-il dans les Lettres qu'il fit publier, un abyme de bois qui les détruit, & qui les anéantit. Cette réflexion, aujourd'hui que Grenoble est si peuplé, seroit utile si elle tomboit dans l'esprit des personnes autorisées ; & c'en est une que j'ai faite dans *la section 12 du livre 9 du second tome de l'Histoire de Dauphiné.*

Le Marquisat de Saluces & la Principauté d'Orange, sont des Fiefs dépendants de la Principauté de Dauphiné. Le Marquisat lui fut réuni, après la mort de Gabriel de Saluces, son dernier Marquis, l'an 1547, sous le regne d'Henry II ; & dès-lors la jurisdiction souveraine du Parlement de Dauphiné y fut reconnue & exercée en toute liberté : de sorte qu'il fit un Réglement pour l'administration de la Justice dans ce Marquisat, qui y a été observé jusqu'à ce que le Duc de Savoie, Charles Emmanuel I, se l'est acquis par un échange. Guillaume de Châlons, Prince d'Orange, ayant traité l'an 1475 avec le Roi Louis XI pour sa délivrance ; un des articles de ce traité fut, que les appellations des Juges de la Principauté seroient jugées en dernier ressort par ce Parlement ; & deux ans après, cette Principauté fut encore confisquée & réunie au Dauphiné, comme elle le fut en 1550. Mais déjà le Prince d'Orange s'étoit déclaré Vassal & Feudataire du Dauphin Humbert II l'an 1338. Néanmoins des considérations politiques semblent s'être opposées à l'exercice de la jurisdiction en dernier ressort du Parlement, sur l'une & l'autre de ces deux Principautés. Mais en 1715, la jurisdiction de la Principauté d'Orange a été attribuée au Parlement de Dauphiné ; & celle de Barcelonnette au Parlement de Provence.

Les grands Monarques ont des vues qui ne sont que ténébres & qu'obscurités pour les autres hommes.

(b) Ce grec n'est pas de Guy Pape ; de son temps, la glose qui dit *Græcum est non legitur,* avoit force de Loi. Les Présidiaux ne doivent point s'attribuer ce titre de *Cour.* Celui de Valence ayant pris la qualité de *Cour Présidiale ;* il lui fut défendu de l'usurper, par Arrêt du Parlement du 6 de Décembre 1641, sur la requisition de M. le Procureur Général en la cause de Chapot, Procureur au Bailliage de S. Marcellin.

Arrêt.
Arrêt.

Arrêt.

ARTICLE II.

Il juge du Recours des Gouverneurs.

LE Parlement eſt la Cour des Cours; auſſi l'appel des *qu. 436.*
Jugemens des Gouverneurs mêmes (a) lui eſt porté par le *qu. 40.*
canal des Lettres du Prince qui en reçoivent le recours, &
qui lui en renvoient le Jugement.

(a) Comme il eſt arrivé de nos jours: le Marquis de Créqui, Lieutenant de Roi, avoit ordonné la levée d'une taille que le Parlement avoit défendue; mais *Arrêt.* le Parlement caſſa cette Ordonnance, qui étoit du 15 d'Octobre, & ſous *le bon plaiſir du Roi*, défendit d'exiger & de payer, à peine de punition corporelle. Son Arrêt fut lu, publié & exécu *Arrêt.* té. Il avoit déjà été dit par Arrêt du 5 de Mai 1580, conformément à l'Ordonnance de Blois, que les Gouverneurs ne *pourroient s'entremettre* du fait de la Juſtice; & depuis un pere ſe plaignant de ſon fils, il fut dit auſſi par Arrêt, *Arrêt.* qu'il ſe pourvoiroit aux Juges ordinaires, & non au Commandant, comme il avoit fait: M. le premier Préſident de la Berchere, comme Commandant, avoit fait empriſonner dans l'Arſenal, ſur la plainte du ſieur de Brunel, le ſieur de Rhodet ſon fils.

ARTICLE III.

Il juge d'Équité & Sommairement.

C'EST au Parlement une preuve du favorable jugement
que les Souverains & les Peuples ont fait de lui, que non-
ſeulement il peut, mais auſſi qu'il doit juger ſelon ſa conſcience (a) & ſelon l'équité & la raiſon: *Utinam;* n'ayant en vue, *qu. 19.*
comme parle notre Auteur, que la ſeule vérité, ſans s'arrêter
aux ſubtilités du Droit, ni aux pointilles des formalités. Telle *qu. 19.*
ment que lorſqu'il y trouve les matieres diſpoſées, il juge ſom *qu. 58.*
mairement & *de plano*, c'eſt l'expreſſion de notre Juriſconſulte,
ſans engager les parties à aucune conteſtation. Les autres Juges *qu. 120.*
n'ont pas ce privilege: l'uſage le lui permet; & l'uſage a la
force de la Loi, & en eſt une.

(a) *Jus eſt ars boni & æqui.* C'eſt la définition qu'en donne le Juriſconſulte Celſus, dans la Loi premiere *ff. de juſtit. & jur.* Ce bon ou ce bien eſt purement politique: & cet équitable eſt l'autorité qui oblige également chacun à l'obſervation des Loix établies pour ce bien politique; & qui égale, ſans diſtinction à cet égard, tous les ſujets de l'Etat. Il eſt ainſi impoſſible que dans les intérêts des particuliers, l'un & l'autre ſoient toujours bien d'accord enſemble: néanmoins le Droit en eſt le réſultat; & quand il a décidé, il eſt inflexible, il n'écoute plus de raiſon; & quelqu'inconvénient qui s'oppoſe, il veut être obéi. Alors *ſummum jus eſt ſumma injuria.* L'équité priſe dans un autre fens qu'elle ne l'eſt dans cette Loi, ne ſouffre pas une dureté ſi injuſte ; elle tache de la ramollïr, & d'en radoucir la rigueur.

Il eſt vrai que comme le Droit impérieux & ſévére a ſes principes, deſquels il ne ſe déprend jamais lui-même; l'équité a les ſiens pour l'en tirer, ſans le choquer violemment. Elle conſidere M̲a attentivement, avant que de ſe réſoudre à rien, les perſonnes, le lieu, le fait & les circonſtances ; elle eſt un tempéramment raiſonnable entre le trop & le trop peu ; elle n'approche jamais de l'excés : elle ne ſeroit plus équité. De ſorte qu'elle évite avec ſoin dans les affaires civiles, & autant qu'elle peut, d'ôter pour donner ſans cauſe, & d'être libérale du bien d'autrui. Ce n'eſt pas que dans les cas douteux & difficiles, elle n'ait plus de penchant pour les pauvres que pour les riches, & pour les miſérables que pour les heureux. Un grand Magiſtrat témoignoit dans ſes Jugemens, d'être perſuadé que les néceſſiteux, honnêtes gens d'ailleurs, n'avoient jamais de mauvaiſes cauſes. Il étoit leur protecteur déclaré contre leurs parties, ſi elles étoient puiſſantes par les biens ou par les Charges. Il appelloit équité le ſecours dont ils avoient beſoin ; & il vouloit qu'aveuglément elle ajoutât à leur droit. Mais l'équité vertueuſe ne doit pas dégénérer en foible crédulité : elle eſt vicieuſe ſi elle eſt trop facile. Quoi qu'elle faſſe, à quoi qu'elle ſe porte, elle obéit à la raiſon. Dans les affaires criminelles, elle compatit à l'affliction des innocens, & aux miſeres des coupables ; elle punit les crimes, & ne déchire point les criminels ; ſi les preuves ne ſont pas aſſez fortes, elle en a de la

joie. Les *Juges atrabilaires* cherchent dans les procédures plutôt le crime que l'innocence; ils ſe réjouiſſent de la conviction qui condamne, & ont du chagrin de celle qui abſout. Enfin l'équité eſt la noble inſpiration d'une judicieuſe prudence, qui ne ſe détermine que par des motifs déſintéreſſés de Religion, d'humanité & de conſcience. Ce Magiſtrat mérite tous les honneurs de la Magiſtrature, qui n'ordonne que ce que la Religion, l'humanité, la vérité & ſa conſcience lui ſuggérent. Il vaut mieux qu'il s'abſtienne de ſes fonctions, & qu'il ſe récuſe lui-même, ſi la partie n'a pas droit de le faire, que s'il a à les offenſer en jugeant, quelque légero que puiſſe être l'offenſe qu'il leur fera. Qui n'eſt pas bien perſuadé de la juſtice des Jugemens qu'il rend, a toujours de juſtes reproches à ſe faire : *Bene præcipinne qui vetant quicquam agere,* dit Ciceron, *quod dubites æquum ſit, an iniquum : æquitas enim ipſa lucet per ſe ; dubitatio autem cogitationem ſignificat injuria.* De Officiis lib. 1, ſect. 30. Les Romains, ce ſage peuple, ne jugeoient que *ex æquo & bono* : il étoit ſouverain ; & *c'eſt à faire à un Juge ſouverain,* dit Joſeph Scaliger, *comme à un Parlement; & non à un Juge inférieur, qui doit juger à la rigueur.* Par la raiſon que ce Parlement juge d'équité, il fait ſouvent fonction d'Arbitre de droit dans ſes Jugemens ; comme il fit dans la cauſe de Benjamin la Garde, Médecin Spagirique; lui ayant accordé par Arrêt *Arrêt.* du 10 de Mai 1678, ſans renvoyer à experts, la ſomme de 150 liv. pour une cure qu'il avoit faite. 1. Si eſt-ce que les Juriſconſultes ſont dans ce ſentiment, qu'il eſt plus ſûr, *ut judicet Judex ſecundùm ea quæ aguntur & al-*

legantur in judicio, quàm si obtentu scientiæ, permiseris probationum nullam haberi rationem, quamvis evenire inter- | *dùm possit, ut aliud quidem sciat Judex, aliud in causa agenda probetur.* Cujac. *observat. lib.* 12, *cap.* 19.

ARTICLE IV.
De l'Exécution de ses Jugemens.

SEs Jugemens sont d'une telle autorité, qu'aucun (*a*) recours n'en empêche l'exécution : son pouvoir en ce point est égal à celui du Préfet du Prétoire ; & il ne faut ni requisitoire ni *pareatis*, pour les exécuter dans les Terres des Seigneurs Bannerets. *qu.* 50. *qu.* 446.

(*a*) La requête civile n'empêche point cette exécution ; Abbeville, *art.* 113 ; & pour cela le supérieur ne demande pas de *pareatis* à son inférieur, comme il s'observoit du temps du Dauphin Humbert II, dans les exé-cutions des Jugemens du Conseil Delphinal, qu'il falloit faire dans les Terres des Barons, suivant l'*art.* 23 *des Libertés. Voyez* l'Ordonnance de 1667, *tit.* 27, *art.* 1 ; & *tit.* 35, *art.* 16 & 18.

ARTICLE V.
Des Représailles.

IL a pareillement le pouvoir d'user de représailles (*a*) sur les sujets des Princes étrangers, pour la défense de sa jurisdiction & de ses jurisdictiables. Il le peut absolument, après s'être informé de la vérité, sans autre préliminaire. Il les a permises ainsi une fois contre les sujets du Duc de Bourgogne, & deux fois contre ceux du Duc de Savoie ; l'une l'an 1466, pour Barbier, habitant d'Avalon ; & l'autre deux ans après, pour Rochechinard. Elles l'avoient déjà été l'an 1448, contre les sujets de l'Évêque de Valence, dans l'intérêt du Dauphin. *qu.* 32. *qu.* 33.

(*a*) Les représailles ont du rapport avec la clarigation des Romains. Pizard dit que *de jure civili vocantur pigrationes.* Les Grecs en ont eu l'usage, aussi bien que les Romains ; & il est fréquent dans ce Royaume. Il faut pour les obtenir avec justice, que tout moyen manque d'être satisfait par une voie ordinaire, comme le dit notre Auteur dans son Conseil 157. | François Marc, dans *les questions* 358, 359 & 415 *de la seconde partie*, écrit que le Parlement peut les accorder, *jure communi*, même contre les Ecclésiastiques ; mais qu'elles ne doivent être exécutées contre les Marchands qui viennent aux foires de Lyon. Il y a Arrêt du Conseil du 9 de Juillet 1627, pour les Marchands négocians à Lyon. *Arrêt.*

ARTICLE VI.

Sauve-Garde. Sûreté. Sauf-Conduit.

DAVANTAGE, le Parlement met fous la fauve-garde (a) du Roi, ceux qu'il juge devoir y être mis. Ce qui n'eſt pas d'une moindre importance. René, Roi de Naples & Comte de Provence, avoit impoſé une taille ſur les habitants de Gap, qu'il prétendoit être ſes ſujets : mais un ancien titre qu'ils produi-ſoient, apprenoit qu'ils étoient ſous la protection des Dauphins ; & dans cette occaſion ils l'implorerent. Le Parlement la leur ac-corda, & en donna avis à ce Prince par ſes Lettres exhortatoi-res, comme notre Auteur les qualifie. Dans les occaſions moins importantes, il octroie des Lettres de ſûreté (b) à ceux qui ayant des procès devant lui, appréhendent quelque entrepriſe ſur leurs perſonnes, par la voie de la contrainte par corps, en leur octroyant des Lettres qu'on appelle Lettres de ſûreté. Les Juges ſubalternes font la même choſe ; & quoiqu'il n'y ſoit pas fait mention du retour, elles s'y étendent. Le (c) ſauf-conduit, dont ces Lettres font une eſpece, ayant été accordé, doit être inviolable, quand ce ſeroit même à l'ennemi du Prince qu'il auroit été donné (d). La peine de l'infraction de la ſauve-gar-de, de la ſûreté & du ſauf-conduit, n'eſt point preſcrite par le Droit : elle eſt extraordinaire & arbitraire au Juge, ſuivant l'u-ſage & la pratique. De ſorte que le Parlement châtie les infrac-teurs, ayant égard à la qualité des perſonnes & à celle du fait.

qu. 56.
qu. 418.
qu. 552.
& qu. 583.

(a) La ſauve-garde, la ſûreté & le ſauf-conduit ne different point eſſen-tiellement, & ont un même ſuppôt. On peut voir la forme de la ſauve-garde du Prince, dans le ſeptieme livre de Caſſiodore, où elle eſt appellée *Tuitio.* Ces expreſſions y ſont remarquables : *Diverſorum quemadmodùm quereris, diſ-pendiis ſauciatum, in caſtra defenſionis noſtra clementer excipimus ; ut cum ad-verſariis tuis, non ut hactenus, cam-peſtri certamine, ſed murali videaris-protectione contendere.*

(b) La ſûreté eſt plus propre aux affaires particulieres, dans les procès où le public n'a nul intérêt.

(c) Le ſauf-conduit eſt appellé *Con-ductus & Guidagium* ; & pour l'obte-nir il ſe payoit un droit, qui avoit le même nom de *Guidagium.* Guider en eſt l'origine ; & ce mot eſt Celtique. Le ſauf-conduit & la ſauve-garde obli-gent chacun, quand l'autorité publi-que les a accordés ; on appelle auto-rité publique, le conſentement préſumé de tous les membres du corps de l'Etat, que ce qui a été délibéré par le Prince ou par le Magiſtrat, ſoit exécuté, com-me ſi tous en avoient fait la délibéra-tion. Sur ce fondement, cette infrac-tion, par quelque ignorance qu'on pré-tende l'excuſer, eſt une perfidie.

(d) L'infraction de la fauve-garde donnée à fes ennemis par les Souverains durant la guerre, eft punie de mort. Elle l'a été en la perfonne d'un des plus braves de la Nation Françoife, fous le regne de Louis XIII. En effet, celui qui l'enfreint alors, *quo jure utimur*, mérite la mort.

ARTICLE VII.
Du Tranfport des Grains.

LE Parlement a un grand foin de l'intérêt public, dans les occafions où il faut qu'il agiffe pour lui. Si la difette ou la cherté des vivres eft à appréhender dans le Pays; il défend par fes Arrêts le tranfport (a) des bleds ailleurs. La confifcation des grains, & des animaux employés à leur voiture, eft la peine de la contravention & le châtiment de la défobéiffance. Néanmoins, fi celui qui a prêté fes bêtes pour cette voiture, a ignoré la caufe de l'emprunt; fa bonne foi l'excufera. Cette défenfe *qu. 572.* générale comprend la farine & le pain, & non feulement les grains dans leur efpece naturelle. Les étrangers qui ont des poffeffions dans le Dauphiné, n'ont pas à cet égard plus d'exemption ni plus de liberté que ceux du Pays; il ne leur eft pas permis d'en tirer leurs bleds & leurs grains, ni de les faire porter chez eux-mêmes pour leur ufage.

(a) Cette connoiffance eft commune au Gouverneur Général & au Parlement; & celui-ci défendoit quelquefois ce tranfport de grains, quoique le Gouverneur l'eût permis. Il fut répondu à la plainte qu'en porta au Roi le Lieutenant Général Souffrey Alleman, Seigneur de Château-neuf & d'Uriage, *que quand on feroit défenfe, on appelleroit le Procureur du Pays, ou certains Nobles & des Commis; autrement non.* La néceffité en doit être le motif, parce que *copia frumentorum, Provincia debet primùm prodeffe, cui nafcitur, quia juftius eft ut incolis propriis fœcunditas ferviat, quàm peregrinis commerciis ftudiofa cupiditatis exhauriri,* dit le Roi Théodoric, dans l'Epitre 8 du feptieme livre de Caffiodore. L'an 1545 le Parlement *Arrêt.* permit aux habitants de Chambery, par Arrêt, de tirer du bled de Dauphiné pour leur ufage. Le permettre & le défendre, c'eft un fait de police; & le Parlement prend connoiffance de la police, quand il eft utile au public qu'il le faffe: il eft pour cela dans une poffeffion immémoriale.

ARTICLE VIII.
Des Évocations.

IL lui eft libre auffi d'évoquer (a) à foi de fa propre autorité, les caufes pendantes devant les Juges fubalternes, qu'il *qu. 440.* croit devoir l'être, & de s'en retenir la connoiffance. Ce qui lui en donne le droit, eft qu'il repréfente, comme nous l'avons déjà remarqué, le Préfet du Prétoire. Mais celui qui a obtenu cette évocation, eſt chargé du rapport du procès & des actes.

(a) L'Ordonnance du mois d'Août 1667, qui défend pareilles évocations ou retentions de cauſes, dans le *titre 6, art.* 1 & 2; & celle du mois d'Août 1670, dans le *titre* premier, y ont pourvu. Un des articles des remontrances de Souffrey Alleman, Lieutenant Général, eſt *que les Seigneurs du Parlement réſervent la greigneur partie des commiſſions & des exécutions* de leurs Sentences : ce qui ſe doit entendre des cauſes d'appel qu'ils avoient jugées; mais rien de poſitif n'y fut répondu. L'Ordonnance d'Abbeville ne permet ces évocations qu'en quatre cas, dans l'art. 275; & celle du mois d'Août 1669, dans le *titre* 1, *art.* 1, 2 & 3, régle celles qui ſont fondées ſur parentées & alliances.

ARTICLE IX.
Des Cauſes des Pauvres.

qu. 556 C'EST ainſi qu'il évoque les cauſes des pauvres & des miſérables (a), & qu'il en connoît en premiere inſtance. Il enjoint à cet effet aux Fermiers du Dauphin d'en faire porter les actes dans ſon Greffe, & cela ſans frais . Il leur donne enſuite Avocat & Procureur; & il interdit celui qui ſans cauſe raiſonnable, refuſe de s'employer pour eux gratuitement.

· (a) Cette évocation eſt du Droit commun par la Loi unique *C. quandò Imperator inter pupillos vel viduas, vel alias miſerabiles perſonas cognoſcit.* Elle eſt même du Droit particulier de Dauphiné, par le Statut du Gouverneur Jacques de Montmaur, de l'an 1399, & par celui de Guillaume de Laire de l'an 1400. Le Parlement connoît de même en premiere inſtance du domaine, des droits Royaux, de la régale, des cauſes & des intérêts des Archevêchés, des Evêchés, des Chapitres, des Abbayes, des Commanderies de S. Jean de Jeruſalem, des Comtés, des Baronnies, des Villes & des Communautés, & des excès, crimes, délits & ſalaires de ſes Officiers, ſuivant la diſpoſition de l'Ordonnance d'Abbeville, dans les articles 23 & 24. Mais à l'égard des pauvres; ils ſont ſi particuliérement ſous ſa protection, que même pour les favoriſer, il ne s'arrête pas quelquefois aux regles de l'ordre & des formes judiciaires. Il les reſtitue ſansle ſecours des Lettres-Royaux. Ainſi il reſcinda par Arrêt du 30 de Juillet *Arrêt.* 1615, une tranſaction qu'une pauvre femme avoit faite avec le Sieur de Brunieres, Gentilhomme habile, ſans y avoir été aſſiſtée de perſonne, quoi qu'elle n'en fût pas relevée par Lettres-Royaux, comme elle auroit dû l'être. Mais pour obtenir évocation générale, il faut une enquête préalable ſur la pauvreté du ſuppliant. *Voyez Ordon. crim. de 1670, tit. 12 & 16*; Bornier, *remarq. du Droit François, au mot* Proviſion.

ARTICLE

ARTICLE X.

Des Provisions.

PAR le même principe de charité, il accorde des provisions durant le cours du procès, à ceux qui en ont besoin (*a*) pour le soutenir, principalement s'il s'y agit d'une succession de tous leurs biens. Les Juges mêmes, ajoute notre Auteur, seroient obligés de leur fournir les choses nécessaires, pour leur éviter la perte de leurs actions, s'il n'y avoit pas d'autre moyen de les secourir. *qu. 561.*

(*a*) Ces provisions sont favorables, & sur-tout quand elles ont les alimens pour objet; de sorte qu'elles ne sont pas sujettes à compensation. C'est la doctrine de notre Auteur, dans la question 439. Par cette même considération, l'évocation au Conseil privé du Roi n'empêchant point la continuation des procédures criminelles, n'empêche point par conséquent celle des provisions nécessaires; comme il a été jugé pour un Religieux contre son supérieur, par Arrêt du 4 de Février 1684. *Arrêt.* Pendant la question de la validité d'un mariage, si la femme qui le soutient bon & légitime a du bien, elle n'obtiendra aucune provision contre son prétendu mari; ni même au cas où il s'agira de séparation d'avec son mari; comme il a été jugé dans l'espece de l'invalidité du mariage, pour le Sieur d'Artaignan, contre la Demoiselle de Neys, par Arrêt du 12 de Mars 1675. *Arrêt.* Les provisions pour alimens & pour médicamens, qui participent en quelque maniere de la nature des alimens & qui en ont le privilege, sont exécutoires, nonobstant oppositions & appellations, suivant l'Ordonnance d'Abbeville, *art.* 178, & l'Ordonnance criminelle du mois d'Août 1670, *tit.* 12, *art.* 7 & suivant. *Voyez* Rebuff. *Tract. de Sentent. provisionalib.* Arr. de Papon, *liv.* 18, *tit.* 1; Rampouder, *prax. civ. cap.* 103. Argentr. *cout. de Bret. art.* 173 & 549; & *Arr. sur les partag. qq.* 9, 10, 11 & 12.

ARTICLE XI.

Des Offices & Charges du Parlement.

LES Charges de Présidens & de Conseillers sont perpétuelles (*a*), encore que les provisions que le Dauphin en donne, soient limitées par cette clause, *pour en jouir tant qu'il nous plaira.* Et c'est par la raison de cette perpétuité, que ceux qui les remplissent ont la liberté de contracter & d'acquérir dans l'étendue de leur jurisdiction. *qu. 195.*

(*a*) L'établissement du *droit annuel*, racheté par les Officiers en 1710 & 1711, en vertu de l'Edit du mois de Décembre 1709, *voyez* Loif. *Trait. des Offic. liv.* 2, *chap.* 5, *n.* 24, & *chap.* 10; *la Déclaration du Roi du* 27 Octobre

1674; *l'Edit du mois de Décembre 1665, relatif à Déclaration précédente*, a rendu ces Charges patrimoniales & héréditaires. Les plus grands Princes n'ont pas approuvé les changemens des Magistrats. Ces destitutions, disoit un Roi de Castille, font tort aux bons Officiers & aux peuples; à ceux-là, parce qu'il semble qu'elles leur font un reproche d'avoir manqué à leur devoir; & à ceux-ci, parce qu'elles les privent de la protection des Magistrats utiles & vertueux. C'est par ce motif que l'Empereur Marc Aurelle, *successorem viventi bono Judici nulli dedit, nisi Orphyto Prefecto Urbis, sed petenti.* Julius Capitolinus.

ARTICLE XII.
De la Noblesse de ces Charges.

CES mêmes Offices exemptent des charges & des impôts qui se font sur le peuple : la possession de cette franchise est immémoriale : on devient Noble (a) d'abord qu'on est élevé à ces Dignités. Ce privilege a été continué par une Déclaration de l'an 1434, enrégistrée dans la Chambre des Comptes. Il ne finit pas même avec la possession de la Charge; il dure après la destitution, pourvu qu'un crime ne l'ait pas causée. Un Président ayant été destitué, les habitants de Grenoble prétendirent lui faire payer sa quote d'une taille péréquée sur eux; le Parlement l'en déchargea.

qu. 773.

(a) Il n'y a pas de Parlement où il y ait tant d'Officiers Nobles de naissance, & même d'une Noblesse illustre. On pourroit l'appeller avec raison le Parlement des Nobles. Il a eu le premier de tous le privilege d'ennoblir ses Officiers d'une Noblesse transmissible à leurs descendants; à qui elle a toujours été conservée inviolablement. Ils ont aussi leur committimus, pour toutes leurs causes, au Vibailli de Graisivodan, par l'Ordonnance d'Abbeville; & il a été jugé par Arrêt du 23 de Mars 1686, pour M. le Conseiller de Chabons, contre Me. Bergeron, Avocat, que le privilege n'a point été changé par l'Ordonnance de 1669, & qu'il a lieu en matiere de censives & de droits seigneuriaux, & même dans les procès commencés devant un autre Juge, contre la Loi *ubi acceptum*, 30 ff. *de Judic.* C'est l'effet de l'évocation accordée par les Ordonnances, parce qu'elles font une partie du Droit Commun.

Arrêt.

ARTICLE XIII.
De l'Exemption des Secretaires.

LES (a) Secretaires du Parlement jouissent du même (b) privilege d'exemption. Néanmoins ceux de la nouvelle création que le Dauphin Louis avoit faite, étant surnuméraires, furent déclarés taillables, par Arrêt du mois d'Août 1461;

ils furent rappellés à leur première servitude, par la force de plusieurs raisons; premiérement, parce que ces nouveaux éta-blissemens avoient été révoqués par Déclaration du Roi dans l'Assemblée des États tenus à Vienne l'an 1457; secondement, *qu.* 393. parce que le Prince ne peut exempter les uns au préjudice des autres, & que cette condition, qu'ils ne nuiroient à personne, limite les privileges. Les Charges de cette augmentation, qui fut la premiere, avoient coûté neuf cens écus à ceux qui les avoient acquises; ç'avoit été le prix de leur finance, & cette crue n'avoit été que de six.

(*a*) *Apud Græcos Scribarum usus ma-ximo in honore fuit*, dit François Pol-let, *Hist. For. Roman. lib. 5, cap. 12.* Les Sénateurs mêmes en faisoient quel-quefois les fonctions dans le Sénat Ro-main. On en voit un exemple dans les Gordiens de Jules Capitolin : aussi ont-ils été toujours fort considérés ; & à ce point, que dès l'origine du Parlement ils ont fait tige suffisante de Noblesse.

(*b*) La réunion de la Cour des Aides de Vienne au Parlement, leur a acquis le privilege des Secretaires du Roi, Maison & Couronne de France, par Déclaration expresse; qui néanmoins n'a pas donné d'atteinte au Réglement du mois d'Oc-tobre de l'an 1639. Il y en a un remar-quable pour les Secretaires de ce Parle-ment, du 9 de Novembre 1594, dans le livre verd.

ARTICLE XIV.
De la Dixieme des Procès.

IL avoit été publié un autre Arrêt qui regardoit tout le corps des Secretaires. Un mauvais usage fut supprimé : ils étoient dans la possession, comme l'étoient aussi quelques Greffiers des Cours subalternes, d'exiger des parties la dixie- *qu.* 434. me (*a*) des condamnations. Pierre Bolliac avoit écrit & reçu les actes & les procédures de l'instance criminelle mue contre Roux de Commiers & ses complices, & en conformité de cet usage, il leur demandoit la dixieme partie des amendes auxquelles ils avoient été condamnés; mais par cet Arrêt, publié le 6 du mois d'Août 1460, il lui fut défendu de continuer ses pour-suites; & pour son salaire, il lui fut taxé la somme de deux cens florins, qui lui fut assignée sur le fonds de ces mêmes amendes.

(*a*) Cujas traite de cette dixieme, *observ. lib. 7, cap. 5.* Elle étoit hors de la somme adjugée, qui demeuroit en-tiere à celui à qui elle l'avoit été : ce qui augmentoit d'autant la dette du condamné. Le Roi Louis XI défendit

cette exaction, par ses Lettres du 8 de Mars 1474, qui acheverent ce que l'Arrêt du Parlement avoit commencé contre cet abus. François Marc re-marque dans sa *question 262 de la se-conde partie*, qu'un salaire de quarante ou de cinquante livres a succédé à cette dixieme, étant prises *super expletis condemnationum per manus Thesaurarii*, &

données *Graphario manuali fiscali*, *quia nihil accipit quandò vacat aut scribit pro Principe in Civitate.*

SECTION V.

DE LA CHAMBRE DES COMPTES *.

ARTICLE I.

Les Officiers entrent au Parlement.

LES Officiers ou les Gens des Comptes, comme les (*a*) nomme toujours notre Auteur, avoient entrée & séance dans le Parlement, lorsqu'il s'y présentoit des affaires à régler, qui regardoient les Finances de quelque maniere que ce fût. Ainsi cet Arrêt rendu contre les Secretaires surnuméraires de la création du Dauphin Louis, fut fait par le Parlement en leur présence & du Lieutenant Général du Dauphiné.

fol. 269.

* Monsieur Capré, Maître ordinaire de la Chambre des Comptes de Savoie, & homme de beaucoup de lettres, dit dans le Traité qu'il a composé touchant cette même Chambre, & dans le *chap. 1 de la premiere partie*, où il parle de son ancienne union avec le Sénat, & de leur séparation, QUE LES FONCTIONS des Charges de ces Officiers étant mêlées entre l'économie & la Justice, entre le Prince & le public, elles sont si importantes qu'elles touchent en même temps tous les deux ; & qu'étant avantageusement proposées à l'un & nécessaires à l'autre, c'est un effet de prudence, d'esprit solide & de capacité de les unir ensemble, & de les séparer au besoin. Les Chambres des Comptes, & même celle de Paris, ne retouchent point dans les comptes des Villes, aux dépenses & aux paiemens faits en vertu des délibérations des Conseils publics ; elles viendroient nécessairement par cette connoissance, à celle des ma-

tieres de pure police, & à celle de la légalité des dettes, quoique contractées solemnellement : leurs fonctions naturelles les occupent assez à éviter qu'on ne leur donne le change par des suppositions d'actes, par de subtiles collusions avec les créanciers, par de doubles emplois en recette & en dépense, & par de semblables artifices. Lorsque les Jurisdictions Souveraines ne se contiennent point dans leurs limites, elles ne sont guere moins à craindre que les grandes rivieres quand elles se répandent hors de leurs canaux : ces sortes d'innondations effraient la politique & la nature.

(*a*) Il y avoit autrefois entre les Officiers du Parlement & ceux de cette Chambre une espece d'union, qui faisoit qu'en plusieurs occasions leurs fonctions étoient communes. Depuis ils ont été entiérement séparés par l'Edit du mois de Mars 1628, qui a été une nouvelle érection de cette Chambre l'an 1540. Il n'y avoit qu'un Préfident & cinq Auditeurs ; & le plus ancien réglement qui ait été fait en-tr'elle & le Parlement, fut homologué par le Roi Charles IX le 10 du mois d'Août, l'an 1564. Mais depuis son établiſſement fait en exécution de cet Edit de 1628, il y a eu un concordat concerté avec le Parlement, qui les régle touchant le rang, la ſéance & les fonctions : il eſt du 23 d'Août 1634, & a été obſervé, & l'eſt encore. Et par un du 25 de Mai 1644, le Parlement nomme le Prédicateur de l'Avent & du Carême, qui leur prêche dans l'Egliſe Saint-André deux années de ſuite ; & la Chambre la troiſieme ſeulement.

Voyez l'Arrêt du Conſeil-d'Etat du 6 Octobre 1691, qui a réglé la juriſdiction & les autres différents d'entre le Parlement, la Chambre des Comptes & le Bureau des Finances de Grenoble, contenant quarante-ſix articles.

SECTION VI.
DU * TRÉSORIER GÉNÉRAL
& du Domaine.

ARTICLE I.
Des Fonctions du Tréſorier.

LEs principales fonctions du Bureau des Finances, qui eſt d'une inſtitution moderne (a), étoient exercées par le Tréſorier Général ; il avoit la direction des revenus du Domaine, *qu. 1691.* ſous le titre de Tréſorier Delphinal, & la recette générale des Terres du Dauphin & des droits de ſon Fiſc. Sa qualité pourtant (b) n'empêchoit point qu'il ne fût condamné aux dépens, s'il étoit mal fondé aux actions qu'il intentoit (c) ; comme il fut conclu le 8 du mois de Mars de l'an 1459, avec les Gens des Comptes, dans la Chambre du Conſeil.

Le ſerment de ce Tréſorier apprend en quoi conſiſtoit ſon emploi ; il promettoit de bien & loyaument gouverner & adminiſtrer le domaine & les deniers Delphinaux, de les recevoir en toute diligence, de les délivrer & diſtribuer, ainſi qu'il ſeroit ordonné, & en telle valeur qu'il les auroit reçus, ſans fraude ; qu'il ne recevroit jamais aucun don illicite, & qu'il paieroit les gages des Officiers du Parlement & de la Chambre des Comptes par quartons, de trois en trois mois. Ainſi cette Charge approchoit fort de celle des Queſteurs de l'Empire Romain, auxquels il n'étoit pas permis de recevoir des préſens. On en fit un crime à Julius Baſſus, qui avoit été Queſteur dans la Bithynie ; mais le Sénat ſuivant en le jugeant l'opinion de Cæpion, *veniam dedit facto ; vetito quidem, non tamen inuſitato,* dit Pline le Jeune, *lib* 1, *Epiſt* 9.

(a) Le Bureau des Tréſoriers Généraux de France en la Généralité de Grenoble

L 3

a été créé par Edit, la même année de la création de la Chambre des Comptes.

(*b*) Il y avoit de la justice de ne laisser pas impunie la méchante conduite de cet Officier. En effet, le domaine n'a point *intentionem fundatam in præsumptione juris ad dominium rei particularis*; comme il a été jugé par Arrêt du 14 de Juillet 1618, pour Noble Henri de Bressac, appellant du Bureau des Tréforiers. Tellement qu'il est obligé, comme tout autre demandeur, d'être certain de son droit avant que d'agir.

Arrêt.

(*c*) L'Empereur Marc Antonin le pieux châtioit févérement ses Procureurs qui abufoient de leurs Charges. *Conquerentes libenter audiebat, nec unquam latatus est lucro, quo Provincialis oppressus est*, dit Julius Capitolinus, dans fa vie. Enfin cette Charge a été en partie rétablie dans toutes les Généralités du Royaume, par Edit de création d'un Receveur du Domaine du mois d'Avril 1685, rempli pour le Dauphiné par le Sieur de Vivens, pourvu par Lettres du mois d'Avril de l'année suivante. A peine auroit-on trouvé d'homme plus capable de cet emploi. Il est mort en 1691.

Les Dauphins s'étoient acquis des rentes & des Vassaux dans Vienne; ils y avoient même un Palais contigu à l'Eglise Notre-Dame-de-la-Vie, & divers fonds dans son territoire, qui avoient le nom de Terres Comtales, parce qu'ils les possédoient comme Comtes : on en trouvera l'éclaircissement dans l'Histoire de Dauphiné; mais ils n'étoient pas Seigneurs de cette Ville, qui ne reconnoissoit point leur souveraineté. C'est pourquoi le Dauphin Louis, qui fut depuis le Roi Louis XI, y établit l'an 1447, un Officier sous le nom de *Gardier*, dont le devoir consiste en la garde de ce Palais, en la protection des hommes du Dauphin, comme l'on parloit alors, & en la recette des rentes, des cenfes, des revenus & des amendes. Ainsi la Charge de Tréforier de Dauphiné ne portoit point ses fonctions dans Vienne. Jacques Costaing qui y étoit dans une grande confidération, comme étant le plus riche de ses habitants, fut le premier Gardier; le Dauphin ayant bien jugé qu'il ne pouvoit mieux y autorifer ce nouvel établissement, que par ce choix. Aussi cet emploi n'est forti de fa famille qu'au commencement de ce siécle : il tire de la foule celui qui en est revêtu, qu'il fait siéger dans l'Audience du Bailliage immédiatement après le Vibailli; & le Lieutenant Particulier est à fa droite. Cet honneur a persuadé après l'an 1638 à quelques-uns de ces Gardiers, qu'ils pouvoient prétendre à la police; ils entreprirent de donner les alignemens aux maisons que l'on rebâtissoit; les enseignes aux nouvelles hôtelleries, & des regles aux auvens : les Consuls comme Directeurs de la police, suivant leurs privileges des années 1365, 1415 & 1450, confirmés & augmentés par le Roi François I l'an 1547, & par le Roi Henri II l'an 1458, s'étant opposés; leur opposition a eu le succès qu'ils desiroient, par Arrêt du 25 de Février 1670. Cet Officier a bien été maintenu dans les droits attribués à fa Charge; mais pour en faire les fonctions conjointement avec eux. Au reste la police est administrée dans cete Ville-là par les Consuls, par les Notables, qui font les députés des Ordres, & par le Juge Royal qui est à leur tête. Ils s'assemblent dans l'Hôtel-de-Ville, & non dans une maison particuliere; ce qui empêche les secretes pratiques, & donne en même temps de la dignité & de l'autorité aux délibérations. Cette méthode, qui unit tous les Ordres pour n'en faire qu'un Corps, dont le Magistrat est le chef, est aussi louable qu'utile; car ce qui est résolu par tous les Ordres d'un commun consentement, les engage également tous à l'obferver, & à le faire obferver. On n'a pas de la peine à s'obéir à foi-même.

ARTICLE II.
Du Nom de Domaine.

LE nom (a) de Domaine, dans le sens qu'on lui donne présentement, n'a pas été connu de notre Jurisconsulte, & ne se lit point dans ses décisions. Celui de Fisc y signifie la même chose. En parlant de ce qui intéresse le Domaine, il l'attribue au Fisc; & ce n'est en effet que (b) des Princes, desquels on peut dire qu'ils ont un Fisc: la chose a été toujours la même en sa substance; il n'y a eu de changement qu'au nom; & le nom n'est qu'un accident.

qu. 208.
qu. 313.
qu. 366.
qu. 536.

(a) Le mot de domaine se lit dans une Déclaration du Roi Charles VI, du 22 d'Août 1367, par laquelle il ordonne que les Lettres des Dauphins scellées du grand Sceau Delphinal seront exécutées, quoiqu'elles n'aient pas été vérifiées par la Chambre des Comptes de Paris, *alienationes Domanii nostri, aut donum non continentes.* Stat. Delphinal. fol. 56, in antiquis.

(b) *Fisci volumus legale custodiri compendium, quia nostra clementia rebus propriis videtur esse contenta, & sicut nullum gravare cupimus, ita debita nostra perdere non debemus; indulgentiam justè fugimus, qua suadet excessus, dùm perniciosa res est in Imperatore tenuitas,* dit le Roi Théodoric dans Cassiodore, *lib. 1, Epist. 19. Cæsar omnia habet; Fiscus ejus privata tantùm, ac sua, & universa imperio ejus sunt. Quid ejus si quid non sit, sine diminutione Imperii queritur; nam id quoque, quod tanquàm alienum judicatur, aliter illius est.* Seneca, de Beneficiis, lib. 7.

ARTICLE III.
De l'Aliénation du Domaine.

CE Domaine est sacré (a); & il n'est pas permis au Prince de l'aliéner incommutablement, ni de l'assujettir à des charges perpétuelles. Lorsque les habitants de la Ville de Gap demanderent au Parlement la protection du Dauphin contre le Roi René, il y avoit deux cens ans que leur Évêque avoit, sans leur consentement, rendu hommage de son temporel au Comte de Provence, comme Comte de Forcalquier. Ce Roi

qu. 560.

n'avoit que ce titre pour établir fa Souveraineté ; & les Gapençois foutenoient que leur Évêque n'avoit pu les affujettir à
une puiffance étrangere fans leur participation. Cette queftion
fut agitée alors ; & la décifion de la controverfe fut que (b) les
Docteurs qui jugent le confentement des fujets néceffaire en
ces occafions, l'y defirent feulement lorfque leur Seigneur fe
propofe de leur en donner un moindre & moins puiffant que
lui : joint que par la coutume générale de Dauphiné & des
Provinces circonvoifines, les Princes & les Seigneurs tranfpor-
tent & inféodent librement à qui ils veulent leurs Villes, leurs
Châteaux & leurs Terres. Les Seigneurs de Chandieu ont de
cette maniere inféodé, premiérement la Seigneurie de Mions,
& depuis la Paroiffe de Touffieu à Noble Louis de la Poipe.

(a) Ce qui accroît au domaine en prend la nature & devient inaliénable ; mais cela ne s'entend que du domaine des Princes abfolument & parfaitement fouverains & indépendants comme le font nos Rois, qui n'ont aucune puiffance au-deffus de la leur que celle de Dieu ; pour les autres, de quelque qualité qu'ils foient, ils peuvent librement difpofer de leurs Etats & de leurs Terres, fans le confentement de leurs proches & fans celui de leurs fujets. C'eft ainfi que les Dauphins de Viennois & les Comtes de Valentinois ont donné les leurs au préjudice de leurs parents. L'Hiftoire eft pleine de tels exemples. Enfin c'eft une maxime politique, que l'aliénation du domaine eft toujours révocable. *Joan. Gall. q.* 348, & *Carol. Molin. Tract. de ufuris,* q. 58 ; & le même Gallus remarque dans fa *queft.* 360, jufqu'à trente privileges du fifc ou du domaine.

(b) *Bald. in cap. qui feud. dare : poft gl. in §. prætereà Ducatus, non prohib. feud. alienat.* Par la raifon que l'aliénation du domaine ne peut être perpétuelle & incommutable ; il eft imprefcriptible, comme le font auffi les droits d'arriere-fief, tant à l'égard du Roi que des Seigneurs particuliers ; comme il a été jugé par plufieurs Arrêts de 1625, 1633, 1635, 1643 & 1647. Et la diftinction de notre Auteur dans la *queft.* 416, que nous rapportons dans un des articles fuivants, eft aujourd'hui inutile, l'Ordonnance du Roi Charles IX, faite le mois de Février 1566 à Fontainebleau, pour l'union & la confervation du domaine, s'y oppofant ; elle veut que tout ce qui aura été *tenu & adminiftré durant dix ans* par les Receveurs & Officiers du domaine, & dont il aura été compté dans les Chambres des Comptes, en ait pris la nature & en ait les privileges. Le propre patrimoine du Roi en ce cas devient domanial ; la préfomption étant qu'il l'unit ainfi lui-même à la Couronne par ce confentement *& par une tacite deftination,* comme parle Charondas le Caron *fur l'art.* 1 du tit. 1 du 10e. livre du Code Henri. *Ce domaine Royal ne git,* dit Bodin dans le livre 6 de fa République, c'eft-à-dire ne confifte pour la plupart qu'en Duchés, Marquifats, Comtés, Baronnies, Seigneuries, Fiefs, Quints, Requints, Reliefs, Rachats,

chats, Lods, Ventes, Saifines, Cenfives, Amendes, Aubaines, Confifcations, Tailles, Gabelles, Péages & autres droits feigneuriaux qui ne font fujets aux impôts & charges ordinaires, & le plus fouvent acquis par ceux-là mêmes qui font exempts de toutes charges. Or le Roi ne poffede rien à cet égard dans le Royaume, & principalement dans le Dauphiné, qui n'ait été dans les mains des Receveurs, & dont il n'ait été compté dans les Chambres des Comptes, non-feulement durant dix ans, mais durant des fiécles entiers, avant les aliénations qui en ont été faites de temps en temps; par lefquelles il eft paffé à des Engagiftes, dans les mains defquels il ne lui eft arrivé ni pu arriver aucune altération: elles montoient fous le regne du Roi François II, comme le remarque le même Bodin, à feize millions, quoiqu'il en vaille plus de cinquante, *les Comtés, les Baronnies & les Terres féodales n'ayant été vendues qu'au denier neuf, dix & moins.* C'eft fon expreffion. Tout le domaine de Dauphiné confiftant en Terres Seigneuriales, en Jurifdictions, en Fiefs, aux émolumens des Greffes & en pareilles chofes, eft préfentement engagé; car les ventes du domaine ne font qu'engagemens. Il ne peut être aliéné à perpétuité, & perfonne ne peut acquérir incommutablement rien qui en dépende, l'Ordonnance de François de l'an 1539, & de plus anciennes de quelques-autres Rois, ne le permettent point; de forte qu'il eft inféparable de la Couronne, comme parle Maître Charles du Moulin. Le Mari n'a pas la liberté de diffiper le bien dotal, au préjudice de la femme. Le domaine eft la dot de la République, qu'elle apporte au Roi fon époux, dans ce mariage politique qu'elle contracte avec lui: c'eft la penfée de Papon dans *l'article 1. du titre 10 du livre 1. de fon recueil;* il en doit *uti non abuti.* Tellement que, comme le domaine eft inaliénable à perpétuité, il eft auffi imprefcriptible. En effet la prefcription eft un établiffement du Droit des particuliers, pour affurer les perfonnes privées dans la poffeffion des chofes qu'ils ont acquifes; mais le domaine en eft un du Droit public, pour la fûreté & pour la gloire des Etats. Le Droit Canon qui n'eft introduit que pour l'intérêt des perfonnes privées, dans les affaires particulieres, n'eft pas affez fort pour choquer le Droit public, & pour affoiblir les intérêts des Souverainetés: il ne leur donne jamais d'atteinte fenfible. Ce fut par ce motif, que par Arrêt du Parlement de Touloufe *Arrêt.* du 30 de Janvier 1584, la jurifdiction dont les Evêques de Beziers s'étoient revêtus, & de laquelle ils avoient paifiblement joui durant plus de 300 ans, fut adjugée & retourna au Roi, nonobftant cette poffeffion plus de trois fois imémoriale. De femblables ufurpations font une efpece de révolte du fujet contre fon Souverain; & rien ne peut les légitimer. Les murs qui fervent effectivement à l'enceinte & à la clôture des Villes, font au rang des chofes faintes, & *nullius funt.* Il en eft de même des foffés & des efpaces qui doivent être vuides, entre ces murs & les maifons & poffeffions des particuliers; mais quand ils ceffent de fervir à cet ufage, ils deviennent domaniaux, & tombent *in jus Regaliorum & Fifci.* C'eft ce qui eft arrivé à la Ville de Grenoble plus d'une fois; & le Roi ayant fait don de ces lieux qui ont ainfi changé d'ufage,

M

on n'a pas encore vu que pour cela ils aient changé de nature : ils conservent leur franchise dans les mains de leurs possesseurs, de quelque condition qu'ils soient; de sorte que les maisons qui y ont été élevées en grand nombre, sont exemptes des contributions auxquelles sont sujets les fonds taillables.

ARTICLE III.
Des Pensions sur le Domaine.

QUAND les Dauphins ou les Gouverneurs Généraux ont (a) accordé des pensions sur le Domaine & sur les Fiefs Delphinaux, elles ont été facilement supprimées; comme elles le furent en 1385, par une déclaration du Gouverneur Jacques de Montmaur. Cette déclaration qui n'attaquoit que les pensions créées depuis quarante ans, fut renouvellée l'an 1428, par une autre du Gouverneur Matthieu de Foix, suivie d'une troisieme du Gouverneur Raoul de Gaucourt, l'an 1434. En conformité de ces déclarations, le Conseil Delphinal déchargea, par Arrêt de l'an 1442, quelques Emphytéotes du Dauphin, des pensions qui leur étoient demandées par Antoine Moirod de la Tour-du-Pin. Mais par un autre du Parlement, du 28 de Décembre 1468, Jean Puget, dit Colomat, Bourgeois de Lyon, fut condamné à continuer le paiement d'une pension de deux écus d'or aux Religieux du Monastere de Saint André de Vienne, quoiqu'il eût prouvé qu'elle étoit imposée sur un Fief Delphinal. Il falloit pour anéantir ces pensions, que la puissance qui les avoit créées agît formellement.

qu. 183.

(a) Le Prince n'est qu'usufruitier; c'est pourquoi le successeur n'est point obligé par le fait de son prédécesseur, à l'égard des charges qu'il a mises sur le domaine pour exercer sa libéralité. Néanmoins les dons du Dauphin Humbert II, que le Gouverneur prétendoit révoquer, par ce motif, que ce Prince n'avoit pu aliéner son domaine à perpétuité, furent confirmés par le Roi Charles VI, qui en accorda main-levée par Lettres du 27 de Mars 1367, à ceux à qui ils avoient été faits. Il est vrai que les bienfaits de cette qualité ne doivent être portés qu'aux vertus agissantes & au mérite utile : *Debet esse quid præter Dignitatem, pretium meritorum*, disoit l'Empereur Valérien, pour justifier sa libéralité envers Aurélien, que sa vertu infatigable éleva depuis à l'Empire. *Flavius Vopiscus in Aureliano.*

ARTICLE IV.
Restitution des Princes.

LEs contrats faits avec le Prince font toujours exécutés pour lui contre les particuliers ; mais c'eft une controverfe (a) s'il en peut être relevé. Le Parlement l'a réfolu par un Jugement célèbre. Le Roi Charles VII ayant fait ceffion des Comtés de Valentinois & de Diois, à Louis de Poitiers, Sei- *qu. 302.* gneur de S. Vallier ; il fut reftitué en fon entier contre ce contrat, par la raifon de fa minorité & de la léfion.

(a) Les contrats par lefquels les Souverains donnent quelqu'atteinte à leur domaine, font nuls *jure publico*: & c'eft le Droit public qu'il faut fuivre dan. l'intérêt des Souverains, & non les regles du Droit commun, qui eft le Droit des particuliers. Néanmoins cette reftitution du Roi Charles VII, fut jugée fuivant les regles du Droit commun, comme elle l'auroit été entre deux particuliers.

ARTICLE V.
De la Prefcription contre le Domaine.

A L'égard des droits de la Souveraineté (a), le Domaine eft entiérement imprefcriptible. Mais ce que le Prince poffede (b) par droit de particulier, comme parlent les Docteurs, & non par droit de perfonne publique, peut être fujet à prefcription : de cette qualité feroit une maifon, un fonds, une cenfe, une rente annuelle ; c'eft l'exemple que propofe notre Auteur, pour expliquer fa penfée : ainfi le Parlement a jugé par Arrêt du mois de Juin 1460, que même dans l'intérêt du Dauphin, des lods, quoique dus légitimement, ne pouvoient être demandés après quarante ans. Quelques habitans de Voiron en *qu. 416.* devoient de diverfes acquifitions qu'ils n'avoient pas déclarées, quoique le Tréforier Général eût fait faire des proclamations, par lefquelles il les avoit avertis de venir lui faire dans Grenoble le paiement des lods qu'ils devoient au Roi-Dauphin. Ils n'y avoient pas fatisfait ; & le Parlement jugea que la prefcription de quarante ans leur étoit une exception fuffifante : ce fut par Arrêt du mois de Mai 1460 ; qui les déchargea du paiement qui leur étoit demandé.

Arrêt. (a) Les Arrêts qui ont jugé de la prefcription de cent ans en 1654 & en 1657, contre le domaine, ont été donnés en des cas où il ne s'agiffoit que de cens & de rentes feulement. Il n'y en a point où il ait été queftion de Jurifdictions, de Terres & de poffeffions purement réelles ; & pour tout dire, *de rebus foli*. M. de Boiſſieu eſt le premier qui a découvert l'Ordonnance d'Henri II du 5 de Janvier 1555, & elle a été le ſuppôt de ces Arrêts. Si eſt-ce qu'elle ne porte autre choſe, ſinon que *telles contentions & procès ſeront jugés ſelon le Droit, ainſi que par ci-devant a été accoutumé.* Or il n'y avoit eu auparavant des Jugemens que pour des arrérages & pour des droits caſuels de la directe. Joint que le Droit commun n'aſſujettit point aux preſcriptions le domaine du Souverain, qui eſt le patrimoine de l'Etat. C'eſt même l'opinion de M. le Préſident Expilly,

dans ſon plaid. 27, qu'il y a lieu de réunir *au Domaine Delphinal tout ce qui en a été démembré depuis le tranſport fait de cette Principauté à la France.* Et dans le chap. 217 de ſes Arrêts, il en rapporte un du 28 de Juillet 1626, *Arrêt.* par lequel dans le fait d'une ſimple cenſe, le Parlement n'eut pas d'égard à la preſcription immémoriale. Le domaine étant le patrimoine de l'Etat, comment ſe peut-il faire que l'Etat, ni ceux qui ſont dans l'Etat, preſcrivent contre ſon domaine pour l'anéantir ?

(*a*) Nous avons répondu ci-deſſus à cette diſtinction.

ARTICLE VI.
Des Fermes du Domaine.

L E Tréſorier Général (*a*) met en criées chaque année, ou du moins chaque troiſieme année, les biens & les *qu. 208.* revenus du Domaine, les Gabelles & les Péages. C'eſt un ordre établi pour ces ſortes de fermes. Néanmoins la délivrance en ayant été faite, on eſt encore (*b*) reçu à enchérir par tierce- *qu. 4.* ment durant trois mois, en offrant toute la premiere miſe pour laquelle la délivrance a été faite, & encore le tiers ; & celui ſur qui cette nouvelle enchere a été faite, peut auſſi ſurenché- *qu. 536.* rir de deux ſols par livre, & le ſecond y peut ajouter. Cette licitation finit avec les trois mois, & on n'eſt plus reçu à faire d'enchere que du double de la derniere. Voilà quel eſt le dou- blement & le tiercement dans cette occaſion ; & cela fut obſervé l'an 1460, dans les encheres du Péage de S. Saphorin d'Ozon.

(*a*) L'aliénation totale du domaine dans cette Province, rend cette queſ- tion & les ſuivantes inutiles.

(*b*) Le Conſeiller François Marc, remarque dans la *queſtion 267 de la premiere partie*, les formes gardées dans les encheres & dans la déli- vrance des fermes domaniales. Il dit que de ſon temps elles ne pouvoient

être données aux Clercs, aux Nobles ou aux Officiers, & qu'une délivrance faite à un Clerc l'an 1501, fut annul- lée par Arrêt du Parlement, où étoient *Arrêt.* les Officiers des Comptes, & Jean de Briçonner, Tréſorier Général de Dau- phiné. Il appelle Clercs les gens de Juſtice & les Praticiens.

Du Privilege des Fermiers. Rabais.

CEs Fermiers (a) particuliers n'ont pas le même privi-
lége contre les débiteurs, que le Fisc a contr'eux; ainsi
les Fermiers de l'Église n'ont pas les privileges qu'elle a. Le
Parlement n'approuve point qu'ils procédent avec les mêmes
rigueurs contre les débiteurs du Fisc qu'il exerce contre ses Fermiers. Si les débiteurs ont été emprisonnés; il les élargit,
pourvu qu'ils ne s'y soient obligés. S'ils se sont soumis à tenir
prison; c'est alors l'obligation qu'ils ont contractée qui agit
contr'eux, & non le droit ni le privilege des Fermiers. Le
Trésorier Général ne peut pourtant empêcher que ces Fermiers
n'obtiennent (b) un rabais raisonnable du prix de leur ferme,
si pendant leur tenue il est arrivé ou guerre ou représaille; le
Parlement le leur accorde avec connoissance de cause. Mais à
l'égard des Fermiers de l'émolument des Cours & des Jurisdictions, il ne leur en est accordé par la raison des guerres &
des maladies contagieuses, qu'au cas qu'elles aient été si
violentes & si universelles, que ces Jurisdictions n'aient pu
être exercées, ni la Justice être administrée en aucun lieu qui
en dépende; & alors on fait réflexion au préjudice que ces
Fermiers en ont souffert.

qu. 108.

qu. 630.

(a) Les Traitans ont aujourd'hui les mêmes privileges que le domaine.

(b) Les rabais dans les fermes des Villes sont proposés dans les Conseils publics; & s'ils y sont jugés raisonnables, ils y sont accordés, mais avec modération; comme il se pratique dans les meilleures Villes du Royaume, & même dans celle de Grenoble. Les Fermiers des revenus de la République Romaine étoient tous de l'Ordre des Chevaliers. Mais il y en avoit diverses Compagnies, & le corps duquel elles étoient les membres, étoit appellé *splendidissimum Corpus Publicanorum.* Il leur falloit des raisons bien touchantes pour porter le Sénat à leur diminuer du prix de leurs fermes. Ceux qui avoient celle de l'Asie prétendant en être déchargés, seulement parce que *cupiditate prolapsi nimium magno conduxerant;* Caton empêcha que rien ne leur fût accordé. Néanmoins Crassus & Cicéron favorisoient leurs intérêts. César les appuyoit comme eux; aussi ayant été créé Consul, ils furent déchargés du tiers du prix auquel ils s'étoient obligés. On écouta alors l'équité qui aime les tempéramens; mais auparavant on avoit oui seulement *summum jus,* qui ne regarde point la lésion dans les fermes & dans le contrat *locationis-conductionis.* Ex Cicer. ad Attic... lib. I, Epist. 14; Suetonio, Apiano, Dione; & Carolo Sigonio, lib. I, De antiquo jure populi Rom. cap. 4.

SECTION VII.
DES * JUGES ET DE LA JURISDICTION.
ARTICLE I.
Des Judicatures non perpétuelles.

Les Judicatures, du temps de Guy Pape, n'étoient pas perpétuelles (*a*); celle de Grenoble étoit annuelle, & celles de Graifivodan, de Vienne & de la Terre de la Tour, n'étoient données que pour deux ans seulement. Cependant jusqu'à ce que les nouveaux Juges eussent été installés & fussent dans la possession actuelle de leurs Charges, les anciens en continuoient l'exercice.

qu. 195.

* Platon veut qu'avant que de s'adresser aux Juges nécessaires, on convienne premièrement d'arbitres pour terminer les différens à l'amiable, s'il se peut. Le nom qu'il leur donne, est celui de Juges choisis ou convenus, *Recepti arbitri*, font la même chose ; *recepti*, signifie promis, venant du verbe *recipio*, qui signifie promettre, de même que recevoir. La jurisdiction s'exerce par le Juge, par l'Avocat, par le Procureur, par le Greffier & par le Sergent. Il est mal-aisé de juger si c'est le grand nombre de Juges & de gens de Justice, qui augmente à l'infini celui des procès, ou si c'est la multitude des procès qui a produit tant d'Offices & tant de Charges. On dit que l'air est autour de tant de Juges & d'Officiers, infecté de la maladie pestilente des procès, de laquelle ceux qui le respirent peuvent difficilement se garantir ; mais s'ils ont de la probité, ils font aux peuples, par leur nombre, un secours plus présent & plus puissant. La Souveraineté n'agit bien utilement que par les Magistrats. Ils

font les canaux par lesquels son influence tombe sur les sujets ; si les canaux font infectés, ils la corrompent.

(*a*) Ceci se rapporte aux libertés accordées l'an 1349, par le Dauphin Humbert II, à ses sujets ; mais aujourd'hui presque tous les Officiers Royaux font perpétuels, & même héréditaires. La clause des provisions des Judicatures des Seigneurs, pour en jouir autant de temps qu'il nous plaira, doit être expliquée *arbitrio boni viri*. Ainsi le Juge de Saffenage, que l'on prétendoit destituer, fut maintenu par Arrêt de l'an 1552, que Monsieur le Président de Chevrieres rapporte dans sa remarque sur la question 195. Mais si le Juge a été pourvu par le Seigneur pour récompense de ses services, il ne pourra être destitué. Il sera reçu à les prouver, & cependant il sera maintenu. Jugé par Arrêt du mois de Septembre 1668, pour Me. Jean Grallier, Juge des Terres dépendantes de la Commanderie du Poët-Laval, contre Me. Louis Pellapra, pourvu par le

Arrêt.

Arrêt.

nouveau Commandeur, Chorier plaidant pour le Juge.

Arrêt. Mais depuis il a été jugé par Arrêt du 20 de Mars 1687, pour M. l'Archevêque d'Ambrun, contre le sieur Dalmas, que le Juge qui l'est à titre onéreux, pour avoir payé une somme considérable, peut être destitué sans forfait & sans remboursement, si se départant de son droit, il a accepté des provisions limitées, par cette condition, de jouir autant qu'il plaira au Seigneur Jurisdictionnel: s'étant imposé lui-même cette loi, il ne peut venir contre son fait; sur-tout quand on n'est pas satisfait parfaitement de sa conduite, & qu'on n'a pas même tout sujet de l'être. Dans ces emplois on doit être exempt, même du soupçon du crime; comme le dit César de sa femme en la répudiant. Au reste la Jurisdiction des Juges Royaux a plus d'autorité & d'étendue que celle des Seigneurs bannerets. Ils peuvent bannir de la Province; & même on doute si ceux-ci pouvoient bannir du Bailliage. Mais enfin le doute a été décidé en leur faveur par Arrêt du mois d'Août *Arrêt,* 1680, de l'avis des Chambres. J'ai fourni ces Arrêts.

ARTICLE II.
Du Juge de Grenoble.

LES Magistrats ne doivent point entreprendre sur la jurisdiction les uns des autres. Le Juge de Grenoble a un privilege qui le garantit de ces entreprises : nul de ses Jurisdictiables ne le peut dépouiller de sa juridiction (a) par aucune prorogation efficace, non pas même en faveur du Parlement. Le traité fait entre le Dauphin Humbert II & l'Évêque de Grenoble le 3 du mois de Juillet 1344, ne le permet pas. C'est *qu. 175.* pourquoi un procès commencé en premiere instance devant le Conseil Delphinal, entre Artaud Armuet & Antoine Garcin, habitants de cette Ville, fut renvoyé au Juge, encore qu'il y eût déjà eu contestation entre les parties.

(a) Ce Juge s'est toujours maintenu dans cette possession; ce qui lui est d'autant plus avantageux, que dans les fonctions de sa Charge, il n'a de supérieur que le Parlement. Il y a *Arrêt.* pourtant Arrêt dans le livre verd, qui lui défend de prendre la qualité de Conseiller du Roi, à l'égard de la Judicature Episcopale. Quoique les Officiers du Parlement & de la Chambre des Comptes aient leurs causes commises au Vibailli de Graisivodan; il leur est libre de les porter au Juge de Grenoble, suivant une patente de l'an 1624; en conformité de laquelle, la discussion des biens du sieur Desportes, Trésorier & Receveur Général du Dauphiné, que sa veuve avoit introduite devant le Juge, lui fut conservée par Arrêt, nonobstant la résistance du *Arrêt,* Vibailli. Le Juge de Vienne est appellable au Vibailli; ce que n'est pas celui de Grenoble. Néanmoins il obtint Arrêt le dernier du mois de Fé- *Arrêt.* vrier 1646, qui défend aux habitants de Vienne de se pourvoir comme ils faisoient au Vibailli, au préjudice de la Jurisdiction ordinaire Royale & Archiépiscopale, sous prétexte des soumissions que l'on insere dans les contrats, avec les clauses : le Vibailli avoit opposé de sa possession immémoriale en ce cas de soumission, & proposé qu'il avoit toujours eu pour cela & pour les causes de cette qualité, un Greffier & un registre. La possession, par la commune regle du Droit, *habet vim constituti* & tient même lieu de titre contre tout titre ; elle est *non tantùm corporis sed & juris. L. possessio, §. quin aliena ff. de acquir. possess.* On possede un droit qui néanmoins est incorporel. La jurisdiction en est un qui est prescriptible comme le sont tous les autres droits incorporels qui entrent dans le commerce. Il semble qu'elle ne doit pas avoir plus de privilege que les droits spirituels que quarante ans prescrivent, sur-tout en faveur d'une Eglise contre une autre. Le privilégié prescrit contre le privilégié, & le Juge contre le Juge : l'état de cette prescription étant alors non d'éteindre la jurisdiction, ce qui ne peut jamais être, mais seulement de l'attribuer. Entre les Dignités, l'inférieure même prescrit contre la supérieure ; *inferior Episcopo, prascribit jurisdictionem contra Episcopum. Balbus de prascripe. part.* 1. *principal. q.* 11. *n.* 3 *& 4.* A plus forte raison l'Officier supérieur le peut contre l'inférieur. Donc la jurisdiction se perd en ce cas *non utendo per 40 annos,* & s'acquiert de même par celui qui en jouit durant cet espace de temps. Cette possession étant non privative mais cumulative, elle ne prive la jurisdiction d'aucun de ses droits, & ne fait que l'accumuler aux droits d'une autre jurisdiction qui en est susceptible. La coutume naît de la prescription & de la possession ; & la coutume est seule considérée pour régler les jurisdictions, par l'Ordonnance de Cremieu du 24 de Février 1537, & par celle de Villiers Cotterets de l'an 1539, dans les *art.* 3 *& 4.* L'usage augmente, diminue, ajoute, retranche, éleve & abaisse les jurisdictions & les droits des Magistratures comme il lui plaît. Tout lui est sujet, parce que tout est sujet à altération & à changement.

> *Multa renascentur que jam cecidere Cadentque,*
> *Qua nunc sunt in honore : . . . si volet usus.*

Ceux qui ont leurs causes commises au Bailliage de Graisivodan, peuvent, nonobstant cette attribution, les porter au Juge & les traiter devant lui, leur privilege ne leur étant pas une nécessité. De sorte que par Arrêt du 15 de Juillet 1653, les Chambres étant assemblées, il fut dit que leurs veuves & leurs enfans pourroient à leur choix, introduire devant le Juge ou devant le Vibailli leurs causes particulieres, & même la discussion des biens des privilégiés défunts auxquels ils auroient succédé. Au reste les sujets de Dauphiné ne peuvent être distraits hors de sa Province devant d'autres Juges, au préjudice de la jurisdiction de leurs Juges naturels. C'est une des libertés qui leur a été donnée par le Dauphin Humbert II, & que le Roi François I leur a confirmée par des Lettres-Patentes du 7 de Mai 1543.

Arrêt.

ARTICLE

ARTICLE III.
Des Juges des Matieres Féodales.

LE Juge du Seigneur du Fief eſt ſeul compétent (a) pour la connoiſſance des cauſes auxquelles le Fief donne origine, & même contre les Eccléſiaſtiques ; comme nous en avons déjà fait l'obſervation (b).

(a) A l'égard du Roi, ce ſont les Parlemens qui en jugent en premiere inſtance, ſur-tout en Dauphiné, ſuivant l'Ordonnance d'Abbeville.

(b) Dans le *livre 1, ſection 5, art. 13.*

Voyez l'Ordonnance de 1667, *tit. 24, art.* 11; Loiſeau, *des Offices, liv. 5, chap. 1, n. 44, & chap. 4, n. 31* ; Boiſſ. *uſ. des Fiefs, chap. 93* ; Baſſ. *tom. 1, liv. 2, tit. 5, chap. 7.*

ARTICLE IV.
De la Qualité de Juge niée : Lieutenans, Procureur d'Office.

APRÈS que les Juges ont été reçus & inſtallés, les parties ne peuvent plus leur nier leur qualité de Juges; & ſi elles la nient (a), on ne s'arrêtera point à cette exception ; & le Parlement ne l'impute point à faute. Mais (b) les Lieutenans des Juges n'ont pas le même avantage ; ils n'ont pas une preuve de leur qualité dans le ſeul exercice ; il faut qu'ils montrent leurs lettres de proviſion, & qu'ils les faſſent enrégiſtrer. Ce qu'ils auront fait avant cela, ſera nul ; & ne pourra être validé. C'eſt ce qui ſe pratique auſſi à l'égard du Procureur du Fiſc & des Procureurs d'Office. *qu. 159. qu. 312. qu. 286. qu. 259.*

(a) *Notorium non eget probatione.*
(b) Les Lieutenans & les Commiſſaires n'étant pas Officiers néceſſaires & ordinaires, leur qualité n'eſt ni préſumée ni de notoriété publique.

ARTICLE V.
Des Actes écrits par le Juge.

LEs Juges ne peuvent, dans les procès agités devant eux, ni en (a) écrire les actes, ni faire les fonctions des Greffiers. Il leur eſt néanmoins permis d'écrire les actes qui ne concernent que la juriſdiction volontaire ; & non ceux de la contentieuſe, ſi ce n'eſt en tout cas dans une cauſe ſommaire & de peu d'importance, touchant laquelle on ajouterdit foi à leur ſeule déclaration. *qu. 564.*

(a) *In juriſdictione voluntaria poſſunt ; in contentioſa, præter minores cauſas, non poſſunt.* M. Expill. chap. 22.

N

ARTICLE VI.
De la Prorogation.

LA volonté des parties ni ne donne ni n'ôte la jurisdiction. Néanmoins, si on la proroge devant un Juge que l'on n'est point obligé de reconnoître ; il n'y a plus de lieu au repentir, après la contestation. C'est l'usage du Parlement & des Cours inférieures de ce Pays. Et quoiqu'il semble que l'effet de la prorogation ne doive durer que jusqu'à la Sentence prononcée ; le Juge (a) qui l'aura faite, le sera encore de son exécution & même de sa nullité, si une des parties la soutient nulle. Il aura ainsi tous les avantages de la jurisdiction ordinaire.

qu. 77.

(a) C'est une regle que le Juge de l'action, l'est aussi de l'exécution.

ARTICLE VII.
Des Chemins publics, Rivieres : Lieu du Crime.

LEs différens qui naissent dans les grands chemins ou sur des rivieres (a), sont de la connoissance des Juges des Terres contigues. Le Roi a néanmoins une entiere & absolue jurisdiction sur le Rhône (b), à l'exclusion du Duc de Savoie & de toute autre Puissance. Lorsque les Officiers du Duc ont prétendu y en faire quelqu'acte, ceux du Roi ont informé contr'eux, & même ils les ont condamnés ; comme notre Auteur dit qu'il a vu souvent, étant à Lyon. Ainsi le lieu où un crime a été commis (c), regle la jurisdiction. Baudon Adhemar ayant été accusé par le Seigneur de la Terre de Sault, d'avoir fait commettre, par l'ordre qu'il en avoit donné, une action punissable; le Parlement en renvoya la connoissance aux Juges de Provence, quoique cet accusé habitât en Dauphiné; & ce fut par cette seule raison, que le crime avoit été commis dans la Provence : l'obligation qui produisoit l'action, y étoit née & y avoit été contractée.

qu. 57.

qu. 10.

(a) Ces différens sont aujourd'hui de la connoissance des Juges Royaux, les grandes rivieres appartenant au Roi, & les grands chemins étant Royaux.

(b) La Déclaration publiée en Avril 1683, & relative à une précédente de l'an 1664, décide que les fleuves & les rivieres navigables, appartiennent au Roi en pleine propriété, par le seul titre de sa Souveraineté; & de même tout ce qui s'y trouve renfermé, comme les isles, islotes, accroissemens, atterrissemens, passages, ponts, bacs, bateaux, pêches, moulins, &c. Si est-ce qu'elle confirme en leur propriété & en leur possession, ceux qui en jouissent paisiblement depuis le mois d'Avril de l'an 1566, en vertu de titres authentiques faits avec les Rois, comme elle parle ; Savoir, par inféodation, contrats d'aliénation, engagemens, aveux & dénombremens, &c. En payant annuellement le vingtieme du revenu, par forme de redevance fonciere. Les Chambres des Comptes donnoient auparavant ces isles, ces islotes & l'usage de ces eaux en emphytéose à qui en faisoit la condition meilleure pour l'intérêt du Roi. Celle de ce Pays en a ainsi albergé en divers lieux. Ces contrats ont le titre d'*Albergemens* en Dauphiné. Mais si cette Déclaration est exécutée absolument & à la lettre ; ces contrats qui n'ont pas été faits avec les Rois mêmes, ne subsisteront plus, s'il ne plaît au Roi de les confirmer en faveur des possesseurs de bonne foi. C'est seulement pour eux qu'il y auroit quelqu'apparence de raison de

croire que la seigneurie utile des choses dépendantes du domaine de la Couronne peut être prescrite, & être ainsi légitimement acquise par une possession immémoriale ; car pour la directe, elle est imprescriptible, *etiam per mille annos* : le Droit public la met à couvert de toute prescription en faveur des Etats souverainement Souverains. Il n'en est pas de même de ceux qui relevent d'une Souveraineté plus sublime.

(*c*) Par le 35ᵉ. art. de l'Ordonnance de Moulins, la connoissance des délits appartient aux Juges des lieux où ils ont été commis, si ce n'est que leur qualité la porte à d'autres. En conformité de cette disposition, il a été jugé par Arrêt du 3 de Mars 1606, *Arrêt,* en la cause de Françoise Baron & de Jacques Jerlat, sur l'intervention du Procureur d'Office de Clais.

ARTICLE VIII.

Déni de Justice.

SI le Juge refuse de rendre justice (*a*), on n'a qu'à s'en plaindre à son supérieur, sans appeler de ce déni. Il est aisé de le qu. 436. ramener à son devoir, les Judicatures n'étant pas perpétuelles. qu. 86.

(*a*) En déni de justice, il faut suivre l'Ordonnance de 1667, *tit.* 25, *art.* 1, 2, 3 & 4.

ARTICLE IX.

Renvoi de Juge incompétent.

SI un Juge incompétent renvoie un accusé à son Juge naturel, après lui avoir fait son procès ; le Juge légitime (*a*) aura la liberté de l'interroger de nouveau, & de faire de nou- qu. 419. velles procédures pour son éclaircissement. C'est ce qui se pratique entre les Juges ordinaires & l'Inquisiteur de la Foi.

(*a*) Ce qui se fait par le Juge incompétent est nul *ipso jure*, l'incompétence étant *nullitas nullitatum* ; de sorte que la confession faite devant lui ne nuit point. Ranchin, *in q.* 120.

N 2

ARTICLE X.
De l'Appel de Jugement de Compétence.

qu. 10. LORSQU'UN Juge s'est déclaré compétent, il est permis d'appeler de la Sentence : mais comme ce Jugement n'est qu'interlocutoire, l'appel en doit être fait par écrit ; comme il a été jugé par Arrêt du mois de Décembre 1443.

(*a*) Cette distinction d'appel *scripto* & d'appel *viva voce*, est hors d'usage. Il en sera parlé dans le livre cinquieme.

Des *Lettres requisitoires*, s'agissant de l'exécution d'un Jugement hors de la Monarchie, *V. M.* le Préf. Fab. *def.* 2. *C. de execut. rei judic.* De Ville, *Justice de Savoie, part.* 1. *liv.* 3, *ch.* 16 ; Covartuv. *pract. quast. c.* 10 & 11. *V.* sup. pag. 76.

ARTICLE XI.
Des Paréatis.

LES Jurisdictions étant limitées, les Jugemens de l'une ne *qu.* 346. sont exécutés dans le territoire de l'autre (*a*) sans le consentement de son Juge. Il n'y a que (*b*) le Juge de Graisivodan, qui fasse exécuter les siens dans toutes les Terres des Seigneurs particuliers du Graisivodan : le Réglement du 12 de Novembre 1459 lui a accordé ce droit. Le Parlement, quand (*c*) un *paréatis* lui est demandé, entend les parties ; & faisant ce que les autres *qu.* 416. Juges ne peuvent faire, il prend connoissance des exceptions que le défendeur propose, & par conséquent de la nullité, s'il en est opposé, pourvu qu'elle n'ait point été traitée devant le *qu.* 574. Juge ; enfin il reçoit indéterminément toutes les exceptions qui empêchent l'exécution de la chose jugée : (*d*) une Glose en remarque huit, & le Spéculator dix-sept. C'est l'usage du Parlement qui suit en ceci les mouvemens de l'équité.

(*a*) Le Juge d'Eglise commet abus s'il donne *Paréatis*, parce qu'il n'a point de territoire ; comme il a été *Arrêt.* jugé par Arrêt du 2 de Juin 1636, en la cause de François Vial, appellant comme d'abus, contre le Prieur de Tresfort.

(*b*) Tous Juges supérieurs, comme le sont les Vibaillis, ont le même droit dans leurs Ressorts.

(*c*) Tous Arrêts seront exécutés en vertu d'un *Paréatis* du grand Sceau, dans l'étendue du Royaume ; sans qu'il soit besoin de permission. Ordonnance de 1667, *tit.* 27, *art.* 6.

(*d*) *Glos. in L. quamvis C. de jur. & fact. ignor.* Spéculator, *tit. de execut. rei judicata.*

L'origine des *Paréatis* est en la Loi *A divo Pio* 15, §. 1. *ff. de re judicat.* Goth. *ibid. V.* Mayn. *liv.* 8, *chap.* 27 ; Reynaud, *Mémoir. lett.* P. *n.* 81.

ARTICLE XII.
Des Droits de la Jurisdiction.

LEs fonctions de la jurisdiction ont une grande étendue (a). Les Communautés ne peuvent (b) s'assembler légitimement, ni rien imposer sur elles, sans la permission de leurs Juges. Ils autorisent l'élection de leurs Consuls & de leurs Syndics; ils donnent les Tuteurs & les Curateurs, & font procéder aux *qu. 106.* inventaires des biens de ceux qui meurent dans leurs Ressorts; ils examinent & arrêtent les comptes des Administrateurs & des Receveurs; ils ordonnent à leurs Jurisdictiables de faire guet & garde dans les occasions qui le desirent, & les y contraignent: & ce qui est à la jurisdiction un droit propre qui lui conserve tous les autres; la coutume seule n'est pas assez forte pour les anéantir & pour les abroger, quand même elle seroit d'un temps immémorial.

(a) Monsieur de Boissieu traite des droits de la Jurisdiction dans le chapitre 57 de l'usage des Fiefs : mais les Ordonnances & les nouveaux Réglemens en ont beaucoup retranché.

Arrêt. (b) L'an 1544 il y eut un Arrêt contre ceux d'Aspres, qui s'étoient assemblés sans la participation de leur Juge, quoique ce ne fût point *ob causam illicitam.* Le Conseiller de Rabot *in quaest.* 631. Les grandes Villes ont plus de privilege; *illustriores Gallia*

Civitates singulari jure possunt hujusmodi cœtus indicere, publicè tamen, hoc est in communibus adibus absque Magistratu. C'est la remarque de Matthieu sur cette question 106. On peut ajouter que les Seigneurs des Terres plaident pour leurs droits seigneuriaux & féodaux, devant les Juges qu'ils y ont établis, contre leurs Jurisdictiables : mais ils ne le feront pas en autre cas; comme il a été jugé par Arrêt du 2 de Mai *Arrêt.* 1655, les Chambres assemblées. *Voyez* l'Ordon. de 1667, tit. 24, art. 11.

ARTICLE XIII.
Qu'il faut obéir aux Juges.

C'EST encore un droit de la jurisdiction, que l'on est obligé (a) d'obéir aux Juges, lorsqu'ils commandent comme Juges; & par conséquent ils ont droit de condamner les désobéissants en des amendes (b) : mais s'ils ne le font sur le champ *qu. 319.* ou dans l'espace d'une année, ceux qui auront commis cette désobéissance, ne pourront pas être inquiétés pour cette faute, après ce temps-là.

(a) L'Edit *si quis jus dicenti non obtemperaverit*, ne regarde que les parties, pour l'exécution des Jugemens. Avoir obéi aux Juges, dans les choses

N 3

visiblement criminelles, n'excuse point; mais son commandement dans les indifférentes ou dans les douteuses, justifie. Icilius, Tribun du peuple Romain, se plaignoit d'avoir été offensé par un des Licteurs des Consuls; quoi-

que le Tribunat fût sacré & inviolable, le Licteur fut absous, parce qu'il n'avoit rien fait contre le Tribun, que par le commandement des Consuls, qui étoient ses Maîtres. *Dionyf. Halicarnaff. lib.* 10.

(b) Ordonnance de 1670, tit. 6, art. 3.

ARTICLE XIV.
De la Perte de la Jurisdiction.

AU reste, comme l'ingratitude & la mauvaise conduite du Vassal envers son Seigneur, lui cause la perte de son Fief; les mauvais déportemens du Seigneur envers ses Jurisdictiables (a), lui causent celle de la Jurisdiction & de la Seigneurie qu'il avoit sur eux. Le Parlement l'a ainsi jugé. Il n'attend pas même que les sujets injuriés & maltraités lui portent leurs plaintes; il les prévient, par les remedes qu'il oppose d'abord à cette tyrannie.

(a) Il a été jugé ainsi depuis par plusieurs Arrêts, du Sujet & du Vassal offensé par son Seigneur. *Carol. Molin.* in consuetud. Parif. 3. tit. 1. glof. §. l. n. 10 & feqq.

SECTION VIII.
DES * AVOCATS.
ARTICLE I.
Des Pactions de l'Avocat pour ses honoraires.

LEs Jurisdictions seroient percluses & muettes sans le secours des Avocats, qui les animent par leurs conseils & par leurs nobles fonctions. Les traités qu'ils font avec leurs parties pour leurs honoraires (a) dans la poursuite d'une affaire, sont valables : quelque succès qu'elle ait, & de quelque maniere qu'elle soit terminée, & même si elle l'est sans leur participation, la somme qui leur aura été promise sera payée; il suffit qu'ils n'aient pas refusé de s'employer à la faire juger ou à l'accommoder. La Loi (b) qui leur défend de rien recevoir de leurs parties au-delà de cent écus, ne s'entend que de ceux qui ont des gages. Juftet de Mehenze, Avocat en ce Parlement, s'étoit chargé de la poursuite d'un procès du Seigneur de la Roche-des-Aynards, qui lui avoit promis par acte pour sa récompense, la somme d'onze

n. 190.

cens florins. Après la mort de l'un & de l'autre, les héritiers du
Seigneur de la Roche furent condamnés par Arrêt du mois de
Décembre 1458, à payer cette somme à ceux de Mehenze, qui
avoit satisfait à cette promesse. On se faisoit de cette Loi un
bouclier contr'eux ; mais elle n'a pour fin que l'intérêt particulier de ceux qui plaident ; & ni l'utilité publique ni les bonnes
mœurs ne sont offensées en ces sortes de pactes. D'ailleurs, si dans
le cas de cette même Loi, le paiement de la somme promise au-
delà de cent écus avoit été fait, il n'y auroit point de répétition
à prétendre. C'est l'effet de l'obligation naturelle qui naît des
contrats, qui ne reconnoît pas le Droit civil. Une somme qui
n'est pas due, peut être ainsi légitimement payée.

---

* *Jurisconsultus qui Lege utitur non legitimè, & malus Jurisconsultus est & malus homo. Legitimus ergo Jurisconsultus-homo est civilis legitimus : tanta est inter Juris civilis peritiam, virique virtutem affinitas.* Marsilius Ficinus, Epist. lib. 1.

(a) *Advocato licet pacisci cum cliente, etiam suis sumptibus litem prosequendi usque ad finem ;* Pisard. *in hanc quæst.*

Arrêt. 193 ; & il a été jugé suivant cette décision, par Arrêt du 13 de Juin 1628, contre le sieur Gontier, demandeur en entérinement de Lettres-Royaux, contre une convention faite avec son Avocat, par laquelle il lui avoit promis six cens livres. S'il n'y a point de promesse expresse, le Magistrat adjugera à l'Avocat ses honoraires *pro ejus facundia, pro modo litis, & pro Fori consuetudine.* L. *Præses,* §. *in honorariis* ff. *de extraord. cognitionib.* Le Statut Delphinal de l'an 1399 dans l'article *de salariis Advocatorum,* est tiré de cette Loi ; *stabitur,* dit-il, *arbitrio Judicis secundùm laborum & facti qualitatem, ac Advocatorum facundiam.* Les Réglemens du Parlement de 1669 & 1687, ordonnent aux Avocats de taxer leurs écritures en les

signant, & de donner quittance de ce qu'ils auront reçu pour leurs plaidoyers. Ils leur font honneur en les déclarant Juges compétents pour leurs honoraires, comme les Juges le sont pour leurs épices ; mais l'exécution en est difficile & désagréable. Les Avocats ont aussi même privilege que les Procureurs pour leur paiement; ils peuvent faire vendre l'action & ce qui en est provenu ; comme il a été jugé par Arrêt du 14 de Juillet 1655 (V. Ex-

Arrêt.

pilly, ch. 186; Basset, tom. 1, liv. 2, tit. 11, ch. 3) ; & sur ce qui en viendra, ils seront préférables à tous créanciers, sans que pourtant ils puissent empêcher la compensation opposée par le condamné à celui qui a obtenu ; comme il a été jugé par Arrêt du 7 de

Arrêt.

Juin 1674, en la cause de Me. des Jaques, Elu en l'Election de Valence & de Bologne. Ils ont encore *deux* illustres *avantages* ; l'un est qu'ils ne sont pas sujets à la prescription de deux années, comme le sont les Procureurs, suivant le Réglement de 1560. Ils peuvent faire demande de leurs honoraires durant trente ans ; comme il a été jugé par plusieurs Arrêts, 1°. par Arrêt du 27 d'Avril 1633, pour Me. An-

Arrêt.

Arrêt. toine Froment, Avocat de Briançon; 1°. par Arrêt du 10 de Mai 1644, contre M°. Charles Pichon, héritier *Arrêt.* de la Dame de Moydieu ; 3°. par Arrêt du 7 de Septembre 1666, pour le sieur Avocat Rivoire, contre Louis *Arrêt.* Bovier ; 4°. par Arrêt du 13 de Juin 1668, pour M°. Antoine Moulin, Avocat au Parlement, contre le sieur de Pellafol. L'autre avantage est que leurs clients peuvent les instituer avec effet leurs héritiers, comme l'enseigne M. Expilly dans le chap. 220 de ses Arrêts ; de sorte que la Dame de Blagnieu ayant institué le sieur Giraud son Avocat, son héritier, cette institution fut *Arrêt.* confirmée par Arrêt du 21 de Juillet 1653, contre le Sieur Marquis de Sassenage, qui avoit prétendu de faire déclarer nul ce testament. Le succès de la cause ne fait pas tort à l'Avocat, si rien ne lui peut être imputé, *etiam damnato reo ; Oratori constat eloquentia officium, si omni arte usus est,* dit Seneque, *de Beneficiis lib. 7, cap. 13.* L'Avocat honnête homme, & il n'y en a pas d'autre, se propose principalement l'honneur, & il le doit ; *qui hoc officium putaverint eligendum ; eousque liceat orare quousque maluerint, videlicet quòd non ad turpe compendium stipemque deformem hac accipiatur occasio, sed laudis per eam augmentum quæratur ; nam si lucro pecunia capiantur, veluti abjecti atque degeneres, inter vilissimos numerabuntur,* disent les

Empereurs Valentinien & Valens, dans la Loi *quisquis vult C. de postul.*

(*b*) La *Loi Cincia* défendoit aux Avocats de rien exiger & de rien recevoir : cette Loi *Præses,* modérant cette rigueur, leur permit de prendre *centum aureos.* En ce temps-là ces cent pieces d'or valoient plus que ne font en celui-ci mille écus d'or, les mines des Indes ayant enrichi l'Europe. Justinien fixa le prix du sol d'or, qui est la même espece que l'*Aureus,* à mille sesterces. Tellement que *centum aurei* valent cent mille sesterces ; & cette somme étoit si considérable, que Ciceron dans une de ses lettres à son ami Atticus, dit que ses revenus n'alloient pas à plus; & l'on sait qu'il passoit pour très-riche parmi les Romains. On avoit ainsi modéré la rigueur de la Loi Cincia. Quelques Sénateurs plus chagrins que politiques, proposerent à l'Empereur Claude de la rappeller ; mais de plus judicieux lui remontrerent, *eloquentiam gratuitam non contingere; omitti curas familiares, ut quis se negotiis alienis intendat. Multos militia, quosdam exercendo agros vitam tolerare, nihil à quoquam experi; nisi cujus fructus antè providerit. Nulla nisi pacis emolumentum petere ; & sublatis studiorum pretiis, etiam studia perire ut minus decora.* Tacit. annal. lib. 11. *Licet Advocato vendere justum patrocinium, & Jurisconsulto justum consilium, quamvis non liceat Judici vendere justum Judicium.* S. Augustin.

ARTICLE II.
Du Pacte de Quotalitis.

qu. 220. MAIS si les Avocats ont pactisé avec leurs clients, pour s'acquérir une partie certaine de la chose qui fait la matiere de l'action (*a*) ; cette paction n'aura d'effet que contr'eux, à leur confusion ; elle les fera interdire des fonctions de leurs Charges.

(*a*) Ces

(a) Ces pactions, comme *fordida*, & *fraudis ac doli confcia*, font odieufes: ce qui n'eft pourtant qu'à l'égard des Avocats, des Procureurs & des Sollciteurs de profeffion, & non d'autres;

comme il a été jugé par Arrêt du 17 de Juillet 1675, pour fieur Philippe Charuis, Libraire de Grenoble, contre le fieur de Rion.

ARTICLE III.
Reftitution des Avocats.

ON ne préfume pas qu'il foit facile de tromper des Avocats, ni qu'étant éclairés comme ils le font, ils puiffent fe tromper eux-mêmes : c'eft pourquoi (a) il n'y a point de reftitution en entier pour eux, contre les contrats & les actes faits avec eux. qu. 88.

(a) Cette opinion de notre Auteur n'eft pas fuivie : auffi ne rapporte-t-il aucun Arrêt pour elle ; & le Parlement en a fait plufieurs qui la condamnent.

Ferrieres, fur cette queft. 88, dit que les Avocats peuvent être reftitués ; mais *non itâ facilè*.

SECTION IX.
DES ARBITRES ET DES COMMISSAIRES.

ARTICLE I.
Les feules Parties compromettent.

IL n'y a que les parties qui puiffent convenir d'Arbitres & prolonger le temps du compromis ; leurs Procureurs ne le peuvent fans un pouvoir exprès (a). qu. 285

(a) Cela a été jugé par Arrêt.

ARTICLE II.
Du Compromis non limité.

LA prorogation étend la jurifdiction ; le compromis la donne, mais imparfaitement. S'il n'eft point (a) limité, & qu'il y ait eu conteftation entre les parties, il dure réguliérement trente ans ; & s'il n'y en a point eu, il en dure feulement trois. C'eft néanmoins l'opinion de notre Décifionnaire, qu'encore qu'il n'y ait point eu de conteftation, il doit durer trente ans ; & que fi on a compromis pour le jugement qu. 240.

O

d'une caufe d'appel, le compromis ne finit que deux ans après avoir été entiérement abandonné par les parties. Il ajoute que cela s'obferve.

(*a*) L'ufage eft que fans s'arrêter à ces diftinctions, l'efpace de trois ans met fin au compromis; *Ferr. ad banc quæft.* 240; mais ce Parlement le réduit à trois mois. Jugé par Arrêt du 10 de Juin 1681, pour Claudine Alicoud. Le Parlement, par de juftes motifs, prefcrit auffi quelquefois aux parties un terme plus court, & quelquefois plus long. Cela lui eft arbitraire. *Arrêt.*

ARTICLE III.

Des Promeffes de ne pas appeller.

QUOIQUE l'on ait compromis pour être jugé par des Arbitres à l'amiable, & que l'on ait promis d'acquiefcer à leur jugement, (*a*) on ne laiffe pas d'avoir la liberté d'appeller. Si la promeffe de ne le pas faire fubfiftoit, elle feroit une occafion aux Arbitres de PÊCHER, en faifant des jugemens injuftes, dans l'affurance de le pouvoir librement & fans blâme. C'eft (*b*) donc l'ufage du Parlement d'en recevoir l'appel.

qu. 539.

(*a*) Il eft dangereux d'ôter la liberté d'appeller de tels jugemens, qui dans la vérité ne font que des avis. Le fentiment de Bartole, *in L. fi focietas,* § *Arbitrum ff. pro focio,* mérite d'être fuivi & doit l'être.

(*b*) Néanmoins il approuve les peines ftipulées par les compromis. Il y en a plufieurs Arrêts, & l'Ordonnance d'Abbeville, dans l'art. 282, marque les cas où elles font dues; ne l'étant pas en tous. Imbert dit qu'elles font la plupart ufuraires; & lorfqu'elles font telles, on ne les doit point confidérer. Si elles font exceffives, le Parlement les modere; comme il fit par Arrêt du 30 de Mai 1644, ayant réduit une peine de 3000 liv. à 218 liv. & lorfqu'elle eft due, s'il y a appel de la Sentence, celui qui l'a obtenue fera obligé de donner caution pour l'exé-

Arrêt.

cuter, mais il ne cautionnera point pour la peine; comme il a été jugé par Arrêt du 2 de Mars 1617, en la caufe du fieur de Pontet & de Magnin. Une femme ayant compromis touchant fes droits dotaux, & s'étant foumife à la peine de 100 liv. de l'autorité de fon mari, fut reçue appellante fans la payer, par Arrêt du 12 Novembre 1637; & une autre le fut dans ce même cas fans Lettres-Royaux, par Arrêt du 29 de Janvier 1641; & d'ailleurs les modifications de la Cour fur l'Edit des compromis, n'avoient point été déclarées au long à ces femmes. La condition de celle qui a compromis pour fes droits adventifs, ne femble pas fi favorable: par Arrêt du 25 Juin 1630, une femme qui avoit ftipulé une peine en même cas, y fut condamnée.

Arrêt.

Arrêt.

Arrêt.

Arrêt.

ARTICLE IV.
Des Juges Arbitres.

ENCORE que réguliérement les Juges ordinaires ne doivent pas être Arbitres (a); les Préfidens & les Confeillers du Parlement peuvent l'être (b). C'eft un privilege que le Dauphin Humbert II leur a donné, & que l'ufage a depuis confirmé. *qu. 69.* *qu. 370.*

.(a) Il y a de la différence entre les Arbitres & Arbitrateurs; ceux-ci proprement ne font que négociateurs & médiateurs. Le Confeiller Marc réfout dans fa queftion 164 de la premiere partie, où il cite la 69 de Guy Pape, que le Juge ordinaire peut être Arbitre.

(b) L'Ordonnance d'Abbeville dans l'art. 99, ne le permet point aux Préfidens ou aux Confeillers du Parlement, pour les matieres qui doivent être jugées dans la Province : mais l'ufage l'a emporté, & mieux que lui le Réglement de la Cour de l'an 1560; qui le permet dans l'art. 22.

ARTICLE V.
Du Jugement d'Arbitres par bien ou mal jugé.

ET fi les Arbitres convenus fur une caufe d'appel, ont prononcé (a) par bien ou mal jugé; encore que cette forme de juger ne foit pas bien convenable aux Arbitres, leur jugement ne fera pas néanmoins nul. *qu. 436.* *qu. 76.*

(a) Une expreffion incongrue ne nuit pas à la fubftance de l'acte.

ARTICLE VI.
De la Réduction de la Dette.

MAIS s'ils ont retranché au préjudice du créancier une (a) fixieme de la fomme qui lui étoit due légitimement, pour favorifer fon débiteur ; il fera bien fondé d'appeller de leur jugement. *qu. 436.*

(a) Cela eft hors de doute, fi les Arbitres ont été convenus pour juger fuivant le Droit; les Arbitrateurs & amiables Compofiteurs croyant pouvoir s'en difpenfer. Ce qui fait dire à Seneque, que *melior videtur conditio caufa bona, fi ad Judicem quàm fi ad Arbitrum mittatur;* de Beneficiis, lib. 7, cap. 7. *V.* l'Ord. de 1667, *tit.* 31, *art.* 2.

ARTICLE XII.
Des Commiffaires, Claufes de leurs Commiffions.

LES Commiffaires, les Délégués & les Députés ne peuvent être reconnus qu'après la repréfentation & l'enrégiftrement des lettres de leurs commiffions : c'eft pourquoi (a) *qu. 322.*

O 2

qu. 186. notre Auteur commençoit toujours les commiſſions qui lui étoient données, par l'enrégiſtrement de ſes lettres. Cette (b) clauſe dans les commiſſions, *s'il vous appert; vous contraigniez; vous enquêtiez*, & autres ſemblables, obligent ceux à qui elles ſont adreſſées d'ouïr les parties & de procéder dans les formes ordinaires des inſtances : ce qui ſera auſſi obſervé, s'ils ſont commis pour remettre quelqu'un dans la poſſeſſion dont il a été dépouillé, ou pour lui faire rendre ce qu'il aura été contraint de payer injuſtement.

(a) *Commiſſarii & Delegati Principis non prius debent delegatâ fungi anctoritate, quàm commiſſiones ſuas Prefectis Prætorio inſinuaverint.* Bart. Les Parlemens tiennent la place du Préfet du Prétoire.

(b) Le Jugement du Commiſſaire qui n'y a pas ſuivi ponctuellement la forme qui lui eſt preſcrite par la commiſſion, eſt nul *ipſo jure* ; de ſorte qu'il n'eſt pas même beſoin d'en appeller. *L. cùm Magiſtratus, & ſeqq. C. quandò provocare non ſit neceſſe.* Mais cela n'eſt pas obſervé en France, où voies de nullité n'ont pas lieu ; & il faut appeller.

ARTICLE VIII.
Du Pouvoir du Commiſſaire.

qu. 624.
qu. 60.
qu. 68.
LEs Commiſſaires du Prince, pour une affaire criminelle, peuvent ſubdéléguer, & tous Commiſſaires impoſer des peines, faire exécuter leurs Ordonnances, & exiger des parties (a) le paiement de leurs honoraires ; n'étant pas juſte, dit notre Auteur, que leur labeur ſoit infructueux.

(a) Les Commiſſaires des Souverains peuvent ſubdéléguer en toutes les affaires dépendantes de leurs commiſſions. C'eſt ce que faiſoient les Délégués du peuple Romain dans les Provinces. Sulpicius Gallus ayant eu la commiſſion de régler les limites des terroirs de Sparte & d'Argos, commit lui-même pour cela Callicrandes, qui l'exécuta ; & le peuple Romain approuva ce qu'il avoit fait. *Pauſanias, lib. 7.*

SECTION X.
DEs Châtelains, des Greffiers & des Sergens.
ARTICLE I.
De la Juriſdiction des Châtelains.

LEs Châtelains ont une juriſdiction (a), mais de peu d'étendue : leur connoiſſance n'alloit que juſqu'à deux
qu. 626. florins ; mais un nouveau Réglement l'a portée juſqu'à ſoixante

fols (*b*). Néanmoins fi on proroge, foit tacitement, foit expreffé-
ment la jurifdiction devant eux, pour une plus grande fomme;
leur Sentence vaudra, comme la Cour l'a jugé; & l'ufage de ce
Pays leur permet même de condamner en amende pécuniaire.

(*a*) De la jurifdiction des Châtelains, *Voy.* A. Du Bois, *Tract. ex pro-
feffo*; mon *Rec. de Droit*, tom. 1, p.
430.

(*b*) Les Châtelains ont part à la jurifdiction moyenne & baffe, ou,
comme parle Monfieur de Boiffieu, ils
n'ont que l'exercice de la baffe Juftice.
Jean de Laval, Seigneur de Châtillon,
Gouverneur de Dauphiné, régla leur
jurifdiction par ftatut du mois d'Août
de l'an 1457, & la fixa à la fomme
de foixante fols de la monnoie alors
courante. Il eft auffi digne de remarque, que les Châtelains établis par le
Roi dans les Terres du Domaine alié-

nées, ne peuvent être deftitués par les
Engagiftes; comme le Parlement l'a
jugé par divers Arrêts. Expilly, *ch.* 265.
Mais l'Office étant tombé aux par-
ties-cafuelles, & l'héritier ayant voulu s'en faire pourvoir, l'Engagifte peut
s'y oppofer, & foutenir que cela ne
peut être accordé que fur fa nomination. Jugé par Arrêt du Confeil du
22 Mars 1707, pour le Seigneur Marquis De Ville, Engagifte de la Côte
Sᵗ. André, contre le fieur Argoud; & par
autre Arrêt du 30 Août fuivant, il a été
ordonné que les fommes par lui payées
pour la finance dudit Office & pour le
marc d'or, lui feroient rembourfées.

ARTICLE II.
Du Certificat du Greffier.

L'ATTESTATION (*a*) & le certificat du Greffier que le
Juge l'a commis pour faire une procédure, ne fait pas
de fuffifante preuve. Les Greffiers du Parlement n'ont pas en qu. 116.
cela plus de privilege que les autres; & l'ufage de ces certificats a été aboli par une Ordonnance de l'an 1461, qui
défend d'y ajouter foi.

(*a*) C'eft la maxime que *non credi-
tur referenti nifi conftet de relato*, qui | n'admet point ces certificats.

ARTICLE III.
Du Paiement des Greffiers de l'Embrunois.

LEs Greffiers de l'Embrunois n'exigent pas des accufés
la dixieme des condamnations; ils font payés du fonds
des émolumens qui appartient au Dauphin. François de Za- qu. 434.
barellis tient pourtant que le Greffier qui n'a pas des gages,
peut tirer fon paiement de la partie accufée. En effet, les
Secrétaires du Parlement contraignent les accufés (*a*) de leur

payer leurs vacations & les procédures qu'ils ont faites pour eux.

(a) Cet usage est condamné par les nouveaux Réglemens, qui défendent aux Greffiers de rien exiger des accusés : c'est pour éviter divers inconvéniens. Et par la même raison des inconvéniens, ni les Greffiers ni les Châtelains ne peuvent être fermiers des droits seigneuriaux des lieux de leur établissement ; comme il a été jugé contre Meyer, Greffier de Lens, par Arrêt de l'an 1621 ; & contre Daniel Châtrel, Greffier de la Chapelle, par Arrêt du 30 d'Août 1636. L'usage trivial est pourtant au contraire ; *sed abusivè*. *Arrêt.* *Arrêt.*

ARTICLE IV.
Des Sergens exécutant injurieusement.

LE Sergent qui passe (a) le pouvoir qui lui est donné, n'est pas exempt de crime : l'action d'injure peut être intentée contre lui, s'il a procédé injurieusement & mal, ou à emprisonnement ou à saisie. C'est ce que le Parlement permet ; & l'outrage n'étant pas médiocre, on le juge même séparément.

qu. 293.

(a) C'est une regle, *executio juris non habet injuriam. L. injuriam ff. de injuriis.* L'opinion de François Marc, *quest. 51, part. 2*, est que l'on peut même résister au Sergent qui excede sa commission, *fustibus & armis.*

ARTICLE V.
Sergent Delphinal en faute.

SI (a) le Sergent Delphinal commet quelque faute en exerçant sa Charge dans la Terre d'un Seigneur, le Juge de cette Terre (quoiqu'inférieur en Dignité) après en avoir informé celui dans la Jurisdiction duquel le Sergent Delphinal a son établissement, en fera la justice, si celui-là ne la fait point. Notre Jurisconsulte dit que le Juge de la Terre de Saint-Auban en useroit ainsi, à l'égard du Sergent Delphinal du Buis, si l'occasion s'en présentoit. En ce temps-là les Dauphins & les Seigneurs bannerets créoient des Sergens dans leurs Terres ; & ni les uns ni les autres ne pouvoient ajourner d'office, comme parle notre Auteur, c'est-à-dire sans commission.

qu. 318.
qu. 346.
qu. 628.

(a) Il n'y a que le Roi qui crée des Sergens. La premiere création qui s'en proposa sous le Roi Henri III fut de 18000, & Pasquier écrivit alors, qu'il ne croyoit pas que l'Edit *en dût* passer ; car s'il avoit lieu, dit-il, *il effaceroit la mémoire des cent dix mille Diables, dont on parloit du temps de nos bons vieux Peres.* Il y a cinquante ans que l'on en comptoit plus de cent mille dans le Royaume; le nombre en eſt depuis bien augmenté. Ces Charges qui auparavant n'étoient que commiſſions, ont été érigées en titre d'Offices; elles ont même été rendues héréditaires par Edit du 3 de Mars 1672; & depuis il a été défendu par Arrêt du Conſeil du 22 d'Août 1679, de les exercer ſans proviſion. Néanmoins en Dauphiné, les Seigneurs Hauts-Juſticiers ſont en poſſeſſion d'établir des Sergens ordinaires pour exploiter dans l'étendue de leurs Terres, & cela en conformité de l'*art. 14 du tit. 1 de l'Ordonnance de 1667*; ils donnent pour cet effet des proviſions à leurs Sergens, leſquelles ſont enrégiſtrées au Greffe de la Juriſdiction. Mais il ne leur eſt pas permis d'exécuter, ni de faire aucun acte ni ſignification hors de la Terre, ni d'exécuter les mandemens de la Cour, ni des Juges Royaux dans la Terre même.

ARTICLE VI.
Du Rapport des Sergens.

LEs exploits des Sergens (a) ne font foi que pour ce qui eſt de leurs Charges, & de ſes fonctions naturelles & propres. Néanmoins l'uſage & la pratique de France l'ont emporté ſur le droit; on leur croit, quand ils (b) rapportent qu'on leur a fait une réponſe injurieuſe, ou qu'on les a offenſés en leurs perſonnes, en exécutant leur commiſſion. Le ſerment qu'ils ont fait quand ils ont été établis, entre les mains du Gouverneur du Pays ou devant le Parlement, de ne faire que de véritables rapports, eſt le fondement de cet uſage. Si eſt-ce que celui qu'ils accuſeront ainſi, ſera reçu à la preuve du contraire pour ſa juſtification.

qu. 628.

qu. 557.

(a) Le Conſeiller Marc parle du rapport des Sergens & de la foi qui doit y être ajoutée, dans la queſt. 51 de la premiere partie, où il cite ces deux de Guy Pape 557 & 628, & il conclut qu'il n'y faut avoir égard que *ſuper acta citationis, non autem ſi referant de facto alieno*; & c'eſt ce qui s'obſerve, ſi la partie n'a pas ſigné.

(b) Néanmoins il y a un Arrêt d'ajournement perſonnel du 2 de Juillet 1630, ſur un *rapport atteſté de deux témoins*, l'un deſquels avoit ſigné, & l'autre avoit déclaré qu'il ne ſavoit écrire. Il y a auſſi des cas où des *rapports ſans témoins* font foi, comme font ceux *des Gardes* de la Gabelle & ceux *des Champiers*. On appelle Champiers dans le Dauphiné, les Gardes des bois & des forêts. Il a été jugé pour les rapports de ceux-ci, par Arrêt du 17 de Juin 1674, en la cauſe des Conſuls de Déſerte, dans la Vallée de Cézanne, contre Antoine Chovin & *conſortes litis*. De ſorte qu'il n'eſt pas ſi abſolument vrai que Matthieu le dit, que cette queſtion 628 *antiquata eſt*.

Arrêt.

Arrêt.

SECTION XI.

Des Droits de Souveraineté & de simple Seigneurie.
1. De la * Taille & des Personnes exemptes.

ARTICLE I.
De la forme d'imposer.

qu. 224.   TOus les intéressés (a) devroient consentir aux impôts qui se font sur eux; mais l'usage est au contraire. Il suffit à l'égard de ce qui s'impose pour le Roi-Dauphin, que la délibération en ait été prise dans les États du Pays assemblés : après cela, on n'a plus besoin d'autre consentement. Quand on y est tombé d'accord avec les Commissaires du Roi de la somme qu'on a à imposer; elle est divisée en autant de parties que le Dauphiné (b) a de feux : ainsi chaque feu fait la portion qu'il en doit supporter, & à quelle somme elle monte. De sorte que celle qui n'est pas payée est perdue au Roi, & n'est pas rejettée sur les autres taillables. Néanmoins un nouvel usage s'étoit établi déjà du temps de Guy Pape; il falloit que toute la somme promise fût portée aux coffres du Roi sans diminution. La maniere de l'imposer n'étoit pas uniforme dans tout le Dauphiné. Elle se faisoit dans le Briançonnois & dans le Pays d'Oysans au sol & livre, suivant l'estime des biens des taillables; mais dans Grenoble, elle se faisoit par têtes. Notre Auteur s'explique ainsi pour dire que dans le Briançonnois & dans l'Oysans où les fonds sont cadastrés (c), cette imposition étoit réelle, & qu'ailleurs elle étoit personnelle : & c'est une regle qu'il ne se fait aucune imposition que de l'autorité du Parlement, ou du Juge du lieu où elle doit être faite.

qu. 393.

qu. 87.

---

*Cérialis, Général des Armées Romaines dans les Gaules, ayant chargé de nouveaux tributs ceux de Treves & de Langres, leur tint ce discours: *Quanquam toties lacessiti; jure victoria id solùm vobis addidimus, quo pacem tueremur: nam neque quies gentium sine armis, neque arma sine stipendiis, neque stipendia sine tributis, haberi queunt.*

Catera in communi situ sunt. Tacit. *Hist.* lib. 3, c. 17.

(a) L'Edit du mois de Mars 1628, qui a établi les Elections dans le Dauphiné, & le Réglement du mois d'Octobre 1639, y ayant rendu les tailles réelles & prédiales, y ont aussi introduit une nouvelle forme de les imposer, de les péréquer & de les cotiser.

(b) Tout

(b) Tout le Dauphiné eſt diviſé en treize mille feux ; le Tiers-Ordre en a quatre mille ſept cens quarante-neuf, deux tiers, un quart & un quarante-huitieme, & deux tiers d'un vingt-quatrieme. (*V.* la nouvelle reviſion de feux publiée au Parlement de Grenoble le 13 Juillet 1706.) Nous avons fait voir dans le troiſieme volume de l'état poli-tique de ce Pays, *ſect.* 21 & 22, que comme on ne comptoit dans les reviſions de ces feux que les chefs de famille, il faut néceſſairement qu'il y eût au-tant de feux. Mais ces familles n'étoient que des aiſés, qui avoient du moins dix francs d'or ; ce qui étoit alors une ſomme plus que médiocre, & qui pouvoient contribuer aux charges pu-bliques : & en ce temps-là, c'eſt-à-dire ſous les anciens Dauphins (les Eccle-ſiaſtiques, les Nobles, les Veuves & les Pauvres non-compris) il ne s'en trouva que ce nombre-là de 4749 ; & encore ces 749 n'étoient point tirés ſur aucun lieu, mais étoient *volants,* comme on les appelloit, pour le ſoulagement de ceux à qui il en falloit faire. Au-jourd'hui tous ces feux taillables ſont réduits à quatre mille ; deſquels, trois mille neuf cens dix ſont fixes, & les autres volants, comme l'on parle.

(c) Les cadaſtres ſont appellés *deſ-criptiones* dans la Loi *ad inferiorum, C. de apoch. public. & aſtim.* par la Gloſ. ſur cette même Loi, qui veut que *deſcriptiones bonorum non ſumant antè principium, quàm apud acta Provin-ciarum auctoribus inſinuentur, & ex eo-rum fuerint receptæ ſementiis.*

ARTICLE II.

Où ſe doit faire la Cotiſation.

LEs contribuables doivent être cotiſés dans les lieux où ils font leur réſidence (a), généralement pour tous leurs biens, où qu'ils ſoient ſitués, & même pour leurs facultés mobiliaires : ſi on ne l'eſt pas pourtant où l'on habite ; on le ſera pour ceux qui auront été omis, là où ils font ſitués. Mais dans les impôts que font les Communautés ſur elles pour (b) leurs affaires particulieres, chacun y eſt cotiſé pour les biens qu'il y poſſede, quoiqu'il habite ailleurs. Le Parlement ſuivit cette diſtinction dans le Jugement du procès de François Co-quet, cotiſé à Goncelin où il n'habitoit pas. La femme, dans les autres impôts, ſera cotiſée dans le lieu de la réſidence de ſon mari, où elle habite avec lui ; comme il a été jugé par Arrêt du 24 de Mai 1460, pour celle de Ponçon Bovier, contre la Communauté d'Aliſſan.

qu. 33.

qu. 87.

qu. 5.

qu. 396.

(a) Aujourd'hui tous les fonds ſont cotiſés dans les lieux de leur ſituation : c'eſt l'effet de la réalité ; mais les contri-buables le ſont pour leurs *facultés mobi-* liaires, dans celui de leur réſidence. Il n'y a ni poſſeſſion ni uſage contraire, de quelque temps qu'il ſoit, qui puiſſe empêcher cette cotiſation des fonds

P

où ils sont situés ; comme il a été jugé par Arrêt du 20 de Mars 1686, pour Jayme Reynaud, contre les Consuls de Romans. *Arrêt.*

(*b*) Les tailles des Communautés pour le paiement de leurs dettes, sont préférables à tous créanciers, sur les fonds qui leur ont donné cause. Jugé par Arrêt du 2 de Mars 1678, & par plusieurs autres. La *prescription de trente ans* a seule lieu contre les *tailles négociales* ; ce qui ne tombe pas en controverse ; mais les *Royales* se prescrivent *par l'espace de trois ans*. Toutefois celui qui les aura payées pour un autre, ne sera pas sujet à cette prescription, comme l'est le Receveur, pourvu que le paiement en ait été fait dans les trois ans. Jugé par Arrêt du 11 de Février 1674, en la cause de Martinet & de Chabran, de Briançon. Si néanmoins le *négocial est confondu avec le Royal dans un même rôle*, la demande sera prescrite aussi par trois ans ; comme il a été jugé par Arrêt du 14 d'Août 1670, *consultis Classibus*, contre les Consuls de Pinet. La taille d'étape participe de l'un & de l'autre : si celui qui en avoit des quittances comptables contre une Communauté, a retranché, pour la gratifier, de la somme qui lui étoit due ; les intérêts des quotes particulieres lui seront dus, comme ils le seront s'il y avoit eu novation. Jugé ainsi par Arrêt du 24 de Juillet 1677. Je n'omettrai pas que le grand décret introduit par l'Edit du Roi Henri II, qui anéantit toute hypotheque, ne blesse point celles des dettes des Communautés contractées auparavant, de sorte qu'elles ne puissent être cotisées, parce qu'elles sont charges réelles ; comme il a été jugé, aussi de l'avis des Chambres, par Arrêt du mois de Janvier 1677. C'est ainsi que ce décret ne nuit point aux substitutions qui ne sont pas encore échues. Le créancier d'une Communauté, auquel elle a remis des quotes tirées du rôle d'une taille péréquée pour le paiement de ses dettes, n'est pas tenu de donner demande dans les discussions des biens des cotisés, ayant son action préparée sur les fonds qui ont donné cause à la cotisation : jugé par Arrêt du 5 de Mai 1673, en la cause de Termet, contre Millet, & depuis par un autre du 8 de Février 1676 en Audience ; & les rôles, si les cotisés sont appellants de la cotisation, sont déclarés exécutoires par provision & sans caution : Jugé aussi par Arrêt du 15 de Septembre 1681, pour le Syndic du Chapitre de S. Apollinaire de Valence, contre divers habitants du lieu de Charpey cotisés, appellants de la cotisation. Au reste, par la raison que les tailles Royales & celles qui affectent les fonds sont réelles, le cotisé ne peut être contraint au corps ; mais seulement *captis pignoribus*. Le Philosophe Zénocrate ayant été emprisonné, *ob vectigalia non soluta*, fut mis en liberté par ordonnance du Magistrat. Demosthenes parle fortement contre ces exécutions pour les impôts sur la personne, dans son Oraison contre Timocrate.

Arrêt. *Arrêt.* *Arrêt.* *Arrêt.* *Arrêt.* *Arrêt.* *Arrêt.* *Arrêt*

ARTICLE III.

De la Cotifation des Forains, Réparations, Cas du Droit.

IL y a deux fortes de forains ; les uns le font à l'égard de la Province, & les autres à l'égard feulement des Communautés dans le territoire defquelles ils ont des fonds & des biens. Ceux-là (*a*) font cotifés dans les lieux où font leurs poffeffions. Ceux de Tournon & de Tain font ainfi cotifés réciproquement ; les premiers dans le Dauphiné, & les autres dans le Royaume, pour les fonds qu'ils y poffedent. Les Lyonnois fuivent la même regle contre ceux de S. Saphorin, & ceux-ci contre les Lyonnois, de même que ceux de Tarafcon & de Sifteron. Mais fans aucune différence, toutes fortes de forains contribuent aux impôts qui fe font pour les fortifications des lieux où ils ont du bien ; la moitié moins pourtant que les habitans. Le Réglement du Gouverneur Charles de Bouville de l'an 1434 l'ordonne ainfi ; & le Parlement a depuis conformé fes Jugemens à cette fixation. Ils contribuent de même aux réparations des chemins : mais s'ils font tellement ruinés qu'ils ne puiffent être rétablis ; le Juge ordonne qu'ils feront portés dans les fonds contigus. Les régalemens que font fur eux pour les réparations d'un puits, ceux à qui il eft néceffaire, n'ont pas befoin du fecours de l'autorité publique : cela fe peut librement, fans craindre d'être repris.

qu. 397.

qu. 7.

qu. 444.

(*a*) *Forenfis tenetur in muneribus patrimonialibus, feu realibus, pro prædiis & poffeffionibus, & ideò in munere reali pro adventu Principis, pro reparatione murorum vel viarum, aut adverfus impetus fluminis*, dit le Confeiller François Marc, *q.* 458, 1. *part.* La Caufe pieufe ajoute quelque chofe à ce devoir contre les forains ; ils ne peuvent fe difpenfer non plus de contribuer aux réparations des Eglifes Paroiffiales, dit M. Expilly dans fon plaid. 9, comme il a été jugé par Arrêt du 10 d'Avril 1609, à celle des clochers & à l'entrenement des cloches, quoiqu'ils faffent profeffion de la R. P. R. Jugé par Arrêt du 17 de Mars 1681, pour la Communauté de Beaurepaire, contre la Dame de Champiné. Si pourtant ils ne poffedent aucuns biens dans des Paroiffes où néanmoins ils paient la dîme, comme il arrive quelquefois ; ils ne feront pas pour cela obligés d'y contribuer aux réparations de leurs Eglifes ; comme il a été jugé par Arrêt du premier de Juin 1685, pour un Hameau, contre ceux de S. Jean d'Octaveon. Si les forains contribuent à toutes les charges de la Communauté ; ils participeront aux revenus qu'elle a, comme font les habitans. Il a été ainfi jugé par Arrêt du 27 de Juin 1679, contre les Confuls de la Miofe, pour les forains.

Arrêt.

Arrêt.

Arrêt.

Arrêt.

P 2

ARTICLE IV.

Des Impôts aux Portes, sur les Ponts & les Ports.

QUAND une impofition doit être levée généralement fur tout, foit étrangers, foit habitants, & fur les marchandifes ou fur les denrées, aux portes, aux ports & aux ponts ; le Souverain en doit permettre l'établiffement. Néanmoins par la coutume & l'ufage de Dauphiné, le Parlement (*a*) le peut & le fait : notre Auteur remarque pourtant que toutes les fois que l'on s'eft adreffé à cette Cour fouveraine, pour mettre quelque impôt fur le pain & fur le vin, elle a renvoyé (*b*) au Gouverneur du Pays les requêtes qui lui étoient préfentées ; & que durant le féjour que le Dauphin Louis y fit, elles l'étoient à ce Prince même. Et quand l'établiffement en a été fait, perfonne ne peut s'exempter du paiement de ces droits univerfels, en quelque lieu qu'ils fe levent & fous quelque nom que ce foit, le privilege indéterminé ne s'y étendant point.

qu. 444.
qu. 197.
qu. 7.
qu. 87.
qu. 444.

(*a*) Il s'eft maintenu dans cette poffeffion ; & l'impôt fur le vin étranger qui entre dans le Bailliage de Graifivodan & dans la Ville de Grenoble, a été premiérement établi de fon autorité par Arrêt, les Chambres affemblées, le 14 d'Août 1632 ; & après il a été continué par d'autres, *fous le bon plaifir* *du Roi*, après les délibérations des Confeils publics de cette même Ville, & du Confeil général de Police.

(*b*) Les *Gouverneurs* avoient en ce temps-là un pouvoir très-étendu : ils étoient prefqu'abfolus, comme le font les Vicerois. *V.* M. de Boiffieu, *uf. des Fiefs, chap.* 42.

Arrêt.

SECTION XII.

DE * L'EXEMPTION.

ARTICLE I.

Des Clercs Nobles.

COMME (*a*) les Clercs vivant cléricalement font exempts des impôts qui fe font fur le peuple ; les Nobles vivant noblement le font auffi ; & cette exemption n'eft pas feulement pour les biens qui leur font venus de leurs ancêtres, mais encore pour ceux qu'ils ont acquis, & même de roturiers, quand ils feroient cadaftrés ; comme il fut jugé l'an 1460, lorfque l'on procédoit à la revifion des feux du Briançonnois : en

qu. 384.
qu. 381.

cette occafion le changement de la perfonne change la nature de la chofe ; fi ce n'eft que les Nobles fe foient affujettis volontairement au paiement de la taille, comme il y en a dans l'Embrunois ; alors ils ne jouiffent pas du privilege, auquel ils ont renoncé.

qu. 382.

qu. 383.

qu. 384.

* Le Jurifconfulte Calliftrate dit que dans les immunités, *non tantùm longa confuetudo in eâ re obfervata refpicienda erit, legem quoque cujufque loci refpici oportet. L. femper ff. de juris immunitat.* Mais quoiqu'il n'y ait point de privilege fans quelque raifon ; car *omnis excufatio fuâ æquitate nititur,* comme parle Ulpien en la Loi *omnis ff. de vacat. & excufat. munerum;* fi eft-ce qu'ils ceffent tous *in neceffitatibus publicis & ærarii penuriâ.* Dans Athenes, *nulli immunitas dabatur Hierarchiarum, collationumque in bellum, falutemque Civitatis, etiamfi pofteri effent Armodii & Ariftogytonis.* Dans Rome, les Prêtres & les Pontifes mêmes n'étoient pas exempts, durant les guerres importantes & difficiles. Ils prétendirent s'en exempter durant celles de Macédoine ; & les Quefteurs voulant les contraindre pour leurs quotes, *Tribunos appellaverunt.* Ceux-ci dirent qu'ils avoient inutilement appellé ; *omniumque annorum per quòs non dederant, ab iis ftipendium exactum eft. Ex Demofth. & Livio ; Pet. Aerod. pandect. lib. 10, tit. 23.* Tant il eft vrai que *obfiftere commodis publicis & ftatutis neceffitatibus non poffunt privilegia Dignitatum. L. obfiftere C. de ann. & tributis, lib. 11.* C'eft pourquoi le privilege qui exempte d'une fonction, fuppofe que l'on fert dans une autre.

L'efprit de la politique n'eft pas de rien donner à pure perte ; qui ne fait rien ou qui n'a rien fait de louable, n'a d'elle que fon mépris. Le privilege qui reftreint la Loi publique pour qui ne fait pas honneur au bienfait, irrite la Loi naturelle, & bleffe celle de l'Etat.

(a) Le Réglement de 1639 a mis des bornes à cette exemption qui n'en avoit point. Les Eccléfiaftiques & les Nobles contribuent même à l'uftenfile, furtaux & autres frais des logemens des Gens de guerre, dans les lieux où ils ont des biens taillables ; comme il a été ordonné par Arrêt du Confeil du 8. de Janvier 1678. En conformité du dix-feptieme article de ce même Réglement, les *réparations des Eglifes Paroiffiales,* & celles des Maifons des Curés, ne font pas fans privilege. Les Eccléfiaftiques qui poffedent les dîmes, doivent réparer *le Chœur* de ces Eglifes ; & tous généralement contribuent aux réparations de *la Nef* & des *Maifons des Curés,* pour les fonds, pour les rentes & pour les autres droits qui leur appartiennent dans ces Paroiffes ; comme il a été jugé par Arrêt du 3 d'Août 1638, à l'égard des réparations de la Nef de l'Eglife de la Buiffe, & de la Maifon du Curé, contre le Chapitre de S. Chef.

Arrêt.

Arrêt.

ARTICLE II.
Du Noble Laboureur.

qu. 41.
LE Noble qui laboure (a) dans ſes Terres, & qui cultive lui-même ſes fonds, ne donne aucune atteinte à ſa Nobleſſe. On ne préſume pas que dans ce travail honnête &

qu. 392. louable, il vive moins noblement ; & le Parlement a décidé cette queſtion.

(a) *Sic nomina reverenda Fabii, cùm inducia bella ſuſpendebant, inter aratra vivebant; & ne virtus langueſceret, depoſitis in gremio Capitolini Jovis laureis triumphales viri ruſticabantur. Inde eſt quòd accepimus datos ferentibus faſces, & miſſas cum currulibus palmatas ; quòd agricolas conſulares, paſtoreſque trabeatos, & Dictatores inter armenta veſtitos.* Latin. Pacat. *in* Panegyric. *ad* Theodoſ.

ARTICLE III.
De la Femme & Veuve de Noble.

qu. 349.
LA femme roturiere qui épouſe un mari Noble, devient Noble ; & la Demoiſelle qui épouſe un roturier, devient roturiere : la veuve du Noble eſt préſumée être encore dans le mariage, & elle jouit des privileges de la Nobleſſe. Ce fut un des articles du Réglement de 1461, & la veuve de Meſſire

qu. 379. Jean de Marreuil, Auditeur en la Chambre des Comptes, en fut le ſujet ; comme au contraire Feliſe Renaud, qui étoit de

qu. 380. naiſſance noble, mais veuve d'un roturier, fut déclarée contribuable aux tailles (a), comme ſon mari l'avoit été. Un ſemblable Jugement avoit déja été fait l'an 1459, contre Marie de Cizerin.

(a) L'art. 15 du Réglement de 1639 eſt conforme à cette déciſion. *Tandiù igitur Clariſſima erit, quandiù Senatori vel Clariſſimo nupta; aut ſeparata ab eo, alii inferioris Dignitatis non nupſerit,* dit le célèbre Préſident de la Croix-de-Chevrieres. Il a pourtant été déclaré pour la Demoiſelle de Vergeron, par Arrêt du Conſeil, que la femme *Arrêt.* Noble mariée à un Médecin & après à un Avocat, non Nobles par leur naiſſance, ne perdoit point le privilege de la ſienne. Le Doctorat donnoit autrefois la Nobleſſe; aujourd'hui il peut ſeulement la conſerver.

ARTICLE IV.

*De l'Exemption des Avocats & des Docteurs, leurs Veuves &
leurs Enfans.*

AUSSI les Avocats qui exercent leurs Charges au Parlement, font Nobles (*a*) ; & comme tels ils ont exemption
des tailles & des impôts populaires. Les Docteurs en Droit
ont ce privilege, qui eft conforme au droit : en effet ils vivent *qu.* 88.
noblement dans ce noble exercice ; & trois Arrêts, l'un de
1416, l'autre de l'an 1455 & le dernier de l'an 1461, leur
ont affuré ce droit. Mais le Doctorat acquis par Bulle du
Pape ou par Lettres du Roi, ou qui a été acheté, ne donne
ni rang ni exemption : les Avocats feulement (*b*) Licenciés &
non Docteurs, avoient été maintenus dans cette exemption,
par cet Arrêt de l'an 1416 ; mais celui de l'an 1461 les en
priva. *Ce qu'il y a de furprenant dans cette exclufion, c'eft que
dans ce même temps, des Docteurs & des Licenciés, indifféremment, rempliffoient les premieres Charges du Parlement.* Ce même *qu.* 389.
Arrêt ou Réglement de 1461, a étendu le privilege des Avocats & des Docteurs (*c*) à leurs enfans & à leurs veuves :
Jean Portier, fils de Louis Portier, Préfident de la Chambre
des Comptes, mort quelques années auparavant, en fut l'occafion. Le Doctorat eft une efpece de Dignité ; & notre Jurifconfulte donne aux veuves des Docteurs le titre de Dames ;
& à eux celui de Seigneurs. Il dit même que fi on leur fait
quelque offenfe, il leur eft permis d'agir par la Loi Julie de
la violence publique, pour en tirer vengeance. C'eft par
cette confidération, que lorfque les Avocats & les Docteurs
ont acquis quelque chofe, dépendante du Fief du Dauphin, (*d*)
l'inveftiture leur en eft d'abord donnée, & comme Nobles ils *qu.* 88.
ne paient qu'un fimple lod, au lieu que les roturiers paient
doubles lods.

(*a*) Les Avocats du Parlement ont
la qualité de Nobles : elle leur a été
confervée dans la derniere recherche
faite dans le Dauphiné, contre les ufur-
pateurs de ce titre, que le Réglement
de 1639 ne leur a point ôté. (*V.* le
Journal du Palais, part. 6, pag. 287 ;
& le Jugement des Commiffaires Généraux, en l'Affemblée tenue à Paris le
4 Janvier 1699, qui a autorifé la qualité de Nobles, prife par les Avocats &
Médecins de Lyon.) Et certes, *quid
Advocationis officio ornatius, quod pe-
regrinum negotium ad fuas moleftias
trahit, ut laboribus fubveniat alienis ?
Tu in hoc campo exercitatus, curfu meritorum ad palmam judicii noftri perve-
nifti,* dit le Roi Théodoric à Eugene

dans Caſſiodore. Mais les Empereurs Léon & Anthemius renchériſſent bien ſur cet éloge dans la célèbre Loi *Advocati*, 4. *C. de Advocat. diverſ. judic.*

(*b*) On commence à ne donner dans l'Univerſité de Valence, depuis l'Edit du mois d'Avril 1679, fait pour le réglement des Univerſités, que des Lettres de Licence aux François, & on n'en donne de Doctorat qu'aux Etrangers. Il n'y a pourtant pas apparence que dans ce nouvel uſage on pût diſputer aux Avocats ſeulement Licenciés, aucun des privilèges des Avocats Docteurs. Néanmoins un Licencié ayant été agrégé comme Docteur dans la Faculté de Médecine, aux Profeſ-ſeurs de l'Univerſité de Valence; cette agrégation fut déclarée nulle par Arrêt du 4 de Février 1645, après qu'il eût été reconnu qu'il n'étoit que Licencié.

(*c*) Il n'y a plus de Nobleſſe pour les Avocats, *tranſmiſſible* à leurs enfans par le ſeul privilège de leur profeſſion.

(*d*) Si les Avocats ne paient les lods dans la Chambre des Comptes que comme font les Nobles; n'eſt-ce pas une conſéquence qu'ils n'y doivent non plus prêter hommage, quoiqu'ils ne ſoient pas de naiſſance noble, qu'en la manière que les Nobles l'y prêtent?

ARTICLE V.
Des Bâtards des Nobles.

QUOIQUE par le Droit, les (*a*) bâtards des Nobles ne retiennent point la Nobleſſe des maiſons d'où ils ſont ſortis; elle leur demeure pourtant comme s'ils étoient légitimes. La coutume reçue pour eux dans le Dauphiné & dans les Provinces circonvoiſines, le veut ainſi: ils portent même non-ſeulement le nom, mais encore les armes de leurs peres, toutefois avec une *briſure*; & s'ils vivent noblement, ils jouiront de tous les avantages de la Nobleſſe. Il n'y a pas, à l'égard de l'exemption, de la différence entr'eux & les légitimes; de ſorte qu'ils n'entrent point dans les contributions qui ne paſſent pas aux Nobles. Le Droit commun a toute ſa force contr'eux, ſeulement pour les ſucceſſions.

(*a*) Ce mot de bâtard n'étoit pas injurieux du temps de nos peres; on diſoit ordinairement le bâtard d'Orléans, le bâtard de Valentinois; & la mémoire du bâtard de Lupé eſt célèbre dans cette Province & dans les voiſines. Jean d'Armagnac, Maréchal de Dauphiné, s'en faiſoit même un titre d'honneur; il prenoit ces qualités dans les actes publics & particuliers où il avoit intérêt: Nous JEAN BASTARD D'AR-MAGNAC, Seigneur de Tournon & de Gordon, Maréchal de Dauphiné, &c. Elles lui ſont données dans une quittance du 17 d'Août 1453. Mais ceux-là ſeulement qui étoient nés de perſonnes libres, avoient le privilège de ſe conſerver la Nobleſſe de leurs peres. Les bâtards même de tels bâtards étoient Nobles: & on a remarqué dans ce Pays trois degrés de bâtards dans une famille, qui ne laiſſent pas d'être Nobles. Le Réglement de 1639 a mis fin à cet abus par ſon article 23.

ARTICLE

qu. 580.

ARTICLE VI.

De la Taille payée par erreur.

LE (a) paiement inconfidéré de la taille durant quelques années, ne nuit point au Noble qui l'a fait par erreur : ce n'eft pas une renonciation à fon privilege. Comme le paiement eft un acte réitérable ; il ne préjudicie que pour autant de temps qu'il a été fait, & il ne bleffe point effentiellement la légitime & véritable Nobleffe. *qu. 387.*

(a) Gafpard Baro remarque fur cette queftion 387, que *Nobilis non perdit privilegium non folvendi per folutionem mi-* *noris temporis quàm 40 annorum.* Après ce temps-là il faut regagner fa Nobleffe par le fecours des *Lettres de réhabilitation.*

ARTICLE VII.

Les Confuls font exempts de Taille.

LE Confulat eft une Magiftrature (a) : les Confuls de Grenoble & ceux (b) des autres Villes de Dauphiné font exempts de taille, durant l'année de leur Confulat. La coutume leur donne cette franchife, & elle a pour foutien la réflexion que l'on a faite aux foins, aux peines & aux fatigues qu'ils ont à effuyer dans les fonctions de leurs Charges. La même coutume ne permet pas que l'on accorde rien à ceux de Grenoble au-delà de leur dépenfe (c) & de leurs fournitures, lorfqu'ils ont fait des voyages pour les affaires de la Communauté. Le Parlement, après s'être informé de cet ufage, en fit un Arrêt l'an 1458, contre les Confuls qui demandoient des vacations. *qu. 398.* *qu. 62.*

(a) Le Confeiller Marc parle du Confulat de Grenoble & de la forme de l'élection, dans les queftions 779 & 790 de la premiere partie. Il traite auffi du Confulat de la Ville d'Embrun dans la queft. 800.

(b) La franchife des tailles fut donnée aux Confuls de Vienne, par un Réglement du 9 d'Août 1613 : mais *Arrêt.* elle a été révoquée par Arrêt de la Cour des Aides ; & des gages qu'il leur a attribués, ont fuccédé à cette exemption. Ceux de Grenoble en ont auffi : mais pour cela ils n'ont pas perdu leur ancien avantage ; qui eft plutôt un jufte devoir qu'une gratification.

(c) Les Confuls ne peuvent prétendre d'autres droits ni d'autres privileges que ceux qui leur font attribués par la coutume, ou par les Réglemens & par les Arrêts : pour cette raifon ils ne peuvent obliger les Fermiers des revenus & des droits publics à rien de particulier pour eux hors de ces cas-là ; comme il a été jugé par Arrêt du 29 *Arrêt,* d'Avril 1675, contre les Confuls du Buis, qui vouloient obliger les Fer-

Q

miers de leur boucherie de les servir préférablement à tous. Ces nouveautés sont des abus qui peuvent en produire d'autres. Celui-là est un vrai Conful qui se donne de bon cœur tout au public, & qui ne prétend que le public lui donne rien que son estime & ses louanges.

ARTICLE VIII.

Des Juges non exempts.

IL y a lieu d'être surpris de la remarque que fait notre Auteur (a), que les Juges Delphinaux qu'il nomme en cet ordre, le Juge de Grenoble, le Juge de Graisivodan & ceux de Vienne, de la Terre de la Tour de Viennois, de Valentinois & de Crest, (b) sont contribuables aux tailles. Ce qu'ils ne devroient pas être, ajoute-t-il, parce que dès le moment qu'ils sont honorés de ces Charges, ils cessent d'être ce qu'ils étoient : il n'y a pas moyen de nier que vivant avec les Loix, comme il parle, ils ne vivent noblement ; les Loix & les Armes ont les mêmes privileges.

qu. 378.

(a) Il n'y avoit en ce temps-là ni *Vi-baillis* ni *Vice-Sénéchaux* dans le Dauphiné. Ils n'ont été créés qu'en 1478, par Edit du Roi Louis XI, qui avoit déjà ordonné par un autre de l'an 1447, qu'il n'y auroit à l'avenir que deux Baillis ou un Sénéchal.

(b) L'exemption des Avocats & des Docteurs, de ceux-là qui plaident & de ceux-ci qui enseignent, ou qui ont droit de le faire, est un bienfait de la Loi, qui la donne à ceux qui exercent actuellement leur emploi ; mais elle ne parle en aucune maniere des Juges, & elle ne les exempte point : on s'attachoit alors au sens littéral, exprès & formel des Loix, sans l'étendre. Les Officiers même du Conseil Delphinal, qui étoit souverain, payoient les tailles, comme faisoit le peuple. Ce fut seulement sous le regne du Roi Charles VII qu'ils furent déchargés de ce devoir servile, par des Lettres données à Vienne où étoit ce Prince, le 8 d'Avril 1434. Elles leur accordent cette exemption par rapport à celle des DOCTEURS AUX LOIX, & des MAITRES EN MEDECINE : ceux-là y sont nommés *Legum Doctores* ; & les autres, *Artis Medicæ Magistri.* Tous les honneurs du Parlement sont nés dans Vienne : cette exemption est le premier ; la qualité & la Dignité de Parlement est l'autre. Ne doit-on rien à son berceau ? Les Docteurs Médecins ne contribuoient non plus aux subsides Delphinaux, comme parle notre Jurisconsulte dans la question 394, qui est toute pour eux. La Jurisprudence est une parfaite sagesse. Démocrite dit dans une ses lettres à Hypocrate, que la sagesse & la Médecine sont sœurs, & compagnes inséparables l'une de l'autre. La sagesse guérit les ames de leurs affections déréglées, & la Médecine les corps des maladies qui les affligent ; & la santé du corps, fortifie celle de l'ame & augmente l'intelligence des sages.

DE GUY PAPE.

ARTICLE IX.

Les Procureurs & les Notaires dérogent,

L'ART (*a*) de Procureur & celui (*b*) de Notaire dérogent à la Noblesse, & l'Avocat qui exerce les fonctions de Procureur perd sa Noblesse. Les Loix donnent au Notariat l'éloge de vil, & au Notaire celui de serf du public. C'est pourquoi le Parlement déclare contribuables aux tailles, comme roturiers, les Gentilshommes qui étoient Notaires, lorsqu'il procédoit à la revision des feux de la Province.

(*a*) Cette injure faite aux Procureurs & aux Notaires, vient de quelques textes des Loix Romaines mal entendues par les premiers Docteurs, en des siécles fort ignorants : on a confondu ceux-là avec les Procureurs ou Agens des grandes Maisons, qui étoient tous ou serfs ou affranchis.

(*b*) C'est aussi une fausse interprétation de quelques Loix qui a fait ce tort aux Notaires. Avant que la Jurisprudence de Justinien eût été reçue dans le Dauphiné ; cet Art si nécessaire au commerce de la vie civile, n'y étoit exercé que par des Ecclésiastiques & par des Nobles, bien-loin qu'on le crût bas & servile. On a confondu ceux qui écrivoient *per notas*, avec ceux qui reçoivent les contrats. Les premiers étoient serfs ; & les autres libres. J'ai déjà fait cette observation dans la sect. 23 de l'onzieme livre de l'Histoire du Dauphiné, tom. 1. Il n'y a que les Nobles qui exercent cet Art dans la Bretagne ; il y est l'emploi des cadets ; *Joseph Scaliger*, *in scaligeran.* néan-moins le Gentilhomme qui quittoit cet exercice, reprenoit sa Noblesse. Notre Auteur dit dans son Conseil 217, que Jean Petinot de Vinay, qui avoit été Notaire & avoit même tenu Hôtellerie, n'étoit point déchu de sa Noblesse, parce qu'il s'étoit abstenu de l'un & de l'autre *pluribus annis*, & qu'il vivoit noblement *in loco iferonis*. En ce temps-ci il auroit dérogé si absolument, qu'il ne seroit pas rentré dans la Noblesse que par la grace du Souverain. Le nombre des Notaires ayant été fixé par Edit, pour les Villes & pour les Communautés, ils ne peuvent se dispenser de faire leur résidence ordinaire dans les lieux de leur établissement ; comme il a été jugé par Arrêt du 16 de Mai 1683, pour les Notaires de Valence, contre Rey, Notaire d'une Communauté voisine de Montoison, quoiqu'il fût porté par ses provisions qu'il jouiroit des mêmes droits que les Notaires de cette Ville-là, dans laquelle il prétendoit habiter & faire les fonctions de sa Charge.

Arrêt.

ARTICLE X.
Des Terres avec Jurisdiction, Fiefs.

POSSÉDER des *Terres revêtues de Jurisdiction*, c'est à un roturier un moyen d'ennoblissement & d'exemption (*a*) ; comme il fut jugé par le Parlement & par la Chambre des Comptes

Q 2

l'an 1461, pour Pierre Roland, Citoyen de Grenoble & Coseigneur d'Argenson. On travailloit alors à la revision des feux

qu. 385. du Graisivodan. Les simples Fiefs sans Jurisdiction & sans Dignité, n'exemptent point, bien-loin qu'ils ennoblissent. Quel désor-
qu. 386. dre ne seroit-ce pas, si tous ceux qui possédent des rentes mou-
vantes du Fief Delphinal, avoient droit d'aspirer à la Noblesse ?
C'est pourquoi il fut jugé alors, que s'ils n'avoient pas d'autre
raison, ils seroient cotisés. Raymond Sonnier possédoit des fonds
de cette qualité ; on l'eut en vue, quoiqu'il eût servi à la
guerre comme Feudataire.

(*a*) Comme les Hauts-Officiers de la Couronne & de la Robe ennoblissent, les Terres qui ayant toute Jurisdiction sont encore revêtues de Dignité, comme de Duché, de Marquisat & de Comté, doivent aussi ennoblir sans Lettres. Gaspard Baro remarque sur cette question 384, que même le simple Fief qui a trois cens livres de rente, ennoblit aussi ; ce qui pourtant n'est plus dans la politique moderne de ce Royaume. V. *contrà*, Bacquet, *du droit des Francs-Fiefs*, *chap.* 20.

ARTICLE XI.
De la Marchandise & du Négoce.

qu. 196. SI le Noble (*a*) négocie & trafique comme Marchand, il déroge à sa Noblesse : l'Ecclésiastique perd de même son privilege en exerçant l'Art de Marchandise. L'un & l'autre *qu. 391.* perd alors son privilege ; mais ils le recouvrent, en reprenant un genre de vie digne de leur ordre.

(*a*) Rien n'est plus dérogeant à la Noblesse dans cette Monarchie, que la Marchandise qui s'exerce en détail. Une des raisons de la défense est, que si cet Art étoit permis aux gens de qualité, ils attireroient facilement à eux tout le commerce, & en priveroient *Ple-* *beios & Negociatores* ; non qu'il y ait rien qui soit opposé à l'honnêteté, non plus qu'à l'utilité publique. C'est ce que semblent dire les Empereurs Honorius & Théodose dans la Loi *Nobiliores*, *3 C. de Commerciis & Mercatoribus.*

ARTICLE XII.
Des Ouvriers aux Monnoies.

CEux qui sont employés (*a*) aux monnoies, pourvu qu'ils y travaillent actuellement, sont du nombre des exempts : c'est la récompense du service effectif ; leurs enfans après eux, s'ils ne sont plus dans cet emploi, n'ont aussi plus d'exemption. Des Marchands & des Notaires se sont fait agréger au college des Monnoyeurs dans les fabriques qui font à Romans, à Crémieu, à Montelimar, à Bourgoin, à Quirieu & en quelques-autres lieux ; ne s'étant proposés que de se faire décharger de la taille : car ils n'y travaillent pas continuellement ; *qu. 102.* ils n'ont point de privilege à prétendre, ni même les maîtres particuliers de ces fabriques ; comme il a été jugé contre Pierre & Antoine de Forêts, maîtres particuliers de celle de Romans.

(a) Il est traité amplement du fait des monnoies & de leur fabrique, dans les questions de François Marc 260, 261 & 263 de la seconde partie. Leurs Offices exemptoient de la taille, comme il résulte du Statut de Jean de Daillon-de-Lude, de l'an 1476 ; mais le Réglement de 1639 ne leur donne aucun privilege. Ils n'en ont point aussi par le Droit Romain : ils étoient même dans quelque espece de servitude, ne leur étant permis de changer de condition, ni de parvenir aux honneurs. *L. Monetarii C. de Murileg.*

lib. 21 ; & hic Cujacius. Le passage de Nicolas Oresme, Evêque de Lisieux, ne sera pas ici hors de son lieu : *In quibusdam nummis inscribitur nomen Dei vel alicujus Sancti, & Signum Crucis ; quòd fuit inventum & antiquitùs institutum in testimonium veritatis moneta in materia & pondere. Si igitur Princeps, sub ista inscriptione, immutet materiam sive pondus ; ipse videtur tacitè mendacium & perjurium committere.* C'est dans son Traité de *mutatione moneta*, cap. 13.

ARTICLE XIII.
De l'Aveuglement, 12 Enfans.

NI l'aveuglement, ni le nombre (a) de 12 enfans n'est une juste cause d'exemption, dans l'usage de ce Pays, quoiqu'ils *qu. 400.* le soient ailleurs par le Droit Romain.

(a) La Déclaration de l'an 1665, qui exempte de taille ceux qui ont douze enfans, n'a aucun effet dans le Dauphiné, à l'égard de la taille des fonds, à cause de sa réalité ; & au cas où elle a lieu, il a été jugé par Arrêt

de l'onzieme d'Août 1678, pour Claude de River contre la Communauté de Rossillon, que l'exemption aprèsavoir été déclarée & adjugée, ne finit point par la mort de quelqu'un des douze enfans, & qu'elle dure après eux.

ARTICLE XIV.
Des Juifs.

A plus forte raison les Juifs, auxquels il a été permis (a) par les Dauphins d'acquérir propriétairement des Terres, des *qu. 395.* domaines & toute sorte d'immeubles, ne doivent avoir de privilege ni d'exemption.

Q 3

(a) Les Juifs avoient alors des Synagogues dans le Dauphiné, & toute liberté de commerce, comme l'apprend un Statut du Gouverneur Jean de Daillon-de-Lude, de l'an 1462 : mais elle leur a été ôtée comme à des ennemis mortels & irréconciliables. Néanmoins sous la premiere & sous la seconde Race de nos Rois, ils n'en avoient pas moins que les Chrétiens dans la Monarchie : les Souverains mêmes leur confioient leurs vies. Des Juifs étoient leurs Médecins, comme Sédécias le fut de l'Empereur Charles-le-Chauve, qu'il empoisonna. Philippe-Auguste fut le premier dans la troisieme Race qui les persécuta ; il les bannit & confisqua leurs biens par un Edit. Ce ne fut pourtant pas pour le seul intérêt de la Religion; mais pour un intérêt d'Etat: *fænoribus gravissimis exhauriebant familias, Lutetia maximè grassabantur priva tabhirudines ; & beneficii specie molestissima damna importantes*, comme parle le Pere Jean de Bussiere, *Hist. Franc. lib.* 7. Cet Edit ne fut bien exécuté que sous S. Louis son petit-fils ; & ne le fut point dans le Dauphiné, qui n'étoit point une Province du Royaume. Il avoit été la principale de celles des deux Royaumes de Bourgogne, qui avoient eu la Ville de Vienne pour leur Ville Capitale ; & dans ces Royaumes, les Juifs que l'on appelloit alors *Hébreux*, possédoient propriétairement des terres, des maisons & des domaines & toute sorte d'immeubles, qu'ils vendoient, échangeoient & donnoient comme il leur plaisoit : ce qui montre l'erreur de ceux qui ont écrit & qui croient que depuis la ruine de Jerusalem ils n'ont possédé propriétairement aucun immeuble. Il est vrai qu'ils furent attaqués plusieurs fois dans ce Pays, & même sous le Dauphin Humbert l'an 1341 ; & ce fut toujours pour l'excès des usures qu'ils exerçoient contre les Chrétiens. Ce Prince les modere & les punit ; mais il n'eut pas la pensée de les exterminer, comme l'eut le Dauphin Louis après l'an 1452. Ce Dauphin fut depuis le Roi Louis XI ; il fut favorable aux Juifs, tant qu'ils purent acheter sa faveur. Enfin il ne leur a plus été permis depuis ce temps-là de faire de résidence ni de commerce dans le Dauphiné, ni dans le Ressort de son Parlement, qui permit seulement aux Juifs d'Avignon, par Arrêt du 17 de Juillet de l'an 1557, *Arrêt. de passer & de repasser dans la Principauté d'Orange pour leur commerce, & d'y séjourner trois jours, à la charge de ne point dogmatiser.* Mais à l'égard du Dauphiné même, on ne leur y accorde de séjour que de trois jours seulement, le Parlement l'ayant ainsi ordonné par Arrêt du 10 de Janvier de l'an 1665, *Arrêt.* de l'avis des Chambres ; & cet Arrêt leur enjoint d'en sortir après ce temps-là, à peine du fouet & de confiscation de leurs marchandises, argent & meubles. L'Edit du Roi Louis XIII du 23 d'Avril 1615, est la justification de cette rigueur.

Le Judaïsme est aujourd'hui une impiété de Religion sacrée : il est devenu sacrilege & abominable. L'impiété est rarement sans scandale ; & le scandale est un cas Royal.

SECTION XIII.

Des Droits Seigneuriaux, Féodaux & Emphytéotiques.

ARTICLE I.

Des Droits des Fiefs, Coutume. Ils font Patrimoniaux.

DU Domaine Delphinal dépendent (a) des Fiefs & des Emphitéofes, à l'égard defquels le Dauphin n'a pas plus de droit ni de privilege que les Seigneurs particuliers. C'eft ce *qu. 59.* que nos Docteurs entendent, quand ils difent, que pour cela *utitur jure privati* ; & ce droit pour les Fiefs, eft celui que les livres de Girard le Noir & d'Obert *de orto* ont introduit. La *qu. 297.* coutume y a néanmoins dérogé en certains cas. Il en prive les femmes ; & elle les en rend capables ; elles y fuccédent. Ils peuvent être vendus, donnés, partagés fans le confentement du Seigneur ; & quand ce confentement feroit néceffaire à la vente, il fuffiroit pour fe mettre à couvert de la rigueur du commis, d'inférer cette claufe dans l'acte: *Sauf le droit du Seig-* *qu. 162.* *neur* ; comme il a été jugé pour le Seigneur de Targes, qui avoit acheté du Seigneur de Queralio la Terre de Baumes, *qu. 163.* fans le confentement exprès de l'Évêque de Saint-Paul-Trois-Châteaux. Si la vente du Fief ou du bien emphytéotique, a été faite purement & fimplement, comme d'une chofe libre & allodiale (b) ; elle ne fubfiftera point, mais l'acheteur aura le choix de la vuider au Seigneur, ou à celui de qui il l'a achetée: & fi le vendeur a ignoré alors la qualité de la chofe vendue, il la poffédera à l'avenir comme féodale ; fi au contraire il y avoit eu de la mauvaife foi, le commis feroit ouvert. C'eft la difpofition du Droit des Fiefs.

(a) Les Fiefs étant devenus patrimoniaux, peuvent être vendus, donnés, échangés, fans perdre ni la nature ni le privilege du Fief, que le Réglement du mois d'Octobre 1639 leur conferve, dans l'art. 16, en quelque main qu'ils paffent ; & même les fonds qui en dépendent ayant été donnés en emphitéofe à des perfonnes non Nobles, ne ceffent pas de l'être, & ne perdent point leur franchife ; comme il a été jugé par plufieurs Arrêts, dans l'efprit de ce même Réglement. Mais on a douté fi lorfque les fonds dépendants d'un Fief ont été donnés en emphitéofe, & ont été en vertu de ce titre poffédés devant cent ou deux cens ans par les fucceffeurs de l'Emphitéofe non Nobles, ils ne font pas auffi tombés en roture, de forte qu'ils

ne puiſſent plus reprendre leur premiere qualité ni revenir à leur ancienne
franchiſe : car l'Emphitéoſe eſt oppoſée
au Fief ; elle eſt chargée de devoirs ſer-
viles, & le Fief en eſt exempt., étant
purement gratuit ; d'ailleurs, la preſcription venant encore au ſecours d'une
Communauté qui eſt en poſſeſſion immémoriale de les comprendre dans
les rôles de ſes tailles ou dans ſes
cadaſtres ; fait une ſi forte impreſſion
ſur le Fief en faveur de l'Emphitéoſe,
qu'ils entrent abſolument dans la nature eſſentielle de l'Emphitéoſe, &
perdent tout-à-fait ce qu'elle auroit
pu leur laiſſer de celle du Fief ; & c'eſt
ce qui a été jugé par Arrêt du 5 du
mois de Mars 1689, pour la Communauté de Chanteſſe, ancien membre
de la Baronnie de Château-neuf, contre
Maître Jean Roſier, Avocat en la Cour,
aux prédéceſſeurs duquel les anciens
Seigneurs de cette Terre, Vaſſaux des
Dauphins, avoient donné dès l'an 1347
divers fonds dépendants de leur Fief.

Ceux qui en poſſedent dans les Terres
du domaine ou des Seigneurs, n'ont pas
droit de s'en qualifier Seigneurs, mais
ſeulement Sieurs ; comme il fut jugé par
Arrêt du 16 de Janvier 1657, contre le *Arrêt.*
propriétaire du Fief de Panetes, auquel il
fut ſeulement permis de prendre la qua- *Arrêt.*
lité de Sr. de Panetes ; & par un autre du
27 d'Août 1665, en la cauſe évoquée du
Sr. Perraut, Préſident en la Chambre des
Comptes de Paris, il fut ordonné que
les héritiers du ſieur Marquis de Ran-
nes, & Frere Pierre l'Eſcot, Prieur
d'Oucy, qui avoient ceux-là un Fief
dans la Terre d'Arbonne, & celui-ci
des rentes & des cenſives, de s'attribuer le titre de Seigneurs d'Arbonne
& d'Oucy, Terres deſquelles le ſieur
Perraut étoit Seigneur Juriſdictionnel.

(b) La ſaiſie féodale & le commis.
n'étant plus en uſage dans le Dauphiné ; ce qu'en dit notre Auteur dans
cette queſtion & dans pluſieurs autres,
n'y a plus de lieu. *V. M.* de Boiſſieu,
uſ. des Fiefs, ch. 10, 5 & 9.

ARTICLE II.
De l'Inféodation conſommée.

L'INFÉODATION (a) n'eſt conſommée que par l'inveſtiture qu. 304.
réelle & par la poſſeſſion naturelle. C'eſt par elle que le
domaine, & la ſeigneurie utile eſt véritablement acquiſe au
Vaſſal, & que le Fief entre effectivement dans les biens. Après
qu. 162. cela il peut ſous-inféoder à un autre, & même ſans le conſentement du Seigneur, quoiqu'il ne puiſſe vendre ſans ce
conſentement (b).

(a) L'inféodation eſt preſque hors
d'uſage : il s'en fait peu de nouvelles,
ſi ce n'eſt en tout cas par le Souverain.

(b) Cela ne ſe pratique plus, les
Fiefs étant devenus patrimoniaux.

ARTICLE III.

Des Fiefs Liges & non Liges.

LEs Fiefs font de deux efpeces ; l'une eft des Fiefs (a) liges, & l'autre des Fiefs non liges. L'hommage que l'on rend à l'Empereur, au Roi de France, au Dauphin, eft lige ; aucune fidélité pour d'autre Seigneur n'y eft réfervée ; il exclut toute qu. 309. autre fujétion. Si eft-ce que dans les coutumes du Dauphiné & des Provinces voifines, plufieurs Seigneurs peuvent avoir le même Vaffal lige ; & cela par la confidération des Terres qu'il tiendra d'eux en Fief. L'hommage non lige eft proprement ce-lui qui fe rend aux Barons, aux Seigneurs Bannerets & aux Chevaliers.

(a) Ces noms de lige & non lige, ne produifent aujourd'hui aucun effet à l'égard des Seigneurs particuliers. Quant au Roi, tous les hommages font liges. Le Parlement a jugé tous les hommages imprefcriptibles par plu- *Arrêt.* fieurs Arrêts ; 1°. pour Meffire Vefpa-fien Gribaldi, Archevêque de Vienne, l'an 1570 ; 2°. pour Meffire Claude *Arrêt.* Frere, Premier Préfident, l'an 1625 ; 3°. pour le Seigneur de Vinfobre, l'an *Arrêt.* 1639 ; 4°. pour le Couvent de S. Fran- *Arrêt.* çois de Romans, l'an 1648 ; 5°. pour *Arrêt.* Dame Magdelaine de Plouvier, l'an 1652 ; quoique l'on oppofât une pof-feffion immémoriale.

ARTICLE IV.

De l'Inveftiture demandée, Contrat nul, Lods.

SI l'inveftiture n'eft demandée dans l'an & jour ; cette (a) négligence donne lieu au commis. Mais la coutume a adouci cette rigueur ; elle veut premiérement que la poffeffion du Feu- qu. 164. dataire foit réelle, actuelle & parfaite en toutes fes parties, comme parlent les Docteurs : la poffeffion civile qui s'acquiert qu. 165. par une tradition feinte, ne fuffiroit point. Delà on ne peut prétendre d'un *contract nul*, ni commis ni *lods* (b), parce que qu. 101. la poffeffion qu'il donne eft imparfaite. En fecond lieu, la cou-tume veut que le commis foit déclaré ouvert par un Jugement. qu. 560. En troifieme lieu, que le Vaffal puiffe *moram purgare*, purger fa demeure, en offrant après l'an & jour, avant qu'il y ait d'action qu. 123. commencée contre lui, de reconnoître & de rendre hommage. La peine de cette négligence eft ou légale ou contractuelle. qu. 171. Au cas de la peine légale, la grace de pouvoir purger cette demeure n'eft pas refufée à celui qui la demande ; (c) comme elle l'eft, fi elle vient de la convention des parties dans le contrat, qui doit toujours être fidelement entretenu & exé-

R

cuté en toutes ses parties ; de sorte qu'on ne peut y toucher, ni pour y ajouter ni pour en retrancher.

(*a*) N'y ayant plus de saisie féodale ni de commis dans le Dauphiné, pour les Seigneurs des Terres, contre leurs Vassaux ; ils ne peuvent prétendre que les droits utiles dépendants de leurs Fiefs, qui sont les rentes & les lods.

(*b*) *V.* Franç. Marc, *part.* 1, *q.* 570,

571 ; Despeiss. **Trait.** des droits Seign. *Sect.* 5, *part.* 7, *n.* 11, 12 ; Car. Mol. *in consuet.* Paris. *tit.* 2, §. 78, *n.* 133 Chassan. *in consuet. Burg. rubr.* 11, §. 7, *n.* 4 ; Argentr. *Tract. de laudim.* §. 17.

(*c*) Ceci convient à l'emphytéose.

ARTICLE V.
Du Serment de Fidélité.

LE serment (*a*) de fidélité n'est bien dû qu'au Souverain ; si est-ce que les Seigneurs particuliers l'exigent de leurs sujets dans leurs Terres. Mais il y a deux sortes de serment ; l'un est inséparable de l'hommage ; l'autre oblige seulement les sujets à ne nuire, ni à la personne ni aux intérêts de leurs Seigneurs. Le premier (*b*) se prête par les Vassaux originaires de la Terre, qui sont hommes liges de leurs Seigneurs: le serment n'a pourtant ni la force ni l'effet de l'hommage lige qui se rend au Souverain. L'autre est dû par les étrangers qui ont établi leur résidence dans cette Terre. Guy Pape étant à Saint-Auban au mois de Novembre 1460, tous les chefs de famille comparurent devant lui; il reçut des uns comme de ses hommes liges, l'hommage qu'il leur demanda en cette qualité; & des autres, un simple serment de fidélité. Au reste, celui qui offre l'hommage, offre aussi, sans autre expression plus particuliere, la fidélité, s'il est obligé à l'un & à l'autre.

qu. 307.

qu. 367.

(*a*) *Qui Domino suo fidelitatem jurat, ista in memoria semper habere debet, incolume, tutum, honestum, utile, facile, possibile ; incolume videlicet, ne sit Domino in damno de corpore suo; tutum, ne sit in damno ei de secreto suo, vel de munitionibus suis per quas esse tutus potest ; honestum, ne sit ei in damno de judicio suo, vel de aliis causis, quæ ad ejus honestatem pertinere videntur; utile, ne sit ei in damno de possessionibus suis; facile vel possibile, ne bonum, quod Dominus suus leviter facere poterat, faciat ei difficile ;*

neve quod possibile erat, reddat ei impossibile. Fulbert. Episcop. Carnotens. *Epist.* 10. Gratien a rapporté dans son décret 22, q. 5, can. 18, ce passage de Fulbert Evêque de Chartres, & du décret il a passé dans le second livre des Fiefs, où il est la matiere du titre sixieme; mais il y est employé sous le nom de Filibert, Evêque, & non de Fulbert ; ce qui marque la négligence de Gratien.

(*b*) Les Seigneurs des Terres ne peuvent pourtant exiger de leurs habitants des devoirs non accoutumés ; comme, que leurs Conſuls leur rendent viſite avant leur inſtallation, & qu'ils ne s'aſſemblent pour des réjouiſſances publiques au ſon du tambour. Tout ce qui leur eſt un devoir indiſ-penſable, ſe réduit à ſaluer leur Seigneur, à lever le chapeau devant eux, & à leur céder le pas & la preſſéance ; comme il a été jugé par Arrêt du 27 *Arrêt*. de Juin 1679, contre le Seigneur de Viens.

ARTICLE VI.
De la Félonnie.

MAIS la félonnie du Vaſſal, qui violant ſon ſerment, refuſe de ſatisfaire à ſes devoirs, le prive de ſon Fief, qu'elle fait tomber en commis. La preuve des moyens ſur leſquels elle eſt établie, doit néceſſairement être faite, du moins par la dépoſition de cinq témoins irréprochables. Le Parlement l'a *qu. 180.* ainſi jugé par Arrêt du 20 de Mars 1458, en la cauſe du Seigneur de Sault, contre Noble...... Baudoin, Seigneur de Saint-Germain, ſon Vaſſal, qu'il accuſoit de félonnie. Il en faut autant (a) pour la preuve de l'ingratitude ; & la félonnie eſt une ingratitude.

Séneque dit que l'ingratitude n'étoit punie que chez les Perſes, où elle paſſoit pour un crime. Elle l'eſt auſſi à l'égard des Fiefs chez toutes les Na-tions : elles en privent le Vaſſal ingrat. La félonnie eſt l'acte le plus apparent de l'ingratitude.

ARTICLE VII.
De l'action du Commis dans le Fief & dans l'Emphitéoſe.

L'ACTION du Seigneur direct pour (a) l'ouverture du commis, eſt celle de revendication ; & elle dure trente ans, *qu. 454.* comme la perſonnelle. Pour la bien établir, il faut que le défendeur ſoit majeur de 25 ans, & qu'il ſoit ſans excuſe. La pupillarité en eſt une légitime, ſi le commis n'a pour fonde- *qu. 477.* ment que la ceſſation du paiement durant trois années : & ſi le pupil n'a pas rendu à ſon Seigneur les devoirs du vaſſelage, il ne ſera pas pourtant privé de ſon Fief ; comme le ſeroit le mineur. Il eſt vrai que celui-ci eſt facilement relevé & reſtitué *qu. 435.* contre ce manquement. Preſque tout ce qui ſe fait touchant les Fiefs, ſe pratique auſſi dans l'Emphitéoſe, lorſque le proprié- *qu. 507.* taire donnant ſes fonds allodiaux à ce titre, s'y eſt réſervé la directe Seigneuriale, portant lods & ventes, comme on parle dans ces contrats. L'Emphytéote qui a diſcontinué durant trois *qu. 233.*

R 2

ans, de payer la rente à laquelle il eſt obligé (b), n'eſt néanmoins privé de ſa poſſeſſion que par un Jugement ; & il a la
liberté de purger ſa demeure. C'eſt un uſage que le Parlement
obſerve ; en conformité duquel il fit un Arrêt, prononcé la
veille de Noël de l'an 1456.

(a) Il faut ſe ſouvenir que le com-mis eſt aboli dans le Dauphiné, & qu'en tout cas il n'y peut avoir de lieu que pour le Roi-Dauphin contre ſes Feudataires, qui refuſeroient de rendre hommage & de reconnoître. V. contrà	M. de Boiſſieu, uſ. des Fief, ch. 5 & 10. (b) Nonobſtant ce que porte le con-trat d'emphitéoſe, le Seigneur direct ne peut rentrer dans ſon fonds ſans un Jugement précédent qui le lui per-mette.

ARTICLE VIII.
Demande du Commis, & des Arrérages.

C'EST une queſtion que Pierre Pape, oncle de notre
Auteur, a traitée, ſi dans l'emphitéoſe Seigneuriale, le
Seigneur direct peut demander en même temps (a) les arrérages de la rente & le commis. L'opinion de ce Juriſconſulte,
eſt que quelque proteſtation qu'il faſſe, qu'il ne prétend faire
préjudice à ſon droit concernant le commis, en demandant &
en recevant ces arrérages, elle ne peut ſoutenir la demande
de l'un & de l'autre enſemble. Le commis n'eſt accordé que
conditionnellement ; & ce paiement fait ceſſer la condition,
qui eſt le défaut de paiement. D'ailleurs, lorſque la Loi appuie
d'une peine une obligation ; cette peine y eſt conſidérée
comme une alternative ; & le choix de l'une étant fait, il n'y
a plus de retour à l'autre. Le Parlement l'a ainſi jugé dans
cette même eſpece.

(a) Le commis n'a plus lieu que dans l'emphitéoſe, qui n'eſt qu'une location perpétuelle, n'étant pas juſte que le locateur, re & pretio careat ; & pour le Roi-Dauphin, contre ceux qui	refuſent de prêter foi & hommage. Pour les Seigneurs juriſdictionnels il y a d'autres voies ; mais moins violentes. V. M. de Boiſſieu, chap. 5 & 10.

ARTICLE IX.
Du Paiement de Partie.

SI la rente faite par l'Emphytéote conſiſte en deniers & en
grains, ou en autres eſpeces, & que durant trois ans il n'ait
rien payé des eſpeces ; (a) il ſera pourtant à couvert de toute

ouverture de commis, s'il a payé ce qu'il devoit en deniers. *qu. 435.* La raison eſt, que d'un côté le commis n'eſt prétendu que lorſque rien n'a été payé, & que d'autre part, celui qui reçoit une partie de ce qui lui eſt dû, renonce à la peine ſtipulée en ſa faveur.

(a) Ce qui eſt dû par une même obligation, n'eſt qu'une même dette. La diverſité des eſpeces n'en fait pas deux dettes; elles ne font qu'un tout. Qui paie une des eſpeces, paie une partie de cette dette, c'eſt-à-dire de ce tout.

ARTICLE X.
Des Détériorations & Méliorations.

LE commis ayant été déclaré, s'il y a des détériorations dans la choſe commiſe, le Feudataire ou l'Emphytéote ſera condamné à la remettre en bon état : ſi au contraire il y a des méliorations & des augmentations, le Seigneur en paiera la valeur, pourvu néanmoins que ce ne ſoit ni le forfait, ni le dol *qu. 282.* du Feudataire ou de l'Emphytéote, qui ait donné cauſe à l'ouverture du commis. Quelques Docteurs ſont même de ce ſentiment, que ſi l'Emphytéote eſt dépoſſédé par ſa faute, comme *qu. 169.* ſi c'eſt pour n'avoir pas payé durant trois ans la rente emphytéotique, il n'a rien à prétendre; & le Parlement ſuit cette opinion dans ſes Jugemens. La raiſon qui l'appuie, eſt que par la nature du contrat emphytéotique, c'eſt un des devoirs *qu. 438.* (a) de l'Emphytéote de méliorer les fonds qui ont été mis dans ſes mains.

(a) La propriété de l'Emphytéote eſt une propriété imparfaite; il ne lui eſt pas permis *abuti*, mais ſeulement *uti* de la choſe: & c'eſt là le droit naturel de la véritable propriété.

ARTICLE XI.
Cas Impériaux.

QUELQUES Seigneurs prétendent de leurs Sujets & de leurs Vaſſaux des contributions extraordinaires en ſix cas; 1. quand le Souverain les oblige à le venir ſervir dans ſes Armées, avec nombre d'hommes, qu'il leur ordonne d'y conduire; 2. pour les frais du paſſage du même Souverain dans leurs Terres, *qu. 507.* cette dépenſe leur étant inévitable; 3. pour la dot d'une de leurs filles; 4. lorſqu'ils ſont faits Chevaliers; 5. pour leur rançon,

R 3

s'ils font faits prifonniers chez les ennemis ; 6. pour l'achat d'une Terre. Cette fubvention n'eft connue dans le Dauphiné , que fous le titre de fubvention aux cas Impériaux. L'opinion (a) du Spéculator eft qu'elle eft due en ces fix cas. Dans le Gapen-çois & dans les Baronnies , les fujets fecourent leurs Seigneurs , quand ils marient leurs filles. Ceux de notre Auteur, qu'il qualifie fes hommes de Saint-Auban , lui firent un préfent de quatre-vingts florins, quand il maria Françoife Pape fa fille, avec Noble Guy de Dorgeoife de Voiron ; mais en le faifant , ils protefterent qu'on ne pourroit le tirer à conféquence , ni le faire paffer en coutume.

(a) Cette fubvention n'eft due qu'aux Seigneurs jurifdictionnels , qui ont titre où les cas en font marqués fpécifique-ment, & encore faut-il qu'il n'y ait ni excès ni abus. Le Parlement l'a réduit même à un fimple doublement de la cenfe ou de la rente; comme il a fait par l'Arrêt de Claude Combe, dont il fera parlé ci-après. Le cas du mariage d'une fille, s'étend à celle qui entre en Religion ; ce qui eft un mariage fpiri-tuel. Il a été ainfi jugé pour le Seigneur de la Terre d'Avançon : c'eft par Arrêt du 13 de Juin 1652, contre les Con-fulsde la Chapelle , qui ne furent con-damnés qu'au doublement de la rente. Les Seigneurs de Chaffes , auprès de Vienne , ont prétendu ce droit pour le mariage de leurs filles , comme l'ap-prend le Confeiller Marc dans la quef-tion 65 de la feconde partie. *Arrêt.*

ARTICLE XII.
Des Lods & demi Lods.

QUELQUES Docteurs font dans ce fentiment , qu'il n'eft pas dû des lods (a) des chofes données ou échangées. Néanmoins dans l'ufage de Dauphiné , il en eft dû toutefois la moitié feulement de ce qu'on en paie dans les autres aliéna-tions. Mais rien ne peut être prétendu de ce qui eft donné en dot , fans être eftimé, ni de ce qui eft légué , ni même des fonds que le cohéritier remet au cohéritier ; fur lefquels le droit de prélation ne peut être non plus exercé. Le *pacte de la Loi commiffoire* n'y donne non plus lieu. Mais lorfque dans l'échange (b) une fomme certaine eft donnée avec un fonds, de forte qu'il participe , ce femble, de la vente ; fi cette fomme égale la valeur du fonds qu'on aura reçû en échange, un demi lods fera dû, à l'égard feulement de la fomme , le fonds donné avec elle n'étant pas confidéré. Les roturiers paient doubles lods de ce qu'ils acquiérent du Fief du Roi-Dauphin ; les Avo-

qu. 48.

qu. 92.

qu. 48.

qu. 412.

cats les paient fimples, quoiqu'ils ne foient pas nés Nobles.
Enfin les lods appartiennent à l'ufufruitier, & le profit du
commis au propriétaire : & font dus à préfent même avant la
prife de poffeffion. Boiff. *uf. des Fiefs*, ch. 45.

(a) Les lods font le prix du confentement du Seigneur à la vente qu'il loue, c'eft-à-dire qu'il approuve. Le mot de *laudimium* vient de *laus* & de *laudare*. Rien n'eft gratuit entre la Seigneurie & la fujétion; tout y eft mercénaire. Les lods n'ont pas une quotité uniforme dans le Dauphiné. Quand les Terres Seigneuriales font en ferme, les lods font dus à ceux qui étoient Fermiers au temps de la mife en poffeffion, & non à celui qui l'étoit au temps de la délivrance du fonds faifi, vendu & décrété ; comme il a été jugé en la caufe d'Etienne Rigolet & de Meraude Coinde par Arrêt. Il eft rare que les Seigneurs directs ne faffent grace d'une partie des lods aux acheteurs. Si eft-ce qu'un Seigneur direct qui avoit été condamné à la vuidange de la Terre, par la poffeffion de laquelle il lui en avoit été payé, avec reftitution de fruits, fut auffi condamné par Arrêt du 16 de Janvier 1660, d'en compter, non à l'égard feulement de ce qu'il en avoit effectivement reçu; mais de ce qu'il en avoit dû recevoir fans diminution. Cela eft dur, mais jufte.

(b) Par Arrêt du 7 de Décembre 1589, rapporté par Me. Baro dans fa remarque fur la queftion 92, il a été jugé que les lods font dus de l'argent donné dans un échange *pro pluris valentia*, comme il parle ; fur ce principe, que l'échange *vicem emptionis habet. L. permutationem C. de rer. permut.*

On prétendoit que les lods en étoient dus, comme ils le font des ventes; mais on eft aujourd'hui perfuadé du contraire, & qu'il n'en eft dû que la moitié, ayant été ainfi jugé par plufieurs Arrêts, & même par un du 23 de Juin 1663, pour Claude Faure, contre la Dame du Saix, les Chambres confultées. Il n'en eft pas dû de la vente des chofes qui participent de la nature de mobiliaires ; & par cette raifon l'acheteur d'un moulin à battoir fans eau, en fut déchargé de l'avis des Chambres confultées, par Arrêt remarqué, mais fans date, par M. le Préfident de Sayve dans fes Mémoires M. SS. ce fut dans la caufe du fieur de Rocheguerin. Et quant aux donations, il eft certain que les lods n'en peuvent être prétendus, qu'à raifon néanmoins de la moitié, à quoi les fixe notre Auteur; que dans les Terres & les lieux feulement de la Province où cet ufage a été introduit : ils ne peuvent ni ne doivent l'être dans les autres où cet ufage n'a pas encore paffé, & à l'égard defquels il eft repouffé par un contraire ufage, que le Droit commun favorife & autorife. En effet, la Loi *cùm dubitabatur* 3. C. de jur. emphyt. accorde dans le feul cas de la vente la cinquieme partie du prix au Seigneur, *pro fubfcriptione*; c'eft-à-dire pour les lods, dans le langage de la Jurifprudence des derniers fiécles. *V.* Sup. pag. 128.

ARTICLE XIII.

De la Prélation.

qu. 509.　LA (a) prélation eſt un droit important : il peut être établi (b) par le contrat d'emphitéoſe, étant permis à qui
donne ſon bien d'y mettre la loi. Il n'eſt utile qu'au Seigneur,
ou à celui pour qui il a été ſtipulé, qui ſeul peut l'exercer,
qu. 411.　& ſeulement pour lui-même. La principale regle en l'exerçant, eſt que l'Emphytéote n'en reçoive ni perte ni préjudice.
C'en eſt une autre, qu'il n'eſt point ceſſible. Le Parlement le
juge de la ſorte ; & il y a bien des cas où il ne peut être
exercé & où il ſe tait. Il n'a point d'effet dans les donations,
ni dans la vente faite ſous cette condition, qu'elle ſera nulle,
ſi le Seigneur direct refuſe de l'approuver & de donner ſon
inveſtiture. S'il refuſe, elle eſt anéantie ; s'il y conſent, il
s'exclut. Lorſque le fonds qui y eſt ſujet, devient mem-
qu. 508.　bre du corps d'un domaine, compoſé de pluſieurs autres
mouvants de la directe de pluſieurs Seigneurs ; il ne pourra
en être tiré en vertu de cette prélation. Pluſieurs raiſons s'y
oppoſent ; n'y ayant qu'une vente de tous ces fonds, qui par
leur union ne font qu'un corps, l'acheteur ne ſeroit pas obligé,
après avoir perdu celui-là, de perſiſter à l'achat des autres ; &
lui, le vendeur, & les Seigneurs directs en ſouffriroient ; le
premier, parce que n'ayant acquis qu'en vue de tout le do-
qu. 48.　maine, ſi ce fonds y avoit manqué, il y a apparence qu'il n'auroit point acheté ; le ſecond, parce qu'il perdroit l'occaſion de
vendre ; & les Seigneurs directs, parce que celle d'avoir des
lods, qui leur étoit infaillible, ſi cette vente avoit ſubſiſté,
leur échapperoit, & peut-être ne reviendroit plus.

(a) La prélation ſans titre n'a pas
lieu : comme elle ne tend qu'à réunir
le Fief ſervant au Fief dominant, elle
n'eſt pas ceſſible ; elle eſt une eſpece
de retrait. Au reſte, les deux queſtions
411 & 208 different en ce que dans
celle-là l'eſpece eſt de deux Seigneurs
qui ont pareille mouvance de Fief,
par indivis, ſur le même fonds vendu ;
& dans l'autre, le cas eſt de divers fonds
vendus par un ſeul contrat & pour
un ſeul prix, qui relevent de pluſieurs
Seigneurs. En la premiere, notre Déciſionnaire réſout, qu'un des Seigneurs
voulant inveſtir, & l'autre ſe ſervir de
la prélation, chacun uſera de ſon droit,
c'eſt-à-dire que l'un ne pourra nuire à
l'autre ; & dans la ſeconde, que la prélation n'aura pas lieu. C'eſt la doctrine
de M. de Boiſſieu, *quo nec doctiorem
uti nec meliorem ætas hæc noſtra non
vidit.*

(b) Ce droit n'eſt point dû ſans titre littéral; & quand il eſt ainſi acquis par contrat, c'eſt une préſomption *juris & de jure*, que le fonds eſt ſorti de la main de celui qui ſe l'y eſt réſervé. Noble Pierre de Gumin, Sieur de la Murette, le perdit par Arrêt du 6 de Juillet 1628, parce qu'il n'avoit point de titre où il fût expreſſément ſtipulé. Le *Proëme du papier terrier*, où il en eſt fait mention, ne ſuffit pas, ſi les reconnoiſſances particulieres n'en font point; comme il a été jugé par Arrêt du 21 de Juillet 1653, contre le Prieur de Saillans. Il a été adjugé au Marquis de Breſſieu, par Ar-

Arrêt.

Arrêt.

rêt du pénultieme de Février 1634, indéterminément ſur tout ce qui dépend de ſa directe dans cette Terre, ayant établi ſon droit par ſes titres; & quand il l'eſt bien, il peut être exercé autant contre les ventes judicielles & forcées, que contre les volontaires. Jugé par Arrêt du 30 de Janvier 1620, en la cauſe de Jacques Bayard & P. Bertet. Au reſte, la préférence ſtipulée & retenue ſur un fonds, eſt un droit réel qui peut être exercé contre le tiers. Jugé par Arrêt du mois de Mars 1637, pour le ſieur Hébert & le ſieur Vincent, Aſſeſſeur au Bailliage de Graiſivodan.

Arrêt.

Arrêt.

ARTICLE XIV.

Des Péages.

QUELQUES Seigneurs ont des péages, de même que le Dauphin en a dans ſon domaine. L'utilité publique les a autoriſés, ceux qui les (a) poſſedent étant obligés d'aſſurer ſi bien les chemins que l'on n'y coure aucun danger d'être volé ou d'être inſulté. Ils font reſponſables des voleries qui ſe commettent dans l'étendue de leur territoire, à moins qu'ils ne repréſentent ceux qui les ont commiſes. C'eſt une Loi de l'établiſſement des péages qui ne peut être fait que par le Souverain; mais une (b) poſſeſſion durant un temps immémorial, leur eſt un titre ſuffiſant, ſi d'autre ne paroît. Ceux (c) qui font voiturer pour leur uſage propre, comme pour bâtir ou pour réparer, en ſont exempts. Le Parlement l'a ainſi jugé pour le Seigneur de la Terre de Suze: l'opinion du Préſident Étienne Guillon, qui étoit un grand Juriſconſulte, fut ſuivie en ce Jugement. Le Parlement a de même jugé, que ce que le propriétaire d'un péage a fait ordonner contre quelques Marchands ou quelques Voituriers, ſoit pour la fixation des droits, ſoit pour la forme & la maniere de les exiger, eſt exécutoire généralement contre tous les autres (d); mais il faut pour cela, qu'il n'y ait aucun ſoupçon de colluſion. La peine de l'infraction des péages eſt la confiſcation, qui appartient au propriétaire, & non au Fer-

qu. 413.

qu. 549.

S

qu. 413. mier, si le contrat de ferme ne la lui acquiert. Cela a été jugé par plusieurs fois en diverses occasions.

(a) Le bien du public a été le premier motif de l'établissement des péages. Ils sont fréquents dans la Perse; & par eux la sûreté des chemins y est si grande, que si les Marchands y ont fait quelque perte, ils en sont garantis sans difficulté & sans délai. Ceux qui en exigent les droits sont odieux en tous lieux, à cause de leurs injustices & de leurs violences. Du temps de Plaute, ils visitoient les maisons dans Rome même, comme l'apprend ce passage de Ménechmes : *Portitorem domum duxit, ita mihi necesse est eloqui, quicquid egi atque ago*; & celui-ci de Tite-Live, *lib.* 45 : *Ubi Publicanus est, aut jus publicum vanum, aut libertas sociis nulla est. Portitores dicuntur Telonarii, qui portum obsident, omnia sciscitantes, ut ex eo vectigal accipiant.* Nonius Marcell. Les péages du Rhône & de l'Isere ont été réglés par deux Arrêts du Conseil, qui sont du 21 du mois d'Avril 1664. Par la Bulle *in Cœna Domini*, ceux qui établissent de nouveaux péages sont excommuniés en ces termes : *Item excommunicamus & anathematisamus omnes qui in terris suis nova pedagia imponunt, vel prohibita exigunt*; & hîc Rebuff.

(b) La seule possession d'exiger les droits d'un péage, suffit pour en obtenir la maintenue, si elle est immémoriale; comme il a été jugé pour Messire Charles de la Tour, possesseur du péage d'Aix, Terre dans le Diois, par Arrêt du 22 d'Août 1670, après *Arrêt.* qu'il eut prouvé la possession immémoriale. Ce qui est conforme à l'art. 107 de l'Ordonnance d'Orléans, & 282 de l'Ordonnance de Blois.

(c) Ranchin, Matthieu, Bonneton & Ferrieres ne sont pas d'accord sur ce point avec Guy Pape, dans cette question 413 : Guy Pape ne l'est pas non plus avec soi-même, étant d'un sentiment contraire dans son Traité des gabelles, *p. 2. n.* 28. Aussi il a été jugé par Arrêt du 16 de Mars 1689, pour *Arrêt.* les Consuls de Grenoble, contre Sauvage & Clavel, Potiers de terre, que les droits acquis au péage de cette Ville par une possession immémoriale ne peuvent être contestés, quoiqu'il n'en soit point fait de mention expresse dans le tableau. On appelle *pancartes*, ces tableaux qui sont seulement instructifs & non taxatifs : & certes, il est impossible d'y comprendre en détail toutes les marchandises qui sont sujettes à tels droits; la possession les déclare suffisamment.

(d) Par le Droit commun, ces impôts regardent & affectent la chose & non la personne. *Res oneri addicta est, non persona Mercantis; L. in his autem C. de præd. & omnibus rebus. Navicularior, lib.* 10.

ARTICLE XV.
Des Fabriques des Monnoies.

LA fabrique des monnoies eſt un droit Royal, qui n'eſt pourtant (*a*) pas incommunicable. Par les Loix Romaines, il n'appartenoit qu'à l'Empereur ; néanmoins les Vaſſaux des Souverains , qui ſont indépendants de toute autre puiſſance que de celle de Dieu , en jouiſſent comme font les Ducs de Bour-gogne , le Duc de Savoie , l'Archevêque d'Embrun , les Évê-ques de Valence & de Saint-Paul-Trois-Châteaux , & le Prince d'Orange. La coutume même peut l'acquérir, car elle peut ce que peuvent les Souverains les plus indépendants ; & le Parlement ne s'oppoſe pas à cet uſage. Au reſte le nom de monnoie convient à toutes les eſpeces, de quelque métal qu'elles ſoient, & non ſeulement à celles d'or & d'argent.

qu. 402.
qu. 401.

(*a*) Il eſt certain que de ſa nature ce droit eſt incommunicable, de même que celui de faire des Loix. Auſſi *nummus* vient du Grec, qui ſignifie Loi. Le Roi François I caſ.. tous ces privi-leges , qui ne ſe peuvent donner aux ſu-jets. Bodin , dans le livre 1ᵉʳ. de la République. *Moneta* ſignifie avertiſ-ſantes. La monnoie nous avertit par ſa valeur , du prix de toutes choſes, & le fixe.

ARTICLE XVI.
Des Poids & Meſures.

DONNER aux Communautés des poids & des meſures , les vérifier, (*a*) les approuver, & rompre & briſer les faux ; cela eſt *imperii mixti*, dit notre Juriſconſulte : il eſt avantageux , ajoute-t-il, que ces meſures & ces poids ſoient de cuivre ou de pierre, & qu'ils (*b*) ſoient marqués des armes des Seigneurs, comme il ſe pratique dans le Dauphiné. Il en avoit un grand ſoin dans ſa Terre de Saint-Auban, & même il y avoit fait graver ſes armes.

qu. 490.

(*a*) *Pondus & pondus , menſura & menſura , utrumque abominabile apud Deum* ; Proverb. *cap.* 20 ; *hoc eſt diver-ſum pondus & diverſa menſura* (com-me l'explique Salonius *in parabolarum Salomonis myſtica explicatione*) *quibus ſibi quis aliter metiatur , aliter aliis. Unde in Lege Moſis*, Levitic. *cap.* 19: *Sit ſibi aquus modius , juſtuſque ſexta-rius.* Les poids & les meſures étoient l'un des principaux ſoins des Ediles dans Rome & dans les Colonies ; ce qui fait dire à Perſe : *Patrio quòd honore ſupinus , fregerit heminas Areti Ædilis iniquas.* On briſoit les fauſſes meſures.

(*b*) Le Fermier de la Terre de Beſſe

se servoit d'une mesure non marquée & foible, sans qu'il y eût de sa mauvaise foi; néanmoins il fut condamné *Arrêt.* par Arrêt du 18 de Janvier 1679, en dix livres d'amende, sans note d'infamie, & à aumôner vingt livres aux Pauvres de Basse, avec défenses, &c. Les Seigneurs des Terres qui ont Justice, ont

droit de poids & de mesures, suivant la coutume des lieux & la possession, & sur-tout pour les choses qui concernent ce qui est nécessaire *ad victum & alimenta.* Il ne leur est pas contesté en Dauphiné. Bacquet en traite dans le chap. 28 des droits de Justice, où il emploie cette question 490 de notre Auteur.

ARTICLE XVII.
Des Fours Bannaux.

LEs Seigneurs n'ont quelquefois pour titre de la bannalité (a) des fours publics, qu'ils ont dans leurs Terres, que la possession d'un temps immémorial. Cette prescription suffit. *qu. 198.* Notre Décisionnaire avoue qu'il n'en avoit pas d'autre pour celle du four qu'il avoit dans sa Terre de Saint-Auban. Les habitants étoient contraints d'y faire cuire leurs pains, & de lui payer (b) pour cela certain tribut.

(a) Pour cette servitude, il faut titre ou possession; & si tout le droit est dans la possession, il faut que *probibitum eis, quorum interest, fuerit, & ipsi probibitioni acquieverint.* C'est la remarque de Baro sur cette question 198. Les Communautés ne peuvent en établir de nouveaux par leurs délibérations; com- *Arrêt.* me il a été jugé par Arrêt du 6 de Février 1620, contre les Consuls du Monestier de Clermont: & néanmoins la bannalité bien établie oblige autant les Nobles que les autres habitants ou fo- *Arrêt.* rains; comme il a été jugé par Arrêt du 17 de Décembre 1635, pour Noble Abel de Loras, contre N. Jacques de Fa- *Arrêt.* laise, & par Arrêt du 22 de Juin 1662, pour Noble François de Langon, Seigneur de Langon & de Montrigaut, contre Dame Eléonor Pothon, veuve de Monsieur le Conseiller de S. Bonnet, & les habitants de ce même lieu, ses adhérents. La bannalité des moulins & celle des fours suivent le même

droit; comme il a été aussi jugé par plusieurs autres Arrêts qui y ont assujetti les habitants & les forains de quelque qualité qu'ils soient, & entr'autres par deux; l'un du 3 d'Août 1654, & *Arrêt.* l'autre du 22 d'Août 1669, pour *Arrêt.* Messire Nicolas de Prunier, aujourd'hui Premier Président du Parlement de Grenoble, contre divers Gentilshommes de quelques Paroisses du Marquisat de Virieu, qui refusoient de reconnoître la bannalité des moulins de Virieu. Ces Arrêts sont du Parlement de Dijon; mais on y a suivi le droit & l'usage de Dauphiné, la cause y ayant été évoquée. Toutefois la possession paisible de quarante ans est une exception suffisante contre la nullité, par laquelle on prétend anéantir le titre & l'établissement: quoique aucune solemnité n'y ait été observée, la servitude subsistera. Jugé par Arrêt du mois *Arrêt.* de Décembre 1682, pour Paul Léonard, contre la Communauté du Freney dans l'Oyfans, qui avoit vendu fon four aux auteurs de ce Léonard, avec le droit de bannalité, par contrat du 17 de Juin 1590.

(b) Les droits des fours bannaux doivent être augmentés, s'il y a de l'équité, nonobftant la poffeffion immémoriale des Communautés, de n'en payer qu'un fixé. Jugé par Arrêt du 2 de Mars 1634, pour M. de Boiffieu, Seigneur de Vourei, contre les Confuls de ce même lieu. Suidas dit qu'An-

nus, Egyptien, a inventé l'ufage des fours à cuire le pain. Quelques particuliers s'aviferent premiérement de bâtir des fours dans les Communautés pour la commodité de leurs habitants: leur propre intérêt n'en fut pas alors le motif; mais infenfiblement ce qui étoit un bienfait dans fon origine, eft devenu une fervitude pefante & malfaifante. L'avarice eft ingénieufe, & ne manque jamais de prétexte.

ARTICLE XVIII.

De la Chaffe, Pêche, & des Étangs.

LA chaffe eft permife à chacun par le Droit Romain; mais la (a) coutume s'eft oppofée à cette liberté, en faveur des Seigneurs des Terres, s'ils font dans la poffeffion de pouvoir la défendre. Il n'eft néanmoins jamais permis de chaffer dans les garennes, fans le confentement de ceux à qui elles appartiennent; & il l'eft encore moins de chaffer aux pigeons, & de les tuer: c'eft un véritable larcin, que le Dauphin affujettit, par fes Patentes de l'an 1448, à une peine corporelle. (b) Si les Barons & les Seigneurs ont titre, ou poffeffion équivalente à titre, ils peuvent pareillement interdire la pêche dans leurs Terres. C'eft encore (c) un effet de la coutume, que la conftruction des étangs foit libre dans le Dauphiné, pourvu, premiérement, que la chauffée en foit élevée dans le fonds de celui qui l'entreprend; 2°. que cet ouvrage apporte plus de bien au public que de mal au particulier; 3°. que ceux dont les fonds feront innondés en foient dédommagés. Notre Auteur dit qu'il en a vu plufieurs Jugemens, & que cette coutume eft fi religieufement obfervée, que les Religieufes du Couvent de Salettes ayant commencé leur étang de la Roche, il leur fut permis de l'achever, quoique fes eaux noyaffent des fonds chargés d'une rente due au Dauphin. Ce fut par un Arrêt du 7 de Novembre 1455, qui leur ordonna de fe charger de cette même rente; ce qu'elles firent. Les poiffons d'un étang font partie de l'étang, cependant qu'ils y font pour la multiplication: cette préfomption ceffe, & ils ne font plus

S 3

confidérés comme en faifant partie, quand ils n'y font laiffés que pour l'ufage, ou pour la vente ou pour la fûreté.

(a) La chaffe étant un exercice propre & convenable à la Nobleffe, ne lui peut être défendue dans les Terres même des Seigneurs qui ont droit de la défendre. Monfieur de Boiffieu traite cette queftion dans le trente-cinquieme chapitre de l'ufage des Fiefs. Le nouveau Réglement & de nouveaux Arrêts ont ôté cette liberté à ceux qui ne font pas de cet ordre; qu'ils condamnent en cent livres d'amende pour la contravention. Les Eccléfiaftiques non Nobles ne font pas exempts de cette *Arrêt.* amende; qui fut déclarée par Arrêt du 30. d'Avril 1668, contre un Prêtre Habitué dans l'Eglife Notre-Dame de Grenoble (Colon). Cette amende eft *Arrêt.* pourtant quelquefois modérée; comme elle l'a été par Arrêt de 1686, à fix livres. On y confidere les circonf- tances; & il eft digne de remarque que tout Juge, & même le Juge inférieur temporel, eft compétent pour informer & pour connoître du fait de la chaffe contre les Eccléfiaftiques. Jugé par *Arrêt.* Arrêt du 16 de Mars 1684, pour M. le Comte du Gua, contre Meffire Nicolas Charvet, Religieux de l'Ordre de Saint-Ruf, appellant comme d'abus du Juge de Chalmes: on prononce maintenant Charmes. Au refte, la chaffe que les anciens ont louée eft celle qu'ils faifoient aux bêtes fauvages & nuifibles. *Romanis, folemne viris, opus utile fama, vitaque & membris*, dit Horace, *lib.* 1, *Epift.* 17; & Ciceron en parle; *de natura Deorum, lib.* 2. *Jam verò*, dit-il, *immanes & feras belluas nancifcimur venando, ut & vefcamur iis, & exerceamur in venando ad fimilitudinem bellica difciplina*.

(b) La pêche étant une efpece de chaffe, devroit, ce femble, être auffi permife à la Nobleffe, indifféremment en tous lieux; elle ne l'eft pas néanmoins, s'il y a coutume au contraire. Monfieur de Boiffieu en parle dans le chap. 37 de l'ufage; & pour cela il y a eu Arrêt *Arrêt* contre le fieur Daviti le 13 de Février 1654, pour le Sieur de Murat.

(c) Cette liberté de faire des étangs, fous les conditions que marque notre Décifionnaire, eft connue. Si néanmoins on prétendoit y conduire les eaux pluviales ou celles des rivieres qui appartiennent aux Seigneurs dans leurs Terres, fans leur confentement; on feroit mal fondé dans cette prétention. Il a été jugé par Arrêt du 9 de Juillet 1672, pour le Sieur *Arrêt.* Marquis de Ville, poffeffeur de la Côte S. André, Terre dépendante du domaine, contre le fieur Jacoz, Médecin, que les eaux pluviales appartiennent au Roi-Dauphin, & par conféquent à ceux qui ont don de lui, non- obftant toute poffeffion, & même immémoriale (le fieur Jacoz n'avoit pas prouvé la poffeffion immémoriale par lui alléguée) au contraire. Quant à celles des rivieres, le Prince de Monaco, Duc de Valentinois, a été maintenu dans la poffeffion de celles de la riviere de Verne, & de celles encore qui paffent dans les grands chemins, par Arrêt du 8 de Juillet 1656, contre *Arrêt.* les Confuls de Chabeuil. Il y en a un auffi pour Monfieur le Confeiller de Breffac, prononcé le 24 de Juillet *Arrêt.* 1659, par lequel il a été pareillement maintenu dans la poffeffion des eaux de cette même qualité, dans toute l'étendue de fa Terre de la Vache.

ARTICLE XIX.
Du Guet & Garde.

LE guet & la garde (a) font un fervice perfonnel dû à la fûreté publique. On l'a depuis converti en un tribut, qui a les deux qualités de perfonnel & de réel. Un habitant de Voiron ayant reconnu au profit du Dauphin un bichet de froment pour la gardé; fon héritier prétendit s'en faire déchargér par cette raifon, qu'il ne poffédoit aucun des fonds du reconnoiffant, & que cette rente devoit être régalée fur ceux qui les poffédoient. Il fut pourtant condamné par Arrêt dont le motif fut, que ce droit de garde étoit perfonnel: de forte que le contrat du teftateur oblige fon héritier. Toutefois fi le reconnoiffant n'avoit pas laiffé d'héritier; le Fifc auroit agi contre le poffeffeur de fes fonds, même fans difcuffion précédente.

(a) Ce droit qui étoit perfonnel dans fon origine, eft devenu réel. Les Seigneurs des Terres avoient celui d'armer les uns contre les autres, & de s'entrefaire la guerre. Comme ils étoient ainfi fujets à des infultes prefque continuelles, ils étoient toujours fur leur garde. Le Dauphin Louis abolit cette liberté; & néanmoins les Seigneurs ne laifferent pas de contraindre leurs fujets à continuer le guet & la garde; tellement que pour fe décharger de cette fervitude, ils confentirent qu'il s'en fît un droit réel. La caufe ceffant, il auroit été jufte que l'effet eût ceffé avec elle; mais l'autorité l'a emporté, & d'un fervice cafuel on a fait une dette fixe & perpétuelle.

ARTICLE XX.
Du Vingtain.

LE vingtain (a) a eu pour caufe la fortification des Villes & des châteaux, & les réparations de leurs murailles. Comme elles font très-utiles aux habitants & peu aux forains; ceux-ci paient la moitié moins que ceux-là, de même qu'aux impofitions qui fe font pour ce fujet, fi ce n'eft que la coutume les oblige à plus. Ce droit eft réel & une *qu. 372.* charge des fonds qu'il fuit, à quelque poffeffeur qu'ils paffent, foit Noble, foit roturier, & cela principalement lorfque la coutume y confent. Au refte, ce mot de vingtain tire fon origine de ce que la vingtieme partie des fruits étoit autrefois deftinée à ces réparations.

(a) C'eft un abus qui fait que l'on paie aujourd'hui le droit de vingtain, dans les Bourgs & dans les Villages qui étoient fermés & clos de murailles, ou qui avoient des châteaux pour la sûreté des habitants. On peut consulter là-dessus le savant, & illustre Monsieur de Boissieu, dans les chapitres 47 & 48, où il traite de ce droit de vingtain.

ARTICLE XXI.
Des Moissons.

LE droit (a) des moissons est une sujétion servile, qui s'exige dans quelques Terres du Dauphin. Il consiste en une quantité de grains fixée par les reconnoissances, qui se paie par les Laboureurs, pour chaque joug de bœufs ou de (b) mules : car il a été jugé, contre l'avis de notre Auteur, que les reconnoissances qui ne parlent que des jougs de bœufs, doivent aussi s'entendre des jougs de mules. Le motif que l'on a eu, est que ce droit est dû pour les pâturages, & que les mules y sont nourries de même que les bœufs. Où est la même raison, doit être le même droit.

qu. 470.

(a) Cette servitude oblige quelquefois à des corvées d'animaux. En ce cas, les possesseurs des fonds qui y ont donné cause, y seront obligés ; & s'ils sont Nobles, on suivra la coutume : on la suivra de même à l'égard des autres droits, qui ne sont *tam dura conditionis* ; ils seront même payés pendant la preuve de la coutume ; comme il a été jugé par Arrêt du 28 de Mars 1632, pour Messire Charles de la Tour, Seigneur de Gouvernet, contre le Seigneur de la Tour-de-Brion. *Arrêt.*

(b) Homere dit dans le 10e. de l'Iliade, que les mules sont plus propres au labourage que les bœufs.

ARTICLE XXII.
Des Corvées.

LES (a) corvées sont le plus pesant & le plus servile des droits Seigneuriaux. Elles ne sont pas toutes de même espece. Il y en a desquelles on est capable sans enseignement & sans étude ; d'autres dépendent de l'art & de l'industrie. Il ne faut ni étude ni industrie pour labourer, pour moissonner, & pour d'autres œuvres semblables : mais il en faut pour la Peinture, pour l'Ecriture, pour l'Architecture & pour les Arts. Il y en a d'autres qui sont dues par les hommes & par les animaux. Aussi toutes les corvées (b) sont ou de devoir, *officiales*, ou d'industrie, *industriales*. Celles-ci sont personnelles, & il n'y a que l'œuvre de l'homme ; les autres sont mêlées, où les hommes & leurs bêtes travaillent également, comme aux voitures & aux charrois. De quelque qualité que soient les corvées,

qu. 471.

on

on y fuit abfolument (c) la coutume, qui feule les régle (d); comme notre Jurifconfulte dit qu'il a vu fouvent dans les Jugemens. Il étoit exact & jufte; quand il les exigeoit de ceux de fes fujets qui y étoient tenus dans fes Terres de Saint-Auban & de Montelar, il les nourriffoit: ces deux Terres, la première dans le Gapençois; & l'autre dans le Diois. Mais en quel- *qu. 217,* ques lieux les fujets y fatisfont à leurs dépens; en nul néanmoins elles ne font dues que dans la Terre où le Seigneur habite. Elles ne doivent être renvoyées d'un lieu à un autre; & fi elles ne font dues que pour trois jours, par exemple, le jour qui fera employé pour aller au lieu où le travail doit être fait, y fera compris. Enfin il n'en peut être ni prétendu ni demandé fans titre exprès & pofitif, ou fans une poffeffion de temps immémorial, qui a toujours la force du titre qu'elle fuppofe.

(a) Ce mot femble tirer fon origine du verbe *Curvo*; mais comme les corvées font appellées *Corroata* dans les plus anciens titres, il eft plus vraifemblable qu'elles en ont une qui n'eft point latine. Elles ont quelque rapport avec les fervices des affranchis chez les Romains; comme ceux qui les, doivent, qui font la plupart de la condition des taillables & des main-mortables, en ont avec les affranchis mêmes: auffi les titres *de operis libertorum*, dans le Digefte & dans le Code, ne conviennent pas mal à cette matiere. Quoiqu'il en foit, cette fervitude étoit déjà en ufage fous la feconde Race de nos Rois, les corvées, & celles qui font purement perfonnelles, étant réglées dans le chap. 171 du livre 5 des Capitulaires.

(b) *Multùm verò intereft promittat quis operas officiales, ut patrono libertatis caufâ; aut fabriles, aut pictorias, ut cuilibet, non libertatis caufâ. Illa in officio; ha quafi in pecunia praftatione funt.* Cujac. *obfervat. lib.* 17, *cap.* 14.

(c) Les principales regles que la coutume y a introduites font, 1°. que

les corvées purement perfonnelles ne s'arréragent point: on ne peut jamais en demander les arréages des années auxquelles on n'y aura pas fatisfait. 2°. Comme elles ne font pas dues réguliérement que *ratione foci*, à caufe de l'habitation, elles fe multiplient comme les familles, celles des enfans qui fortent de la maifon de leurs peres ne pouvant s'en difpenfer, non plus que celles d'où elles ont tiré leur origine; comme il a été jugé par plufieurs Arrêts, & entr'autres par deux célébres, l'un du 22 de Février 1554, contre *Arrêt.* les Confuls de Ventavon, pour Noble Jacques de Monftier, leur Seigneur, & l'autre du 13 d'Avril 1608, contre les *Arrêt.* Confuls de Veynes, pour Noble Gabriel de la Poipe, & Dame Marguerite de la Villette. 3°. Par cette même raifon que l'habitation eft le fuppôt des corvées, les forains réguliérement en font exempts, comme les Nobles le font par leur qualité; fi ce n'eft qu'elles foient réelles, & que les fonds de celui qui les a reconnues, y aient donné caufe: car en ce cas, fi ces fonds paffent à un poffeffeur Noble, il fera tenu d'y

T

satisfaire, non par lui, mais par l'homme qu'il y emploie. Il est vrai qu'il lui sera permis de les convertir en rente pécuniaire, suivant ce qu'elles seront *Arrêt.* estimées. Il a été jugé ainsi par Arrêt du 6 d'Août 1663, pour le Sieur Marquis de Montoyson, contre le Sieur de la Touche. Et quant aux forains ils ne les doivent pas ; mais leur exemption ne s'étend point à leurs Fermiers & à leurs Métayers, qui y sont obligés,

conformément aux reconnoissances générales des habitants ou particuliers, & les propriétaires des fonds. Arrêt *Arrêt.* du 1 de Mars 1658, pour le Seigneur de Murinais, contre Daniel Lantelme.

(*d*) Si ce n'est qu'il y ait titre au contraire qui s'y oppose ; car *in servitutibus*, le Droit commun veut que *antiqua forma servetur. L. si manifestè C. de servit. & aqua.*

ARTICLE XXIII.
Des Hommes Francs & Taillables.

TOUS les sujets de condition plébée dans les Terres, ont le titre général d'hommes de leurs Seigneurs. Les uns sont francs, & les autres sont taillables. Les francs ne sont sujets à *qu. 312.* aucune servitude qui déshonore la liberté. Les taillables sont (*a*) gens de main-morte, qui se sont eux-mêmes rendus & reconnus tels. Cette servitude a été introduite dans la société *qu. 314.* civile par les coutumes des peuples. Il est néanmoins permis à chacun d'assujettir sa personne & de rendre moins avantageuse sa condition (*b*). Ainsi on peut louer ses œuvres & son service à perpétuité, & par la même raison on peut se rendre taillable & main-mortable : la liberté souffre peu en cela, & on s'acquiert un patron de qui on est protégé. Mais la nue & simple reconnoissance (*c*) de la taillabilité pour soi & pour ses *qu. 315.* enfans n'opere rien, si elle n'a été suivie d'aucun acte : elle n'est consommée que par l'hommage rendu ensuite, ou par le paiement de la taille. Le serment est inutile sans ce secours, & l'on est facilement relevé contre pareille reconnoissance. L'enfant *qu. 316.* qui naît de l'homme d'un Seigneur, & d'une femme qui est à un autre, appartient au Seigneur du pere. Mais si le fils d'un pere taillable a vécu durant quarante ans sans trouble, dans une parfaite liberté, la prescription qui procede de ce long espace de temps l'y conservera, & on lui objectera en vain, qu'il n'a pas ignoré la reconnoissance & la condition de son pere.

(*a*) La taillabilité & la main-morte sont une même chose, qui est aujourd'hui abolie dans le Dauphiné ; comme l'apprend Monsieur de Boissieu,

dans les chap. 31 & 49 de l'usage des Fiefs. C'est une espece de servitude sous la premiere & sous la seconde Race de nos Rois, & bien avant dans la troifieme. La véritable & abfolue fervitude étoit encore en ufage dans ce Royaume: on naiffoit où l'on devenoit ferf. Cet exemple fera la preuve de l'un & de l'autre. Des perfonnes de qualité vouerent leur fille, qui étoit *cruribus contractis*, à S. Benoît, dans le Monaftere de Fleury fur Loire, avec cette condition, *fiquidem eam fanaverit, habeat ipfam ancillam in fempiternum; fin verò noluerit, reducatur cum debilitate etiam libertatem retinens:* elle fut guérie, *pro qua re immenfas gratiarum actiones Deo ac ejus amico beatiffimo referentes Benedicto, eandem natam ei perpetuò fervituram tradiderunt. Qua poftmodùm ducens virum filios procreavit, ex quorum progenie quidam adhuc non inutiles in fervitio perdurant Fratrum.* C'eft le récit d'Aymoin dans le chap. 20 du liv. 3. *de miraculis fancti Benedicti;* & cet Auteur vivoit vers la fin du neuvieme fiécle.

(b) *L. cùm fcimus C. de agricolis & confitoribus. L. juris gentium, §. Prater ff. de pactis.*

(c) Les prédéceffeurs de Claude de Combe s'étoient reconnus hommes & taillables à miféricorde à perpétuité des Seigneurs de Vertrier, & ils habitoient en cette Terre, où ils avoient du bien. Ils avoient auffi compris leurs enfans dans ces reconnoiffances; mais celui-ci refufa de fe reconnoître tel, & ne manquoit pas de bonnes raifons. Il fut néanmoins condamné à le faire, en conformité de la derniere reconnoiffance, qui étoit de l'an 1606, par Arrêt du 9 de Juillet 1664, qui réduifit cette taillabilité à miféricorde aux quatre cas, qui font l'Ordre de Chevalerie, le mariage d'une fille, le voyage d'outre-mer contre les Infideles, & la captivité entre leurs mains, par le feul doublement de la rente, le courant compris. *Arrêt.*

ARTICLE XXIV.
De la Succeffion des Taillables.

LA coutume veut auffi que (a) le Seigneur fuccede au taillable & main-mortable qui meurt fans enfans: elle régne dans cette fervitude, & elle y donne la Loi. Par elle cette fucceffion va au Seigneur; par elle auffi elle peut être portée à d'autres. Le Dauphin (b) Humbert II a voulu abolir cette fervitude; il n'a permis à fes fucceffeurs d'exercer ce droit que contre ceux qui ne défifteront pas, comme il le defire, de l'exercer contre leurs hommes & leurs Vaffaux. Noble Antoine de la Poipe, Seigneur de Touffieu, y doit faire réflexion, n'ayant pas des enfans, & n'étant pas dans l'efpérance d'en avoir, dit notre Décifionnaire. Comme il a fouvent exercé contre fes fujets le droit de main-morte, le Dauphin pourra bien auffi l'exercer fur fes biens après fa mort, au préjudice de fes héritiers. *qu. 332. qu. 362.*

(a) *Patronus Lege duodecim Tabularum, fi libertus inteftatò moreretur, nul-* | *lo fuo herede relicto, ad fucceffionem vocabatur.* Le Seigneur eft le patron de l'homme taillable, qui n'est présumé libre que par son bienfait.

(*b*) Quoiqu'il soit vrai qu'il n'y a plus de main-morte de la qualité de celle-ci dans le Dauphiné, le Conseiller de Rabot rapporte dans sa remarque sur cette question 311, un Arrêt du 26 de Février 1530, confirmatif de cette taillabilité; mais il n'a pas été suivi

Arrêt.

d'autres. Le Dauphin Humbert II en renonçant à la succession des taillables, imita Pertinax, *qui professus est se nullius aditurum hareditatem, qua aut adulatione alicujus delata esset, aut lite perplexa, aut legitimi haredes & necessarii privarentur.* Julius Capitolinus *in Pertinace.*

Fin du second Livre.

LA
JURISPRUDENCE
DU CÉLÉBRE CONSEILLER
ET JURISCONSULTE
GUY PAPE,
DANS SES DÉCISIONS.
LIVRE III.

SECTION PREMIERE.

Des Dispositions de derniere volonté *, & des Clauses
Codicillaire & Dérogatoire.

ARTICLE I.
Des Dispositions de derniere volonté.

I L y a huit (a) genres de dispositions de derniere
volonté. Le testament solemnel y a le premier
rang; les autres sont le testament nuncupatif, le *qu.* 143.
testament du pere entre ses enfans, le testament
militaire, le testament des Villageois à la campa
gne, celui qui se fait en temps contagieux, le codicille, la (b)
donation à cause de mort, & celle qui se fait par lettre, *pe.
epistolam*, de laquelle on a des exemples dans quelques Loix.

T 3

* Vacemus nunc negotio quod actorum hominis & praecipua cura, & ultimi est temporis. Valer. Maxim. *lib. 7, cap. 7.* La volonté des morts est sacrée aux vivants. *Nihil est quod magis hominibus debeatur, quàm ut suprema voluntatis, postquàm jam aliud velle non possunt, liber sit stylus, & licitum quod iterùm non redit arbitrium,* dit l'Empereur Constantin dans la Loi *Habeat C. de sacros. Eccles.* En effet, *non hoc praecipuum amicorum munus est prosequi defunctum ignavo questu, sed qua voluerit meminisse, qua mandaverit exequi.* Germanicus moriens, referente Tacito *annal. lib. 2, sect. 11.*

(a) Les testamens ne sont point compris sous le nom de contrats; c'est pourquoi les Loix & les Réglemens qui sont faits pour les contrats, ne s'étendent point aux testamens. *L. verba contraxerunt* 20. *ff. de verb. sign.* Si on peut contracter dans un testament, *V.* Grass. § *testamentum,* q. 603 Jul. Clar. *eod.* §. q. 75.

(b) *In L. Miles,* §. *soror; in L. cùm pater,* §. *donationes ff. de legat.* 2. Le Parlement ayant ces Loix en vue, a fait subsister par Arrêt une déclaration de main privée du 20 d'Août 1675, remise à un Notaire, par celui qui l'avoit faite: un homme de qualité y donnoit à son neveu absent, nul n'acceptant pour lui, un domaine qu'il avoit racheté, & lui promettoit encore de payer ses dettes.

Arrêt.

ARTICLE II.
De la Donation à cause de mort.

LA donation à cause de mort est révocable, comme l'est le testament. Ceux qui n'ont pas la liberté de tester, peuvent en certains cas donner à cause de mort. Le fils de famille peut donner ainsi, quoiqu'il ne lui soit pas permis de faire de testament: mais ces conditions doivent concourir dans l'acte; il faut premièrement que le pere y consente (a); 2. que le donataire soit (b) présent, ou que le Notaire accepte pour lui; comme il a été jugé par Arrêt du 19 d'Août 1459. Si la validité en est douteuse (c), la mort du fils donataire ou du pere la confirme; quoique le serment ne la valide pas, il oblige le donateur à l'entretenir. Si le fils de famille donne pour cette cause de l'autorité de son pere, à son pere même, (d) cette donation sera nulle. On ne peut jamais autoriser les enfans dans son propre intérêt & pour soi, non plus qu'on ne peut se donner à soi-même. Le pere & ses enfans qui sont sous sa puissance, ne sont présumés qu'une même personne par la fiction du Droit, & par la force des sentimens naturels.

qu. 222.

qu. 223.

(a) Le consentement du pere dans l'acte, ou après, a toujours été nécessaire. *Quod pater familias in ejus dona-* *tione, qui in ipsius potestate esset approbavit, ratum est; quod eo inscio factum est, si is id non approbavit, ratum non eſt*, dit Ciceron, *de legib. lib.* 2, ſ. 50. Une donation pour cauſe de mort, faite par une fille, ſans la permiſſion & le conſentement de ſon pere, fut *Arrêt.* déclarée nulle par Arrêt du 20 de Mars 1646: ce conſentement eſt néceſſaire *ad integrandam filii & filiæ perſonam,* comme parlent les Docteurs.

(b) *Donatio fieri debet præſenti & accipienti* ; ſans quoi elle ne vaudra pas comme donation, mais ſeulement comme legs & fidéicommis, du paiement duquel l'héritier demeurera chargé. *Ranchin. Ferrer. Baro.*

(c) A ces deux conditions il en faut ajouter une troiſieme, qui eſt que cinq témoins aient aſſiſté à l'acte & l'aient ſigné, ou qu'ils aient été requis de le faire, & été enquis s'ils ſavent écrire, *Arrêt.* s'ils n'ont ſigné Par Arrêt du 17 de Janvier 1645, une donation pour cauſe de mort fut déclarée nulle, *conſultis Claſſibus,* parce que le Notaire n'avoit pas enquis deux témoins, qui n'avoient pas ſigné, s'ils ſavoient écrire : ce fut en

la cauſe de M. Theode de Vaujany appellant, contre Balthazar Nanteil intimé

(d) L'opinion contraire eſt la plus commune & la plus raiſonnable;1°. parce que cette autorité du pere ne doit être conſidérée que comme une ſimple permiſſion & un ſimple conſentement, qui ſeul y eſt deſiré par la Loi ; 2°. que le pere à cet égard ſeroit de pire condition que l'étranger ; 3°. que de célébres Juriſconſultes ne doutent point que le fils ne puiſſe donner à ſon pere par cette cauſe. Auſſi par Arrêt du 2 d'Août 1681, une ſemblable donation, ſans s'arrêter aux lettres Royaux impétrés pour la faire reſcinder, fut confirmée contre N. Joly, mari en ſecondes noces *Arrêt.* d'Anne Marchand. Une autre de fruits faite au pere, la propriété étant réſervée par le fils donateur à ſes enfans, fut auſſi confirmée par Arrêt du mois *Arrêt.* de Juillet 1611, quoique ce fût de l'autorité du pere donataire qu'elle eût été faite & en ſa préſence.

ARTICLE III.
Des Teſtamens des Villageois.

AUx teſtamens des Villageois, faits à la campagne, (a) cinq témoins ſuffiſent, quoique même ils n'aient pas été *qu. 545.* appellés pour y aſſiſter.

(a) C'eſt la diſpoſition de la L. fin. *C. de teſtam.* ſuivant laquelle un teſtament fait verbalement aux champs par une Demoiſelle, en préſence de cinq témoins, fut jugé bon & valable *Arrêt.* par Arrêt du 5 d'Août 1626; de même

un autre teſtament fait à la Murette, à trois lieues de Grenoble, ſouſcrit ſeulement par trois témoins, ne s'y en étant pas trouvé alors un plus grand nombre, & par le Notaire, a été confirmé par Arrêt du 30 de Juillet 1665. *Arrêt.*

ARTICLE IV.
Du Teſtament en temps de peſte.

C'EST aſſez de (a) deux ou trois témoins au teſtament que fait en la préſence de ſon Curé la perſonne qui eſt atteinte de peſte ; mais ſi elle guérit, il n'aura de force que durant une année après le recouvrement de ſa ſanté (b). Le Parlement l'a jugé ainſi, à cauſe de la difficulté qu'il y a alors d'aſſembler des témoins ; & en cela il a ſuivi la diſpoſition du Droit Canon.

qu. 543.

(a) Le Conſeiller de Rabot dit que de ſon temps il a été jugé en conformité de cette déciſion ; & le Conſeiller Baro ajoute que cette opinion lui ſemble plus équitable que celle qui lui eſt oppoſée. Il a néanmoins été jugé, de l'avis des *Arrêt.* Chambres, par Arrêt du 17 de Juin 1667, que deux témoins ne ſuffiſent point dans ces teſtamens, & qu'il en faut cinq. Les Curés & ceux qui en font les fonctions peuvent recevoir les teſtamens de leurs Paroiſſiens en ces temps contagieux, la Loi de la néceſſité étant plus forte que celles du Digeſte & du Code. L'Ordonnance d'Orléans en l'art. 27, celle de Blois dans le 63, & l'Arrêt de modification de la Cour le leur permettent en ce cas d'une néceſſité abſolue : mais il faut que le teſtateur & les témoins ſignent, & qu'ils en ſoient requis, & s'ils ne ſignent, que la cauſe en ſoit exprimée. Le teſtament d'une femme qui avoit inſtitué ſon mari, reçu par le Curé de Champagnier, *Arrêt.* fut déclaré nul par Arrêt du 27 de Juillet 1683, parce qu'il avoit été facile de trouver alors un Notaire, ſi on l'avoit voulu : il n'y a que la néceſſité preſſante qui excuſe & qui diſpenſe. *L. caſus majoris C. de teſtam.* Un autre l'ayant été par le Sacriſtain de Vizille, en préſence de ſept témoins, quatre

deſquels l'avoient ſigné, non les autres, qui même n'en avoient été ni requis ni enquis, fut néanmoins approuvé par Arrêt du 6 de Juillet 1656, pour Marie *Arrêt.* Giraud fille du teſtateur : ſa qualité de fille en fut le motif. Les temps malheureux excuſent bien de déſordres, la nature étant elle-même en quelque ſorte de déſordre ; un Notaire avoit reçu le teſtament de ſon frere qui en ayant trois autres, les inſtitua héritiers avec lui. On ſoutint ce teſtament nul, & dans le procès, on dit que ce Notaire étoit tombé dans le crime de faux. *C. de his qui ſibi inſcribunt in teſtam. extr.* néanmoins il fut ſeulement ordonné par Arrêt du 27 de Juillet 1639 que les *Arrêt.* témoins ſeroient recenſés, ce teſtament étant nuncupatif.

(b) Un teſtament fait par un homme ſoupçonné de peſte, & que par cette raiſon il n'avoit pas ſigné, quoiqu'il eût vécu plus d'un an après, fut entretenu par Arrêt, comme le dit M. Expilly dans ſon plaid. 36. Mais par un *Arrêt.* autre du 9 de Juillet 1664, il a été *Arrêt.* jugé au contraire, que ce teſtament étoit nul & ſans effet après un an, pour Suſanne Baile, contre Jeanne Cucert : *nullum ſimile idem ;* & la diverſité des circonſtances cauſe celle des Jugemens.

ARTICLE

ARTICLE V.

Du Testament entre Enfans.

SI est-ce que deux témoins (a) suffisent aux testamens des peres entre leurs enfans, & des femmes peuvent l'être : *qu.* 543. c'est un effet & un droit de l'autorité paternelle, comme c'en est encore un qu'ils subsistent, quoiqu'ils n'aient été ni publiés *qu.* 538. ni lus aux témoins, pourvu que le testateur se soit expliqué lui-même à eux de sa volonté.

(a) L. Hâc consultissimâ, §. ex imperfecto C. de testam. & Novell. 107, c. 1, 2, 3. Imò, il ne faut point de témoins si le pere ou la mere ont écrit ou souscrit le testament, inter liberos. Ferr. ad q. 538 ; Nicol. de passerib. lib. 6, de scriptur. privat. n. 33 & 34. V. Pascal, de virib. patr. potest. part. 2, cap. 8, n. 173 Menoch. de præsumpt. lib. 4, præs. 7 ; Jul. Clar. §. testamentum, q. 14 ; Grass. §. testam. qq. 11 & 16 ; Le Prêtre, centur. 2, chap. 65 ; Henr. tom. 1, liv. 5, chap. 1, q. 2 & 3, & tom. 2, liv. 5, q. 1 ; d'Olive, liv. 5, chap. 1 ; Gail. liv. 2, obs. 112.

ARTICLE VI.

Du Testament nul par la Prétérition.

LE pere & l'aïeul qui ont leurs enfans en leur puissance, ne peuvent se dispenser de les instituer leurs héritiers (a) ou universels ou particuliers : s'il n'est point parlé d'eux dans leurs testamens, cette prétérition (b) y sera une nullité inexcusable. On a douté si elle en est de même une dans le testament des meres ; parce que la Loi qui punit ainsi cette faute, est dans l'espece *qu.* 596. d'un pere & d'un fils qu'il a en sa puissance: mais il faut pénétrer dans l'esprit des Loix & suivre leur sens; si on le fait pour *qu.* 577. celle-ci, sans s'attacher à ses paroles, on reconnoîtra d'abord qu'à cet égard l'obligation des meres est égale à celle des peres ; & la Cour l'a jugé ainsi par Arrêt du 2 Juillet 1441, en la cause de Claude Allemand & de Jean Allemand pour la Terre de Rochechinard. Il n'y a pas de la différence entre ces prétéritions; & elles ont le même effet. Si pourtant les enfans ont renoncé à la succession de leur pere, moyennant une dot ou une somme ; cette nullité cesse par la disposition du Droit Canon, quoiqu'elle subsiste par le Droit Civil. La Loi de l'Empereur Alexandre Severe désapprouve même les pactions des enfans avec leurs peres ; & quoiqu'il en soit, rien n'empêche qu'ils ne puissent être faits héritiers. Il y a une sorte de *qu.* 415.

V.

prétérition qui n'est pas considérable ; un pere institue sa femme son héritiere universelle, & lui substitue son fils ; mais il n'y a point d'institution héréditaire pour lui. Barthole a cru que cette substitution doit tenir lieu d'institution : ce qui n'est point ; il faut qu'il y ait une institution formelle, & la Cour le juge de la sorte. Tellement que si un pere ayant institué sa femme son héritiere universelle, & en quelque temps qu'elle meure, a institué & substitué son fils ; je crois, dit notre Auteur, que son testament sera valable, parce que le fils sera présumé institué en sa légitime qui sera de quatre onces ; & dès-lors elle sera payable sans retardement. (c) La Cour l'a souvent jugé.

qu. 456.

(a) La succession des enfans à leurs peres n'est pas moins de Droit naturel que du Droit civil : la porter à d'autres qu'à eux leur est une injure, principalement si c'est à des étrangers de peu de mérite. Pompeius Rheginus fut blâmé par cette raison. *Erant ab eo instituti*, dit Valere Maxime, *haredes neque sanguine patrio pares neque proximi, sed alieni & humiles, ut non solùm flagitiosum silentium, sed etiam prælatio contumeliosa posset videri.* Quel moyen de n'avoir pas de l'indignation contre cette inhumanité ? Septicia ayant conçu un juste chagrin contre deux fils qu'elle avoit, se remaria, quoiqu'elle fût déjà dans un âge très-avancé, avec un homme aussi âgé qu'elle, & en mourant elle le fit son héritier, *testamento etiam utrumque præteriit* ; l'Empereur Auguste auquel ils porterent leurs plaintes, n'eut égard ni au mariage ni au testament, *haereditatem maternam filios habere jussit. Dotem, quia non creandorum liberorum causâ conjugium intercesserat, virum retinere vetuit.* Idem Valer. Maxim. *lib. 7, c. 7.* C'est le premier jugement qui ait été fait sur la prétérition. Si cette cruauté étoit ainsi punie par des Idolâtres, doit-elle avoir de l'impunité parmi les Chrétiens ? *Quid tàm ferum, tàm inhumanum, tàm Legibus æmulum, quàm si non amandos dicamus filios*, dit Salvien, *qui amandos fatemur inimicos ?* Néanmoins le legs de cinq sols fait nommément au pere ou au fils, empêche la prétérition dont ils pourroient se plaindre, s'il n'y avoit qu'un legs de cinq sols aux parents & aux prétendants droit, *effuso sermone*, sans les nommer ; comme il a été jugé au cas d'un legs de cinq sols, fait nommément, par Arrêt du 10 de Septembre 1610, en la cause du Sieur de la Roche & de ses sœurs ; & au cas du même legs de cinq sols indéterminément, sans nommer personne, par Arrêt du 16 de Mars 1652, pour la Demoiselle de Villeneuve, contre les Sieurs de Silhol & de Ripert. Et quoique les enfans ne se soient plaints de leur prétérition dans le testament de leur pere ; la nullité n'en est pas couverte par leur silence, parce qu'il est nul *ipso jure*. Jugé par Arrêt du 21 de Février 1641.

(b) La prétérition du fils déshérité pour s'être marié sans le consentement de son pere, & pour l'avoir injurié, a été confirmée contre les enfans de ce fils déshérité, auxquels leur aïeul ma-

ternel avoit laiſſé de quoi vivre com-
Arrêt. modément, par Arrêt du 13 d'Août
1677, contre Louiſe Trivier.

(*c*) L'équité que ſuit toujours le
Parlement, réſiſte à la rigueur du
Droit, qui veut que le fils à qui ſon
pere n'a rien laiſſé, *jure inſtitutionis
hæreditariæ, cenſeatur præteritus* ; & Ba-

ro remarque que ces deux queſtions
425 & 456, employées dans cet article, *ſunt diverſa & non adverſa*, &
en cas différents ; dans l'eſpece de cet
article, le fidéicommis univerſel étant
préſumé préſent pour la légitime, *omni dilatione ſubmotâ.*

ARTICLE VII.
De l'Erreur en la Date.

L'ERREUR en la (*a*) date du teſtament peut être prouvée
par témoins, & enſuite être corrigée. Il s'agiſſoit dans
un procès important de l'effet de deux teſtamens ; la date de
l'un étoit du ſixieme de Juin, & elle devoit être du ſixieme
de Juillet. La preuve en fut faite par la dépoſition de neuf té- *qu. 130.*
moins ; & elle fut corrigée par Arrêt de l'an 1457. Cette erreur
procédoit du fait du Notaire ; & cela étant, deux témoins au- *qu. 131.*
roient ſuffi, le teſtateur n'y ayant point de part. Quand il y
a du fait de celui-ci, il en faut juger autrement ; comme ſi l'on
ſoutenoit qu'il n'a point teſté ; ce fait tomberoit dans le crime *qu. 132.*
de faux, & il faudroit plus de deux témoins. Mais l'erreur en
la date ne pourroit qu'être le ſuppôt d'une nullité ; tellement
que la preuve en étant faite, l'héritier eſt maintenu dans la
poſſeſſion de l'héritage, comme le fut par cet Arrêt-là Marie
de Miribel.

(*a*) L'erreur qui ne regarde que
l'office de Notaire dans quelques circonſtances, comme dans la date de
l'acte, ou dans le nom des témoins,
peut être corrigée ſans formalité par le
Notaire même ; mais celle qui intéreſſe la ſubſtance de l'acte, doit l'être en
la préſence des témoins inſtrumentaires.

ARTICLE VIII.
Des Témoins contre l'Acte.

S'IL arrive que les (*a*) témoins inſtrumentaires dépoſent
que le teſtateur a diſpoſé autrement que le Notaire
n'a écrit ; ils ne ſeront pas crus, pourvu néanmoins que *qu. 540.*
le Notaire ſoit homme de bien, & qu'il en ait la réputation : ſi ſa foi eſt ſuſpecte, il vaut mieux ſuivre celle des
témoins.

V 2

ARTICLE IX.
De la Révocation de Teſtament.

qu. 100. LA liberté naturelle ſeroit offenſée, ſi le teſtament étoit irrévocable. Le moyen le plus aſſuré de le révoquer eſt de le faire par un (*a*) autre. On le peut encore par un acte (*b*) moins ſolemnel. Ainard Saunier, habitant de Grenoble, avoit teſté en faveur de N. Jean de Cizerin; mais ſept mois après il déclara devant un Notaire & ſept témoins qu'il ne vouloit pas que ce teſtament qu'il avoit fait ſubſiſtât, & il le révoqua. Le Parlement, en conformité de cet acte, adjugea ſon héritage par Arrêt du 6 de Mars 1459, à Drevon Saunier, ſon frere. Cet Arrêt fut depuis confirmé par un autre de l'an 1461: l'opinion d'une gloſe qui veut qu'il y ait un intervalle de dix ans entre le teſtament & cette ſimple révocation ne fut pas ſuivie, celle qui lui eſt contraire ayant plus d'équité. Mais ſi une telle déclaration eſt accompagnée de celle-ci, que l'on veut mourir ſans teſter; on préſumera que celui qui la fait, appelle à ſa ſucceſſion ceux auxquels en ce cas la Loi & la nature la donnent. Si le nombre des témoins n'eſt pas de ſept, elle ne vaudra qu'en deux cas; l'un eſt ſi elle eſt poſtérieure de dix ans au teſtament, & l'autre eſt que le déclarant ait du moins autant vécu après l'avoir faite.

(*a*) Il a été jugé contre Julie Moutier, par Arrêt du 19 de Janvier 1660, qu'un teſtament nul par l'incapacité de l'héritier, révoquoit le teſtament précédent, ſuivant la Loi *cùm quidam,* 11 ff. *de iis quæ ut indign. aufer. c. 2,* ſuivant l'opinion de Cujas; mais depuis, de l'avis des Chambres, il a été jugé le contraire par Arrêt du 18 de Février 1674, pour Anne Baron, contre Charlotte Puiſſant.

(*b*) Une donation univerſelle eſt pareillement un acte qui révoque le teſtament: c'eſt l'avis de notre Auteur dans ſon Conſeil 147; où il cite cette queſtion 100.

ARTICLE X.
De la Perte du Teſtament.

DANS ces eſpeces on ſuppoſe un teſtament qui paroît ; mais (a) s'il eſt perdu, ou tellement égaré qu'il ne puiſſe être repréſenté, l'exiſtence & la perte en pourront être prouvées ſuffiſamment par un autre inſtrument où la ſubſtance qu. 331. en ſera rapportée. Le célèbre Doċteur Jean André a jugé cette preuve aſſez forte ; Barthole eſt de même ſentiment, & la coutume générale de Dauphiné y eſt conforme.

(a) Dans l'uſage de ce Pays le teſtament verbal & nuncupatif pouvoit être relevé par témoins ; comme il fut jugé au procès de Jeanne Garillon & d'Antoinette Gaillard, par Arrêt du 30 de Mars 1620, pour un que le teſtateur n'avoit pu ſigner, & qui étoit ainſi demeuré imparfait. Mais l'article 2 du titre 20 de l'Ordonnance de 1667, qui veut indéterminément que de toutes choſes excédant cent livres, il ſoit paſſé acte pardevant Notaire, ne s'accommode pas avec cet uſage. L'article 54 de l'Ordonnance de Moulins décidoit la même choſe. V. ibi Boiſſeau.

ARTICLE XI.
De l'Effet du Teſtament.

LORSQUE nul vice ne paroît dans un teſtament, & que dans ſa premiere vue, ou comme parle la Loi, dans ſa premiere figure, il ne donne lieu à aucun ſoupçon ; l'héritier qui y eſt nommé doit d'abord être mis dans la poſſeſſion de l'héritage (a) : une ſimple oppoſition ne l'empêchera point, elle ne ſera pas même reçue, ſi l'oppoſant n'en tire les moyens du chef du teſtateur ou de celui de l'héritier, comme il arrive dans le concours de deux teſtamens, & ſi elle ne peut être jugée tôt & facilement. C'eſt la Conſtitution de l'Empereur Juſtinien qui l'ordonne, & quelques Doċteurs limitent ce temps à huit jours, d'autres à deux mois ; mais la plus ſaine opinion qu. 219. s'en rapporte à ce que le Juge trouvera à propos. Et ſi l'héritier poſſede ſans oppoſition & ſans empêchement une partie de l'héritage ; il ſera bien fondé à demander d'être maintenu, & même d'être réintégré dans la poſſeſſion du reſte qu'il ne poſſedera pas encore. Il a été jugé ainſi pour Péricard de Bellecombe, Seigneur du Thouvet, contre Girard Vernon. Voilà un effet du teſtament ; mais (b) il en a d'autres.

V 3

(a) La Loi *Edicto C. de Edict. D. Adriani tollend.* veut que *scriptus hæres, si testamentum ostenderit non cancellatum, neque abolitum, neque ex quâcumque suâ forma parte vitiatum, sed quod in primâ figurâ sine omni vituperatione appareat, mittatur in possessionem;* & s'il y a opposition, que ce soit celui *qui potiora jura ostenderit.* C'est ce qui s'obferve; & même l'héritier peut entrer dans cette possession sans formalité, & sans recourir au Magistrat : le mort saisit le vif.

(b) Un autre de ses effets est que l'institution universelle de l'un des enfans emporte en sa faveur la portion virile acquise au testateur ou à la testatrice; comme il a été jugé par Arrêt du 23 de Juin 1670, dans l'espece de la virile d'une mere : de forte que l'Authentique *nunc autem nisi expressim,* n'a d'effet qu'à l'égard des étrangers institués héritiers, & non des enfans; comme ce même Arrêt l'a déclaré, ayant été fait *consultis Classibus.* Et par un autre Arrêt du 24 de Mai 1686, il a été jugé que si la femme V. G. n'a point hypotheque, cette portion qui lui est échue *expressis verbis,* l'hypotheque générale n'y acquerra aucun droit au créancier.

Arrêt.

Arrêt.

ARTICLE XII.

De la Clause Dérogatoire.

LEs clauses dérogatoire & codicillaire ont de grands effets dans les testamens. La premiere (a) est un rempart au testament, contre les impressions & contre la supercherie. Si les paroles (b) n'en sont pas rapportées dans celui qui est fait après, il ne subsistera point; néanmoins si le testateur déclare qu'il ne s'en souvient pas, sa déclaration suffira, pourvu qu'elle soit faite de bonne foi. N. Pierre Robe, Seigneur de Miribel dans le Graisivodan, avoit fait par un testament du 19 Mai 1424, Marie Robe, Dame de Sonas, son héritiere; il y avoit une clause dérogatoire, autant expresse qu'elle pouvoit l'être. Toutefois dix-sept jours après, il en fit un autre dans la Ville de Chambery, par lequel révoquant celui-là, il institua son héritier Noble Jean de Miribel son oncle. Il étoit dit par celui-ci, qu'il avoit juré sur les Saints Évangiles, dans les mains du Notaire, qu'il se repentoit d'avoir fait le premier, qu'il ne se souvenoit point des paroles de la clause dérogatoire, qu'il vouloit qu'elles fussent tenues pour exprimées, que ce dernier testament fût seul valable, & que son intention étoit, que nul n'eût sa Terre de Miribel & ses autres biens que son oncle. La même année il fut tué à la bataille de Verneuil, & ces deux testamens furent la matiere du procès entre la même Marie Robe, Noble Jacques Robe & le Seigneur de Cordon. Plusieurs questions y furent traitées; & la nature de la clause dérogatoire fut le sujet de la

qu. 127.

qu. 128.

premiere. Cette Dame difoit (c) qu'une mention vague & non
fpécifique ne fuffifoit pas, fuivant la commune opinion des Docteurs; que dans l'intervalle de fi peu de jours, il n'y avoit pas
apparence que le teftateur eût rien oublié, & que l'oubli n'eft
préfumé qu'après dix ans. Les autres oppofoient à ces raifons
l'opinion des fameux Jurifconfultes, (d) qui eft que ces claufes
ne méritent pas qu'on les confidere ni qu'on s'y arrête, parce
qu'elles font une invention des derniers temps, & une précaution inconnue à l'ancienne Jurifprudence. Ils ajoutoient que fi
ce teftateur avoit gardé le fouvenir du contenu de fon teftament,
il n'auroit pas fait de difficulté de l'expliquer; que cette obligation ne regardoit que ceux qui s'en fouvenoient; qu'il arriveroit
autrement, que ceux qui n'ont pas une mémoire bien fidelle, ne
pourroient jamais changer d'héritier, quelque changement de
volonté qui leur vînt; & enfin que c'eft cette volonté qui eft la
force de l'acte, qu'elle y fait tout, & non la formalité: tellement que c'eft moins la révocation de la claufe dérogatoire,
qui détruit le teftament où elle eft, que la volonté d'en faire
un autre. Et cela étant, il fuffit que le teftateur ait déclaré la
fienne, de quelque maniere que ce foit, pourvu qu'elle paroiffe
évidemment; joint que le ferment avoit la force d'une expreffion formelle, articulée & fpécifique, fur-tout lorfque cette
claufe eft embarraffante, foit par les paroles, foit par les faits.
Ce fut par ces motifs que l'Arrêt de la Cour du mois d'Août
1457 déclara ce teftament révoqué; & que le fecond fubfifta,
comme feul valable. Si eft-ce que réguliérement la claufe dérogatoire foutient le teftament antérieur contre le poftérieur, dans
lequel elle n'eft pas rappellée fpécifiquement.

(a) Comme cette claufe n'eft introduite que contre les impreffions frau-
duleufes & contre la violence; il y a
trois réflexions à faire; 1°. qu'eft-ce
que le teftateur dans le teftament duquel elle avoit à appréhender, pour
ufer de cette précaution? 2°. Si dans
le fecond teftament où elle n'eft point
rappellée, il n'a fuivi que des fentimens juftes & raifonnables; comme
s'il a inftitué fes enfans & fes proches:
3°. fi fa volonté eft fi claire & fi évidente dans ce teftament, qu'il n'y ait
pas fujet d'en douter. Un pere avoit

fait fa fille unique & un étranger fes
héritiers, & avoit fortifié fon teftament
par une claufe dérogatoire. Depuis il en
avoit fait un autre, où fa fille feule étoit
fon héritiere. Le cohéritier qu'elle avoit
dans le premier, prétendit le faire fubfifter, parce que cette claufe n'étoit
point rappellée dans le dernier, qui
révoquoit fimplement le précédent:
néanmoins il fut entretenu par Sentence
du Vibailli de Vienne; qui fut confirmée par Arrêt du 15 de Janvier 1682. *Arrêt*
(b) Cette claufe a plus d'effet pour
les enfans contre les étrangers, que pour

les étrangers contre les enfans; car en ce premier cas il faut qu'elle soit expressément & spécifiquement révoquée, si un étranger est institué au préjudice d'un fils ou d'un parent; comme il *Arrêt.* fut jugé par Arrêt du mois de Mai 1609, pour Noble Jean de Theys, contre Anne Clapier sa mere.

(c) Réguliérement & hors de l'intérêt des proches, la clause dérogatoire annulle le dernier testament où elle n'est point rappellée dans toute son étendue; comme il a été jugé par plusieurs *Arrêt.* Arrêts. Il est vrai qu'elle n'est d'aucune considération dans les testamens des Villageois & des mineurs, à cause *Arrêt.* de leur ignorance. Jugé par Arrêt du 3 de Mai 1663.

(d) Cujas traite de la clause dérogatoire dans le chap. 7 du liv. 14 de ses observations, où il combat l'opinion de ceux qui desirent une révocation formelle, expresse & positive, de laquelle il remarque que Tribonien en est l'auteur. *Et profectò supervacuum etiam est, dit-il, aut durum exigi specialem derogationem, si aliàs constet scientem, prudentem recessisse à priori voluntate, & parit hæc hodiè clausula derogatoriæ necessitas lites innumeras; ac .. liberè dicam quòd sentio, videtur introducta à Justiniano, vel Triboniano, cui amicum & familiare est desiderare specialem voluntatem ubi sufficit qualibet.* Aussi il a été jugé par Arrêt du 26 de Mars 1676, *Arrêt.* contre la Dame de Blains, qu'une simple révocation de tous autres testamens suffisoit contre un précédent où il y avoit une clause dérogatoire qui ne consistoit qu'en ces deux mots, *Jesus, Maria.*

ARTICLE XIII.

De la Clause Codicillaire.

LA clause codicillaire a plus (a) de force. Elle se conçoit en ces termes : *Si mon testament ne vaut par droit de testament, qu'il vaille par droit (b) de codicile.* Et elle a plusieurs effets; le premier est que par elle les dispositions imparfaites des peres entre leurs enfans, & généralement celles qui sont nulles par le *qu. 321.* défaut de solemnité, subsistent. Les héritiers légitimes, qui dans ces cas succéderoient, sont présumés chargés de fidéicommis en faveur de l'héritier institué par le testament nul; ils sont obligés *qu. 633.* de lui rendre l'héritage, & ils ne peuvent s'en dispenser. La Cour l'a jugé dans le procès de N. Claude Allemand, où il s'agissoit de la Terre de Rochechinard. Il en est de même s'il y a un testament précédent, qui dût subsister; (c) l'héritier qui y est nommé doit rendre à celui que cette clause lui montre. (d) Elle fait que le testament nul a la force de codicile, & que l'institution d'héritier, de directe devient oblique & se convertit en fidéicommis: de sorte que, quelque forte que soit la nullité qui naît de la (e) prétérition des enfans, ils ne pourront éviter, lorsqu'ils succéderont comme héritiers légitimes, de rendre l'héritage de leur

pere

pere à l'héritier que cette clause favorise, comme chargés d'un fidéicommis tacite. Ils ne retiendront pas même la trébellianique, & ils n'auront que leur légitime : car c'est une présomption de *qu. 513.* droit, qu'en ce cas ils sont chargés de rendre tout purement & simplement. Mais les posthumes, omis dans un testament fait, en un temps auquel ils n'étoient pas encore conçus, sont à couvert des effets de cette clause. La Cour a décidé de cette controverse, ayant même jugé par deux Arrêts qu'en nul cas cette (f) clause n'a de force contre les posthumes. L'un de ces Arrêts est *qu. 633.* du 13 d'Avril 1527, & l'autre est du mois de Mars 1546 ; le premier en la cause de Jean Forbin, contre Claude & Jacques Forbin ; & le second en celle d'Arnaud Souchon appellant, contre Charles Souchon. M. Claude Pascal, savant Conseiller en ce Parlement, en ayant fait la remarque dans l'exemplaire des décisions de Guy Pape, qui étoit alors un des livres de la bibliotheque de cette illustre Compagnie ; ce fut de cette observation qu'il en tira la matiere de la question qu'il a ajoutée à celles de notre Auteur, & qui est aujourd'hui la 633. Boneton avoit aussi fait la même observation, ayant rapporté ces deux Arrêts dans ses notes sur la question 323.

(a) Mais il faut la proposer d'abord & la faire valoir : car celui qui a premiérement agi en vertu du testament comme héritier, n'est plus reçu à établir son droit pour la succession, sur la clause codicillaire ; comme il a été jugé par plusieurs Arrêts, & entr'autres par un du 16 de Mars 1632 ; par un *Arrêt.* second du 10 de Février 1641, en la *Arrêt.* cause de Jean-Louis Noyer & de Jean *Arrêt.* de Saulée ; & enfin par un du 22 de Février 1645.

(b) La clause codicillaire a la force du codicile même, & c'est pour elle que les Docteurs disent que *codicilli fiunt in testamento.*

(c) L'héritage ne peut être ni donné ni ôté directement par codicile ; mais il le peut par la substitution fidéicommissaire ; & cette clause étant dans un testament, l'y fait présumer par une fiction *juris & de jure.*

(d) Elle soutient le testament qu'a fait du consentement de son pere le fils de famille, comme si c'étoit une donation à cause de mort. Jugé par Arrêts *Arrêt.* du 12 de Juin 1618, du 24 de Juillet *Arrêt.* & du 24 d'Août 1624. Elle fait aussi *Arrêt.* subsister le testament où le pere d'un des cohéritiers est un des témoins instrumentaires. Jugé par Arrêt du 31 de *Arrêt.* Juillet 1663, en la cause d'Eléonor Falconet, contre M. Antoine Falconet, Médecin.

(e) Il a été jugé que la prétérition n'anéantit pas le testament du pere appuyé de cette clause, par plusieurs Arrêts, & entr'autres par un du 12 de *Arrêt.* Février 1634, au procès du Sieur de Valantier, contre le Sieur du Terrail ; & par un autre du 31 de Juillet 1638, *Arrêt.* en celui de Josserand contre Blanc.

(f) Cela est vrai quand même elle est conçue *per verba futuri temporis.*

X

SECTION II.

Des * Héritiers Univerſels, & des Légataires.

ARTICLE I.

Des trois genres d'Héritiers.

IL y a trois genres d'héritiers : le premier eſt des (a) ſiens; le ſecond, des aſcendants ; & le troiſieme, des étrangers, au rang deſquels ſont les collatéraux. Les premiers ſont proprement les enfans du teſtateur qui ſont en ſa puiſſance. Quelquefois auſſi ce nom de *ſiens* eſt appliqué aux étrangers, comme il l'eſt dans ce cas : Pierre Sauvent ayant fait une donation à Antoine Sauvent, ſon pere, & aux ſiens; il fut jugé que les biens dépendants de cette donation appartenoient aux héritiers du donataire, quoiqu'ils lui fuſſent étrangers. Dans les contrats & dans les actes, la matiere ſert à expliquer les termes qui y ſont employés; lorſqu'elle n'eſt affectée d'aucune qualité qui regarde & qui intéreſſe plutôt les ſiens proprement tels que les étrangers, elle paſſe facilement & ſans diſtinction auſſi-tôt à ceux-ci qu'à ceux-là.

qu. 230.

---

* *Quanta dementia eſt hæredi ſuo procurare, & ſibi negare omnia, ut tibi ex amico inimicum magna faciat hæreditas? plus enim gaudebit tuâ morte, quò plus acceperit.* Senec. Epiſt. 124.

(a) *Sui hæredes intelliguntur quicumque etiam extranei, ſi materia ſit indifferens de quâ agitur, & ſic tranſitura ad quoſcumque hæredes; quo jure utimur, & in Galliâ & in hâc patriâ.* Baro. *Nam ſecundùm communem uſum loquendi Gallorum, nomen hæredis capitur pro quocumque ſuccedenti.* Mais il eſt vrai que dans le ſens naturel le teſtateur ne peut dire que ſes héritiers ſont ſiens, s'ils ne ſont en ſa puiſſance & ſes enfans; & le plus riche héritage qu'il puiſſe leur laiſſer eſt la vertu. *Optima hæreditas à patribus traditur liberis, omnique patrimonio præſtantior gloria virtutis rerumque geſtarum.* Cicero, *de Orator. lib. 1, ſ. 175.*

ARTICLE II.

De l'Adition.

LEs héritiers ont par le Droit ancien un an pour délibérer s'ils accepteront (a) l'héritage, après quoi ils le tranſmettent aux leurs; mais aujourd'hui l'adition eſt perpétuelle; & pour la priſe de poſſeſſion il n'y a pas de temps limité. Si néanmoins le Magiſtrat en a préfigé un à l'héritier, qu'il ait

qu. 331.

négligé ; cette négligence lui nuira: si est-ce que le Parlement a souvent jugé pour la perpétuité de l'adition, & même de la transmission, quoiqu'il n'y ait eu ni adition ni reconnoissance de l'héritage, cette transmission se faisant de plein droit au plus proche. *qu. 500.*

(a) Comme le testament ne vaut sans l'institution d'héritier, l'institution ne vaut non plus sans l'aditionde l'héritage, qui peut être faite durant trente ans, & même celui qui a ignoré d'être héritier, peut être restitué contre cette prescription de trente ans ; ce qui ne seroit pas contre celle de quarante, *quæ securitatem omnem possidentibus parit.* Le Président Faber traite de l'adition dans le chap. 10 du liv. 14 *conjectur.* C'est une regle que l'héritier *adeundo quasi contrabit cum creditoribus hereditariis, quibus hypotheca acquiritur in ejus bona, quasi*

unum fiat patrimonium. Jugé par Arrêt du mois d'Octobre 1611, contre la femme de Jean de Syllans. Ainsi, *per simplicem aditionem, si inventarium non fecerit hares fideicommissarius, sibi nocet;* comme il a été jugé par Arrêt du 14 de Mai 1664, entre Monsieur le Conseiller de Manissy, le Seigneur de Polemieu, le Sieur Marquis d'Arzeliers, & le Sieur du Serre. Par l'Ordonnance de 1667, *tit.* 7, *art.* 1, l'héritier a trois mois pour faire inventaire, & quarante jours pour délibérer. *Arrêt. Arrêt.*

ARTICLE III.
De la Différence des Institutions.

IL y a bien de la différence entre l'institution universelle & la particuliere. En celle-là le testateur doit nommer clairement & intelligiblement son héritier ; en l'autre il suffit qu'il le désigne (a) ; comme s'il legue à ceux auxquels son pere a fait quelque legs, ou à ceux auxquels il est tenu de droit de laisser quelque chose par voie d'institution, sans pourtant les nommer, & sans faire aucune plus expresse mention d'eux. *qu. 435.*

(a) *Nutu relinquitur fideicommissum, dummodò nutu relinquat, qui & loqui potest, nisi superveniens morbus & impedimento sit L. nutu,* 21 *ff. de leg.* 3. Cette désignation de legs & de légataire empêche la prétérition.
De institutione caducâ, V. G. Pap. q. 531; Barri, *lib.* 10, *tit.* 13, *n.* 11 *L. un. C. de caduc. tollend.*

ARTICLE IV.
De la Condition de porter le Nom & les Armes.

IL est libre de se faire des héritiers sans condition & sous condition. Si l'héritier est chargé par le testateur de porter son nom (a) & ses armes, c'en est une à laquelle il doit obéir avant qu'il puisse être reconnu pour héritier. Jean de Lusson, *qu. 151.*

X 2

Chevalier, inſtitua Bertrand & Pierre du Teil ſes héritiers ſous cette condition, & ce fut par le conſeil de notre Juriſconſulte qu'ils s'y ſoumirent; il ajoute qu'en pareilles occaſions le Parlement l'a toujours ordonné.

(a) L'adoption, de laquelle parlent les Loix Romaines, eſt hors d'uſage, & n'eſt pas néanmoins abolie. Le Conſeiller Fr. Marc en traite dans la queſtion 882, & dans les trois ſuivantes de la première partie. L'inſtitution à la charge de porter le nom & les armes du teſtateur, eſt une eſpece d'adoption, par laquelle on fait entrer un étranger dans ſa famille. *Fabricio-* *rum imagines, Æmiliorum familias adoptio miſcuit. Etiam abolita ſæculis nomina, per ſucceſſores novos vigent. Adoptio fortunæ remedium eſt. Seneca, controverſ. lib. 2, controv. 1.* Les femmes mêmes obligeoient quelquefois leurs héritiers à prendre leur nom; il y en a un exemple remarquable dans une des lettres de Cicéron à Atticus. C'eſt la 8. du liv. 7.

ARTICLE V.
Du Paiement des Legs.

C'EST un ordre établi par les Loix, que les légataires reçoivent des mains de l'héritier univerſel ce qui leur a été légué (a); il ne leur eſt pas permis, ſi le teſtateur ne l'a ordonné, de s'en ſaiſir, ni de l'occuper de leur propre mouvement. Il eſt vrai qu'ils ont trois actions à exercer contre l'héritier: l'une eſt celle qui naît du teſtament; l'autre eſt la revendication, & la troiſieme eſt l'hypothécaire. Toutefois ſans en venir là, ils n'ont qu'à s'adreſſer au Parlement qui leur permettra d'en prendre la poſſeſſion, ſans autre formalité. Cet uſage eſt fondé ſur ce principe, que le Parlement ne conſidere que la vérité, & n'écoute qu'elle, quand elle lui paroît.

qu. 609.

qu. 483.

(a) Mais ſi un legs eſt rémunératoire, & a été payé par le teſtateur même, il ne peut-être répété après ſa mort par l'héritier ni par autre, ſous quelque prétexte que ce ſoit. Jugé par Arrêt du 16 Février 1637, en la cauſe du Sieur de Cabeſtan. M. l'Avocat Général de Rabot de Buſſieres l'a remarqué dans ſes Mémoires.

Arrêt.

ARTICLE VI.
Du Legs pour toute prétention.

LE fils, auquel ſon pere a fait un legs qui ſurpaſſe ſa légitime, pourra néanmoins demander la dot de ſa mere, ſi le teſtateur a ſeulement dit qu'il veut que moyennant ce legs il ſoit content & ne puiſſe rien prétendre ſur ſes biens; mais il

qu. 93.

ne le pourroit, si le mot d'héritage étoit joint à celui de biens (a). La raison de la différence est que les biens ne sont dits biens qu'après que les dettes en sont acquittées, & que dans l'héritage, qui signifie une universalité, sont comprises les dettes passives, aussi bien que les actives.

(a) Hotoman, *observat. lib.* 4, *cap.* 20, dit qu'il n'entend pas ce que Guy Pape veut dire par cette distinction de biens & d'héritage dans cette question 93, qu'il traite ridiculement de ridicule; mais il n'y faut pas d'Œdipe, & il suffit que notre Auteur la décide, comme fait ce savant critique, quoique ce soit par d'autres raisons.

ARTICLE VII.
Du Legs d'Usufruit.

LE légataire de l'usufruit (a) de tous les biens paie les dettes de l'héritage, les pensions & les charges. La femme usufruitiere y est obligée : par cette raison elle n'aura pas la liberté de se procurer le (b) paiement de sa dot, à cause qu'il faudroit qu'elle agît contre soi-même. L'héritier n'est non plus chargé de ses habits de deuil ni de ses alimens, non plus que de ce qui regarde les charges & les devoirs des fonds, & les dépenses ordinaires & nécessaires ; néanmoins les émolumens des protocoles de son mari, s'il étoit Notaire, n'y sont pas compris. Il n'y a d'usufruit qu'après que ces (c) choses sont détraites ; qui sont même principalement imposées sur les fruits. Au reste l'usufruitier est réguliérement tenu de donner caution; néanmoins la juratoire suffit, s'il ne lui est pas possible d'en donner d'autre, & s'il ne s'est pas rendu suspect de dissipation par ses mœurs & par sa mauvaise conduite ; enfin on n'en doit pas exiger d'autre de la veuve.

qu. 541.

qu. 189.

qu. 148.

(a) L'opinion commune est la seule reçue, que l'usufruitier n'est que *singularis successor, & alienum as ad singularem successorem non transit.* Il n'est pas obligé de payer les dettes passives *ex usufructu*, mais seulement *ex hereditate*, par la vente des biens de l'héritage, qui pourtant diminuera d'autant l'usufruit.

(b) Elle pourroit à la rigueur exiger sa dot; mais l'usage l'a emporté contre elle, par ce seul motif que si l'héritier étoit tenu de lui payer sa dot pendant qu'elle jouit de tous les fruits, *nimis gravaretur.*

(c) Les charges ordinaires & coûtantes, comme l'on parle, *sunt onera fructuum,* & par conséquent celui-là les doit payer, qui est le maître des fruits.

X 3

ARTICLE VIII.

Du Legs de Meubles, Immeubles, &c.

SI le teſtateur a légué ſes meubles & ſes immeubles, ou ſimplement ſes biens, ou ceux qui lui appartenoient en quelque lieu, ou toutes les choſes qui ſont à lui ; au premier cas, ne ſeront compriſes les *dettes actives* ni les *actions*, parce qu'elles *ne ſont ni meubles ni immeubles* (a). Elles le ſont au ſecond, parce qu'*elles ſont un troiſieme genre de bien*, & que ce mot général de *biens* s'entend des dettes, des actions, des meubles & des immeubles, dans la commune maniere de parler. Dans la troiſieme eſpece, le légataire n'aura qu'à prouver que le teſtateur poſſédoit les biens qu'il a dit lui appartenir, ſans être obligé de prouver auſſi qu'ils lui appartenoient légitimement. La préſomption ſera qu'il les poſſédoit comme propriétaire ; & ſi quelqu'un ſoutient le contraire, il ſera ſeul chargé de la preuve. Dans le legs de toutes les choſes qui ſont & qui appartiennent au teſtateur, qui eſt le dernier cas, le droit & les actions n'entreront point, parce que c'eſt une expreſſion qui ſignifie une poſſeſſion effective, & une ſeigneurie ou domaine véritable, *dominium*; mais l'on ne dit point que l'on ſoit poſſeſſeur, ni Seigneur d'un droit ni d'une action.

qu. 441.

(a) *Nomina nec mobilia, nec immobilia ſunt, ſed quoddam bonorum genus per ſe. L. à Divo Pio ff. de re jud. L. quam Tuberonis ff. de pecul. Si ſimpliciter dixiſ. ſet teſtator bona ſua; jura, nomina & actiones venirent in fideicommiſſum. L. ex aſſe, §. ſi quis; L. nam quod. L. vel omnia ff. ad Trebellianum.*

ARTICLE IX.

Des Alimens légués, du Legs pieux.

LEs alimens étant (a) légués, ce legs participe de la nature de la cauſe pieuſe ; il a ſon effet, quoique le teſtament ſoit révoqué, ou qu'il n'ait pour ſuppôt qu'une volonté moins ſolemnelle ; & la deſtination des legs pieux ne peut jamais être échangée ſans une cauſe légitime, non pas même par le Pape.

qu. 100.
M. 556.
P. 57.

(a) *Les alimens dus* annuatim, *annuellement, ſont dus au commencement de chaque année. M. Expilly* **Arrêt.** *chap. 67, où il emploie un Arrêt du* 22 de Novembre 1568. *Mais s'ils ſont dus* in anno, *ils ne ſont payables que* anno completo.

DE GUY PAPE. 167

ARTICLE X.
Du Legs d'un Accessoire.

L'ACCESSOIRE peut être légué sans le principal, qui ne suit pas l'accessoire inséparablement ; de sorte que si une censive ou une rente est léguée, le légataire n'aura rien à prétendre à la directe (*a*), de laquelle la censive ou la rente procede. *qu.* 164.

(*a*) *In his quæ sunt stricti juris, verbo census, directum dominium venit & comprebenditur, non tamen legato, & aliis bona fidei judiciis.*

ARTICLE XI.
De l'Aumône.

LORSQUE le testateur a laissé une somme d'argent à une personne confidente ; elle sera crue, touchant l'emploi, à son simple serment (*a*). Les Curés & les Religieux le font aussi (*b*) ; *qu.* 614. si quelque legs leur a été fait pour dire des Messes, il ne faut pas d'autre preuve qu'ils y ont satisfait.

(*a*) *Ob difficultatem probationis.* Matth.

(*b*) Ainsi la déclaration du Syndic des Récollets de Toulouse, que les Messes ordonnées avoient été dites, leur fit adjuger un legs de 45 livres sans autre *Arrêt.* preuve, par Arrêt du 16 de Février 1678. Mais si le testateur qui a voulu qu'il soit dit pour lui un certain nombre de Messes, a chargé de ce soin un Ecclésiastique, l'héritier doit le lui laisser, & ne peut les faire dire par autres que ceux que cet exécuteur aura choisis ; comme il a été jugé par Arrêt *Arrêt.* du 3 d'Août 1671, en une cause où il s'agissoit de trois mille Messes, que le testateur avoit ordonné être dite pour son ame, ayant aussi voulu qu'un Ecclésiastique de ses amis en eût le soin.

ARTICLE XII.
Du Legs révoqué.

LE testateur peut ajouter à son testament, ou en retrancher par codicile, comme il lui plaît ; ce qui cause souvent des difficultés en diverses especes (*a*). Celle-ci a été jugée par le Parlement ; Sempronius avoit institué Titius son héritier, & si Titius mouroit sans enfans, il lui avoit substitué Mævius. *qu.* 484. Depuis il avoit légué à Caïus, par codicile, un fonds qu'il avoit ainsi tiré du corps de l'héritage universel & de la substitution ; mais ce légataire étoit mort avant lui : l'héritier de l'héritier en disputoit la possession au substitué, & sa raison étoit que le fonds ayant été légué, il n'étoit plus dans le

fidéicommis. Le fubftitué y répondoit que ç'avoit été fans effet,
& il étoit vrai ; auffi la Cour le lui adjugea.

(a) Si le teftateur vend la chofe qu'il a léguée, ou s'il la donne, ou fi la con lition fous laquelle le legs en eft fait n'eft pas purifiée, le legs demeure fans effet. Il eft nul, fi celui à qui il eft fait a écrit le teftament. Néanmoins **Arrêt.** il a été jugé par Arrêt du 16 de Décembre 1654, en la caufe de Noble Barthelemi de Grifon & de Demoifelle Françoife du Pré, que le legs de 600. livres fait à celle-ci par la teftatrice fa mattaine, étoit bon & valable, quoique fon pere eût écrit le teftament. Les motifs furent 1°. que cette légataire étoit filleule ; 2°. que fon pere ne pouvoit fe prévaloir de ce legs, la teftatrice ayant ordonné que les intérêts en feroient confervés pour la légataire. Ce fut ce qui repouffa l'objection que le pere & l'enfant, par la fiction du Droit, *una & eadem perfona cenfentur.*

ARTICLE XIII.
De l'Accroiffement.

LA part d'un cohéritier tombée en caducité accroît à l'autre : mais ce droit d'accroiffement (a) n'a pas lieu dans les fucceffions contractuelles, comme il l'a dans les teftamentaires. Si le mari & la femme conjointement ont donné leurs biens, s'étant réfervés une penfion pour leur fubfiftance, la penfion de celui qui mourra le premier n'accroîtra pas au furvivant ; **qu. 204.** elle fera éteinte. C'eft une regle que les alimens étant dus conjointement à deux, les penfions auxquelles ils ont donné caufe, ne font pas fufceptibles des impreffions de ce droit d'accroiffement. Il n'entre pas dans les occafions où les paiemens font réitérables ; comme il a été jugé par Arrêt du 8 de Juin 1459, en la caufe de la veuve d'Antoine Vaciere, contre Étienne du Platre, du Mandement de Cornillon. Mais fi le (b) légitimaire n'a fait aucune demande, ni de légitime ni de fupplément ; l'un & l'autre accroît au (c) fidéicommiffaire, ou à l'héritier s'il n'y a point de fidéicommis.

(a) Réguliérement ce droit *locum non habet in contractibus*, parce que l'on s'y arrête précifément à la volonté exprimée des parties, fans l'étendre d'un cas à un autre. *V. tamen* Gomez, *var. refol. tom. 1, cap. 10, n. 1 & feqq.*
(b) La légitime non demandée accroît à l'héritier ; comme il a été jugé **Arrêt.** par des Arrêts. Le Confeiller de Rabot en rapporte un dans fes notes fur la queftion 303. Il y en a d'autres depuis, & entr'autres un du 18 de Juillet 1659. **Arrêt.**
(c) C'eft une regle que l'accroiffement a lieu entre les fubftitués. Néanmoins il a été jugé par Arrêt du 15 de **Arrêt.** Juin 1612, qu'il n'en a pas dans la fubftitution d'une femme en la moitié des biens de fon mari.

SECTION

SECTION III.

DES Subſtitutions & des Fidéicommis.

ARTICLE I.

De l'Inſtitution priſe pour Subſtitution.

LE mot d'inſtitution eſt ſouvent pris (*a*) pour celui de ſubſtitution. Titius inſtitua Caïa ſa femme ſon héritiere univerſelle, & après elle il inſtitue Sempronius. Caïa eſt la vraie héritiere; Sempronius n'eſt que ſubſtitué. C'eſt auſſi dans ce ſens que ce mot eſt pris dans la Loi *Gallus*, qui eſt du Juriſconſulte Scævola ; & encore dans cette ſeconde eſpece : Henri homme de qualité, inſtitue un autre Henri ſon neveu ſon héritier univerſel, & où celui-ci mourra ſans enfans mâles, il inſtitue Henri de Varennes & ſes enfans mâles. Ce teſta- *qu. 538.* teur vivoit encore quand Henri premier inſtitué mourut ſans enfans mâles, & après celui-ci décéda auſſi Étienne ſecond inſtitué, ne laiſſant qu'un fils qui mourut en pupillarité. Jean de Varennes ſurvécut à Henri de Varennes ſon pere, & au fils d'Étienne, & contre les héritiers de celui-ci, qui étoit mort ſans enfans mâles & même en pupillarité, il préten- dit cette ſucceſſion : on tomboit d'accord que l'intention du teſtateur avoit été que le pere & le fils lui ſuccédaſſent enſem- ble, & non par ordre ſucceſſif; ils lui étoient étrangers, & par conſéquent il n'y avoit pas apparence qu'il eût deſiré que cet ordre de ſucceſſion fût gardé. Ils étoient même joints (*b*) par la choſe & par la force de l'expreſſion, *re & verbis*. C'eſt pourquoi l'héritage fut adjugé à Jean de Varennes ; la condi- tion favorable au pere fut préſumée répétée pour le fils, quoi qu'elle ne le fût pas en termes exprès & poſitifs. Pluſieurs réflexions appuyoient cette préſomption ; ils étoient en même degré ; il y avoit autant de raiſons pour l'un que pour l'au- tre ; ſi le teſtateur avoit prévu que le fils dût mourir ſans en- fans, il n'auroit pas manqué de s'expliquer comme il avoit fait pour le pere ; & enfin cette affectation de maſculinité faiſoit naître une forte conjecture, que le teſtateur avoit voulu que ſes biens demeuraſſent toujours à ſes héritiers & à leurs enfans mâles, & ne paſſaſſent jamais à l'autre ſexe, comme ils auroient pu, ſi le fils d'Étienne n'avoit eu pour héritier que

Y

fa mere ou fes fœurs. Ces confidérations déciderent la queftion à l'avantage de Jean de Varennes , & l'inftitution faite de lui eut la force & l'effet de la fubftitution fidéicommiffaire.

(a) Deux inftitutions univerfelles étant faites par un même teftament , pour avoir effet l'une après l'autre, la derniere paffe pour fubftitution. On regarde plutôt la volonté du teftateur que les paroles du teftament , lorfqu'elles fouffrent une commode interprétation. C'eft même la difpofition de la Loi *Gallus* , 29 *ff. de liber. & pofthum.* dans laquelle il y a deux inftitutions d'héritier pures & fimples.

(b) Il y a trois fortes de jonctions, 1. re *& verbis , quos fcilicet res & complexus nominum jungit , quorum exempla in L.* 142 *ff. de verb. fignif.* 2. *re tantùm , quibus feparatim eadem res legatur ;* 3. *verbis tantùm , quibus conjunctâ oratione ejufdem rei partes legantur.* Cujac. *obfervat. lib.* 23 , *c.* 31.

ARTICLE II.
De deux Subftitués.

COMME deux héritiers peuvent être inftitués dans un teftament , il y peut auffi avoir deux fubftitués ; & ça été une controverfe, fi l'un d'eux meurt avant l'héritier, à qui de celui-ci ou du fubftitué furvivant appartiendra fa portion: l'opinion (a) de notre Auteur eft qu'elle doit être adjugée au fubftitué.

qu. 335.

(a) Cette opinion eft celle qu'on fuit dans les Jugemens.

ARTICLE III.
Du Concours de Subftitutions.

DANS le concours de plufieurs fubftitutions différentes, fi les conditions de toutes font purifiées en même temps , le fubftitué aura la liberté de faire le choix de celle qu'il croira lui être la plus avantageufe, comme s'il eft fubftitué vulgairement, pupillairement, & fidéicommiffairement. Cette queftion s'étant préfentée au Parlement, il l'a jugée de la forte.

qu. 531.

ARTICLE IV.
De l'Incertitude.

L'INCERTITUDE (a) qui procéde des conditions, caufe quelquefois des difficultés dans les fidéicommis. A Caïus héritier, Titius fon fils eft fubftitué ; & ce fubftitué eft chargé

de porter le nom & les armes du teſtateur. Celui-ci laiſſe deux
fils naturels & légitimes qui prétendent cette ſucceſſion, offrants
de ſatisfaire à la condition. Il importe de remarquer, pour la
déciſion de cette difficulté, qu'il y a de la différence entre la
ſubſtitution d'incertains dans le nombre de perſonnes incertai-
nes, & celle d'incertains dans le nombre de perſonnes certaines. Au ſecond cas la ſubſtitution eſt bonne & valable, & *qu. 467:*
non au premier ; tellement que comme la préſomption eſt que
la penſée du teſtateur n'alloit qu'à un, & non à deux, & que
par conſéquent il avoit regardé l'aîné des enfans de ſon fils, le
fidéicommis ne ſera ouvert que pour lui. C'eſt ainſi que les paroles, qui dans un teſtament ou dans un contrat, font mention
indéterminément de pluſieurs actes, ne ſont entendues que du
premier. En effet le Parlement l'a jugé ainſi en faveur de l'aîné,
quoique d'abord il ſemblât que les deux freres étoient appellés,
la ſingularité dans un intérêt commun ſe réſolvant facilement
en pluralité.

(*a*) La déciſion de cette queſtion | *ff. de verb. ſignificat. & L. hac conditio,*
eſt dans les Loix *eum qui Kalendis, ff. de* | *ff. de condit. & demonſtr.*
verbor. oblig. L. Boves, §. hoc ſermone, |

ARTICLE V.
Des Conjectures.

QUAND le fidéiommis n'eſt pas formel & littéral, les (*a*)
conjectures l'établiſſent. En voici quelques-unes. Si le
teſtateur a défendu l'aliénation de ſes biens hors de ſa famille ; *qu. 469:*
s'il a témoigné qu'il deſire qu'ils y demeurent à perpétuité ; s'il
a défendu à ſon héritier d'en teſter, s'il le prie que de lui ils *qu. 292:*
viennent à ſon fils ; ſi dans une ſubſtitution réciproque des mâles, il exclut les filles ; s'il leur défend d'y ſuccéder, impoſant
ſeulement aux mâles ſubſtitués l'obligation de les marier, on
préſumera qu'il y a un fidéicommis tacite.

(*a*) *In materiâ ſubſtitutionum & fidei-* | *inſpiciens, voluntates ultimas latè inter-*
commiſſorum, Senatus Gratianopolitanus, | *pretatur. Monſ. Expilly, chap. 5.*
potiùs mentem diſponentis quàm verba |

ARTICLE VI.
Des Enfans mis en Condition.

SI les enfans sont mis seulement en condition, on ne présume pas qu'ils soient substitués ni compris dans la disposition. Sempronius étant institué héritier ; s'il meurt sans enfans, Lucius-Titius lui est substitué : en ce cas, les enfans qu'aura Sempronius en mourant, feront bien cesser le fidéicommis (a) qui appelle Titius, & néanmoins il n'y en aura point pour eux ; si ce n'est que la volonté évidente du testateur les favorise.

qu. 39. Cette évidence est dans cette clause : Si mon héritier meurt sans enfans, & ses enfans sans enfans, je substitue Titius. Le *redoublement de* cette *condition* (b) est une preuve que la volonté du *qu. 184.* testateur est non-seulement que son bien passe aux enfans de son héritier, mais encore aux leurs. Le Parlement le juge ainsi, comme il a fait entr'autres en la cause des filles du Seigneur *qu. 600.* de Saomon, contre le Dauphin même, que ce Gentilhomme avoit fait son héritier ; & en celle de la Dame de Clermont, contre les Seigneurs de Vinay & de Vatilieu freres, l'an 1453 ; en celle du Seigneur de Costaing & du Seigneur du Bouchage l'an 1456 ; & encore l'année suivante en une autre contre Antoine Valier & ses freres.

(a) Le Conseiller de Rabot remarque sur la quest. 184, qu'un pere étant chargé d'un fidéicommis envers ses enfans collectivement, ne peut nommer & choisir l'un d'eux pour le recueillir au préjudice des autres. Ce *Arrêt.* qui a été jugé ainsi par Arrêt du 16. de Décembre 1529, contre l'opinion de Guy Pape, dans cette question 184. A plus forte raison ce choix ne pourra être fait par celui qui est obligé de rendre à des personnes qui lui sont étrangeres ; comme il a été jugé par *Arrêt.* Arrêt du 6. de Février 1682. pour les sieurs Armet, Rochemont, & l'Espinasse contre M. Colomb. Avocat, en une cause évoquée du Parlement de Dijon.

(b) Il faut, pour un fidéicommis qui n'est pas littéral, que les conjectures soient si fortes, qu'elles ne permettent pas de douter de la volonté du testateur ; & le redoublement de cette condition en est une convaincante.

ARTICLE VII.
De l'Interruption.

L'INTERRUPTION des degrés n'est pas un obstacle (a), comme on l'a quelquefois prétendu. Un pere substitue réciproquement ses deux fils, qui sont ses héritiers universels : s'ils meurent sans enfans mâles, il leur substitue Titius son cousin, & à celui-

ci, au même cas de mort fans enfans mâles, Caïus & Sem- *qu. 550.*
pronius freres. Titius meurt le premier fans enfans, & après
Titius les deux héritiers univerfels, auffi fans enfans. Celui
d'eux qui mourut le dernier ayant fait un étranger fon héritier,
Caïus & Sempronius demandent pour eux l'ouverture de cette
fubftitution. Quoique l'on ne puiffe nier que Titius étant mort
avant les héritiers, l'ordre n'en ait été interrompu; néanmoins
leur prétention eft jufte, étant indifférent que le premier
fubftitué meure devant ou après l'héritier. Le Parlement l'a
déclaré dans cette même efpece par plufieurs Arrêts.

(a) La Loi *Cohæredi*, la Loi *Titius*, | *fus, de Leg.* 2. & la Loi *quandiù*, *ff. de*
ff. de vulg. & pupill. fubftit. la Loi *Cel-* | *hæred. acquir.* decident cette queftion.

ARTICLE VIII.
De la Subftitution des Siens Héritiers

LE teftateur fubftituant à fon héritier les fiens, ne regarde
que les enfans de ce même héritier, à l'exclufion de tous *qu. 306.*
autres. Une mere qui a un fils & des filles, inftitue fon fils fon
héritier univerfel, & lui fubftitue fes filles, s'il meurt fans *(a)*
héritiers légitimes. Elles exclurront le pere & l'aïeul, quoique
la qualité d'héritiers légitimes leur foit donnée par le droit.
La raifon en eft que dans ce cas, celui-là eft appellé héritier
légitime, qui eft du fang de l'héritier : autrement il arriveroit
que les afcendants, & même les collatéraux jufqu'au feptieme
degré, l'emporteroient fur les fubftitués, parce qu'ils font auffi *qu. 457.*
appellés héritiers légitimes. Y auroit-il rien de plus oppofé à
la volonté du teftateur ? C'eft comme le Parlement l'a fouvent
jugé.

(a) Nomine hæredum in teftamentis | *tantùm intelliguntur ; in contractibus*
& ultimis voluntatibus, defcendentes | *autem hæredes omnes qualefcumque.*

ARTICLE IX.
De la Préfomption pour les Mâles.

QUAND il y a lieu de préfumer que la volonté du teftateur eft pour les mâles, il s'y faut conformer: par cette
raifon, lorfque dans le premier degré de fubftitution ou dans
l'inftitution il a appellé fes mâles, quoiqu'il n'en foit pas
fait mention dans les autres *(a)* degrés, il y faut tenir la même *qu. 483.*
difpofition pour répétée, principalement dans l'intérêt d'une

Y 3

famille illustre, dont la dignité ne se conserve & ne se perpétue que par les mâles. D'ailleurs, c'est une regle qu'il faut chercher dans les clauses (*b*) qui précédent & dans celles qui suivent, l'éclaircissement dont on a besoin dans ces obscurités & dans ces occasions, comme notre Jurisconsulte dit qu'il l'a vu juger.

(*a*) La volonté du testateur est présumée uniforme dans tous les degrés, & cette présomption est *juris & de jure.* Nulles causes de changement ne se présentent, n'y ayant ni diversité ni différence.

(*b*) *Ex superiore aut inferiore scripturâ, consuetudine patrisfam. famâ, animo, vitâ, dictis; ex his rebus quæ personis attributæ sunt, defuncti voluntas colligi ac considerari potest.* Autor. ad Heren. *lib.* 1; Cicero, *de invention. lib.* 2.

ARTICLE X.
Du Fils de la Fille.

C ETTE disposition dans les fidéicommis, A SON FILS & A SES ENFANS MALES, ne s'étend pas réguliérement au fils né de la fille du testateur, il la faut (*a*) renfermer dans son agnation, que vraisemblablement il a voulu préférer à ceux d'une famille étrangere, qui sont nés d'un autre sang que le sien; sa fille entrant dans une autre famille, est sortie de la sienne, si pourtant il paroît qu'il n'a point eu cette pensée pour faire cette différence, on n'en fera point. Titius fait son fils & sa fille ses héritiers, & leur substitue Seïus s'ils décédent sans enfans mâles : il ne leur en reste point quand ils meurent, mais seulement quelques petits-fils, *nepotes*, nés de leurs filles mortes auparavant; la volonté reconnue du testateur leur donnera ou leur ôtera cette succession. Notre Auteur ne s'explique pas plus clairement, & ne dit rien davantage.

qu. 611.

(*a*) Quand le fidéicommis ne regarde point l'agnation, mais seulement la masculinité, celui qui aura des petits-fils de ses petites-filles, ne peut être dit mort sans mâles; & par conséquent ils sont appellés ou font cesser le fidéicommis. Jugé par Arrêt du 30. de Mai 1634, en la cause des petits-fils de Sabatier, nés de sa fille, contre Lancefort, évoquée du Parlement de Toulouse. Mais dans les fidéicommis purement masculins, faits par celui qui s'est proposé de laisser ses biens dans son agnation, les fils de la fille n'ont rien à prétendre. Jugé par Arrêt du 23 de Juin 1649, contre noble René de la Tour de Gouvernet, fils ainé de Charlotte de Sauvain, suivant la doctrine de Dumoulin *in consuet. Paris.* §. 25. *gl. in verbo* les femelles; Peregrin *de fideicomm. art.* 26, *n.* 15; Grassus §. *fideicomissum, q.* 15 *n.* 2; Mantic. *de conjectur. lib.* 8, *tit.* 11 *n.* 7. Il y a néanmoins un cas, où le petit-fils ainé de

Arrêt.

Arrêt.

la fille, exclut dans le fidéicommis masculin, le petit-fils né du fils; c'est si celui-ci est né sourd & muet; *Arrêt.* comme il a été jugé par Arrêt du 8 de Septembre 1683, contre Noble Henri de Tuffel, sourd & muet de naissance, pour les enfans mâles du Sieur de Pradines, nés d'une fille de la maison de Tuffel.

ARTICLE XI.
Des Enfans qui seront au temps de la Mort.

L A volonté du testateur est une Loi souveraine; si un pere fait ses fils ses héritiers, & leur substitue les enfans mâles qu'aura (a) sa fille au temps de leur mort, ceux qui naîtront après ne succéderont point comme ils auroient fait, si cette substitution avoit appellé indifféremment les enfans mâles de *qu. 511,* cette fille. Le Parlement la jugé ainsi, en suivant la volonté déterminée du testateur pour des enfans nés & non à naître.

(a) Comme réguliérement il ne se fait pas d'extension *de casu ad casum,* ni *de personâ ad personam,* il ne s'en fait pas non plus *de tempore ad tempus,* quand le testateur a marqué précisément un temps ou un âge certain: ainsi la substitution des plus âgés des fils ou des filles, s'entend de ceux qui seront, quand la condition arrivera, & non de ceux qui étoient quand le testament a été fait, ou lorsque le *Arrêt.* testateur est mort. Jugé par Arrêt du 5. d'Août 1636, pour Claude Bruere, contre Imbert de Rochechinard. Mais si l'héritier a la liberté de choisir un, entre plusieurs qui lui sont proposés par le testateur; il aura encore celle de charger de fidéicommis celui qu'il élira Jugé par Arrêt du 20 de Mai *Arrêt.* 1622, rapporté par Mr. Basset *tom. 1, liv. 5, titr. 5, ch. 2.* il faut pourtant que ce fidéicommis soit en faveur de l'un des autres éligibles; & encore n'est-il pas tant considéré comme fidéicommis, que comme seconde élection. En effet, le fidéicommis est une seconde institution héréditaire; & par conséquent il n'en peut être fait de véritable, que par le propriétaire de la chose que l'on y assujettit.

ARTICLE XII.
Des Enfans nés du Corps.

C ETTE même raison de la volonté expresse du testateur est aussi la décision de ce cas. Un pere qui a trois fils & trois filles, fait ses fils ses héritiers universels; il les substitue réciproquement les uns aux autres, & s'ils meurent sans enfans, nés de leur corps & en légitime mariage, il leur substitue les filles & leurs enfans: il en meurt deux sans enfans, & au troisieme survit une petite-fille, *neptis,* née de sa fille à qui cette *qu. 353.*

succeſſion eſt diſputée par ſes tantes , filles du teſtateur, qui
avoient ſurvécu leurs freres. Le fondement de leur action étant
que cette fille , leur niece, n'étoit pas née du corps de leur
frere ſubſtitué à ſes freres , il eſt certain que la ſubſtitution doit
être accomplie en ſa forme ſpécifique & dans ſon ſens naturel :
or le corps du pere eſt différent de celui de ſa fille ; d'ailleurs
il n'y a pas apparence que le pere ait appellé à ce fidéicommis
ſa petite-fille, qu'il n'a pas vue, au préjudice de ſes propres
filles , & qu'il ait voulu la leur préférer ; tellement que notre
Décisionnaire conclut pour elles , donnant l'excluſion à leurs
nieces.

(a) *In hâc materiâ debet intelligi* | prouve notre Auteur dans ſon conſeil
de proximo & immediato , comme le | 18 , *n.* 2.

ARTICLE XIII
L'Excluſion de la Mere.

UN des effets de (a) la ſubſtitution pupillaire , eſt qu'elle
exclut la mere , à l'égard même de la légitime , en faveur
des freres & des ſœurs ſubſtitués. Un pere en mourant laiſſe
deux filles , l'une impubere , l'autre en âge de puberté, & il
les fait ſes héritieres univerſelles : ſi l'impubere meurt en pupillarité , ou ſans enfans en quelque âge que ce ſoit , il lui ſubſtitue la ſurvivante par ſubſtitution vulgaire , pupillaire & fidéicommiſſaire. Etant morte en pupillarité , ſa mere prétendoit lui
ſuccéder avec ſa ſœur ſubſtituée ; mais cette prétention étoit
mal fondée, le teſtateur ayant pourvu lui-même de ſa ſucceſſion
par ces trois genres de ſubſtitution. Et dans cette eſpece la pupillaire eſt expreſſe , & par (b) conſéquent , comme expreſſe ,
elle exclut la mere à l'égard de la légitime. Il eſt vrai auſſi que
dans cette eſpece, il eſt ſuppoſé que cette ſœur n'eſt que con-
ſanguine de l'autre , à laquelle ſurvit ſa propre mere.

(a) Dans la ſubſtitution pupillaire, il | me dans les biens de ſon fils mort en
faut que celui qui l'a faite ait le pupil | pupillarité , la ſubſtitution pupillaire
en ſa puiſſance, *jure paterno* , & qu'il | doit être directe , & expreſſe. Jugé
l'ait inſtitué ou déſhérité. | par Arrêt du 7. d'Août 1630.

(b) Pour exclure la mere de ſa légiti- |

ARTICLE XIV.

De la Subſtitution Pupillaire.

UN pere qui a déshérité ſon fils impubere, (a) peut néanmoins lui ſubſtituer pupillairement. Il le peut encore dans *qu. 512.* le cas d'une vraie & parfaite prétérition ; & ce qui rend plus fort le jugement du pere eſt le conſentement du tuteur.

(a) Le ſubſtitué ſuccede au teſtateur, & au pupil dans la ſubſtitution pupillaire, & même aux biens venus au pupil d'autre que du teſtateur ſon pere ; & dans la compendieuſe *ſi ſine liberis*, elle eſt compriſe & comprend généralement tous les biens du pupil, *Arrêt.* d'où qu'ils viennent : il a été jugé par Arrêt ; comme il a été auſſi, que cette ſubſtitution ne fait point de degré, par Arrêt du 17 de Mars 1634, en la cauſe *Arrêt.* de Joſſerand Perdrix & de Jean Mirabel, les Ordonnances d'Orléans & de Blois réglant ſeulement les ſubſtitutions fidéicommiſſaires, & non celle-là.

ARTICLE XV.

De l'Excluſion de la Mere ; cas de Subſtitution Pupillaire.

ON a douté de la nature de cette ſubſtitution : un pere legue à deux filles qu'il a, à chacune cinq cens florins, & en quelque âge qu'elles décédent, il leur ſubſtitue ſon fils, qu'il fait ſon héritier univerſel : l'une d'elles meurt en pupillarité ; ſa mere, ſa ſœur & ſon frere, qui lui eſt ſubſtitué, lui ſurvivent. Il ſemble d'abord que cette ſubſtitution eſt fidéicommiſſaire ; car d'un côté elle eſt conçue en termes & en mots communs, qui conviennent à la compendieuſe, & d'ailleurs le legs eſt d'une choſe ou d'une quantité certaine, de maniere que la mere auroit part à ſa ſucceſſion, joint que ce legs d'une ſomme a ſuccédé à la légitime & en tient lieu, & elle ne peut être aſſujettie à aucun fidéicommis : ſi eſt-ce que l'opinion contrai- *qu. 522.* re, que le frere ſeul doit recueillir cette ſucceſſion, eſt la ſeule véritable, étant à préſumer que la volonté du pere a été de faire en ſa faveur, au cas que cette ſœur mourût en pupillarité, une ſubſtitution pupillaire directe. Le Parlement a ſuivi cette volonté préſumée (a), ayant dans cette même eſpece, donné au frere la ſucceſſion de la ſœur morte en pupillarité, à l'excluſion de la mere & de la ſœur qui lui ont ſurvécu. Il auroit peut-être jugé autrement, ajoute notre Auteur, ſi cette ſubſtitution avoit appellé un étranger, & non une perſonne ſi proche.

Z

(a) Ce qui appuya l'opinion que cette substitution étoit pupillaire directe, comprise sous ces mots : *En quel-* *que temps qu'elle décéde,* ce fut que le frere étoit substitué. On auroit été moins favorable à un étranger.

ARTICLE XVI.
De la Substitution Compendieuse, ses effets. Mere.

LA substitution (a) compendieuse ou abrégée, a l'effet de ces trois especes de substitutions, vulgaire, pupillaire & fidéicommissaire. Elle a celui de la vulgaire quand elle est conçue en termes communs, qui conviennent également aux substitutions & aux fidéicommis ; elle devient pupillaire après l'adition ; & enfin elle est fidéicommissaire après la pupillarité. Ainsi lorsqu'un pere a substitué à son fils pupil, s'il meurt sans enfans, cette substitution est fidéicommissaire après la pupillarité. Le Parlement en a fait des Arrêts ; & cela étant, la mere qui se trouve entre l'héritier & le substitué, gagne deux quartes.

qu. 511.

(a) Cette substitution comprend tous les genres de substitution, selon les temps & les cas. La substitution pupillaire comprise sous la compendieuse, exclut la mere de la trébellianique, & non de la légitime. Jugé *Arrêt.* premiérement l'an 1560, en la cause de Dame Jeanne de Beaumont d'Autichamp, & depuis, plusieurs fois en d'autres. On a suivi en cela l'opinion de Decius, *in L. Prioribus C. de impuber. & aliis substit.* & ce Docteur *mediam viam sequutus est.*

ARTICLE XVII.
De la Mort Civile.

LA mort naturelle seule donne lieu à l'ouverture des fidéicommis. Notre Décisionnaire ayant remarqué qu'il y a quatre sortes de morts civiles, n'a pas observé qu'il y en ait aucune qui réponde, pour l'ouverture du fidéicommis, à la mort naturelle. Le Parlement n'avoit non plus encore jugé cette question ; qui l'a été en nos jours par (a) Arrêt du 15 de Mai 1609, contre le fidéicommissaire.

qu. 547.

Arrêt. (a) Cet Arrêt fut rendu sur les conclusions de Mr. Expilly, qui le rapporte dans son plaid. 19. Le cas en étoit un héritier chargé de fidéicommis, condamné aux galeres. Il fut ainsi jugé qu'il n'y a que la mort naturelle qui donne lieu à un fidéicommis. Et la même chose a encore été jugée par divers Arrêts, & entr'autres par deux, l'un contre Taxil & Dardie du 17 de Février *Arrêt.* 1633, & l'autre du 25 du même mois *Arrêt.* 1635. *V.* Ferriere sur cette quest. 547.

ARTICLE XVIII.

De la Restitution du Fidéicommis.

LA restitution du fidéicommis se fait ou verbalement ou réellement. Le fidéicommissaire, (a) avant même qu'elle soit faite, peut agir contre les tiers possesseurs des biens qui en dépendent, par revendication. En certains cas elle est retardée ; en d'autres elle n'est pas due. Si le fidéicommis n'est restituable que sous condition, il faudra (b) attendre que cette condition soit purifiée. L'aliénation de la chose fidéicommissée est pourtant irrévocable en quatre cas ; 1°. si elle a été faite pour le paiement d'une dette (c) du testateur ; 2°. si la chose a été donnée pour cause de noces ; 3°. si elle a été vendue pour les alimens de l'héritier ; 4°. si elle l'a été pour le rachat du fils de ce même héritier, qui lui est substitué, & qui étoit tombé en captivité. Néanmoins si le testateur a défendu toute aliénation, & même en ce cas, celle qui aura été faite sera nulle, & par conséquent sans effet.

qu. 601.

(a) Il est surprenant que notre Auteur veuille que le fidéicommissaire, avant la restitution du fidéicommis, puisse agir par revendication, puisque même il ne peut lui être restitué par anticipation, au préjudice des créanciers de l'héritier ; comme il a été jugé conformément au Droit, par plu- *Arrêt.* sieurs Arrêts. Mais peut-être entend-il parler des choses aliénées par le testateur même, ou par les Auteurs de celui-ci, & non par l'héritier, ou de l'interruption des prescriptions.

(b) Le fidéicommis n'étant restituable qu'après la mort de l'héritier, ses créanciers en feront annuller la restitution anticipée. Il y en a plusieurs *Arrêt.* Arrêts ; en voici quelques-uns. 1°. Pour Antoine Verseil, contre Antoine Fiozet *Arrêt.* le 18 de Juillet 1642. 2°. En la cause de Dame Anne d'Arbaud, & les hoirs de François de Balco, le 14 d'Août *Arrêt.* 1648. 3°. En la cause de N. Pierre de Souffrey, & de Dame Françoise Lau-

rence de Baronnat, le 21 de Mars 1653. *Arrêt.* 4°. En celle d'Helene Tardy, héritiere de M. Pierre de Loulle, Avocat, intimée en appel, contre Anne, Jeanne & Helene Peloux, le 8 d'Août de la même année 1653. 5°. Pour Marie *Arrêt.* Nicolas, par Arrêt du 18 de Novembre 1675, contre Georges Figuet qui avoit *Arrêt.* émancipé son fils, pour le rendre plus capable de recevoir ce fidéicommis.

(c) Et même pour un de l'héritier en certains cas, comme si l'héritier homme de qualité a été mis en prison, & n'en peut sortir que par la cession de biens : pour lui éviter cette honte, la vente qu'il aura faite tiendra ; comme il a été jugé par Arrêt du 9 de Mai *Arrêt.* 1636, pour le Sieur Pichot, Conseiller en la Cour des Aides de Montpellier, contre les enfans de Jean Pichot ; *scilicet ex præsumptâ mente testatoris*, qui n'auroit pas abandonné à cette honte & à ce déplaisir son héritier, *quem prædilexit.*

Z 2

ARTICLE XIX.

Des Charges du Fidéicommiffaire.

qu. 296. COMME la propriété regarde le fidéicommiffaire, il eft obligé de contribuer aux frais des funérailles du teftateur, à proportion de neuf onces, & (a) l'héritier à concurrence de trois onces, qui font la quarte trébellianique : il contribuera fur le même pied aux habits de deuil, à l'entretenement de la veuve, durant l'année de viduité, & à toutes les grandes & extraordinaires dépenfes qui fe font pour augmenter ou pour conferver; mais il paie feul tous les legs.

(a) L'héritier dans les fidéicommis, n'eft qu'ufufruitier; auffi eft-il tenu aux mêmes charges & aux mêmes devoirs que l'ufufruitier, qu'il imite prefque en toutes chofes.

ARTICLE XX.

Des Détractions du Fidéicommis.

qu. 296. LA dot eft une des détractions que les fidéicommis doivent fouffrir. Il y (a) en a de *deux efpeces* ; les unes font *de droit*, & les autres *de fait*. Elles confiftent toutes en la trébellianique, aux frais funéraires, aux legs, aux dettes paffives de l'héritage, qu. 97. aux réparations & aux méliorations. Le fubftitué en doit d'abord faire offre, & même par fa demande ; s'il ne le fait, l'héritier n'eft nullement obligé de rien offrir, & aucune demeure ne lui fera imputée ; les fruits n'étant même reftituables qu'après une interpellation légitime.

(a) *In haereditate fideicommiffaria detrahitur* 1°. *legitima, oneribus deductis;* 2°. *trebellianica ex quarta parte bonorum, detractis legitimis;* 3°. *fubftitutus ex refiduis legata exfolvit;* 4°. *ad expenfas & meliorationes, pro rata bonorum, exfolvendas tenetur haeredibus haeredis primi gradûs inftituti.* Matth. Ni le poffeffeur des biens fujets au fidéicommis, ni le fidéicommiffaire n'eft obligé de faire juger ces détractions : mais ils le font d'en donner l'état, & après, elles feront jugées aux frais main-levables du pourfuivant. Jugé par Arrêt du 17 de Novembre 1620, de l'avis des Chambres. *Praelegatum verò his verbis conceptum :* Pour en jouir à la vie & à la mort, *non venit in reftitutionem fideicommiffi univerfalis. Judicatum menfe Junio* 1610. Et même au cas du fimple prélégat, par Arrêt du 8 de Mars 1630, en la caufe de Nobles Gafpard & Denis d'Etienne, contre N. Michel d'Etienne.

Arrêt.

Arrêt.

De la Dot sur les Fidéicommis.

QUOIQUE le pere ait renoncé à sa légitime en faveur du
fidéicommis, la dot de sa fille doit néanmoins être prise
sur les biens fidéicommissés. Noble Antoine de Bellecombe,
Seigneur du Touvet, fit Ainard de Bellecombe son fils, son
héritier universel, & lui substitua son fils ; mais il lui défendit
toute détraction de légitime & de trébellianique, & toute
aliénation de ses biens, même pour dot. La complaisance de
cet héritier fut si grande, qu'il consentit à tout, avec serment,
ayant promis de n'y point contrevenir. Il maria depuis Catherine sa fille à N. Regnier du Puy, lui ayant promis douze cens
florins d'or pour sa dot. Antoine de Bellecombe, dernier Seigneur de Bellecombe & du Touvet, de cette famille, son
fils, qui lui avoit été substitué, lui succéda ; mais il accepta
son héritage sous bénéfice d'inventaire, & refusa de satisfaire
au paiement de cette dot : le testament de son aïeul & le
consentement juré de son pere, lui fournissoient toutes ses exceptions contre la demande de son beau-frere & de sa sœur. La
premiere question qui fut agitée lorsqu'on jugea ce procès, fut
si ce fils avoit pu renoncer à sa légitime (*a*) par une convention
avec son pere ; & la seconde, si en étant privé lui-même par son
consentement, il lui avoit été permis de charger les biens du
fidéicommis, de la dot qu'il avoit promise à sa fille : on tomba *qu. 96.*
d'accord touchant la premiere, que son consentement, fortifié
d'un acte juré, lui étoit un obstacle insurmontable, quoique par
le Droit civil & par la coutume de ce Pays, les enfans du
premier degré ne puissent être privés ni de la légitime ni de
la trébellianique. LA DOT eut plus de faveur. On fit ces réflexions, qu'elle est une (*b*) dette de l'héritage plutôt que de
l'héritier ; que le testament n'empêche pas que les dettes de
l'héritage ne soient payées ; que si le testateur avit eu la liberté
de défendre l'aliénation volontaire, il ne l'avoit pas eu à
l'égard de la vente nécessaire ; & que c'étoit une nécessité que
la dot d'une fille fût payée à son mari. On ajouta qu'il n'étoit
pas à présumer que l'aïeul eût voulu que sa petite-fille fût sans
dot ; que cela auroit été contre les bonnes mœurs & contre
l'utilité publique ; que la défense d'aliéner & la promesse de
n'y point contrevenir, ne s'entendoient pas des enfans, non plus
que la défense d'aliéner en faveur d'un plus puissant ; que ce seroit

porter la fille & la petite-fille à de funestes & honteuses extrê-
mités ; & que comme lorsqu'on s'est obligé à n'exercer point
quelque Art , la présomption n'est pas qu'on ait entendu de ne
point entrer dans cet exercice , si l'on ne peut mieux faire , ni
vivre commodément sans cela. Ce n'en étoit pas non plus une ,
que le pere qui a renoncé & promis de n'en faire aucune aliéna-
nation , se soit proposé de priver sa fille de ce secours , sans
lequel elle auroit été dans un danger continuel de ne pouvoir
vivre commodément , ni même honnêtement. En effet , l'aïeul
n'avoit pas défendu de doter sa petite-fille , mais seulement
d'aliéner & de vendre pour la dot ; ainsi l'aliénation étoit bien
défendue , mais le contrat par lequel il faudroit nécessairement
venir à cette vente , ne l'étoit point ; & en cela il n'y avoit
rien du fait de l'héritier. C'est même l'opinion de Balde que le
cas du paiement de la dot , & de la donation à cause de
noces , n'est pas compris dans cette défense , quelque expresse
qu'elle soit. Quand le pere a fait cette constitution de dot ,
il n'a rien fait de contraire à la disposition du testateur ; &
quand le mari a exécuté sur les biens du fidéicommis , il a suivi
celle de la Loi. La qualité de la dot fit naître encore une forte
considération ; elle tient lieu de légitime , & la légitime
tient lieu d'alimens. Quel moyen y a-t-il de se figurer qu'un
aïeul eût eu assez d'inhumanité pour défendre à son fils de donner les alimens à sa fille , puisque les refuser c'est une espece
d'assassinat ? Ce fut par ces raisons que le Parlement permit par
son Arrêt du mois de Décembre 1455 au mari & à la femme,
de continuer leurs exécutions sur les biens du fidéicommis.

(a) Les enfans ne peuvent renoncer à leur légitime non plus qu'aux
alimens , & encore moins au préjudice
de leurs enfans, qu'il leur seroit permis
de faire ainsi mourir de faim , puisque
necare videtur qui alimenta denegat ,
dit la Loi. Hotoman n'a pas mieux
traité cette question 96 que quelques-
autres, ne s'étant proposé que d'exercer son esprit & d'étaler son savoir
par sa critique.

(b) Néanmoins la dot constituée
volontairement par le mari à sa femme,
n'affecte les biens fidéicommissés ,
qu'autant que la légitime & la trébellianique du constituant s'étendent ;
comme il a été jugé en la cause d'Isabeau Menot, demanderesse en exécution
d'Arrêt du 31 de Janvier 1682 , contre
Pierre & Louise Bonnefont, par Arrêt
du 7 Juillet 1683.

ARTICLE XXII.
De la Dot Subſtituée.

LA dot (a) eſt favorable & intéreſſe le Public ; c'eſt pourquoi elle ne peut facilement être aſſujettie d'une ſubſtitution ; *qu. 613.* & en tout cas ce ne ſera que pour ce qui ſurpaſſera la légitime, qui eſt un don de la Loi. On le juge ainſi dans le Parlement.

(a) Le pere peut charger ſa fille de rendre ſa dot ; mais en même temps elle pourra auſſi demander ſa légitime, qui lui ſera adjugée, quoiqu'elle ſoit plus forte que la dot. Notre Déciſionnaire emploie la Loi *Lucius*, §. *maritus* *Arrêt.* ff. *ad trebellian.* dans cette queſtion 613 : mais elle eſt dans le cas d'un mari, *qui rogat uxorem de dote reſtituendâ*, & non d'un pere & d'une fille ; Hotoman en fait la remarque *lib. 5. obſervat.* De même le pere peut charger de fidéicommis la portion de ſes biens qu'il a donnée à ſon fils par contrat *Arrêt.* de mariage & pour cauſe de noces. Un pere qui avoit deux fils, les inſtitua ſes héritiers *aquis partibus*, par le contrat de mariage de l'un deux ; & en mourant il les ſubſtitua réciproquement, en cas de mort ſans enfans mâles. Il eſt procédé enſuite au partage de ſes biens ; & la condition étant purifiée, le fidéicommis fut ouvert ſur la part échue au fils marié, décédé *ſine maſculis*, par Arrêt du 18 de Déc. 1660, *Arrêt.* pour Noble Iſaac de Garnier, Maître ordinaire en la Chambre des Comptes de Dauphiné, contre Jacques Bajoud. A plus forte raiſon il n'y a pas à douter, quand une portion certaine eſt donnée pour cauſe de noces, comme la moitié ou le tiers des biens, pourvu que ce ſoit en faveur d'un frere, d'une sœur ou d'une perſonne très-proche, & non d'un étranger. Jugé par Arrêt de l'an *Arrêt.* 1657, pour le Sieur Préſident de Caulès, contre le Sieur de Pins, Avocat Général, en une cauſe évoquée du Parlement de Toulouſe. Mais la mere n'a pas ce privilege ; qui n'eſt même accordé aux peres que pour la conſervation de leurs familles, à laquelle ils ſont plus intéreſſés que leurs femmes.

ARTICLE XXIII.
Ventes faites par l'Héritier.

L'HÉRITIER quoique obligé à reſtituer, peut vendre des biens du fidéicommis, à concurrence de la légitime & de la trébellianique, aux cas où elles lui ſont dues, & l'aliénation *qu. 605.* qu'il aura faite ſubſiſtera, au préjudice du ſubſtitué. Mais *qu. 606.* pour cela, il faut que cette vente ait été faite de bonne foi, *qu. 607.* & qu'elle ne ſoit pas de choſe trop précieuſe & trop impor- *qu. 608.* tante (a). Il ſemble pourtant qu'il devroit avoir le choix de ce qui lui plairoit & l'accommoderoit le mieux dans l'héritage pour le paiement de ſes deux quartes ; car ſi l'aliénation qu'il a faite pour ces deux quartes fubfifte ; à plus forte raifon ce qu'il voudra fe conferver , ne devroit pas être arraché de fes mains.

(*a*) 'Outre que cette aliénation doit être fans fraude, il faut qu'elle foit *rei* *hereditaria, nec melioris nec pretiofioris.* V. ci-après dans la fect. fuivante, art. 3.

ARTICLE XXIV.
De la Permiſſion d'Aliéner.

qu. 75.
MAis quand le teſtateur permettra à fon héritier de diſpoſer comme il voudra de fes meubles , de fon argent ou de quelqu'autre chofe ; les fubftitués , comme il a été jugé , voudront en vain l'empêcher (*a*).

(*a*) Il faut fuivre en ceci la volonté que le teſtateur a vraifemblablement eu ou dû avoir ; n'étant pas croyable qu'il ait voulu confentir à la diffipation de fon héritage, ce pouvoir fera reftreint *ad legitimum modum* : ainfi le Procureur & l'Agent *cum liberâ*, ne peut pourtant aliéner *rem magni pretii.* Franc. Marc. *q. 694, p. 2.* Et de même dans une obligation & une hypotheque générale ne font pas comprifes les chofes, *quas neminem credibile eſt pignori ſpecialiter daturum fuiſſe. L. fin. C. quæ res pignori.*

ARTICLE XXV.
Fidéicommis non reconnu.

qu. 232.
MAis s'il arrive que le fubftitué n'ait voulu ou pu reconnoître le fidéicommis (*a*) , & qu'il n'ait déclaré fa volonté par aucune demande ; il ne s'en fera point de tranfmiffion à fon héritier , parce qu'il n'eſt pas encore bien acquis au fubftitué, & que par cette raifon il n'eſt pas dans fes biens. C'eſt l'opinion de Guy Pape.

(*a*) Celui qui n'a point reconnu le fidéicommis & qui l'a méprifé, ne le transfere point ; fi eſt-ce que notre Auteur foutient dans fon confeil 122 que la mere même, en ce cas, en transfere le droit à fes enfans, & cette opinion a été depuis fuivie dans plufieurs Arrêts, par la regle que *le mort faifit le vif,* fans aucun fait de celui-ci. Quoique par Arrêt du 20 d'Août 1617, il ait *Arrêt.* été jugé contre Monfieur le Duc d'Epernon, que la tranfmiffion de l'hérédité ne fe fait point *ipfo jure* fans le fait de l'héritier; & il avoit déjà été par d'autres, & même par un du dernier jour *Arrêt.* du mois de Juillet 1601 , pour N. Guy Pape, Seigneur de Saint-Auban , l'un des defcendans de l'Illuftre Guy Pape.

SECTION

SECTION IV.

De * la Légitime, de la Trébellianique & de la Falcidie.

ARTICLE I.

Que la Légitime ne peut être ôtée à des Émancipés renonçant.

NI les peres ni les meres ne peuvent priver leurs enfans de leur légitime, quelques deffeins qu'ils en aient : c'eft *qu. 96.* une libéralité que leur fait la (a) Loi, qui s'eft réfervée le pouvoir de la leur ôter ; comme elle fait en certains cas, pour des caufes raifonnables. Mais elle n'eft due qu'après la mort du pere & de la mere, le légitimaire n'y ayant point le droit durant leur vie : s'il en avoit, les peres n'auroient pas la libre difpofition de leurs biens ; ils ne pourroient ni les vendre ni les engager. Le Parlement les a mis à couvert d'une prétention fi injufte, par les Arrêts qu'il a faits dans cette efpece. Il en a fait *qu. 293.* auffi, par lefquels il a jugé que les enfans qui ont renoncé, & ceux qui font émancipés, ne laiffent pas de faire nombre dans *qu. 599.* la fixation de la légitime. Il fuit l'opinion de Pierre Jacob.

---

* Pomponia Gratilla avoit déshérité Curianus fon fils, & ne lui avoit rien laiffé pour fa légitime, les peres & les meres n'y étant pas alors fi abfolument obligés qu'ils l'ont été depuis, c'étoit fous le regne de Trajan ; elle avoit fait fes héritiers des gens de qualité, & Pline le jeune étoit du nombre. Curien les follicitoit de lui rendre les biens de fa mere ; & dans une conférence qu'ils firent pour y délibérer, Pline lui dit : *Si mater te ex parte quartâ dixiffet bæredem, nùm queri poffes ; quòd fi bæredem quidem inftituiffet ex affe, fed legatis ità exhaufiffet, ut non ampliùs quàm quarta pars remaneret ? igitur tibi fufficere debet, fi exhæredatus à matre quartam partem ab bæredibus ejus accipias, quam tamen ego augebo.* Plin. *lib. 5. Epift.* C'étoit le difcours & le procédé d'un honnête homme. Curianus accepta ce parti & cette quarte, qui regardoit la légitime, Curien n'ayant point de falcidie à prétendre, puifqu'il n'étoit pas héritier : & d'ailleurs la Loi Falcidie n'avoit point encore été faite. Lucius Falcidius Tribun du peuple, fut l'Auteur de la Loi qui donna cette quarte aux héritiers ; mais Tribonien l'a beaucoup altérée, fi elle étoit telle qu'Eufebe la repréfente, *ad ann. M.* 5160 : & cet Auteur vivoit fous le regne de Conftantin le Grand, la Loi Falcidie ayant été faite fous celui d'Augufte.

(a) C'eft la Loi *Quoniam in prioribus* C. *de inofficiof. teftam.* Ce droit eft réciproque entre les peres & meres, & leurs enfans. La légitime de la mere eft le tiers du total. Jugé, les Chambres

Aa

Arrêt. ayant été confultées , par Arrêt du 5 de Mars 1641 , & par un précédent de *Arrêt.* l'année 1640 , & *non triens trienris* , comme il avoit été jugé par d'autres que rapporte M. Expilly chap. 176 ; & *nunc hoc jure utimur.* Mais la mere qui n'en a point fait de demande, n'en tranfmet pas le droit à fon héritier. *Arrêt.* Jugé par Arrêt du 16 de Juin 1681 , pour Magdelaine Hommage, M. Mal-

let ayant plaidé pour elle. Si après la mort de leur pere , les enfans demandent légitime fur les biens de leur aïeul, ils y imputeront ce qu'ils auront reçu de l'augment conftitué à leur pere dans fon contrat de mariage, parce qu'il eft auffi venu des biens de leur aïeul. Cette queftion , qui n'étoit pas fans difficulté, a été ainfi jugée par Arrêt du 7 de Mars 1677.

ARTICLE II.
Du Supplément de Légitime.

LE fils légataire, fi le legs qui lui a été fait ne remplit pas fa légitime , en peut (a) demander le fupplément, quoiqu'il *qu.* 81. ait été payé de ce legs, & qu'il n'ait fait aucune proteftation: il a pour cela contre l'héritier, une action qui lui eft libre d'intenter durant trente ans. Le Parlement le juge ainfi, en conformité *qu.* 93. de la coutume générale de ce Pays ; comme il a fait au cas même du legs payé, par Arrêt du 4 Décembre 1455, en la caufe de Pierre Fontaine & de Châtelain Chanterel. Mais le paiement de ce qui eft adjugé pour fupplément, fuit la qualité de la *qu.* 487. légitime : fi elle eft léguée en deniers, il fera fait auffi en deniers ; il n'eft qu'un acceffoire qui fuit le principal.

(a) Il n'y a plus de demande pure & fimple de fupplément. Ceux à qui il a été donné ou légué, font tenus de choifir ou ce qui leur a été donné ou légué, ou la légitime indéterminément. Ce qui leur eft ordonné, comme *Arrêt.* il le fut par Arrêt du 9 de Juin 1667 , aux fieurs de Vachon freres. Et il l'avoit *Arrêt.* déjà été par un du 13 de Mai 1634, à Dame Barthelemie de Commere. (Voy. *Arrêt. contrà* l'Arrêt de demoifelle Sufanne Pafquet, femme de Me. Jean Aubert Procureur en la Cour , contre fieur Honoré Pafquet fon frere, du 13 Août 1708 en l'Audience publique du lundi.) Après cela ils agiffent pour la légitime & non pour le fupplément. Ce qui ne fe pratiquoit pas du temps de Guy

Pape, ni même du temps du Confeiller de Rabot, qui dit fur cette queftion 93 que *filius poteft , pendente judicio fuper fupplemento legitima , petere nihilominùs relictum à patre , quia five obtinuerit , five fuccumbat, relictum confequetur.* Si l'héritier contefte fur le fupplément, fans obliger le légitimaire à ce choix, l'eftimation des biens fe fera, & dans l'action auffi pour la légitime, par experts, *ex æquo & bono*, & non fur le pied du denier vingt fimplement ; & le fupplément fera payé *au choix de l'héritier*, en fonds ou en deniers. Jugé par Arrêt du 9 de Juin *Arrêt.* 1673 , entre les Robin. Et fi le légitimaire n'a point agi lui-même pour ce fupplément; fes enfans n'y feront pas reçus, parce que *agnovit legatum*, & qu'il a fait lui-même cette option. *Arrêt.* Jugé par Arrêt du 16 de Juin 1681, contre Armand & Marguerite Hommage. Au reste si la femme mariée fait cette demande, ce choix sera fait au péril du mari, qui sera contraint de *Arrêt.* s'y tenir. Jugé par Arrêt du 13 de Mai 1636, entre N. Antoine Commere, Conseiller au Parlement de Toulouse, & Demoiselle Barthelemie Commere ; *Arrêt.* & par trois autres, l'un du 4 d'Avril 1637, entre M. Antoine de Serre

Avocat, & le Sieur Thevenin Juge Royal de la Ville de Vienne ; l'autre du 11 d'Avril 1638 ; & le troisieme *Arrêt.* du 16 de Juillet 1670, contre Clau- *Arrêt.* dine le Veneur, femme d'Antoine Verdier. Les intérêts du supplément sont adjugés dès le décès du pere, même contre les tiers possesseurs ; comme ils l'ont été par Arrêt du 19 de *Arrêt.* Janvier 1668, à Sebastienne de Solignac, contre N. Abel Masse, Sieur du Muret, & autres.

ARTICLE III.
Du Paiement de la Légitime & de la Trébellianique *.

LORSQUE le paiement de la légitime & de la trébellianique doit être fait en corps héréditaires, ce sera (a) en corps médiocrement bons, c'est l'expression de notre Décisionnaire, *qu. 608.* & non en ceux qui sont de grande considération & du plus haut prix, comme le sont les Seigneuries & les Domaines spécieux. Le Parlement le juge de la sorte. (b) Mais si on observoit le Droit commun à la rigueur, ces deux quartes seroient tirées de chaque corps & de chaque chose (c).

* V. Grass. §. *legitima* ; Barri de *succeff. lib.* 16 ; Hunn. *part.* 4, *tit* 11 ; Gregor. *synt. lib.* 44, *c.* 5 ; Mart *succeff. legal.* p. 1, q. 25.

(a) La décision de notre Auteur est suivie dans les paiemens de la légitime, de la trébellianique & de la falcidie ; & des fonds donnés pour le paiement de la légitime, nuls lods ne sont dus.

(b) Le paiement de ces quartes se fait *in re mediocri ex æquitate, & tamen arbitrio Judicis, nec ex singulis rebus detrahuntur.*

(c) *Deducto ære alieno & funeris impensâ. L. Papinianus 8, §. 9 ff. de inof. test.*

ARTICLE IV.
De la Légitime sur les Royaumes, &c.

NÉANMOINS à l'égard des Royaumes, des Duchés, des Marquisats, des Comtés, & des Terres revêtues de de Dignité, la légitime ne peut être prétendue qu'en deniers, *qu. 476,* pour en éviter la ruine & la dissipation. Ces Dignités & les corps auxquels elles sont unies, sont indivisibles (a). Il fut ainsi *qu. 487,* jugé par la Cour entre le Roi & le Duc de Savoie, pour les Comtés de Valentinois & de Diois.

(*a*) Le Conseiller Marc traite cette même question dans la 33 des siennes de la première partie, & Boërius dans sa décision 204, Papon dans ses Arrêts, liv. 1, tit. 10, art. 1. Tellement que c'est une regle que les Royaumes, les Duchés, les Marquisats, les Comtés, & même les Baronnies ne se divisant point, les légitimaires n'y peuvent prétendre aucune propriété.

ARTICLE V.
De la Défense de la Trébellianique.

LA défense de la trébellianique est quelquefois sans force & sans effet. Elle n'en a point contre les enfans du premier degré (*a*) ; & de quelque fidéicommis dont leur pere *qu. 51.* les ait chargés, ils n'en peuvent être privés non plus que de *qu. 51.* la légitime, quoiqu'ils n'aient pas fait d'inventaire. Les étran- *qu. 53.* gers peuvent la perdre ; mais la coutume générale de Dauphiné soutient les privileges des premiers ; elle ne souffre pour *qu. 55.* les enfans ni distinction, ni limitation. Le Droit Canon l'a si bien établie (*b*), qu'elle est aujourd'hui reçue universelle- *qu. 51.* ment par tout le monde, dit notre Auteur. Les héritages des peres & des meres, semblent appartenir à leurs enfans autant qu'à eux, par une certaine raison naturelle qui les leur destine & les leur promet.

(*a*) *Communis est conclusio, quòd in liberis primi gradûs trebellianica, prohiberi non potest à patre nec à matre.* Ranchin. Et Bonneton ajoute que *indubitati juris est, trebellianica prohibitionem non valere in filiis primi gradûs.* Quoique cette décision dans la question 52 soit fondée sur la coutume, Hotoman ne laisse pas de la combattre.

Que l'on juge s'il peut avoir raison, puisque la coutume est une Loi plus forte que toutes les Loix. *V.* Ferrier *ad* q. 51.

(*b*) Il n'en est pas de même dè la falcidie, car elle peut leur être défendue ; mais il faut que la défense en soit formelle & expresse ; comme il a été *Arrêt.* jugé par Arrêt du 7 de Septembre 1674.

ARTICLE VI.
Des Étrangers privés de la Trébellianique.

MAis il n'y a pas à douter que les étrangers ne perdent la trébellianique, si le testateur le veut. De sorte que *qu. 545.* si dans le premier degré de substitution, il l'a défendue à son fils (*a*), cette défense a effet dans les autres degrés, contre les *qu. 592.* étrangers, encore que cette défense n'y soit pas réitérée, n'y ayant point d'apparence qu'il se soit proposé de leur accorder ce qu'il a refusé à son propre fils, qui étoit une partie de lui-même.

(*a*) Les fils *primi gradûs*, n'imputent point les fruits sur la trébelliani- | que; les petits-fils, *nepotes*, les imputent. Il y a des Arrêts pour cela. *Arrêt.*

ARTICLE VII.

D'où ne se détrait la Trébellianique.

LA trébellianique ne se détrait pas des legs pieux (*a*), ou *qu. 396.* d'une portion de l'hérédité léguée, ni du legs d'une chose *qu. 466.* particuliere, ni de la légitime que le fils est chargé de *qu. 51.* rendre, ni des corps dont l'aliénation est défendue.

(*a*) C'est l'opinion de Barthole communément suivie, que la trébellianique ne doit pas se détraire des legs pieux: mais Cujas montre sur la Novelle 131, de laquelle est tirée l'Authentique *similiter*, que c'est une erreur. En effet il | a été jugé par Arrêt du 14 d'Août *Arrêt.* 1637, en la cause de Louis de Loulle, d'Antoinette de Cabestan & de Claudine Allian, qu'elle se leve réguliérement avant les legs.

ARTICLE VIII.

Du cas où la Trébellianique cesse.

MAis la trébellianique cesse, quand le testateur a voulu *qu. 537.* que le substitué entre DE PLEIN DROIT (*a*) dans la succession de ses biens: la commune opinion des Docteurs est qu'en ceci il défend tacitement la détraction de la trébellianique. Le Parlement donne à cette clause la force de la défense expresse; & la tacite & l'expresse ont indifféremment le même effet contre l'héritier étranger.

(*a*) La clause de plein droit induit *directam successionem*; *itaque trebellianica videtur prohibita.* Ce qui pourtant n'est vrai que contre les héritiers étran- | gers, qui ne peuvent non plus prétendre de trébellianique, s'ils sont chargés de rendre tous les biens, ou tout l'héritage.

SECTION V.
DE LA * SUCCESSION LÉGITIME.
ARTICLE I.
De la Succession des Freres & des Neveux.

qu. 134.
qu. 147.
LEs freres succédent par têtes à leurs freres, & les neveux par souches (a) à leurs oncles, la Cour l'ayant ainsi jugé par divers Arrêts. Mais il est aussi remarquable que l'aïeul n'entre point en concours avec ses petits-fils dans la succession de leur pere, non pas même à l'égard des choses venues de lui.

---

* Posteaquàm jus pratorium constitutum est, semper hoc jure usi sumus. Si tabula testamenti non proferrentur, tunc uti proximum quemque potissimum haredem esse oporteret, si is intestato mortuus esset, ita secundum eum possessio daretur Cicer. orat 1 in Verrem. Mais c'est une maxime que in successione intestati, descendentes preferuntur ascendentibus ; L. si matre C. de suis & legitim. hared. & L. quoties C. ad se. Orphitian.

(a) Le droit de représentation a lieu dans la succession des ascendants & des oncles, & on y succéde par souches. Néanmoins il a été jugé que dans les fidéicommis, les neveux succédoient in capita avec leurs oncles ; ç'a été dans cette espece : Si celui, ou ceux, ou celle de ses enfans, ou des enfans de ses enfans, qu'elle voudra choisir : & par ces termes, ceux ou celles, le testateur avoit regardé ses petits-fils & leurs enfans individuellement.

Arrêts.

ARTICLE II.
Du Partage des Titres & Papiers.

qu. 289.
DAns le partage des biens du pere mort sans tester, l'ainé de ses fils doit faire les lots, & le puiné choisir : c'est l'usage (a) observé de tout temps dans le Dauphiné ; mais les titres, les documens & les actes communs de la succession seront remis à l'ainé des fils, pour les garder & pour les conserver.

(a) Le cas de cette décision est dans la succession paternelle. Le partage dans une étrangere, pourroit être fait par prud'hommes, & le choix mis au sort ou en licitation, comme il a été jugé par Arrêt du premier de Juin 1679 ; mais dans celle des peres, la coutume est gardée. Baro. Les lots doivent être d'égale valeur, & le partage juste entre les freres, parce que iniquum est ut de una substantiâ, quibus competit equâ successio, alii abundanter affluant, alii paupertatis incommodis ingemiscant. Cassiodor. lib. 1 Epist. 7 V. Grivel decis. dol. 127 ; Arr. de Pap. liv. 15, tit. 7.

Arrêt.

ARTICLE III.

De la Succession des Bâtards.

LEs enfans (a) naturels & non légitimes, font étrangers à leurs peres; il n'y a point de fucceffion légitime pour eux ni entr'eux. Ceux pourtant qui font nés d'une concubine (b), & dans la maifon de leurs peres, ont plus de privilege que ceux (c) qui font nés en adultere ou d'un commerce inceftueux. La concubine eft comparée par l'ancien Droit à la femme légitime, en bien des chofes; le fimple concubinage n'eft pas même abfolument défendu par les Loix des Empereurs Chrétiens, que Juftinien a inférées dans fon Code : tellement que fi le qu. 580. pere naturel meurt fans enfans légitimes, fans pere, fans femme légitime & fans teftament, fes enfans naturels nés d'une concubine, lui fuccéderont en deux onces, c'eft-à-dire en la fixieme partie de fes biens. Les adultérins n'ont pas cet avantage, & encore moins les inceftueux; leur pere ne leur peut rien donner ni laiffer, quoique leur mere fût libre: le crime de leur pere infecte leur conception & leur naiffance. C'eft ce qui fut jugé l'an 1439, contre le bâtard de Valentinois, à qui le Comte Aimar fon pere avoit légué la Terre de Châteauneuf de Mazans. Tels enfans ne (d) fuccédent pas même à leurs meres, fi elles font d'une qualité illuftre.

(a) Tous ceux qui naiffent hors d'un légitime mariage, ont fans diftinction & fans différence le nom de bâtard en notre langue. Un Auteur Grec dit qu'il y a quelque chofe de divin dans la naiffance légitime, & que ceux qui en font privés font appellés par les Grecs, comme éloignés de la Divinité.

(b) *Nati ex concubinâ uxoris loco retentâ, aliquid juris habent in bonis paternis, non extantibus filiis legitimis. Immò communis eft Doctorum opinio, jus civile de concubinatu non effe fublatum, quantùm ad fucceffionem, & hoc jure utimur in Delphinatu*, dit Bonneton, qui en qualité de Procureur Syndic des trois Etats de ce Pays, s'oppofa à la vérification d'un Edit du mois de Mars

1565, qui y introduiffoit le droit de bâtardife en faveur du Roi, & l'empêcha. Les alimens d'un enfant naturel, le mariage de fon pere avec fa mere ayant été déclaré nul, ont été fixés contre l'aïeul paternel, homme de qualité, à 210 livres chaque année jufqu'à l'âge de 21 ans, & après à cent livres jufqu'à fa mort, par Arrêt *Arrêt.* du 17 de Mai 1659. Néanmoins les parens paternels du bâtard ne lui fuccédent point, parce qu'à fon égard l'agnation n'a pas lieu ni aucun de fes droits; il a été ainfi jugé par Arrêt du mois d'Avril de l'an 1640 : le Droit civil fait ainfi violence au Droit naturel.

(c) Les alimens leur font dus, *pletate canonicâ*, par leurs peres; néanmoins cette obligation ceffe, s'ils leur ont fait apprendre un art ou un métier ; comme il a été jugé par Arrêt du 5 de Février 1664, pour M. Claude Fouïlhon, Avocat. Ce Jugement est remarquable ; celui-ci ne l'est pas moins. Un enfant étant né onze mois après la mort du mari, fut déclaré non légitime par Arrêt du 3 d'Avril 1626 : deux circonstances en furent le motif; la premiere fut que cette femme avoit déclaré dans la prison qu'il n'é-toit pas à son mari : il est vrai qu'étant libre elle avoit révoqué cette déclara-tion; la seconde fut sa méchante répu-tation. Si le récit de H. P. Hardos-ferus n'est pas fabuleux, une vertu non suspecte a causé un effet plus favorable & plus surprenant ; il raconte dans la seconde centurie du théatre des Histoires divertissantes & morales, qu'il publia l'an 1653 en Langue Allemande, que *Jerôme Auguste de Montleon*, Seigneur de la Terre d'Ai-guenere dans le Graisivodan & dans le voisinage de Grenoble, ayant suivi le Cardinal de la Valette, mourut dans l'Alsace, néanmoins sa femme accoucha quatre ans après cette absence, d'un fils qu'elle disoit avoir conçu du com-merce qu'elle avoit eu en songe avec lui. Il avoit deux freres, Adrien & Char-les de Montleon, qui disputerent sa succession à cet enfant, qui fut en effet déclaré bâtard par le Juge ordinaire des parties. Il y eut appel au Parlement de Grenoble, qui après le rapport des Sages-femmes, & celui de quelques Médecins de la Faculté de Montpellier, auxquels cet Auteur donne des noms inconnus & bizarres, adjugea au con-traire les biens de ce Gentilhomme à ce posthume, comme à son héritier légitime, par Arrêt daté du 13 Fé-

vrier 1637 : l'avis de ces Médecins & de ces Sages-femmes fut que l'on devoit attribuer cette grossesse extraordinaire à la force de l'imagination, qui fait tant de merveilles dans les femmes par ses impressions toutes puissantes sur les sens. C'est ainsi, ajoute cet Auteur, que les Dames du Serrail du Grand Sei-gneur deviennent quelquefois grosses ; les soins qu'on a de veiller continuel-lement sur elles, ne permettant pas que l'on attribue rien à un mélange criminel ; & dans une Isle féconde en Singes, il n'y a point de mâles entre ces animaux. Le savant Médecin *Jean Baptiste Lamsvverde* parle de cet Arrêt dans son traité de *Molis uteri*, & ne le traite pas obligeamment ; mais il combat ce qui n'a jamais été, & une pure imagination. Ces réflexions ap-prendront ce que l'on doit croire, touchant une chose si peu vrai-sembla-ble. Premiérement ce prétendu posthu-me auroit été uniquement l'enfant de sa mere; & par quelle raison le Parlement auroit-il pu ni dû lui ac-corder les biens d'un homme à qui il n'appartenoit point, & du sang du-quel il n'étoit pas formé ? d'ailleurs il n'y a point de famille de Montleon, ni de Terre du nom d'Aiguenere aux environs de Grenoble, ni dans le Graisivodan; ceux de ces Sages-femmes & de ces Médecins sont imaginaires ; cet Arrêt n'est connu de personne dans le Parlement. Quel éclat n'auroit-il pas fait ? Le souvenir en seroit-il si fort effacé ? il n'y a pas apparence. L'artifice qu'on emploie pour dégui-ser & pour couvrir le mensonge, si on le regarde attentivement, le découvre.

Ce prétendu Arrêt est une imposture condamnée par l'Arrêt solemnel du Parlement

Parlement de Paris du 13 Juillet 1637, rapporté par J. Thaum. en ses notes sur la Confér. des Ordonn. liv. 9, tit. 12, qui a déclaré ledit prétendu faux, & ordonné que la copie imprimée seroit lacérée par le Bourreau, & les pieces jettées au feu, devant la grande porte du Palais, &c.

Depuis il y a eu un Médecin de Milan qui a fait demander au Résident de France à Geneve si cet Arrêt étoit véritable : *stulta quæstio.*

(*d*) Les bâtards, nés de personnes libres & non mariées, succedent à leurs meres, & à leur aïeule mater-*Arrêt.* nelle ; jugé par Arrêt du 13 de Mars 1652 : il l'a été de même, qu'une fille naturelle à qui sa mere n'avoit légué que trois livres, étoit bien fondée à demander sur ses biens le supplément de légitime, par Arrêt du mois de Janvier 1658, pour Michelle Camet, ayant droit de Claude Baïoud : mais ils ne succedent pas à l'aïeul maternel, la succession duquel ne leur est pas donnée positivement par le Droit, comme l'est celle de la mere. *Quamobrem statuo,* dit Cujas, *spurium non succedere avo materno.* L'aïeul, soit paternel, soit maternel, peut donner & léguer aux enfans légitimes & naturels de son fils naturel. Jugé par Arrêt de l'an 1619, entre Jean *Arrêt.* Merlin, & autre Jean Merlin, l'un appellant, & l'autre intimé en appel. La Cour mit par Arrêt du 5 d'Acût 1646, les parties hors de Cour & de procès sur l'appel d'une Sentence, qui avoit confirmé un legs fait par un Prêtre aux enfans de son fils bâtard, naturels & légitimes ; elle s'expliqua de son motif par ces mots : Attendu la modicité du fait dont s'agit. Si le legs avoit été considérable, elle auroit sans doute jugé en conformité de l'Arrêt qu'elle avoit déjà rendu dans ce même cas l'an 1571, pour le sieur Gallian de Tullins. Il est rapporté par Monsieur Expilly dans le chap. 266.

ARTICLE IV.
De la Légitimation.

IL est vrai que le Souverain peut légitimer (*a*) toutes sortes de bâtards, de quelque qualité que soit leur naissance : cette tache est alors effacée par l'impression de la légitimité (*b*), que ses Lettres leur donnent. Sans ce secours, ils ne peuvent réguliérement ni se conserver la Noblesse de leur pere, ni porter les armoiries de la famille dans laquelle ils sont nés, ni même *qu. 580.* s'élever aux grandes Charges, ni aux Dignités sublimes : si est-ce que la coutume leur est si favorable en Dauphiné, comme nous l'avons déjà remarqué, qu'elle s'est opposée pour eux à la rigueur du Droit commun ; ils y retiennent tous ces avantages. La différence qui reste entr'eux & les légitimes, est qu'ils ne succedent point, comme font ceux-ci ; le Droit y est gardé contr'eux à cet égard, pour favoriser les naturels & légitimes ; comm'il l'est aussi pour eux, dans les cas où il ne leur est pas ennemi. Comme il est plus difficile d'acquérir

Bb

un droit nouveau, que de fe départir d'un droit acquis, la légitimation leur fert moins pour l'utile, que pour l'honneur, & principalement dans les fubftitutions & dans les fidéicommis, qui ne viennent jamais à eux. La légitimation ne porte pas fon effet jufques-là: le Comte de Gruere avoit deux enfans naturels & légitimes; Rodolphe en fut l'un, & la Dame de Breffieu fut l'autre. Il fit le premier fon héritier univerfel, & s'il mouroit fans enfans nés en légitime mariage, il lui fubftitue la Dame de Breffieu. Rodolphe n'eut que deux fils naturels d'une fille libre, comm'il l'étoit lui-même: mais l'Empereur les légitima, & leur pere en mourant les inftitua fes héritiers, de forte qu'ils prétendoient exclure la Dame de Breffieu fubftituée; leurs raifons étoient que les Lettres du Souverain, par lefquelles il rend légitimes ceux qui ne font pas nés tels, les rendoient auffi capables de fucceffion, que s'ils étoient nés effectivement légitimes, ayant pour cela un effet rétroactif: mais notre Jurifconfulte n'étoit pas de cet avis; fon opinion *qu. 481.* fut que dans cette efpece les enfans, pour faire ceffer la fubftitution, doivent être naturels & légitimes, dès le moment de leur conception & de leur naiffance; outre qu'il n'y avoit pas moyen de s'imaginer qu'un pere, & fur-tout un pere de cette qualité, eût jamais voulu préférer les bâtards de fon fils, quoique légitimés, à fa propre fille naturelle & légitime. Ce procès qui avoit été porté au Parlement, ne fut point jugé; un accommodement le termina après la mort de la Dame de Breffieu, fon héritier s'étant départi de fes prétentions pour une fomme d'argent qui lui fut comptée.

(*a*) Le Pape ne légitime que *ad confequenda Beneficia.* Ce n'eft qu'une difpenfe. Dans cette Monarchie, le Roi feul peut légitimer *ad confequenda Officia & fucceffiones, etiam natos ex adulterino & alio damnato coïtu:* mais il faut que la qualité *nefarii coïtus* foit exprimée dans les Lettres de légitimation. Les enfans naturels légitimés par le Roi, font capables des donations 'entre-vifs, & des fucceffions teftamentaires dans la France coutumiere, de même que dans le Pays de Droit-Ecrit; *Arrêt.* comme il a été jugé par Arrêt du. . . . . pour Dame Marie le Bigot

de Gaftine, tutrice de Nicoles de Montagnac fon fils, légataire univerfel de Gilbert Faure, & donataire univerfel le Timoleon de Gilbert Faure, contre Dames Marguerite & Anne de Montagnac, qui avoient obtenu Sentence des Requêtes de l'Hôtel du 20 de Décembre 1656. Elles étoient fi fort prévenues de l'opinion qu'elle feroit confirmée, que quelques momens avant que l'Arrêt fût figné, ne voulant ouit aucune propofition d'accommodement, elles refuferent jufqu'à 40000 livres. Les jugemens font une efpece de combat, & on peut leur appliquer ce que dit Ciceron à Brutus: *non ignoras quàm fint incerti animi hominum & exitus præliorum.* Les fages efperent dans ces occafions, mais ils ne fe promettent rien. La légitimation qui fe fait *per fubfequens matrimonium,* a plus de force; elle exclut les fubftitués au pere: ce font des vérités que le Confeiller Francois Marc enfeigne dans fes queftions 470 & 682 de la premiere partie;

il fuffit pour cet effet que *tempore nativitatis, nuptia intervenire potuerint.*

(b) La légitime eft un établiffement, non du Droit naturel, mais du Droit civil. Le Souverain eft au-deffus de celui-ci; de forte qu'il l'étend, le retreffit, l'explique & le borne comme il lui plaît; *ejus eft enim Legem interpretari, cujus eft & condere.* Les modifications ne font que des explications.

SECTION VI.

Des * Renonciations aux Succeffions.

ARTICLE I.
De la Renonciation & Ceffion.

DE quelque maniere que le Droit & la Coutume réglent les fucceffions, il eft permis d'y renoncer, & même de céder l'efpérance d'un fidéicommis (a); comme la Cour l'a jugé par Arrêt du mois de Décembre de l'an 1449. La femme d'Arnoux Roland avoit cédé à fon pere, par fon contrat de mariage, les droits qu'elle avoit alors, & qu'elle pourroit avoir à l'avenir fur les biens de Michelline fon aïeule, qui l'avoit fubftituée dans fon teftament; ce qu'elle favoit très-bien. On douta de la validité de cette ceffion, à caufe que Michelline vivoit encore; mais après que la queftion eut été agitée, elle fut enfin décidée en faveur du pere, (b) parce qu'il eft libre à chacun de renoncer à fon droit, & que d'ailleurs ceux qui fe font départis de leurs actions, n'y ont plus de retour (c). Néanmoins notre Auteur ne fut pas de ce fentiment; de fortes raifons l'avoient perfuadé pour un autre.

qu. 227.
qu. 229.
qu. 232.

* *Regula eft Juris antiqui omnes licentiam habere, his quæ pro fe introducta funt, renuntiare.* Mais à l'égard des filles, il y a des regles particulieres, qui font des limitations à cette regle générale. 1°. Leurs renonciations ne s'étendent point à leurs légitimes, s'il n'y en eft pas fait de mention expreffe. 2°. Elles font facilement reftituées, *ex*

caufa lefionis & metûs reverentialis; & la fille qui a renoncé eft reçue par Lettres-Royaux à demander les droits fucceffifs qui lui étoient échus dans les biens de fa mere, auxquels elle a renoncé; comme il a été jugé par Arrêt du 17 de Mai 1631, pour Ainarde de Miribel. Et quant à la fucceffion ab-inteftat, elle y aura part avec fes

Arrêt.

Arrêt. freres & ſes ſœurs. Jugé par Arrêt du 26 de Mars 1610, en la cauſe de Claude Crozat & Conſorts, appellants, contre Etienne Corbis intimé; & encore *Arrêt.* par Arrêt du 15 de Mai 1611, entre Felix & Tardy, quoiqu'il n'y eût aucune réſerve de loyale échûte. 3°. On ne préſume pas que la fille ait renoncé aux droits maternels qui lui ſont échus, par cette clauſe: Moyennant quoi, du conſentement de ſon époux, elle renonce en faveur de ſon pere à tous droits paternels, maternels, fraternels, ſororiels & autres quelconques; ces droits maternels lui étant échus depuis ſon mariage, il faudroit que les droits à échoir fuſſent ſpécifiquement compris dans cette renonciation, & qu'elle fût expreſſe; comme il a été *Arrêt.* jugé par Arrêt du 10 de Juillet 1675, en la cauſe de Dame Marie Bonnail femme du ſieur Sarret, Maître ordinaire en la Chambre des Comptes de Provence, & de Dame Louiſe de la Fare veuve du Sieur du Boſquet, Préſident en la même Chambre. 4°. Ces renonciations ne nuiſent point à leurs enfans; s'ils ſurvivent, ils ſuccedent à leur aïeul, *ex teſtamento & ab inteſtato.*

(a) Le cas de cette queſtion 232 eſt une fille qui renonce à un fidéicommis, duquel ſon pere héritier étoit chargé envers elle.

(b) *L. ſi quis in conſcribendo, C. de pact. L. ſi quis, §. aream, ff. ſolut. matrim. L. quaritur, §. ſi venditor, ff. de Ædilit. Edict.* .

(c) Ce fidéicommis n'étoit pas encore échu; & quel moyen de renoncer valablement à la poſſeſſion de ce qu'on ne poſſede pas? Auſſi il a été jugé depuis, par Arrêt que rapporte le Conſeil- *Arrêt.* ler de Rabot ſur cette queſtion 232, & Mᵉ. Expilly dans ce chap. 13, que cette ceſſion ne ſe peut faire utilement qu'à l'héritier chargé de rendre au cédant, & qu'étant faite à un autre, elle ne lui donne ni action ni droit.

ARTICLE II.

De la Loi de l'Empereur Alexandre - Severe.

IL n'eſt pas indiſpenſablement néceſſaire que la fille qui renonce aux biens de ſon pere, ſoit avertie de la (a) Loi de l'Empereur Alexandre-Severe, & qu'elle y renonce: cette précaution fut jugée inutile par Arrêt de l'an 1461. Il s'agiſſoit dans le procès qu'il termina, d'une renonciation faite avec ſerment, & il ſuffit qu'on jure ſur le fait préſent, ſans porter ſa penſée plus loin.

(a) C'eſt la Loi *pactum dotale, C. de collat.* qui dit que *pactum dotali inſtrumento comprehenſum, ut contenta dote qua in matrimonium collocabatur,* nullum ad bona paterna regreſſum haberet, juris auctoritate improbatur; & hodiè non attenditur juramentum, non enim debet eſſe vinculum iniquitatis.

ARTICLE III.
De l'étendue de la Renonciation.

CETTE renonciation aux biens paternels n'empêche pas que la fille qui (a) l'a faite, n'ait part aux choses que son pere aura perdues par sa faute ; comme entr'autres, s'il a convolé à secondes noces, la Cour l'a jugé dans cette espece. Elle ne s'étend non plus aux biens des freres & des *qu. 118.* sœurs du renonçant, encore qu'ils soient venus du pere, parce que celui-ci étant mort, ils ont cessé d'être paternels ; telle- *qu. 191.* ment que si on n'a point renoncé aux biens fraternels, on y succédera. Le Parlement suit cette opinion qui souffre moins *qu. 231.* de difficulté, si au temps que la renonciation a été faite, les freres & les sœurs vivoient ; n'y ayant pas alors apparence que l'on ait renoncé à une succession que l'on n'attendoit pas.

(a) La renonciation est de droit étroit, elle ne souffre point d'extension de cas à autre ; elle doit être formelle & expresse, parce qu'aucune présomption n'y est reçue. La générale ne suffit où il en faut une spéciale ; & si celle-ci est suivie de la générale, cette gé-néralité sera restreinte au cas de la spéciale, sans pouvoir être étendue qu'à de semblables, & non à d'autres, ou différents, ou plus grands. V. M. Basset, *tom. 1, liv. 4, tit. 6, chap.* 8, *art.* 13.

ARTICLE IV.
De la Conjecture non reçue à Serment.

PAR la même raison il ne (a) faut pas présumer que le fils ait renoncé à la légitime & à la trébellianique, s'il a promis avec serment d'observer & d'éxécuter ce que son pere a ordonné par son testament. Le serment ne s'étend jamais aux choses auxquelles il est vraisemblable qu'on n'a *qu. 417.* pas porté sa pensée : si cela étoit, il seroit un lien d'iniquité.

(a) Hottoman traite encore mal cette question 427, ne croyant pas que notre Auteur ait dû en faire une controverse, si le pere n'a point fait de testament.

ARTICLE V.
De la loyale Échûte.

LORSQUE la renonciation est limitée par cette clause (a) SAUF LOYALE ÉCHUTE, elle ne prive pas de la succession de son pere celui qui l'a faite, s'il meurt sans testament & (b) *qu. 191.* sans d'autres enfans ; car ils succéderont à son exclusion. Cette

claufe la lui réferve en ce cas; & fans elle, la fucceffion de
fon pere pafferoit aux plus proches parents. C'eft la doctrine
de Pierre Pape, que le Parlement a reçue. Le Préfident
Guillon ne l'approuvoit pas; il foutenoit que nonobftant cette
claufe, celui qui a renoncé ne peut éviter qu'à fon préjudice,
cette fucceffion ne foit portée aux parents de fon pere, tant
qu'il en reftera de fon fang.

(a) *In contractibus unumquodque* | *catum fuit per Curiam menfe Decembri*
verbum debet aliquid efficere : falvá | 1536, dit le Confeiller de Rabot *in*
legali echeutâ & fucceffione, hac verba | *d. q.* 191 ; l'ufage & l'équité .qui l'a
fucceffionem operantur, ut cum aliis | formé, l'ont emporté fur le fentiment
filia fuccedat. | de Guy Pape, & fur celui du Préfident

(b) L'opinion de notre Auteur fur | Guillon; de forte qu'il ne s'en fait
ce point, n'eft pas fuivie; quoiqu'il | plus de queftion, depuis l'Arrêt donné
ait d'autres enfans, celui qui a fuc- | le 26 de Mai 1610, en la caufe de
cédé avec eux en rapportant. *Ità judi-* | Claude Crozat & d'Etienne Corbis.

ARTICLE VI.
Du Recours contre la Renonciation.

LEs petits-fils, *nepotes*, peuvent, de leur chef propre,
revenir fur les biens de leur aïeul, auxquels leur pere ou
qu. 118. leur mere a renoncé: mais s'ils font héritiers des renonçants,
ils les repréfentent, ce qui les exclut de toute action, l'héritier
confondant fes droits dans l'héritage qu'il a accepté (a).

(a) L'efpece de cette queftion, eft que | *der*;néanmoins ils ne font que repréfenter
celui qui a renoncé eft mort, & que fes | le renonçant, pere ou mere, en ce qu'ils
enfans viennent, de leur chef, à la fuccef- | fuccedent *in ftirpes*, par fouches, & non
fion de leur aïeul, auquel ils font *fui hare-* | *in capita*. C'eft la réflexion d'Hottoman.

SECTION VII.
DE * L'INVENTAIRE.
ARTICLE I.
Des effets & folemnités de l'Inventaire.

L'INVENTAIRE empêche la confufion des biens propres de
l'héritier avec ceux de la perfonne à laquelle il a fuccédé. (a) La forme & les folemnités en font prefcrites par
une Conftitution (b) de l'Empereur Juftinien : il doit être commencé dans les trente jours qui fuivent immédiatement le

décès de celui auquel on succede, & achevé dans soixante jours après. Cet espace de temps fait trois mois : il faut que tout soit achevé dans cet intervalle (c) : & pourvu que cela soit, le Parlement ne regarde pas si l'inventaire aura été commencé précisément dans les trente jours. Ce ne sera pas une nullité qu'il ne l'ait été que le lendemain, & même plus tard.

* Le mot d'Inventaire ne se lit que dans cinq Loix du Digeste, quatre desquelles sont d'Ulpien, & la cinquieme est de Scævola. Celui de *Repertorium* étoit propre aux Jurisconsultes; ce qu'Ulpien apprend, quand il dit dans la Loi *Tutor*, *ff. de administ. Tutor. Tutor qui repertorium non fecit, quod vulgò inventarium appellatur*, & dans la Loi *cùm plures*, 57 du même titre, il appelle l'inventaire *descriptionem*. Les anciens Glossaires disent *inventorium*, comme fait Ulpien, & non *inventarium*; ce qui a plus de rapport avec *inventor*, & l'analogie le voudroit ainsi.

(a) Il ne s'en fait point réguliérement dans le Dauphiné, qu'il n'y ait partie requérante. Le Statut du Gouverneur Jacques de Montmaur, de l'an 1399, a établi cet usage.

(b) *L. scimus*, 22 *Cod. de jur. deliber. & novel. Constit.* 1.

(c) L'Ordonnance de 1667, dans le tit. 7, art. 1, donne quarante jours pour délibérer après les trois mois de la Loi; & ces deux délais ne sont point confondus, le dernier ne commençant que dès le jour que le premier sera fini. Jugé par Arrêt du 4 de Mai 1683, contre Charles & Dorothée Faure. Cette Ordonnance, quoiqu'elle n'en parle pas, ne dispense point de faire procéder à l'inventaire, les intéressés appellés; comm'il a été jugé par Arrêt du 22 d'Août 1676, pour M. Pierre Blain Avocat, contre

Etienne & Benjamin Rivail, que cet Arrêt déclara héritiers purs & simples de leur pere, pour n'avoir appellé personne à l'inventaire de ses biens, par la raison que l'Ordonnance n'y oblige pas, & que les inventaires se font ainsi dans le Ressort du Parlement de Paris. Cet Arrêt fut fait *consultis Classibus*, & il a été publié dans les Sieges des Jurisdictions Royales subalternes. Si les légataires & les créanciers certains, qui sont de qualité à assister à l'inventaire, n'y ont pas été assignés nommément, l'héritier en perd le bénéfice à leur égard. Jugé par Arrêts de 1624, de 1667 & de 1668. Il y a encore deux observations à faire; l'une est que s'il y a des recélations & des omissions volontaires, l'héritier n'est obligé que de se charger du double de la valeur de la chose, & il n'y aura pour lui aucune détraction de la falcidie au préjudice des légataires, sur leurs legs; comme il a été jugé par quelques Arrêts; mais par un, contre Marie Prat veuve d'un Marchand de Marseille, duquel elle avoit mis les effets à couvert, elle fut déclarée héritiere pure & simple; tant de dol ayant paru dans ses recélations, & tant de détermination à vouloir tromper les créanciers de son mari, qu'il ne lui restoit ni excuse ni prétexte pour colorer son procédé. M. le Président de Sayve a remarqué cet Arrêt sans date dans ses Mémoires manuscrits: l'autre est que l'héritier avec inventaire, doit donner caution pour le régime des biens de l'hérédité ; ce qui a été ordonné pour le Dauphiné, par Déclaration expreffe du Roi Charles IX. du 14 de Février 1566. Il n'y a que *deux moyens de s'exempter du paiement des dettes héréditaires* ; l'un eft *l'inventaire*, & l'autre *la répudiation*. Le temps eft limité pour l'acceptation avec inventaire ; il ne l'eft pas de même pour la répudiation : auffi quand il y a de la bonne foi, on eft reçu facilement à répudier, en quelque temps que ce foit, comme le furent par Arrêt du 14 de Juin 1644, Jean & Claude Denicourt, contre Giraud Accarier, en vertu de Lettres-Royaux, à répudier l'héritage de leur pere, mort cinquante ans auparavant : mais il y avoit des raifons & des faits qui repouffoient la prefcription. *Arrêt.*

ARTICLE II.
Nul déchargé de faire Inventaire. Le Fifc.

qu. 571. LE temps de faire inventaire court contre les mineurs, auffi bien que contre les majeurs ; (*a*) mais les mineurs font reftitués contre ce manquement, quand ils recourent au Prince pour en être relevés, cette grace eft accordée à la foibleffe de leur âge. Les Hôpitaux & généralement les lieux dévoués à la piété, ne font pas même difpenfés de cette obligation, s'ils veulent n'être pas contraints de payer les dettes de l'héritage, au-delà de fes forces. Leur qualité ne les exempte pas de cette néceffité, ni ne les excufe de la peine. *qu.* 333. Il eft vrai qu'elle facilite leur reftitution en leur entier. Le Fifc (*b*), c'eft-à-dire le Prince & fon domaine, a plus de pri- *qu.* 571. vilege que les mineurs ni les lieux facrés ; il n'eft point obligé de faire d'inventaire. La raifon eft que par le Droit commun, il n'eft jamais tenu de payer les dettes au-delà de la valeur *qu.* 141. des héritages qui lui viennent, & qu'il eft à couvert de toute *qu.* 142. peine. Néanmoins (*c*) le Magiftrat peut quelquefois difpenfer le tuteur de cette obligation, s'il le juge utile au pupille ; & *qu.* 352. même fi la coutume veut qu'il ne s'en faffe point, rien ne pourra être imputé au tuteur qui n'en aura pas fait.

(*a*) *Tempus conficiendi inventarium currit minori* ; mais il peut être reftitué en prouvant la léfion & le préjudice qu'il fouffriroit ; c'eft la décifion de notre Auteur dans cette queftion 571, & dans deux autres qui font la 141, & la 142. Mais pour les majeurs il n'y a pas de reftitution après un intervalle confidérable ; ainfi Pierre & Louis Allard, ayant prétendu être reçus à faire inventaire dix mois après la mort de leur mere, de laquelle ils étoient héritiers, furent déboutés de leur prétention par Arrêt du 19 de Janvier 1675 ; *Arrêt.* & la même chofe a été encore jugée prefque en même cas, par Arrêt du dernier d'Août 1680, contre Ennemond *Arrêt.* du Bois de Faverges. Mais l'inventaire ne ne suffit pas, il faut que les biens soient mis en discussion, que les créanciers & prétendants droit y interviennent & donnent leur demande, & qu'elle soit jugée dans trente ans. Si elle ne l'est, l'héritier est considéré comme pur & simple, & condamné au paiement des dettes héréditaires; comme il a été jugé *Arrêt.* par Arrêt du 25 de Juin 1668, contre Jean de Vitelmois : cela suppose que rien n'a été fait durant ces trente ans dans la discussion, que l'héritier a ainsi abandonnée. Si elle a souffert une interruption considérable, le créancier; en faveur duquel l'héritier aura renoncé à l'inventaire, pourra mettre les biens en décret, sans que les légataires aient droit de l'empêcher, à la charge néanmoins de rapporter; jugé par Arrêt du *Arrêt.* 5 d'Août 1684, pour Monsieur le Conseiller de Dantesieu, contre Messire Claude Audoin de Janeyria; quoique deux Jugemens universels, tels que le sont la *discussion* & le *décret*, semblent incompatibles, & qu'on ne puisse régulièrement enter l'un sur l'autre, comme on parle. Mais tous créanciers ne sont pas obligés à donner leurs demandes dans les discussions; le Seigneur direct ne l'étant point pour les rentes qui lui sont dues, comme il a été *Arrêt.* jugé par Arrêt du 14 de Mars 1671, pour le Sr. Comte de Clermont; ni les créanciers auxquels une Communauté a remis des quotes pour leur paiement, tirées des rôles des tailles, imposées

pour satisfaire aux dettes communes; il a son exécution préparée sur les fonds qui ont donné cause à la cotisation. Jugé par Arrêt du 5 de Mai 1673, *Arrêt.* entre Termet de Lumbin & Millet. Mais le Receveur des épices des Arrêts de la Cour ne pouvoit s'en dispenser; il est vrai que la préférence sur ce fonds, qui avoit été le sujet du procès, lui étoit infaillible. Il n'y a plus de ces Receveurs : la consignation des épices précede le Jugement, & il n'y a de changement qu'au temps, & non en la nécessité du paiement.

(*b*) C'est la doctrine de Barthole sur la Loi *qui totam*, §. *an bona*, ff. *de acquir. haredit.*

(*c*) Il a été jugé par Arrêt de l'an *Arrêt.* 1575, & depuis par d'autres, que le testateur ne peut ôter à son héritier la liberté d'accepter son héritage avec inventaire, pour se le rendre héritier pur & simple. Mais si ce testateur étoit héritier d'un autre, les créanciers de celui-ci peuvent faire séparer les biens de leur débiteur, pour éviter une confusion qui leur nuiroit : c'est la matiere du titre du Digeste *de separation.* Ulpien y dit dans le §. *quod dicitur* 13 de la Loi 1, qu'après cinq ans *ab aditione*, on ne doit plus prétendre cette séparation. Il a été jugé par Arrêt du 5 *Arrêt.* de Juillet 1684, que ces cinq ans ne commencent que dès l'acceptation avec inventaire, qui est en ce cas la véritable addition.

ARTICLE III.
Des Enfans ne faisant Inventaire en Fidéicommis.

C'EST l'usage du Parlement, qu'encore que les enfans du premier degré, chargés de fidéicommis, n'aient pas fait *qu. 55.* d'inventaire, ils ne perdent point la trébellianique, non plus que par la Loi (*a*) ils ne perdent point la légitime : mais

Cc

en ce cas, l'héritier étranger perd la trébellianique. La raison
de la différence est que l'héritage du pere étant destiné à ses
enfans par la nature même, ils n'ont qu'à perdre dans l'inventaire, & qu'au contraire l'étranger n'a qu'à y gagner.

qu. 351.

(*a*) C'est une controverse entre les Docteurs, si les enfans du premier degré ne perdent point en ce cas la trébellianique : quelques-uns croient qu'ils la perdent, & avec elle leur légitime ; d'autres au contraire sont de cet avis que les étrangers même ne perdent rien. Il faut s'arrêter à l'usage, qui est le meilleur interprête des choses obscures ; & il est inutile de raisonner contre lui.

ARTICLE IV.
De la Description.

NÉANMOINS si le substitué veut qu'il se fasse une (*a*) description des effets dépendants de la substitution, elle se
fera à ses frais, puisque ce ne sera que pour son utilité &
pour sa sûreté : l'héritier n'aura pas droit de l'empêcher, &
il y sera procédé, malgré sa résistance ; mais en sa présence,
& de deux ou trois de leurs parents, par un Notaire. Cette
sorte d'inventaire ne fera foi que dans l'intérêt des héritiers
& du substitué seulement ; & n'en fera point dans celui des
créanciers & des légataires : le Parlement a autorisé cet
usage par ses Arrêts. Cette description sert au substitué &
non à l'héritier ; elle ne lui est pas néanmoins inutile, parce
que lui-même, si l'héritage est restituable pendant sa vie,
ou ses héritiers, s'il ne l'est qu'après sa mort, ne peuvent se
dispenser d'en compter au substitué. Cette description facilitera
ce compte, & sans cette aide, il y auroit bien de la peine
d'éviter plusieurs embarras qui ont coutume de jetter bien loin
les parties, dans ces occasions, pour peu qu'il y ait de mauvaise foi dans leurs desseins & dans leur conduite ; & la
mauvaise foi semble inséparable des procès.

qu. 351.

(*a*) Cette description qui n'est pas faite avec les solemnités de l'inventaire ordonnées par la Loi *scimus*, & par la Novelle *constit.* 1. n'en a pas aussi l'autorité ni la force : & comme ni dans cette Loi ni dans cette Constitution, il n'est nullement parlé du fidéicommissaire, c'est l'opinion de notre Auteur, qu'il n'a pas droit de faire procéder de son chef à un véritable inventaire ; mais elle n'est pas suivie ; & si l'héritier refuse d'en faire, il y sera procédé à la requête du fidéicommissaire, par la raison qu'ayant autant & même plus de droit que l'héritier dans les biens fidéicommissés, il doit avoir celui qui ne tend qu'à les conserver.

Fin du troisieme Livre.

LA JURISPRUDENCE
DU CÉLÉBRE CONSEILLER
ET JURISCONSULTE
GUY PAPE,
DANS SES DÉCISIONS
LIVRE IV.

SECTION PREMIERE.
DES *INSTRUMENS EN GÉNÉRAL.

ARTICLE I.

De deux Notaires pour un Contrat.

E N certaines occasions deux Notaires sont employés pour un même contrat: si l'un le grossoie, & l'autre signe la grosse, elle ne (a) fera pas foi. La question s'étant présentée au Parlement, *qu.* 122. il ordonna que (b) la minute seroit rapportée; & comme elle se trouva signée des deux Notaires, la grosse que l'on vit lui être conforme, fut jugée de foi probatoire, quoiqu'elle ne fût signée que d'un seul. Ce fut pour Catherine Pebo veuve d'Antoine Bourguignon de Romans, demanderesse, contre Didier de Villars & Jean Alexis, défendeurs, par Arrêt du mois de Juillet 1457, resté (c) avec les

Cc 2

pieces entre les mains d'Antoine du Bœuf, l'un des Secretaires de la Cour.

* *Aliud instrumentum, aliud conventio, sive contractus; itaque nullitas instrumenti nullitatem conventionis non inducit.* Mornac. La volonté des parties fait le contrat, l'écriture du Notaire fait l'instrument : *nec enim instrument's res geruntur, sed in eis rei gestæ testimonium est; L. cùm res, 13 Cod. de probat. L. in re, ff. de instrum.* ; c'est pourquoi *de scriptura non quæritur, si de contractu's fide confessione constat; L. cùm te transegisse, Cod. de transact. tunc veritas adminicula non desiderat; L. si vos, 1 ff. si minor ab hæredit. se abstin.* Le nom d'Instrument est un nom général qui convient à tous les contrats. Tertullien le donne au vieux & au nouveau Testament, parce que Dieu a contracté par eux avec les hommes; *his tribus capitalis,* dit-il, *cap. 1, adversùs Praxeam, totum instrumentum utriusque Testamenti volunt cedere.* Mais il y a plusieurs especes de contrats. *In humanis contractibus, quorum plures & diversa sunt species,* dit Pierre Abbé de Celles, *in Mystic. Expositione Tabernaculi Mosaïci, lib. 1, sicut diversa contrahentium voluntates, aliquid proponitur, quæ utrinque partes consentientes contractui acquiescunt. Rari equidem sunt contractus, in* quibus sola unius tantùm partis utilitas attendatur, commodatum commodatarii, depositum deponentis.

(a) Néanmoins M. Gasp. Baro remarque sur cette question 122, que l'expédition d'un contrat reçu par deux Notaires, faite par l'un d'eux seulement, a été approuvée par plusieurs Arrêts, *quidquid dicat noster Guido Papa,* comme il parle. M. Expilly fait la même observation. Il y a un Réglement de l'an 1534, fait pour cela, dans le livre vert du Parlement. **Arrêt;**

(b) La minute ou la cede doit être signée des deux Notaires, comme il a été jugé par deux Arrêts, l'un du 10 de Décembre 1522, & l'autre du 12 de Juillet 1531; en second lieu elle doit être aussi insérée dans leurs protocoles, comme il a été ordonné par Arrêt du 24 de Décembre 1575, en conformité de diverses Ordonnances de 1510, de 1535, de 1543, de 1544 & de celle de 1539. **Arrêt; Arrêt. Arrêt**

(c) Il n'y avoit point alors de Greffe fixe & permanent; les Greffiers même, le temps de leur exercice étant fini, gardoient leurs registres, les originaux des Réglemens & ceux des Arrêts.

ARTICLE II.

Du Notaire en son Fait.

IL est incompatible que le même qui reçoit le contrat soit aussi la partie contractante; il y doit avoir de la différence entre le stipulant & le promettant : c'est pourquoi l'opinion de Barthole est que le Notaire ne peut recevoir ni écrire comme Notaire une procuration, V. G. qu'il donne à un autre.

qu. 318. (a) Si est-ce que ces actes sont tolérés dans le Dauphiné, par la force d'une coutume reçue généralement dans toutes les Jurisdictions.

(a) Il ne pourra pas de même en recevoir ni écrire une qui lui seroit donnée, *quia non potest sibi adscribere auctoritatem, vel officium*; & quant à celle qu'il passe ainsi à un autre, *quoad mandatum valet, & facit fidem, tàm pro ipso procuratore, quàm pro parte adversâ.* C'est la remarque d'Antoine Rambaud, : celle-ci est de Ferriere : *potest conficere instrumentum de suo testamento, quia iste actus non geritur cum alio, nec tendit in alicujus præjudicium ; unde nihil est quòd Notarium prohibeat duplex officium gerere, tàm publicum, quàm privatum.*

ARTICLE III.
De la Coutume des lieux où se font les Actes.

C'EST une coutume dans le Dauphiné, que les Notaires ne marquent point les indictions dans les contrats qu'ils reçoivent, & ce seroit une nullité dans les Provinces voisines de les avoir omises : néanmoins ils ne laissent pas d'y avoir tout leur effet, comme ils l'ont dans le Dauphiné. C'est une regle que (a) dans les solemnités des actes on considere le style & la coutume des lieux où ils sont faits. Notre Auteur dit qu'il l'a vu juger de la sorte dans le Parlement, la coutume *qu. 262.* ayant le pouvoir de faire d'un instrument qui est nul dans les communes regles du Droit civil, un instrument authentique & valable, comme parle une (b) glose.

(a) Ainsi un testament fait dans la Touraine, & signé seulement par deux Notaires sans témoins, suivant la coutume de Tours, fut jugé bon & valable *Arrêt.* à l'égard du Dauphiné, par Arrêt du 7 de Décembre 1581 ; M. Expilly chap. 78 ; *instrumentum enim publicum debet duo continere, factum scilicet partium & solemnitates. Verùm circa has solemnitates consuetudo est attendenda.* Mais quand les Statuts qui prescrivent ces solemnités sont réels, & affectent les fonds & les héritages, elles doivent être observées à la lettre & à la rigueur. Si elles ne le sont, en quelque lieu du monde que l'acte soit fait, il est nul à l'égard des biens qui sont dans le territoire pour lequel ces Statuts ont été faits ; *consuetudo realis ligat res,* dit Pierre de Belleperche, Chancelier de France sous le Roi Philippe le Bel, *in L. cunctos populos, C. de summ. Trinit.* Tout Statut *respicit rem aut personam : si rem, consuetudo loci ubi res sita sunt ; si personam, consuetudo loci ubi contractus conditus est inspicitur.* Jo. Faber *in d. L.* Le Statut est personnel *càm principaliter de personarum jure, conditione & qualitate statuitur.* Argentr. *in consuet. Britann.* art. 218 ; mais le réel, comme il ajoute, *versatur circà res ipsas, & in acquirendis, transferendis aut afferendis dominiis, nullo discrimine habito an concipiatur in personam aut in rem.* Ainſi le Statut de Louis XI touchant les donations entre-vifs, eſt réel pour le Dauphiné. La forme qu'il ordonne n'ayant pas été ſuivie dans une donation faite dans la Ville de Siſteron, **Arrêt.** elle fut déclarée nulle par Arrêt du 9 de Mars 1651; comme une autre le **Arrêt.** fut l'année ſuivante par Arrêt du 17 de Décembre, & une troiſieme faite **Arrêt.** dans Carpentras, par Arrêt de l'an 1660, au rapport de M. le Conſeiller de St. Germain. Celles qui ſont faites par les peres & les meres à leurs enfans n'ont pas plus de privilege. Une donation faite par une mere à ſon fils, après avoir ſubſiſté avec effet durant plus de vingt ans, a été annullée par Arrêt du 20 de Mars 1683. Les motifs en furent. 1°. que les proches parens de la donatrice n'y avoient pas été appellés; 2°. que l'acte ne diſoit point que les voiſins qui y avoient aſſiſté, leur euſſent été ſubrogés; 3°. le donataire étoit mort avant ſa mere, & avoir à ſon excluſion fait des étrangers ſes héritiers; ce qui tomboit dans l'ingratitude. Le Droit-Ecrit obſervé dans le Dauphiné, ne permet ni l'aliénation ni l'hypotheque des fonds dotaux; & ce Droit à cet égard eſt réel; de ſorte que ni le mari ni la femme, ſoit ſéparément, ſoit conjointement, n'y peuvent contrevenir, ni vendre ou aſſujettir ces fonds à aucune hypotheque, en quelques lieux qu'ils habitent, & en quelques lieux qu'ils contractent; quand ce ſeroit même dans le Lyonnois, où, par une Déclaration de l'an 1664, qui a pour ſuppôt l'Edit du Roi Henri IV de l'an 1606, les femmes ont la liberté de diſpoſer de leurs biens dotaux, de les vendre & de les hypothéquer. C'eſt ce qui a été jugé par Arrêt du **Arrêt.** 26 de Mars 1688, pour demoiſelle Meraude Pernard, contre ſieur Nicolas Manis de Champuieux, qui pour le paiement d'une ſomme à laquelle elle s'étoit obligée à lui ſolidairement avec ſon mari, par acte du mois d'Août de l'an 1671, ſtipulé à Curis dans le Lyonnois, avoit procédé contre elle à ſaiſie de quelques-uns de ſes fonds dotaux ſitués dans le Dauphiné. Il avoit ſoutenu dans l'inſtance, qu'elle & ſon mari habitoient en ce temps-là dans le Lyonnois, & ce fait n'avoit pas été parfaitement éclairci. Néanmoins cette ſaiſie fut déclarée nulle & de nul effet, par la ſeule conſidération de la ſituation de ces fonds, & de ce droit réel, auquel les femmes ni leurs maris ne peuvent donner d'atteinte par leurs conventions particulieres.

(b) *Gloſſ. in cap. cùm dilectos, Extra. de inſtrum.*

ARTICLE IV.
De la Souſcription.

qu. 503. SI on n'a fait que ſouſcrire à un acte ſans le lire, le (a) ſentiment de notre Déciſionnaire eſt que l'on ne ſe ſera pas ôté par cette ſouſcription la liberté de l'impugner.

(a) La ſouſcription des parties ne ſuffit point; il faut que les témoins ſignent, ou que l'acte faſſe mention qu'ils ont été requis de ſigner, & enquis s'ils ſavent écrire; c'eſt l'Ordonnance d'Orléans qui le veut dans l'art. 84; ſans quoi l'acte ſera nul. Arrêt du **Arrêt.** 6 d'Avril 1585. M. Expilly chap. 92.

ARTICLE V.

Des Erreurs corrigées ; Date.

L'ERREUR en la date n'est pas une nullité : on la peut cor- riger, & nous l'avons déjà remarqué pour les testamens. *qu.* 130. De pareilles erreurs se corrigent pareillement dans les actes, *qu.* 504. & quoiqu'ils soient (*a*) sans date, ils ne sont pas absolument nuls, si ce n'est qu'ils soient de la nature de ceux qui ne sub- *qu.* 582. sistent que par l'écriture.

(*a*) La date n'est pas tellement de la substance des actes, qu'il n'y en ait qui subsistent *sine die.* Leur vraie subs- | tance est dans la volonté des parties, évidente & reconnue.

ARTICLE VI.

Plus en l'Expédition qu'en la Note.

UN Notaire (*a*) grossoyant un testament, met aux clauses dérogatoires plus qu'il n'y a dans sa note : auquel des deux sera-t-on obligé d'ajouter foi? C'est une présomption du Droit pour ceux qui exercent un Office public, qu'ils en font les fonctions en gens de bien, & qu'ayant été requis de re- *qu.* 191 cevoir un acte, ils ne sont pas sortis des bornes de leur devoir. Cela étant, on doit aussi présumer que ce Notaire (*b*) n'a rien écrit dans cette grosse, qui ne lui ait été ordonné par le testateur; & en ce cas on ne peut faire aucune réflexion à sa capacité, pour conclure qu'il y a ajouté du sien : s'il est homme de bien, sans blâme & sans reproche, il n'y aura pas lieu de douter de la vérité de cette grosse ; le Parlement l'a jugé de la sorte.

(*a*) Il est défendu aux Notaires par le Statut du Gouverneur Jean de Comminge, de grossoyer sans en être requis, pour demander paiement de leur grosse : il leur est même ordonné d'imputer sur le prix de cette grosse, | ce qu'ils auront reçu pour la note.

(*b*) Les Notaires ne mettront dans les contrats que ce qu'ils auront oui des parties, en présence des témoins. *Ord. d'Abbeville, art.* 410.

ARTICLE VII.

De la Foi & Rapport des Protocoles ; Certificat.

LEs folemnités effentielles aux contrats s'y doivent trouver: fi elles manquent dans l'expédition, on aura recours à la cede. Le certificat du Notaire qu'il a reçu un contrat, duquel même il y marque la date & rapporte la fubftance, ne prouvera rien, comme il fut jugé pour Noble Claude de Grimaud par Arrêt de l'an 1447, contre Valentin Baquelier. Le protocole étant rapporté fait plus de foi que l'expédition ; tellement que fi elle eft fufpecte, le rapport du protocole fera ordonné (a).

qu. 19.

(a) *Tandem obtinuit, ut qui producit inftrumentum, quod arguitur, teneatur protocollum exhibere ;* Nic. Bonneton *in hanc q.* 19, Fr. Marc. *q.* 698 *, p.* 1, *& q.* 162, *p.* 2; comme il a été jugé par | Arrêt du 3 de Septembre 1616 pour les Confuls de Grenoble, contre Charles, Antoine & Guillaume Arbaleftiers, & depuis, plufieurs fois. *Arrêt*

ARTICLE VIII.

De la Commiffion pour l'Expédition.

QUAND un Notaire eft mort, le *Juge du lieu* de fon étabbliffement commet un ou plufieurs Notaires pour expédier aux parties les actes qu'il a reçus. Les Juges Delphinaux n'ont pas droit de commettre, au préjudice des Juges des Seigneurs Bannerets. La Cour le jugea ainfi en faveur du Juge de Faverges, qui avoit commis après la mort du Notaire Jean de Leïffins qui habitoit dans cette Terre, contre le Juge Delphinal de Vienne, & de la Terre de la Tour, qui avoit auffi donné pareille commiffion. Les expéditions & les extraits que font ces Commiffaires font pleine foi, encore que la partie intéreffée n'ait pas été appellée (a) pour y voir procéder. Si pourtant l'acte eft une obligation d'une fomme à payer, qui a été *déja expédié une fois*, on a coutume d'affigner le débiteur pour être préfent à cette feconde expédition.

qu. 2.

(a) Quoique l'extrait doive être fait dans la Province, la partie intéreffée y doit être appellée, de même que s'il eft fait dans un territoire étranger ; Fr. Marc, *q.* 504 *, p.* 1 ; c'eft en effet l'ufage | confirmé par l'Ordonnance de 1667, dans le tit. 12 des Commiffoires & Collat. &c. V. Faber *def.* 28, *C. de fid. inftrum.*

ARTICLE

ARTICLE IX.

Des Expéditions anciennes , du Manquement de Date.

RÉGULIÉREMENT l'héritier du Notaire ne peut , fans être commis, faire ces expéditions. Néanmoins les (*a*) anciennes font foi, quoiqu'il n'y paroiffe pas que le Notaire héritier de celui qui a reçu les actes ait été commis , & qu'il n'y ait pas apparence d'en voir jamais de commiffion : en tout cas il fuffiroit qu'il y fût dit qu'il a été commis par le Juge ; comme il a été jugé pour N. Baudon Adhemar, Seigneur de la Garde, par Arrêt du 19 de Mars 1458. Mais fi dans le procès il n'eft point oppofé de ce défaut de commiffion, on ne s'y arrêtera point : c'eft l'ufage du Parlement, en conformité duquel il a été jugé par Arrêt de l'an 1460.

qu. 118.

qu. 404.

(*a*) C'eft l'opinion de notre Auteur, dans cette queftion 404 , que deux années fuffifent pour imprimer ce caractere d'ancienneté. Elle n'eft pas fuivie, *& Judicis arbitrium eft factum antiquum perpendere, & varias, pro quali-tate rei , fententias conciliare , nam id certâ lege non poteft determinari : quod autem dicitur de antiquo groffato, valere, id fit quia antiquitas facit præfumere illud extrinfecâ folemnitate roborari.* Rabot. Matth.

ARTICLE X.

Des Actes fubfiftants par l'Écriture ; Date.

LES affaires pour la confommation defquelles l'écriture eft néceffaire, font l'émancipation ; la donation d'une chofe permanente aux Avocats pour leurs honoraires ; les conventions qui fe font avec l'Églife ; les teftamens folemnels , le codicille, l'Emphytéofe , les Jugemens, la Cléricature, les mandemens, les délégations & les commiffions du Pape & des Princes fouverains ; l'infinuation de la donation ; tout ce qui fe fait où l'autorité du Magiftrat eft requife ; les proteftations pour interrompre la prefcription ; la convention que le contrat foit nul, s'il n'eft rédigé par écrit, & la déclaration de ceux qui s'affirment majeurs avec ferment (*a*) : la preuve par témoins n'en feroit pas permife. Dans tous ces actes, l'inftrument fans date fera nul, & par cette raifon, tout ce qui aura été convenu entre les parties demeurera fans effet.

qu. 582.

(*a*) Et généralement pour toutes chofes excédant la valeur de cent livres. actes doivent être paffés pardevant No-taires, ou fous fignature privée. *Ordonnance de 1667, tit. 20, art. 1.*

ARTICLE XI.

De la Clause de Conftitut & de Précaire, fes effets dans les Ventes & dans les Donations.

PAR la claufe de conftitut & de précaire, le vendeur déclare que jufqu'à ce que l'acheteur ait pris la poffeffion réelle de la chofe qui a été vendue, il ne la poffédera que pour lui précairement & non propriétairement : la poffeffion naturelle ne pouvant être portée à l'acheteur par cette claufe, (*a*) la civile qu'elle lui acquiert, a l'effet de l'actuelle & corporelle, quoiqu'elle n'en foit qu'une feinte ; tellement que dans un concours celui (*b*) qui l'a, eft préféré à l'acheteur poftérieur qui a l'autre : c'eft la décifion des Arrêts dans ce concours. Cette même claufe eft auffi de grande utilité dans les donations ; on le remarquera dans ces deux cas : 1°. Sempronius donne fes biens à Titius dès maintenant comme dès lors, & dès lors comme maintenant, s'il arrive qu'il meure fans enfans, déclarant que jufqu'à ce que la donation ait fon effet, il ne les poffédera que précairement au nom du donataire ; il meurt fans enfans, mais il laiffe un héritier : on douta à qui, de cet héritier inftitué ou du donataire, étoit paffé le domaine & la feigneurie de ces biens au moment de la mort du donateur, à l'égard de l'un, & du teftateur à l'égard de l'autre ; le Parlement jugea que c'étoit au donataire, par la force de cette claufe : *Le mort faifit le vif au moment de fon décès.* 2°. Le frere donne, fous cette même condition s'il meurt fans enfans, fes biens à fon frere, avec cette claufe de conftitut & de précaire, & où celui-ci mourra fans enfans, il les donne à un autre, & toujours avec la même claufe ; la donation a fon effet en la perfonne du premier donataire qui meurt fans enfans, mais qui laiffe un héritier : le fecond donataire intente contre cet héritier l'action de revendication, il foutient que ces biens lui appartiennent, & que cette claufe de conftitut & de précaire lui en a donné le domaine ou quafi domaine, & ainfi la poffeffion civile ; mais il eft dans l'erreur, le premier donataire a eu feul cette poffeffion civile par le contrat, & ayant furvécu au donateur, il a eu encore la naturelle par fa réalité ; joint que le donateur étant mort avant ce premier donataire, il n'y a pas moyen de dire qu'il ait pu rien pofféder pour le fecond.

(a) *Etsi precarium ficta traditio dicatur, verùmtamen propriam acquirit possessionem, nam aequipollet vera traditioni: itaque operatur, ut venditio rescindi non possit contrario consensu, & competat rei vindicatio, & interdictum uti possidetis.* Ranchin. Matth. *Voy.* Ferrat. *Pract. tit.* 5, *gloss.* 15, *n.* 5 & 6; Berguer. *Notair. parfait, liv.* 1, *chap.* 22. Par cette clause, *fictione juris transfertur dominium; nec dubium est per eum qui se constituit alterius nomine possidere, quasi possessionem, ac etiam transferri, quando ille qui constituit possidet.* M. Expilly ch. 68, n. 3, où il cite trois décisions de notre Auteur. Tiraqueau *in Tractat. Constit. limit.* 7, *n.* 3, emploie la décision 512, suivant laquelle il dit que

le Parlement de Paris a jugé par Arrêt du 9 de Mars 1548. *Voy.* Faber *def.* 16 & 39, *C. de acquir. vel am. poss.*

(b) Le premier acheteur qui n'a que la clause de constitut & de précaire, est préférable à celui qui a acheté après, quoique celui-ci, a avec la même clause, ait encore la possession réelle & actuelle, & qu'il ait même payé les lods de son acquisition, comme il a été jugé par Arrêt du 31 de Juillet 1652; néan- *Arrêt.* moins le créancier qui n'a que l'hypotheque spéciale avec la clause de constitut, mais sans tradition, ne peut empêcher qu'un tiers n'agisse sur ce même fonds: cela a été jugé par Arrêt du *Arrêt.* 30 de Mai 1650, pour Louis Romay contre David Poyle, dans cette même espece.

ARTICLE XII.

De la Clause dès maintenant comme dès lors.

LA clause (a) *dès maintenant comme dès lors*, semble contenir en soi quelque incompatibilité, parce qu'elle signifie un temps continuel, qui n'en fait qu'un du présent & de l'avenir: mais ce qui éclaircit la difficulté, est que ces mots *dès maintenant* se rapportent au temps présent, qui est celui de la parole présente, & ceux-ci *comme dès lors*, au temps de la parole consommée; ceux-là marquent l'acte présent de la parole, & 2ᵘ· 558· les autres (b) l'effet du futur, qui en est l'accomplissement. Aimard, bâtard de Vinay, fait cette paction avec Aimard Seigneur de Vinay, qu'où il mourra sans enfans, il veut *dès maintenant comme dès lors*, à perpétuité, que sa Terre de Vatilieu soit & demeure non-seulement au Seigneur de Vinay qui étoit son pere, mais aussi à ceux qui seront ses héritiers & successeurs en celle de Vinay: cette clause est jointe à ces mots *demeure & soit*, & ce qui résulte de cette combinaison, est que cet acte est une donation entre-vifs.

(a) Cette clause a la force de ratifier l'acte postérieur. M. Expilly ch. 22.

(b) La clause résolutive consistant

en ces mots *dès maintenant comme dès lors*, de quelque maniere qu'elle soit conçue, soit *per conditionem*, soit autrement, a toujours fon effet. Un créancier ayant réduit fa dette à moins qu'il ne lui étoit effectivement dû, avoir même reçu en contractant, une grande partie de la fomme qui lui avoit été promife: pour le refte, il avoit confenti qu'il lui fût payé en deux termes, à la charge que fi le débiteur manquoit à un de ces termes, il lui feroit permis de fe faire payer de tout ce qu'il lui devoit, fans avoir égard à cette réduction. Le cas étant arrivé, il fit pro-

céder à faifie pour le tout : le débiteur s'oppofa, offrit & configna la fomme qu'il devoit, pour le dernier terme qu'il devoit; néanmoins, quoiqu'il n'y eût eu contre lui aucune interpellation judicielle qui le mît en demeure, le Parlement n'eut égard ni à fon oppofition ni à fa confignation, & permit au demandeur, par Arrêt du 6 de Février *Arrêt.* 1652, de continuer fon exécution. Ce fut pour Symphorien Morard, contre Ennemond Durif.

ARTICLE XIII.
De la Claufe de plein droit.

C'EST aux donations qu'eft propre la claufe (a) *de plein droit*, par la même confidération qu'elle l'eft auffi aux *qu. 337.* ventes & aux actes qui transferent la propriété & la poffeffion; mais elle n'ajoute rien au droit, & ne fignifie que la pleine, entiere, libre & totale poffeffion.

(a) *Claufula pleno jure omnia comprehendit, nec indiget adjectione.* Fr. Marc. q. 387, p. 2.

ARTICLE XIV.
De la Claufe avoir agréable.

C ELLE (a) *d'approuver & d'avoir agréable*, empêche que de *qu. 367.* droit ni de fait, pour quelque caufe & pour quelque raifon que ce foit, on ne contrevienne à ce que l'on a promis; elle eft un obftacle à tout remede & à tout recours.

(a) Celui qui a promis de ratifier dans un temps certain & préfix, eft condamné, s'il ne le fait, aux domma- | ges & intérêts. Arrêt du 14 de Janvier *Arrêt.* 1555, dans le ch. 36 des Arrêts de M. Expilly.

ARTICLE XV.
Du Département de Droit.

L A claufe par laquelle *on fe départ* de tout ce que l'on *qu. 229.* peut prétendre par teftament & ab-inteftat, & pour quelque caufe que ce foit, ne regarde que le temps préfent (a);

elle n'affecte par conséquent que les droits acquis, & non ceux que l'on acquerra.

(*a*) La nature & la qualité de l'acte limite & restreint la clause générale. Il suffit qu'elle ait quelqu'effet, n'é-tant pas juste de l'étendre d'une maniere qui choque ou le droit ou l'intention des parties.

ARTICLE XVI.
Renonciation à tout Droit Civil & Canonique.

LA clause la plus générale est la renonciation à *tout Droit Civil & Canonique*, par lequel on pourroit venir, dire ou faire contre les choses convenues. La force de cette clause, *qu. 367.* est qu'elle comprend même les cas où il faudroit une renonciation expresse.

ARTICLE XVII.
De la Copulative, &c.

LORSQUE dans les statuts & dans les pactions (*a*) la particule & lie deux articles, le sens de celui qui précede *qu. 527.* est porté dans celui qui suit; ce qui est même vrai pour la peine.

(*a*) *Huic particulæ proprium est jungere vel disjungere, nunqam tamen diversa copulat.* Matth. Plusieurs conjonctives dans un testament ne peuvent jamais être converties en disjonctives, pour avoir toutes effet; comme il a été jugé pour le Sieur de Lauberiviere, Maître aux Comptes, contre l'Hôpital de Romans, Vital Faure & Anne Galix, en Audience publique, par Arrêt du 20 de Mars 1670. La cause fut *Arrêt.* célébre.

SECTION II.
DU * MARIAGE ET DES DONATIONS
pour Noces, de l'Augment, & des Biens paraphernaux & adventifs.

ARTICLE I.
De la Tradition de tous Biens.

LA présomption est que la femme s'est constituée tous ses biens en se mariant, si elle en a (*a*) fait une réelle tra-*qu. 468.* dition à son mari: néanmoins les dettes actives n'y seront pas comprifes, parce qu'il ne s'en fait pas de tradition, mais de ceffion; elles ne le feroient pas non plus dans la conftitution dotale de tous les biens, quand même elle feroit faite par écrit, la même raifon s'y oppofant : & d'ailleurs les dettes, *qu. 499.* que les Latins appellent (*b*) *nomina*, compofent par elles-mêmes une efpece de biens qui n'eft ni de meubles ni d'immeubles.

* Platon, dans le quatrieme livre des Loix, déclare infames ceux qui étant âgés de 35 ans, ne fe marient point. Dans la Ville de Sparte, on les promenoit nus, au milieu de l'hiver, dans la place publique. L'an 611 de la Ville de Rome, le Cenfeur Metel-lus , *cenfuit ut ducere uxores omnes omninò cogerentur, liberorum procreando-rum cauſá;* Epitom. Livian. *lib.* 59; Augufte, *cùm de maritandis ordinibus age-ret*, récita dans le Sénat le difcours que Metellus y avoit prononcé alors. *Leges ha*, dit un ancien Orateur , *in paneg. Maximian. & Conftant. qua multâ calibes notarunt , verè dicuntur effe fun-damenta Reipublica , quia feminarium juventutis, & quaſi fontem humani cor-poris Romanis exercitibus miniſtrarunt.* Cette raifon eft politique ; celle-ci eft plus fainte : *Chriſtiano ultrà licere non puto, quàm ut fit continens, aut maritus,* dit S. Zenon Evêque de Vérone. Rien ne doit être plus libre que le mariage ; c'eft pourquoi les promeffes que l'on a faites, n'obligent celui qui en refufe l'exécution qu'à rendre ce qu'il a reçu,

& aux dommages & intérêts. Les fem-mes en ce cas n'ont pas plus de privi-lege que les hommes, comme il a été ju-gé par Arrêt du 7 d'Août 1675, pour... Emeri contre Marie Cabre, qui fut condamnée à lui rendre les préfens qu'il lui avoit faits , & aux dommages & intérêts liquidés fommairement à cent livres. C'étoient des perfonnes de néant; mais dans les Jugemens, les Juges doi-vent être aveugles pour les parties , & ne difcerner par les qualités.

(*a*) La preuve n'en pourroit être faite, que par écrit, & non par témoins, fi la chofe excédoit cent livres. Mais les conventions fecretes, de payer plus ou moins que ce qui eft porté par le contrat de mariage, font nulles, com-me contraires à la bonne foi. Jugé par Arrêt du mois de Février 1615, *Arrêt.* en la caufe de Philippe Dragon, portée à la Cour par appel, du Vice-Sénéchal de Creft ; & il l'avoit déjà été par un autre , pour la femme du fieur Galeys, *Arrêt.* contre la mere du même Galeys.

(*b*) Noms, dans le ftyle des Notaires.

ARTICLE II.
De la Dot en un fecond Mariage.

L E pere qui dote fa fille en un fecond mariage auquel elle convole, fans y faire mention de la dot qu'il lui a *qu. 379.* promife dans le précédent, ne lui devra que la derniere: elle ne pourra les demander toutes deux: Cette queftion fut agitée dans le procès d'Humbert Achard, qui demandoit l'une,

& l'autre à son beau-pere : notre Auteur dit qu'ayant fait voir à Achard (*a*) la Loi qui décidoit cette controverse, il s'accommoda.

(*a*) C'eſt la Loi *Dotem*, 10 *ff. de jure dot. Dotem quæ in prius matrimonium data eſt*, *non aliter converti in poſterius matrimonium, quàm cùm hoc agitur*, dit-elle. Ainſi une même ſomme, léguée par un teſtament, & après donnée par actes à un même, n'eſt pourtant payable qu'une fois. Jugé par Arrêt du 19 de Juillet 1675, en la cauſe du Sieur Pourroy du Pont en Royans, contre le Syndic de la R. P. R. La dot eſt ſi favorable, que le frere qui l'a promiſe, ſans y être obligé, non plus que les mineurs, ne peut être reſtitué contre ſa promeſſe; jugé par Arrêt du 19 de Novembre 1629 ; & que les intérêts en ſont dus, même par l'étranger qui l'a conſtituée, dès les termes échus, ſans interpellation ; jugé par Arrêt du 5 de Juin 1685, pour la femme de Chabert, Marchand de Grenoble, contre les créanciers de François Diſdier. Et l'on ne met pas en difficulté que les intérêts de la dot ne ſoient dus au-delà du double, même *ſoluto matrimonio*, ſur-tout lors qu'il y a des enfans; comme il a été jugé par Arrêt du 18 de Juillet 1686, remarqué par M. le Préſident de Sayve dans ſes Mémoires manuſcrits. Les peres les plus avares déviennent libéraux pour leurs enfans dans ces occaſions ; heureux ſi un juſte repentir ne les avertit pas un jour de leur imprudence. Les aveugles mouvemens de la nature étourdiſſent la raiſon ; mais quoi ? on donne facilement tout à ſes enfans, par la raiſon qu'il eſt difficile de ſe refuſer rien à ſoi-même.

Arrêt.
Arrêt.
Arrêt.
Arrêt.

A R T I C L E   I I I.
De la Donation du Pere au Fils pour Noces.

ON a douté ſi la (*a*) donation que fait le pere à ſon fils non émancipé, en le mariant, eſt valable : la dot va d'abord au mari ; mais la donation faite au fils ne paſſe point à la femme : il y a bien de la différence entre l'une & l'autre ; c'eſt la cauſe du doute. Si eſt-ce qu'il faut conclure que cette donation eſt bonne ; car encore qu'elle ne ſoit qu'une donation entre-vifs, le pere y a eu en vue & pour motif le mariage de ſon fils. Elle fait même partie de ce contrat, & y étant confondue, elle n'eſt qu'un même acte, & enfin la coutume l'autoriſant, efface l'incapacité du donataire ; comme il a été jugé par Arrêt pour Noble Albert Allemand, à qui Jean Allemand ſon pere avoit donné le Château de Rochechinard, dans ſon contrat de mariage avec Antoinette Armuet. Elle auroit ſubſiſté de même ſi elle avoit été faite avant le mariage, pourvu que c'eût été en ſa faveur & pour cette cauſe.

qu. 95.
qu. 145.

(*a*) La donation *ex causa*, vaut entre le pere & le fils, qui à cet égard est rendu comme étranger à son pere ; & à plus forte raison, celle qui se fait pour cause de noces doit valoir, *etiam non subsequuto matrimonio*. Imbert. *in Enchiridio*, dit que la décision de Guy Pape dans cette question 95, est reçue *in praxi* en tous lieux. Il n'est dû de garantie pour ces donations du pere au fils, que *pro modo legitime, & non pro eo quod excedit;* comme il a été jugé en la cause de Noble . . . . de Foresta, contre le sieur de Rogiers. On prend aussi pour donation la promesse du pere dans le contrat de mariage de son fils, de le faire son héritier, qui même passe aux enfans, leur pere, à qui elle a été faite, étant prédécédé ; comme il a été jugé par Arrêt du 16 *Arrêt.* de Juin 1638. Et il a été aussi, que sur les biens donnés par le pere, la dot & les droits matrimoniaux ont sans aucune expresse stipulation une hypotheque speciale, préférable aux créanciers antérieurs du mari, en la cause de Jean *Arrêt.* Bourne demandeur, & d'Isabeau Bertrand défenderesse, & de Dame Justine de Costaing intervenante.

ARTICLE IV.
La Dot & la Donation passent aux Enfans.

qu. 523. LA dot que le pere a donnée à sa fille, & qu'il a promise pour elle au mari, est dès-lors acquise aux enfans qui naîtront d'elle ; & semblablement les donations faites par les peres à leurs fils, pour cause de noces, passent aux enfans *qu. 147.* des donataires ; comme il a été jugé par Arrêt pour Noble Albert Allemand.

ARTICLE V.
Des Pactes pour l'ainé.

qu. 267. ON a pareillement douté de la (*a*) validité du pacte par lequel on convient dans un contrat de mariage, que le fils ainé qui en naîtra succédera à une Terre ou à quelqu'autre chose. Le sujet du doute est qu'il semble que le Notaire ne peut légitimement stipuler pour celui qui n'est pas encore ; mais les Loix (*b*) y consentent, & le Parlement l'a approuvé par Arrêt en la cause du Seigneur de Morges, contre le Seigneur de Pipet son frere. Cette donation à l'ainé suppose cette condition tacite, *s'il naît.* Si elle est (*c*) faite à l'ainé, (*d*) ou à tel autre que le pere voudra nommer, & qu'il soit mort sans faire ce choix, l'ainé seul y aura pourtant *qu. 565.* droit, parce qu'à son égard cette donation est pure & simple, n'étant en tout cas limitée que par cette condition tacite, *s'il naît,* qui a été purifiée par sa naissance. Mais pour les
autres

autres enfans, elle eſt ſujette à deux ; l'une eſt s'ils naiſſent,
qui a été purifiée par leur naiſſance ; & l'autre, ſi le pere choiſit
& préfere un puîné à l'aîné, & ce mot d'aîné s'applique au
fils premier né & non à la fille ; de ſorte qu'une Terre ou un
Fief étant donné par le mari à l'aîné, *primogenito*, la fille qui
ſera née la premiere n'aura rien à y prétendre ; car en premier
lieu, il eſt bien certain que le mari en parlant d'un premier
né, n'a pas eu pour objet une fille, quoiqu'aînée ; d'ailleurs ce
n'eſt pas la coutume dans les familles Nobles de faire de ſemblables avantages aux filles, par de tels préciputs ; d'autre part,
lorſque dans ces occaſions il eſt parlé d'aîné ou de premier
né, notre penſée ſe porte d'abord à un fils aîné & non à une
fille aînée ; c'eſt la commune maniere de parler & de concevoir le ſens de ce mot.

(*a*) Dans les regles, cette donation eſt nulle, n'y ayant ni conſentement ni acceptation, ni tradition ; c'eſt pourquoi Fr. Marc. dit que Guy Pape a propoſé cette queſtion, *in cruciatum ingeniorum* : mais la coutume l'approuve, ce qui ſuffit.

(*b*) L. *Divi*, §. *pactis*, C. *de naturalib. lib.* L. *ſi interdictum ff. de pact.*

(*c*) *Quotidiè bona deferuntur primogenito, vel Lege, vel conventione, vel pactis dotalibus. Ad ea non admittitur filia primogenita, excluſo maſculo primogenito ; immò is femina præfertur, maximè in ſucceſſionibus Nobilium*, Ferrer. & dans ces occaſions, *conſuetudo Regionum ac Provinciarum attenditur.*

(*d*) Lorſque le mari donne une Terre ou une rente annuelle à l'enfant mâle, ou aux enfans mâles, qui ſeront élus du commun conſentement de lui & de ſa femme, & au cas qu'il n'y ait des mâles, aux filles, ſous la même élection ; ſi la mere meurt avant que cette élection ait été faite, celui que le pere aura fait ſon héritier, ſuccédera en la choſe donnée par le contrat de mariage ; 1°. parce que l'élection du pere doit prévaloir par la prérogative du ſexe ; 2°. parce que c'eſt lui qui a fait la donation ; 3°. parce que la mere étant morte, tout ce droit d'élection a été acquis au pere, pour accroiſſement qui a lieu, *in vocibus*, comme dit Bellon. *de jure accreſcendi c. 6, q. 44, n. 3* ; ſuivant la Loi *ſi legatorio, 22 ff. de fideic. libertatibus.* Et c'eſt ainſi qu'il a été jugé par Arrêt du 3 de Juillet 1649, pour Dame Louiſe de Sauvain du Cheilar, contre Dame Charlotte de Sauvain ſa ſœur : de ſorte que l'inſtitution que fait le pere, tient auſſi lieu d'élection. *Arrêt.*

ARTICLE VI.
Des Actions pour la Dot.

IL importe principalement à la femme, que (*a*) ſa dot lui ſoit conſervée après la mort de ſon mari : c'eſt pourquoi ce ſera elle, & non ſon pere qui l'a conſtituée, qui (*b*) agira *qu. 468.*

contre les héritiers de son mari, pour en obtenir la restitution. Cette action lui appartient, comme le Parlement l'a jugé en faveur d'Antoinette..... femme en secondes noces d'Humbert Achard Licencié aux Loix, contre Jean Joye, par Arrêt du mois d'Avril de l'an 1460 ; mais pour surmonter toute difficulté, il ne sera pas inutile que le (c) pere céde ses actions à sa fille, étant vrai que par le Droit, cette action de répétition de dot appartient au pere qui en a fait la constitution & le paiement.

(a) *Dos est proprium patrimonium filiæ, & mulier habet actionem ex stipulatu ad exigendam dotem, soluto matrimonio, vel etiam vergente ad inopiam marito. Quin etiam aget pro rebus inæstimatis rei vindicatione.* Ant. Rambaud. *in qu.* 385. Mais le *Troffel*, comme on parle en Dauphiné, qui est l'*Arrodium* de Barthole, & le *Mundus Muliebris* des Latins, que la femme apporte avec sa dot dans la maison de son mari, s'il n'a pas été estimé, n'est restituable qu'en l'état où il se trouve (*sed si non extet, debetur æstimatio*, Mantic. *de tac. & ambig. lib.* 12, *tit.* 28, *n.* 42) au temps qu'il doit l'être Jugé par Arrêt du 1 de Juin 1587, dans M. Expilly ch. 96, & par plusieurs autres. Du Per. *liv.* 1, *qu.* 5 ; Covarruv *pract. quæst. cap.* 18.

(b) Elle peut même convenir hypothécairement les tiers possesseurs des biens de son mari encore vivant, pour son augment, aussi bien que pour sa dot ; jugé par Arrêt du 8 de Mai 1666, pour Jeanne Nicolas, femme de Jean Eymin, contre Magdelaine Eymin, femme de Gabriel Louvat ; néanmoins si les biens de son mari sont mis en décret, l'adjudicataire ne pourra lui payer ses droits matrimoniaux durant le mariage ; il faudra pour sa sûreté, qu'il les consigne entre les mains d'un Marchand resséant & solvable, des mains duquel elle en retire les fruits ;

autrement il sera responsable de ce qui s'en trouvera dissipé. Jugé par Arrêt du 1 d'Août 1684, pour Demoiselle Catherine de Raphaël, contre le Syndic de la grande Chartreuse.

(c) Si le fils non émancipé a reçu paiement de la dot de sa femme, son pere qui a consenti au mariage, en répondra à la femme, & généralement de tout ce qui lui a été promis par le contrat ; comme il a été jugé par Arrêt du 23 de Septembre 1667, pour Susanne Magnin. Il n'en est pas de même du mari, moindre de 25 ans, mais libre : il a droit d'exiger la dot de sa femme, aussi mineure comme lui ; & s'il la dissipe, il ne pourra la redemander à qui l'aura payée, quelques Lettres-Royaux qu'il ait impétrées contre sa quittance. Il y en a plusieurs Arrêts, & deux entr'autres ; l'un du 23 de Juillet 1684 ; & le second contre Olympe Morin, remarqué sans date par Monsieur le Président de Sayve dans ses Mémoires. De même la dot qu'une mineure s'est constituée elle-même en se mariant, sera exigée par son mari, & lui sera payée avec sûreté ; comme il a été jugé pour le Sieur de Crosses, mari de Demoiselle Gasparde du Molin, par Arrêt du 31 de Mars 1683, sur requête, en Audience publique. Le mari après avoir passé quittance de la dot de sa femme, ne pourra, quoique mineur, l'accuſer de ſimulation, & il lui ſera inutile de dire que la deſtination portée par le contrat de mariage n'a pas été ſuivie; cela a *Arrêt.* été décidé par Arrêt du 23 Juillet 1681 contre Claude Ferrand. Mais il eſt digne d'obſervation, que la conſtitution de dot faite conjointement, & non ſolidairement par le pere & par la mere, ne les oblige que pour la moitié chacun, & non pour le tout; même au cas que l'un d'eux fût alors, ou ſoit devenu depuis inſolvable; comme il a été jugé en la cauſe du Sieur Marquis de S. Gelais & du Sieur de Lavaur, par Arrêt du 8 d'Août 1684. *Arrêt.*

ARTICLE VII.
De la Reverſion de la Dot.

Mais ſi la dot a été conſtituée (a) par un étranger, qui s'en eſt réſervé la reverſion, elle reviendra à lui, le mariage étant fini, quoiqu'il en ſoit né & qu'il en reſte des enfans. *qu. 513.*

(a) L'étranger met à ſa libéralité les conditions qu'il veut: il n'en eſt pas de même du pere, qui eſt obligé de doter ſa fille. Néanmoins ſi elle meurt ſans enfans, la dot qu'il lui a donnée revient à lui, *ipſo jure. L. dos à patre C. ſol. matr.* La mere n'a pas ce privilege; il faut pour elle une ſtipulation expreſſe, parce que la Loi ne fait pas mention d'elle; & il a été ainſi jugé, *conſultis Claſſibus,* par Arrêt du 14 d'Août 1679, *Arrêt.* pour Jean Ferrand contre Jeanne Gaillard ſa belle-mere; & ce qui l'a été touchant la dot, doit auſſi s'entendre des donations à cauſe de noces; & s'y étend dans les cas où la dot revient au pere: elle retourne à lui déchargée des hypotheques contractées par ſa fille; jugé par Arrêt du 17 de Décembre *Arrêt.* 1670, en la cauſe de Chatelard, Marchand de Grenoble, contre ſon gendre.

ARTICLE VIII.
De l'Augment.

La dot eſt le ſuppôt de l'augment. Si la dot n'eſt pas payée réguliérement, il n'eſt pas dû d'augment, & ſi une partie en a été payée, il n'eſt dû qu'à proportion de *qu. 174.* ce paiement. Le ſerment du mari d'avoir été payé ne ſerviroit *qu. 363.* de rien, ſi l'augment n'eſt promis que ſous ces conditions, ſi la dot eſt payée, ſi celui qui l'a promiſe tient ſa parole; mais ſi la promeſſe (a) en eſt faite, la *dot payée ou non payée,* il ſera dû ſans autre preuve concernant le paiement de la dot, le mari ayant ſuivi la foi du conſtituant: & de *qu. 430.* la maniere que ſont aujourd'hui conçus les contrats de mariage, ajoute notre Juriſconſulte, il ne ſe peut que les maris *qu. 568.*

ne fuivent la foi des filles qu'ils époufent, foit qu'il y ait des termes convenus pour le paiement de la dot, foit qu'il n'y en ait point ; & cela étant, la femme gagne toujours l'augment (b).

(a) L'augment eſt le prix de la virginité (Voy. Faber def. 3, C. de donat. ant. nupt. & def. 1, C. de jur. dot.) diſent quelques Docteurs. *Ipſa virginitatis commendatio jure meritoque maritis eſt acceptiſſima : nam quodcumque aliud in dotem acceperis, potes, cùm libuerit, ne fis beneficio obſtrictus, omne ut acceperis retribuere ; pecuniam renumerare, mancipia reſtituere, domo demigrare, prædiis cedere. Sola virginitas, cùm femel accepta eſt, reddi nequit, ſola apud maritum ex rebus dotalibus remanet.* Apulei. Apolog. C'eſt pourquoi l'augment eſt toujours dû, *ſi virgo ducta ſit*, foit que la dot ait été payée, foit qu'elle ne l'ait pas été ; foit qu'elle lui ait été conſtituée, foit qu'elle-même s'en foit fait la conſtitution ; quand même elle ſe feroit féparée, par acte public, de corps & de bien d'avec ſon mari, & qu'ils ſe feroient réciproquement départis de tous droits & de toutes prétentions, & qu'ils y auroient renoncé ; comme il a été jugé dans ce même cas, par Arrêt du 16 de Mars 1655, pour Jeanne Chene contre les héritiers de Jacques Benoît ſon mari : le Vibailli de Vienne l'avoit déboutée des Lettres-Royaux qu'elle avoit impétrées contre l'acte réciproque de département & de renonciation d'elle & de ſon mari, à tous les droits qu'ils pouvoient prétendre l'un contre l'autre, en vertu de leur contrat de mariage ; le Parlement les entérina par cet Arrêt, & compenſa néanmoins l'augment, à concurrence & à proportion avec les intérêts de la dot que ſon mari n'avoit point reçus,

& les ſervices qu'elle auroit dû lui rendre dès le jour de leur féparation. Les divorces, *bonâ gratiâ, cauſâ non cognitâ*, tels qu'étoit celui-là, ne ſont plus permis. *L. conſenſu, & Auth. novo jure, C. de repud.*

(b) Si l'augment & la ſurvie ſont donnés pour en diſpoſer en faveur des enfans, ni les peres ni les meres n'y ont de portion virile, ſoit qu'ils ſe remarient après la mort l'un de l'autre, ſoit qu'ils ne le faſſent point ; comme il a été jugé par Arrêt du mois de Juin 1679, dans la cauſe du Sieur de la Bajette, contre les créanciers du Sieur de la Buiſſe. Il eſt digne de remarque, que l'augment & les bagues & les joyaux fixés à une ſomme certaine, *non uno jure cenſentur.* L'augment, ſi la femme meurt avant ſon mari, peut n'être pas dû ; mais, & même en ce cas, les bagues & les joyaux le ſont. Jugé par Arrêt du 2 de Juin 1666, pour les enfans de N. Jean Audeyer, ſieur de Montbel, & de Demoiſelle Marguerite de Paul ſa femme en premieres noces. C'eſt auſſi une obſervation à faire, que l'augment donné par le mari à ſa femme, eſt imputable ſur la légitime que demandent ſes petits-fils ſur ſes biens, quand ils s'en prévalent. Jugé auſſi par Arrêt du 16 de Mars 1677. Voy. Fontanell. *de pact. nupt. clauſ.* 7 ; Baſſet *tom.* 1, *liv.* 4, *tit.* 6, *tom.* 2, *liv.* 4. *tit.* 4 ; Mayn. *liv.* 4, *chap.* 56 ; A Fab. *def.* 2. *& ſeqq. C. de donat. ant. nupt. & def.* 1. *de pact. conv. tam. ſup. dot.* Mantic. *de tacit. & ambig. lib.* 20.

ARTICLE IX.

De la Donation d'une Somme en Survie.

CE qui est donné par le mari à sa femme, en cas de survie, quoiqu'il ait le privilege (a) de l'augment, n'est pas réglé par le paiement de la dot; l'Authentique qui étoit le siege de cette difficulté, est abrogée par une coutume contraire. Le célébre Praticien Jean Faber l'avoit déjà remarqué, qu. 565. & notre Auteur conclut après lui, que soit que la dot ait été payée, soit qu'elle ne l'ait pas été, la somme promise au cas de survie ou pour cause de noces, est toujours due légitimement à la femme qui a survécu à son mari.

(a) Dans la Jurisprudence moderne, on n'a plus d'égard au paiement de la dot dans les donations en survie, non plus que pour l'augment; l'opinion de notre Auteur est seule reçue & suivie.

ARTICLE X.

De la Possession de Fonds à Survie.

MAIS si au lieu d'une somme certaine, le mari a donné à sa femme, en ce même cas de survie, la possession de quelques-uns de ses domaines pour en jouir pendant sa vie, qu. 524. elle ne sera pas obligée de donner caution, quoique ce soit, ce semble, un usufruit; mais elle est considérée comme propriétaire du douaire (a) qui est donné pour sa subsistance, après la mort de son mari, & non comme usufruitiere: néanmoins qu. 524. elle en paiera les charges ordinaires, comme sont les censes, les pensions, les tailles, & autres semblables devoirs.

(a) La donation à cause de noces faite à la femme, est la même chose que dotalitium & doarium; elle lui appartient si bien, que rien de ce qui en dépend ne peut être aliéné, même de son consentement, constante matrimonio, & qu'elle en jouit après qu'elle a convolé à de secondes noces.

ARTICLE XI.

Des Fruits de la Dot, Dettes de la Femme.

IL ne faut pas omettre que le mari est tellement maître de la dot, à l'égard des fruits & des revenus, que si la femme (a) contracte des dettes après son mariage, ses créanciers n'auront pas la liberté d'agir sur les biens dotaux pour leur qu. 447. paiement, au préjudice de son mari; ils n'auront, si elle n'a

Ee 3

rien de paraphernal, à espérer d'elle, d'autre sûreté que sa caution juratoire. Le Parlement juge ainsi.

(a) C'est une regle *functionem dotis mutari non posse,* Cujac. ex Paulo, *Observ. l. 7, c. 16* ; elle est destinée à supporter les charges du mariage, *dos est viri,* pour cet emploi, *vir autem non convenitur pro uxore* ; il a été jugé pour le mari dans cette même espece. Mais si le procès a été commencé avant le mariage, le Jugement sera exécuté sur les biens qui lui ont donné cause, dévenus dotaux, & même pour les dépens faits depuis ; comme il a été jugé *Arrêt.* par Arrêt du 19 de Mars 1686, pour Claude de Bouchet, Procureur de Valence, contre Vincent Ainard, mari de Louise Foiti. J'avois écrit au procès. De même si le mari autorise sa femme en Jugement, la présomption étant qu'il consent au procès, il ne pourra, après cette autorisation, empêcher l'exécution du Jugement sur les biens dotaux. Jugé en la cause du sieur de Murat & de N. Gordon, par Arrêt du *Arrêt.* premier Mardi après les Rois 1674. Les fonds dotaux sont inaliénables durant le mariage, même pour la nourriture & pour l'entretenement de la femme ; mais s'ils ont été vendus par elle, ou de son consentement, il a été jugé par Arrêt du 7 Juin 1684, *Arrêt.* qu'un créancier faisant valoir ses droits par d'autres raisons que celles de l'antériorité, ne sera pas reçu à combattre cette vente, après qu'elle sera morte, si elle n'a point recouru pendant sa vie.

ARTICLE XII.

Des Biens paraphernaux & adventifs.

LA femme, outre ses biens dotaux, en peut avoir de paraphernaux & d'adventifs. Les paraphernaux sont ceux qu'elle avoit lorsqu'elle (a) s'est mariée, mais qu'elle ne s'est pas constitués en dot, quoiqu'elle les ait portés dans la maison de son mari, & qu'elle lui en ait ainsi donné tacitement la di-
m. 468. rection ; les (b) adventifs sont ceux qu'elle a acquis après son mariage, & ils semblent être plus proprement à elle que les paraphernaux : aussi (c) elle en dispose librement elle seule, comme si elle n'avoit point de mari ; mais si on lui en dispute la qualité, elle sera contrainte de montrer d'où ils sont venus, la présomption (d) étant qu'ils procedent des effets du mari : on évite par cette présomption pour les femmes mariées, le soupçon d'un gain mal-honnête ; si néanmoins elles (e) préferent l'utile à l'honnête, il leur est permis de déclarer que ce sont des présens de leurs amis & de leurs galans, & cet aveu les leur conservera. Au reste, si les fruits des biens paraphernaux (f) ont été consommés dans la famille, le mari ne sera point obligé de les restituer ; joint que si ses soins & son

induftrie ont contribué à leur production & à leur confervation, la moitié lui en appartiendra ; & enfin le Parlement juge qu'il n'en doit de reftitution, qu'en tant & autant qu'il en fera dévenu plus riche.

(a) *Pherne* eft la dot, *parapherna* font ce que la femme apporte chez fon mari & non à fon mari, outre fa dot. Ce mot de *parapherna* ne fe lit qu'une fois dans les Pandectes, & c'eft dans la Loi *fi ego*, §. *dotis, ff. de jur. dot.*

(b) Ces biens adventifs font fi abfolument propres à la femme, & fi éloignés de toute obligation de participer aux dépenfes de la famille, que s'ils y ont été employés, & qu'il ne paroiffe clairement & évidemment qu'elle l'a bien voulu, le mari, fes héritiers, & même les poffeffeurs de fes biens n'en éviteront point le paiement ; comme il a été jugé par divers *Arrêt.* Arrêts. Si le mari s'eft chargé des obligations échues à fa femme pour droits adventifs, il lui fera dès-lors comptable des intérêts, & non feulement dès qu'il les aura exigés. Jugé *Arrêt.* par Arrêt du 24 de Novembre 1661, pour Marguerite Giraud.

(c) De forte qu'elle peut s'obliger, pourvu que ce ne foit pas *ex caufâ interceffionis*, à concurrence & à proportion de fes biens adventifs. Pareille

obligation dans un achat a été déclarée exécutoire, par Arrêt du 1 de *Arrêt.* Juillet 1677, pour Magdelaine Fremond, contre N. Clavel.

(d) C'eft le motif de la Loi *Quintus Mucius*, 51 ff. *de donat. int. vir. & ux. & fac. L. etiam C. eod. tit.*

(e) Ce qu'ajoute notre Auteur, que fi la femme prouve *quòd ifta bona ab amafio fuo acceperit, vel ex turpi caufâ*, bleffe, ce femble, les bonnes mœurs, qui ne veulent pas que l'on écoute celui qui allegue fa propre turpitude, & qui par conféquent doivent encore moins fouffrir que l'on foit admis à la prouver.

(f) Cette opinion étoit alors commune & feule fuivie ; mais il a été depuis jugé que le mari eft comptable de ces fruits, de même que de ceux des biens adventifs, confommés dans la famille, quoiqu'il n'en foit pas dévenu plus riche, & entr'autres par deux Arrêts ; l'un du 9 de Juillet 1614, *Arrêt.* pour David Mercier ; & l'autre du 17 *Arrêt.* de Mai 1615, contre Demoifelle Ifabelle de Ponnat.

ARTICLE XIII.

De l'Entretenement réciproque.

LE mariage femble du mari & de la femme ne faire qu'un corps, & cette union les oblige d'avoir l'un pour l'autre une piété réciproque ; c'eft ce qu'on appelle piété conjugale : de forte que la (a) femme riche ne peut fe difpenfer de nourrir fon mari pauvre, ni le mari riche fa femme pauvre & qui n'a point de dot. Néanmoins il y en a qui font dans cette (*b*) opinion, de laquelle il semble que le Jurisconsulte Cynus est l'Auteur, que si la dot promise au mari ne lui est payée, il n'est pas tenu de fournir les alimens à sa femme; leur raison est qu'en cela le mari a été trompé : mais cette opinion suppose que c'est le pere qui a promis cette dot à sa fille, & qu'il a assez de bien pour satisfaire à ce devoir. Celui du mari est si peu douteux, que si la femme, après les deux ans prescrits par le Droit, se plaint de (*c*) son impuissance; il ne pourra non plus éviter de fournir à sa subsistance, pendant le procès, jusqu'à ce qu'il soit terminé.

gn. 431.

(*a*) La femme colloquée sur les biens de son mari, le doit nourrir des fruits de sa collocation, & même dans la prison, plutôt que ses créanciers qui l'y détiennent; comme il a été jugé par Arrêt du 4 de Février 1667, pour Gabrielle Borneran, contre Marguerite Vinson, femme de Jean Gifon, les biens duquel elle possédoit de l'autorité du Magistrat, pour la sûreté de sa dot : mais ces biens étoient peu considérables, & elle étoit chargée de la nourriture de neuf enfans. L'Ordonnance criminelle de l'an 1670, *en l'article 23 du titre 13*, ne laisse plus de doute à cette décision, *voulant* que les créanciers qui auront fait arrêter ou recommander leurs débiteurs, leur fournissent la nourriture, suivant la taxe qui en sera faite par le Juge, & que néanmoins exécutoire leur soit délivré pour être remboursés sur les biens du Prisonnier, *par préférence à* tous créanciers; en conformité de quoi il a été jugé par Arrêt du 1 de Juillet 1689, contre la Demoiselle Duclot femme séparée quant aux biens à sieur Abraham Luya : elle s'étoit opposée aux exécutions du Sieur de Beaufain sur les biens de son mari, dans la possession desquels elle étoit *pro assecuratione dotis*; le Sieur de Beaufain avoit

Arrêt.

Arrêt.

fourni ses alimens à Luya son débiteur, qu'il avoit fait emprisonner. J'ai encore fourni cet Arrêt.

(*b*) Elle n'a pas été suivie, & tant que la femme est dans la maison de son mari, il doit lui fournir les alimens; mais si elle en sort volontairement & sans cause, cette obligation cesse : elle est si essentielle à la piété conjugale, que même *pendente accusatione adulterii uxor ali debet, condemnata non debet, si dotem non habet*; & si la femme est malade & a gardé le lit durant plusieurs années, rien ne peut pour cela être demandé après sa mort à ses héritiers par son mari, pour les Médecins, Chirurgiens & Apothicaires. Jugé par Arrêt du mois de Mars 1640, suivant la Loi *quod in uxor. tuam agram C. de neg. gest.* M. de Rabot de Vessilieu, Avocat Général au Parlement, à remarqué cet Arrêt dans ses Mémoires M. ss.

(*c*) On a défendu aux Juges d'Eglise d'ordonner le *congrès*, parce que d'un côté c'est une preuve incertaine, & que d'autre part elle n'est pas honnête : pour peu que l'on soit capable de pudeur, sans doute on n'approuvera jamais *hujusmodi ludibria, que & auditu horrori & pudori sunt*, comme parle Saint Ambroise *lib. 8, Ep. ad Syagrium*. Régulièrement liérement le mariage ne se dissout pour cause d'impuissance, qu'après trois ans d'une continuelle habitation du mari & de la femme ensemble, *L. in caufis C. de repud.*; & si la femme n'a pas ignoré que celui qu'elle épousoit étoit impuissant, & l'a voulu épouser, elle ne peut, par le Droit Canonique, faire refcinder ce contrat : néanmoins il a été jugé par un Arrêt célébre du Parlement de Paris du 8 Janvier 1665, qu'un Eunuque ne se peut marier, *etiam cum volente.*

SECTION III.
DES DONATIONS ENTRE-VIFS.
ARTICLE I.
Donataire universel comme héritier.

LE (a) donataire universel est consideré comme héritier universel du donateur, si celui-ci meurt sans héritier. Comme qu. 105. tel il est exposé aux actions des créanciers, & (b) même aux qu. 460. personnelles, pour éviter un circuit inutile. Cette opinion fut suivie en la cause de Jacques de Nanto de Romans, jugée par Arrêt du 4 de Septembre 1456, & la même chose se qu. 461. pratique aussi à l'égard du légataire & du donataire d'un héritage.

(a) La *donation entre-vifs* n'est valable dans le Dauphiné, en quelque lieu qu'elle ait été faite, si les solemnités prescrites par le Statut du Roi Louis XI, de l'an 1456, n'y ont été observées. Nous en avons fait déjà la remarque ci-dessus dans l'art. 3 de la fect. 1 des instrumens; & nous en ferons maintenant une autre, qui est que Guy Pape ne fait aucune mention de ce Statut dans ses questions, & n'y dit rien du tout d'où l'on puisse conclure, ni même conjecturer qu'il fut exactement observé de son temps, quoiqu'il dise dans son conseil 23, où il en parle : il ne l'étoit pas même dans le siécle dernier; aussi la forme qui en est donnée dans le formulaire des instrumens & des contrats selon l'usage de Dauphiné, im- primé à Grenoble l'an 1530, ne diffère pas de celle des autres Provinces; tellement que c'est l'illustre Président de Chevrieres qui l'a rétabli dans le même commentaire qu'il y a fait, & par l'autorité que son savoir lui avoit acquise. Néanmoins il est aujourd'hui observé si religieusement, qu'une donation faite par Olympe Morin à Reymond Salomon son fils, fut cassée après vingt-sept ans, par Arrêt du 3 *Arrêt.* de Mars 1683, parce qu'un parent qui étoit dans le lieu où elle avoit été faite, n'avoit pas été *appellé* (mais il n'est pas nécessaire qu'ils soient assignés par exploit; jugé en l'Audience publique du Jeudi 16 Février 1713, pour le St. Perrard Praticien, donataire, contre les Gourru sœurs donatrices, déboutées

Ff

de leurs Lettres-Royaux, plaidant pour elles Petrequin, & de Lolle pour ledit Perrard) & que les trois plus proches voisins qui y avoient assisté, n'avoient pas été subrogés par le Juge aux parents absents, comme l'ordonne le Statut. La donation n'est consommée que par l'acceptation du donataire, *ne fieri videatur invito*; & Victor, Prêtre d'Antioche, appelle cette acceptation sinergie, c'est-à-dire, coopération, *ad cap. 4 Evangel. Marci.*

(b) Ce donataire *non tenetur actione personali, sed reali & hypothecariâ*; de sorte qu'abandonnant les biens & les effets du donateur, *liberatur, nec tenetur ultra vires*. La donation diffère de l'héritage, *nec eidem juri subjicitur*;

c'est pourquoi une donation universelle peut, *etiam post multos annos*, être abandonnée aux créanciers, si le donataire est exempt de mauvaise foi, ou être acceptée avec inventaire; comm'il fut accordé par Arrêt du 27 d'Août 1661, à demoiselle Bonne de Riquebourg, à qui il fut permis de faire inventaire, & de discuter judiciellement les biens dépendants de la donation que demoiselle Isabeau Richard avoit faite au sieur de Brotin son fils, *ante multos annos*; il est vrai qu'il fut dit par cet Arrêt, qu'elle supporteroit les frais & de l'inventaire & de la discussion. Mais le donataire n'est pas admis à accepter avec inventaire; Bonifac. *tom. 1, part. 1, liv. 7, tit. 5, ch. 2.*

ARTICLE II.
De l'Insinuation des Donations.

SI la donation est de plus de cinq cens écus, elle doit être insinuée (a) devant le Juge du domicile du donateur, ou devant celui du lieu où sont les choses données. L'insinuation se fait pour éviter les artifices par lesquels on portoit facilement les foibles à se défaire de leurs biens; la présomption étant qu'en ce qui se fait devant le Juge, il n'y a jamais ni crainte ni fourberie; & encore pour rendre la donation publique. Le Juge vraiment compétent pour tel acte, est le Juge ordinaire des parties, qui peut les connoître & qui est obligé de s'informer de la vérité : par cette raison, il ne leur est pas permis de convenir d'un autre pour cette insinuation, comme le Parlement l'a jugé plusieurs fois. Néanmoins les donations de plus de cinq cens écus qui n'ont pas été insinuées, ne sont pas entièrement nulles; elles subsistent pour la somme qui est au-dessous, pour laquelle l'insinuation n'est pas nécessaire. Comm'elle a pour fin l'intérêt public, il n'y peut être renoncé par les parties: si néanmoins (b) elles y ont renoncé avec serment, ce serment soutiendra cette renonciation, personne ne pouvant violer son serment sans commettre un péché. C'est ce qui a été jugé par Arrêt de l'an 1433, en la cause du Seigneur Humbert de Grolée, Bailli de Mâcon & Séné-

chal de Lyon, contre Helinorge, Dame de Tournon; & la Terre
d'Ilins étoit la matiere de ce procès. Cet Arrêt fut suivi d'un
autre, donné en conformité l'an 1461.

(a) Il femble qu'en propofant ce
motif, & ce qui eft ajouté de l'obligation du Juge de s'informer, notre
Auteur veuille faire réflexion au Statut
de Louis XI de donationibus.

(b) Cette renonciation, nonobftant
ce ferment, ne fubfifteroit point, parce que l'infinuation regarde l'intérêt

indéterminément de tous, & non feulement celui du donateur & du donataire; joint que ce ferment eft du ftyle
du Notaire, plutôt que de l'expreffe
volonté des parties, & que d'ailleurs
l'acte qui en eft le fuppôt étant annullé
le ferment l'eft auffi.

ARTICLE III.

Donations qui ne s'infinuent, du Mérite, Donation du pere.

MAis les donations (a) à caufe de noces & à caufe de
mort ne s'infinuent pas, non plus que les rémunéra-
toires; les premieres, par la faveur & par le privilege du mariage; qu. 115.
les rémunératoires, parce qu'elles font moins une libéralité qu'un
paiement : mais il faut que le mérite, qui en eft le motif, foit évident
ou prouvé, principalement dans les donations des (b) peres à
leurs enfans, qu'ils ont en leur puiffance. Aux autres effectivement infinuées, que le Droit ne défend pas, quoiqu'il y
foit parlé du mérite du donataire, la feule déclaration du
donateur fuffit fans autre preuve; comm'il fut jugé par Arrêt
du mois de Mars de l'an 1455, en la caufe du Seigneur d'Efpeluche & de Noble Antoine d'Urre : il s'y agiffoit de la
donation de tous fes biens, que Guillaume de Mirabel avoit qu. 95.
faite, premiérement à Noble Amédée de Berlion, au droit
duquel cet Antoine d'Urre avoit fuccédé, & après au Seigneur
d'Efpeluche; celui-ci objectoit contre la premiere, qu'il y étoit
fait mention des fervices rendus par le donataire au donateur, mais qu'il n'y en avoit ni preuve, ni notoriété ni évidence. Elle fut néanmoins confirmée & entretenue; ainfi il
y a des donations purement gratuites qui fubfiftent fans caufe,
n'en ayant d'autre que la feule volonté de ceux qui les font.

(a) L'ufage de Dauphiné eft que les
donations faites dans les contrats de
mariage n'ont pas befoin d'infinuation,
l'Authentique *eò decurfum eft* en eft le
fondement : M. Expilly dans le chap. 72

de fes Arrêts, M. Baffet tom. 1, liv.
4, tit. 16, chap. 2, 3, & Dominus Jo.
de Cruce *in commentar. ad D. ftatutum
de donationibus*, num. 25 & ult. & Monfieur de Rabot Buffieres Avocat géné-

Arrêt. ral, remarque dans ſes Mémoires, qu'il a été jugé ainſi par Arrêt du 4 d'Avril 1637, fait *conſultis Claſſibus.*

(b) La donation faite *perſonæ prohibita*, comme à la femme & aux enfans non émancipés, ne vaut qu'à proportion du mérite & des ſervices auxquels le donataire n'étoit point obligé, & qui ſont tels qu'ils peuvent entrer *in pactum obligatorium*, comme parle Balde. *Ad hoc ut talis donatio jure prohibita valeat, tria requiruntur; 1°. quòd merita ſint expreſſa, & de illis appareat in ſpecie; 2°. quòd ſint æquivalentia rei donatæ; 3°. quòd non ſint obſequialia ad quæ filius tenetur.* Ranchin.

A R T I C L E   I V.
De l'Aliénation de la choſe donnée.

L E donateur perd la propriété de la choſe qu'il a donnée par donation irrévocable; de ſorte qu'il n'en peut plus faire d'aliénation légitime: mais ſi la donation n'eſt que de *qu. 601.* la moitié de ſes biens, le donataire ne pourra empêcher qu'il ne diſſipe à proportion de cette moitié (a), des choſes particulieres qu'il aura choiſies pour la compoſer; ainſi la vente qu'il *qu. 603.* aura faite d'une métairie ou d'un fonds, ſubſiſtera; ce qui eſt particulier à la donation, en faveur des donateurs.

(a) Quand les biens donnés ſont poſſédés par indivis, ſi les créanciers antérieurs à la donation, qu'a le donateur qui s'eſt réſervé la moitié ou une partie de ſes biens, procédent à ſaiſie, le donateur ſera bien fondé de demander partage, afin que ce qui lui écherra ſoit exempt des exécutions de ces créanciers. La Cour l'a ainſi jugé dans ce même cas, par Arrêt du 24 de Novembre 1615, ayant ordonné qu'on en viendroit à partage dans le temps qu'elle préfigea: ce qui pourtant eſt contre la déciſion 602 de notre Auteur. *Arrêt.*

A R T I C L E   V.
De l'Ingratitude.

S I le donataire tombe dans le crime d'ingratitude, la donation (a) ſera révoquée; mais le Droit en a réduit les moyens à quatorze ſeulement. Néanmoins ſi le donateur n'a pas fait de plainte judiciellement contre le donataire ingrat, ou s'il n'a *qu. 95.* pas témoigné qu'il avoit intention d'en faire, cette action ne paſſera pas à ſon héritier, auquel il ne ſera point permis de propoſer aucun de ces quatorze moyens contre le donataire.

(a) La donation pour cauſe de noces n'eſt pas ſujette à révocation pour ingratitude, parce qu'elle intéreſſe trop de perſonnes qui peuvent n'avoir pas tous également part à cette ingratitude. Il a été ainſi jugé

Arrét. par Arrêt du 10 de Mai 1603, rapporté par M. Expilly dans le chap. 126; & par d'autres depuis. Mais fi tous les intéreffés, comme le mari, la femme & les enfans, étoient également ingrats; il ne feroit pas jufte que cette ingratitude fi générale demeurât impunie.

SECTION IV.

DE * la Vente, du Rachat, & du Retrait Lignager.

ARTICLE I.
De deux Ventes à divers de même chofe.

LORSQU'IL y a deux ventes ou deux donations d'une même chofe à deux perfonnes différentes, (a) la Loi veut que celui-là y foit maintenu à qui la tradition en aura été premiérement faite, & qui le premier en aura la poffeffion, quoi-qu'elle foit fimplement civile, par la force de la claufe de conftitut & de précaire, & par la retenue de l'ufufruit : cette poffeffion civile, produit à cet égard le même effet que la poffeffion naturelle & réelle ; mais pour cela il faut que la vente foit parfaite ; que le prix en ait été payé, ou que le vendeur ait fuivi la foi de l'acheteur, & que celui-ci ait eu inveftiture, fi la chofe n'eft pas allodiale ; la propriété n'en peut être portée à un autre fans le confentement du Seigneur direct.

qu. 22. n. 51
qu. 87.
qu. 105.
qu. 111.
qu. 509.

* *Omnis contractus hæc in fe habet, ut invidia penes emptorem, inopia penes venditorem effe videatur, quia emptor ad hoc emit, ut fuam fubftantiam augeat, venditor ad hoc vendit, ut minuat; Salvian de Gubern. lib. 5:* c'eft pourquoi, *beneficium Legis fecundæ C. de refcind. vendit. malè ad emptorem porrigitur,* dit Cujas, *obfervat. lib. 16, c. 18, & lib. 23, c. 32;* ainfi il a été jugé par Arrêt du 7 de Décembre 1637, & du 14 de Juin 1655, & depuis par d'autres, que l'acheteur ne peut s'en fervir.

(a) Par le Droit, la tradition acquiert cette préférence, *L. quoties, C. de rei vindicatione.* La tradition de la clef a la même force. Un coffre ayant été vendu, la clef donnée à l'acheteur, & une partie du prix payée, fut vendu encore à un autre qui l'emporta, en ayant payé le prix. Il y eut procès entre ces deux acheteurs, & par Arrêt du 17 de Septembre 1673, le coffre fut adjugé au premier, à qui la clef en avoit été donnée, avec dépens. Les parties étoient Geli, Lombard & Albert. Néanmoins il me femble que l'on peut dire avec raifon, que ce que l'acheteur injufte & avare ne paie pas du jufte prix, eft un larcin qu'il fait au vendeur néceffiteux.

Arrét.

F f 3

Article II.
De la Vente de Maison louée.

UNE maison possédée (a) par le locataire, en vertu de
son contrat de louage, ne peut être vendue à son pré-
qu. 480. judice, s'il a eu la prévoyance de se faire hypothéquer, pour
sa sûreté, tous les biens du locateur, & particuliérement cette
maison; il ne pourra être mis dehors, à moins qu'on ne lui
paie ses dommages & intérêts.

(a) C'est une regle, que le successeur universel doit entretenir le louage;
le successeur particulier n'y est pas
obligé, non pas même l'acheteur des
fruits, si ce n'est au cas de l'hypotheque spéciale. Covarruvias resolut. lib.
9, c. 9, L. emptorem, L. viam veritatis ignoras, C. de locat. L. ex quâ personâ, ff. de regul. jur. V. infr., sect.
6, art. 2, pag. 242.

Article III.
De la Vente de chose litigieuse.

LA chose affectée du vice de litige, (a) n'est pas dans
qu. 337. un libre commerce; elle ne peut être ni vendue (b), ni
donnée ni cédée; l'aliénation n'en est pas impunie, si ce
n'est qu'elle soit faite pour dot, pour cause de noces, pour
legs, pour partage de biens, & pour transaction; mais ce
vice ne se contracte que par la contestation en action réelle:
qu. 479. néanmoins ces conditions concourant dans l'ajournement, il
aura la force de la contestation; 1°. si l'exploit est libellé;
qu. 488. 2°. s'il a été fait de l'autorité du Juge compétent; 3°. si
l'ajourné en a eu connoissance; 4°. s'il l'a été dans les formes:
l'ajournement, avec ces circonstances, produit la litispendance,
de laquelle résulte le litige; le Parlement l'a ainsi déterminé
souvent.

(a) Actione in judicium deductâ,
post controversâ, sequutâ præsertim con-
testatione, res fiet litigiosa, maximè
si alienatio facta sit in potentiorem, aut
judicii mutandi causâ. Ranchin in q.
337, Bart. in q. 479; & hoc jure
utimur.

(b) La chose dérobée ne peut non
plus être achetée, & la vente en est
encore moins légitime que celle des
choses litigieuses. Néanmoins si l'a-
chat est fait, palàm & publicè, d'une
marchandise qu'on a de coutume
d'exposer en public, comme de chan-
vre habillé pour être filé; quoiqu'elle
ait été dérobée, l'acheteur sera
excusé, & il ne sera tenu de la
rendre qu'après qu'on lui aura remboursé de bonne foi ce qu'il en a payé;
comm'il a été jugé par Arrêt de l'an

Arrêt. 1685 , pour Jean Lantois & Claude Charrel , contre Urbain Lafont , pour lequel je plaidai. Il y eut partage en la seconde Chambre, vuidé en la pre-miere , après avoir fait avertir les parties de s'accommoder ; ce que la mienne refusa de faire.

ARTICLE IV.

De la Vente de chose saisie.

C E qui est saisi de l'autorité du Magistrat, semble en quelque maniere participer de la qualité de litigieux : le propriétaire ne peut le vendre (a), non pas même au saisissant, *qu.* 81. qui continuera , quoique la vente lui en ait été faite, ses exécutions, s'il le veut, comme s'il ne l'avoit point acheté.

(*a*) La remarque de Bonneton sur cette question 81 , est que le Parlement , par Arrêt du 4 de Juin 1565, a déclaré nulles les aliénations des choses saisies , quelque cause qu'elles aient. Elles sont, par un article du Statut de 1379, *sub protectione & salvagardiâ D. N. Delphini, à tempore executionis inchoata.* Si néan- moins le prix en est destiné & employé au paiement du créancier, il ne pourra pas empêcher l'effet de la vente, n'ayant plus d'intérêt ni de droit sur la chose saisie, puisque *solutione ejus quod debetur tollitur omnis obligatio.* V. Expilly, *chap.* 81, où il dit que s'il n'y a établissement de sequestre, le débiteur saisi peut vendre.

ARTICLE V.

De la Vente des Biens des Communautés & des Mineurs.

S I les biens des Communautés & des (a) Mineurs sont exposés aux encheres publiques, & vendus; l'étrousse qui *qu.* 536. en aura été faite, n'empêchera pas qu'une plus forte, même quelques jours après, ne soit reçue. Notre Auteur dit qu'il se souvient de l'avoir vu ainsi pratiquer dans l'intérêt de la Ville de Grenoble.

(*a*) Les ventes volontaires des biens des mineurs doivent être délibérées & approuvées par leurs parents assemblés ; les certificats de leurs consentemens & de leur ratification, sous prétexte de leur absence & de leur résidence éloignée, ne suffiroient pas, parce qu'il n'y auroit pas eu de traité entr'eux, & leur assemblée n'est ordonnée que pour cela : il a été ainsi jugé par Arrêt du 6 de Juillet 1677, pour le Sieur de Rocheblave ; mais les ventes qui en sont faites par l'ordre & par la volonté expresse du testateur, subsistent *etiam sine decreto, L. si probare , L. si predium , C. quando decret. opus non est;* c'est en ce cas une présomption du Droit, qu'il vend lui-même *per alium.* La femme mariée n'a pas plus de privilege que les mineurs ; elle ne peut, *conftante ma-trimonio*, vendre fon bien dotal que par la délibération de fes parents affemblés pour cela, quelque raifon qu'elle propofe. Jugé par Arrêt du 20 d'Avril 1686, en Audience publique de la premiere Chambre, contre Louife Foily, femme de Vincent Aynard, quoiqu'elle ne demandât cette permiffion de vendre quelques-uns de fes fonds dotaux, que pour payer un de fes créanciers qui avoit procédé contr'elle à faifie décrétale de tous. J'ai donné cet Arrêt, rendu moi plaidant.

Arrêt.

ARTICLE VI.

Des Promeffes de vendre & de ne pas vendre.

LA promeffe de vendre (*a*) oblige réciproquement celui qui la fait, & celui à qui elle eft faite. Si le dernier differe d'acheter, après que l'autre lui aura déclaré qu'il eft prêt de lui paffer vente fuivant leurs conventions ; il décheoit dès-lors de fon droit ; la promeffe eft anéantie : différer de faire ce qui dépend du feul acte de la volonté, & refufer de le faire, c'eft la même chofe. Mais la promeffe de ne vendre point (*b*) ce que l'on a acheté, a feulement effet, lorfque celui à qui elle eft faite, s'y eft réfervé quelque droit & quelque hypotheque ; néanmoins fi elle eft (*c*) jurée, l'aliénation qui s'en feroit, feroit nulle, parce qu'elle feroit l'ouvrage d'un parjure.

qu. 569.

(*a*) Réguliérement la vente eft volontaire ; *nemo invitus rem fuam vendere cogitur, ne jufto quidem & fuo pretio.* Toutefois il y a bien des cas où cette regle n'a lieu. Cujas les remarque dans le ch. 4 du liv. 27 de fes obfervations, & il faut ajouter celui-ci, *fi promiferis venditurum.* Toutefois la promeffe de vendre n'eft pas vente, *fi fubftantia venditionis non intervenerit.* Jugé par Arrêt de l'an 1618, entre le Seigneur & les Confuls de l'Efpine. Ainfi des conventions de main privée de la Demoifelle de Baffin & du Sieur de Bienaffis, qui portoient *vente de præfenti,* & qu'il en feroit fait contrat, par avis d'Avocats, ce qui pourtant n'avoit pas été fait, furent confirmées par Arrêt du 3 de Mars 1640 ; cette Demoifelle fut déboutée de fa requête, par laquelle elle avoit déclaré qu'elle avoit changé de volonté, foutenant que cette vente n'étoit point parfaite. Il avoit déjà été jugé par Arrêt du 21 de Mars 1631, contre Charles Chamaux, que la promeffe de vendre qu'il avoit faite devoit être entretenue, y ayant eu convention de prix, & les parties ayant bu enfemble, *ut moris eft inter plebeïos* ; tellement qu'une vente qu'il avoit faite à un autre, fut déclarée nulle.

(*b*) Le Préfident de la Croix de Chevrieres, dit qu'il a été jugé en conformité de cette doctrine, par Arrêt du mois de Janvier 1550. Il l'a été auffi en fait d'albergement, par Arrêt

Arrêt.

Arrêt.

Arrêt.

Arrêt.

du

du 4 de Décembre 1668, pour les Chartreux.

(c) Notre Auteur tenoit pour le ferment : il le devoit ; il lui étoit obligé de la Terre de Saint-Auban, le bâtard de Valentinois, de qui il l'avoit acquife, n'ayant jamais pu fe faire abfoudre de fon ferment, par les empêchemens qu'il lui oppofa. Aujourd'hui on n'y a plus d'égard.

ARTICLE VII.
De la Reverfion au Vendeur.

SI le vendeur a ftipulé (a) qu'au cas que l'acheteur aliene ou ait aliéné la chofe qu'il lui a vendue, elle reviendra à lui ; cette paction fera inutile, parce que l'effet en eft renvoyé à un temps auquel la propriété fera déjà portée à un autre, & l'aliénation parfaite : mais s'il a été convenu que la chofe reviendra au vendeur, pour le prix auquel l'acheteur l'aura revendue ; cette convention aura effet ; le Parlement *qu. 569.* l'a approuvée par Arrêt du 28 de Mars 1461 : certains hommes qui devoient des corvées à Noble Claude de Bocfozel, les avoient rachetées, pour s'en décharger ; mais par un nouveau contrat ils les lui avoient revendues, & étoient rentrés dans cette fervitude ; il fut néanmoins convenu qu'où il vendroit de nouveau ce droit à quelqu'autre, ils auroient la préférence pour le même prix, & qu'ils les retireroient des mains de ce même acquéreur en le lui comptant ; le cas étant arrivé, par la vente qui en fut faite à Noble Aimard Alemand, Seigneur d'Éclofes, ils fe pourvurent au Parlement, qui leur accorda leur demande contre l'un & l'autre en conformité de cette convention.

(a) Le Vendeur met à la vente la Loi qu'il veut ; *v. g. ut fundum emptum non alii quàm fibi emptor divendat, vel ut eum certâ mercede ipfe conductum habeat.* Ce font les cas de la Loi *qui fundum,* 7 *ff. de contrah. empt.* & de la Loi *fi fterilis* 22, § 4 & 5 *ff. de action. empt. Denique in emptione, venditione leges omnes, five pactiones à venditore dicuntur, tanquàm domino rei, que poft perfectam venditionem in ejus dominio manet, ante traditionem ; imò & poft traditionem, fi non pretium folvatur, aut fatis eo nomine factum fit.* Cujas. L'Arrêt des Chartreux du 4 de Décembre 1668, employé dans l'article précédent, appuie ces vérités.

Gg

234

LA JURISPRUDENCE
ARTICLE VIII.
De la Loi Commiſſoire.

LE pacte de la Loi commiſſoire eſt approuvé dans les
ventes, & non dans les engagemens; comme ſi le débiteur
a convenu avec ſon créancier, que s'il ne lui rend pas dans
le temps promis la ſomme qu'il a empruntée, le gage lui
demeurera comme (a) bien & légitimement acquis: mais
s'il eſt convenu par un acte poſtérieur, qu'en ce même cas
la choſe engagée ſera vendue au même engagiſte à juſte
prix, ou pour la ſomme prêtée; cette paction ne ſera point
répréhenſible: ſi au contraire il n'y a point d'engagement
exprès, & ſi une ſomme étant prêtée ſans gage, il eſt convenu qu'une choſe certaine demeurera au créancier comme
achetée, pour la ſomme qu'il aura prêtée; le pacte ſera ré-
prouvé & demeurera ſans effet, car il participe de la nature
du contrat uſuraire.

qu. 6.

(a) Si le prix égale la valeur de
la choſe, il n'y a point de ſoupçon
de fraude: or le contrat fait ſans fraude & de bonne foi, doit ſubſiſter.
Sans doute, le débiteur peut donner
ſon gage en paiement à ſon créancier, s'il n'y a ni fraude, ni léſion
d'outre moitié du juſte prix: les Arrêts rendus au contraire, ſont dans
des cas où il y avoit évidemment &
l'un & l'autre; mais quand il n'y a
que de la bonne foi, ce pacte peut
paſſer pour vente conditionnelle. Le

Conſeiller Marc, dans ſa queſtion
166 de la ſeconde partie, dit que
ce pacte eſt appellé dans le Dauphiné vente caſuelle. Au reſte le vrai
prix des choſes eſt connu de peu de
gens: *Uni ſapienti notum eſt quanti res
quaque taxanda ſit*; pour le trouver
ce vrai prix, *non cum famâ, ſed cum
rerum naturâ deliberandum, & ſæpe
maximum eſt pro quo nullum pretium
datur.* Ce ſont des penſées de Seue-
que. *V.* Dumol. *de contract. uſur. q.* 52

ARTICLE IX.
Du Retrait Lignager.

LE retrait lignager eſt un obſtacle à la vente: il ôte
à l'acheteur ce qui lui a été vendu, & l'acquiert au parent
le plus proche du vendeur. Il eſt reçu (a) dans le Briançonnois; mais il y doit être exercé dans les dix jours qui
ſuivent immédiatement la vente entre les préſents, & dans l'an
& jour entre les abſents. Ce temps que preſcrit la coutume,
ne court, (b) s'il y a procès, qu'après qu'il eſt terminé, rien

qu. 157.

ne pouvant jufqu'alors être imputé au retrayant. Mais fi la vente eft faite fous cette condition, que fi le vendeur rend dans l'efpace de dix-huit mois le prix qu'il a reçu, à l'acheteur, elle demeurera pour non faite ; le temps du retrait courra, parce que tel temps court de droit pour les actes parfaits, contre ceux qui les impugnent : il court même contre le *qu. 31.* mineur ; mais il fera reftitué, s'il le veut. Ce droit au refte (c) ne pouvant être ni vendu ni cédé par celui à qui il appartient ; il eft fi étroitement attaché à fa perfonne, qu'il ne paffe jamais à un autre.

(a) Le rachat lignager a auffi lieu dans la ville de Romans, comm'il a été jugé pour les enfans du feu Sieur de Merez, Maître ordinaire dans la Chambre des Comptes de *Arrêt.* Grenoble, par Arrêt du 4 de Septembre 1672.

(b) Il court dès le jour de la vente pure & fans condition, fans attendre même la tradition, ni la mife en poffeffion : mais l'Ordonnance d'Henri III, du mois de Novembre 1587, veut que ce ne foit que dès le jour de l'infinuation du contrat de vente, qu'il commence. La décifion

de Guy Pape eft néanmoins fuivie dans le Dauphiné.

(c) *Le droit de rachat ftatutaire ne fe cède point, comme fait le contractuel, qui ne dépend pas de la Coutume ou du Statut : Fr. Marc. q. 404, part. 2 ; mais dans la 405 il dit que le rachat coutumier, ou ftatutaire, paffe aux héritiers. Et il eft fi peu douteux que ce droit n'eft pas ceffible, que l'on eft reçu à la preuve que le retrayant ne fait qu'accommoder & prêter fon nom, fi dans l'inftance on propofe ce fait : il y eut Arrêt l'onzieme* Arrêt. *de Février 1695 qui la permit.*

ARTICLE X.

Du Rachat des Gages vendus.

LE rachat des gages & des chofes vendues, eft ftatutaire (a) ; il peut être fait par le débiteur, dans le délai que les *qu. 22.* Statuts lui en donnent, & qui court dès le jour que l'adjudication & la délivrance en a été faite par le dernier encan ; il n'y a plus après ce temps-là de moyen de les recouvrer : *qu. 32.* il court contre les mineurs, & non contre les pupilles ; mais ceux-là en font relevés, comm'ils le font encore en d'autres occafions, par reftitution en entier.

(a) Ce droit de rachat vient du Statut de Guillaume de Laire de l'an 1400 ; il a été encore confirmé par le Réglement du mois d'Avril de l'an

1547, qui veut, dans l'article 70, que dès le jour de la réelle délivrance, qui fe fait par la *mife en poffeffion,* après la Sentence d'interpofition de décret, ce rachat puisse être exercé durant quatre mois. Il n'y avoit point de Sentence d'interposition de décret, au temps de notre Auteur, & même, comme le rapporte Pisard, il fut jugé *Arrêt.* l'an 1525, par Arrêt du 3 de Février, que ce délai commençoit absolument dès cette mise en possession. Il ne parle d'aucune Sentence d'interposition de décret. La possession civile, qui s'acquiert par le bail de la plume, ne suffit pas; il ne commence qu'après la possession réelle. Jugé pour Roux contre Netti ; auquel il fut donné délai d'une année, par Arrêt *Arrêt.* du 14 Janvier 1639. Les Hauts Officiers du Parlement, & de la Chambre des Comptes, tels que sont les Présidents, les Conseillers, & les Maîtres ordinaires, lorsque leurs Charges sont vendues judiciellement, jouissent de ce même privilege de les racheter dans l'intervalle de ces quatre mois ; comm'il a été délibéré & arrêté, de l'avis des Chambres, le 19 de Décembre 1661. Les Notaires ne *Arrêt.* l'ont pas pour leurs Offices ; Arrêt *Arrêt.* du 8 de Mai 1655; ni les héritiers sous bénéfice d'inventaire, pour les biens de l'héritage vendus dans une discussion, aux encheres publiques, les créanciers appellés; par Arrêté du 1 Mars dans le livre rouge. Avant *Arrêt.* que ces quatre mois soient expirés, si on en demande par requête la continuation, ou un nouveau ; on l'obtient, pour peu de raison qu'il y ait. Mais s'il y en a de fortes, il en sera accordé plus d'un, en ayant même été accordé un cinquieme, & pour une année, à la demoiselle Renaud de Romans, par Arrêt du 15 de Juillet 1675. Mais il importe que la de- *Arrêt.* mande en soit faite durant les quatre mois; si elle l'est après, les lods sont dus au Seigneur direct, qui aura droit de se les faire payer; comme il a été jugé par Arrêt du 15 de Jan- *Arrêt.* vier 1638, pour le Sieur Prieur du Prieuré de Saint-Laurent de Grenoble.

ARTICLE XI.
Du Rachat Conventionnel.

LE rachat conventionnel étant une partie du contrat, s'il n'est permis que pour être (a) exercé dans dix ans, *in decem annos*, il ne le sera que la derniere année, & non *qu.* 516. plutôt ; mais un tel contrat ne sera pas exempt de tout soupçon d'usure, non plus que ne le sera celui dans lequel le prix ne répondra pas à la juste valeur de la chose ; on le présumera infecté de quelque vice, n'y ayant pas apparence que le vendeur y ait donné un vrai & parfait consentement. Cette permission de rachat, pour être une grace, doit être gratuite : & cependant le vendeur, en vendant sa terre ou son pré à vil prix, l'auroit rachetée ; on le juge ainsi dans le Parlement & dans toutes les Cours de Dauphiné.

(a) Ainsi le rachat *in decem annos*, est comme s'il n'avoit été permis que | *post decem annos*, & non *ante* : ce qui pourroit être usuraire, si la var léur du fonds vendu en surpassoit considérablement le prix. Quoique ce délai contractuel ne puisse réguliérement être étendu, non plus que raccourci ; néanmoins le Parlement peut le proroger, s'il y est porté par de justes considérations ; comm'il a fait par divers Arrêts, & entr'autres par ces cinq : qui sont, le premier du 26 d'Août 1591, le 2 du 17 d'Août 1612, le 3 du 23 de Juillet 1613, le 4 du 22 de Mai 1626, & le 5 du 29 de Janvier 1629.

Arrêt.
Arrêt.
Arrêt.
Arrêt.
Arrêt.

Cette Jurisprudence semble avoir changé ; car par Arrêt du 3 d'Août 1660, cette même grace fut refusée aux héritiers de M. le Conseiller de Pointieres, contre le Sieur Doissin, nonobstant la lésion qu'ils alléguoient. Il est vrai que les dépens furent compensés. Mais par un autre du 19 de Décembre 1680, pour Gueimar, elle a condamné aux dépens, la partie qui avoit demandé cette même prolongation.

Arrêt.
Arrêt.

SECTION V.
DE * L'EMPHITÉOSE.
ARTICLE I.
De deux especes d'Emphitéose, Loi de l'Emphit.

L'EMPHITÉOSE (*a*) étant une aliénation perpétuelle, tient de la nature de la vente. Il y en a de deux especes ; l'une est seigneuriale, l'autre est simple & commune. C'est une présomption que tous les fonds reconnus du Roi, ou du Dauphin, ou des Seigneurs jurisdictionnels, sont premiérement venus d'eux ; & comm'il est permis à celui qui donne son propre bien en Emphitéose, d'imposer la loi qu'il lui plaît au contrat, il lui est aussi permis, de quelque condition qu'il soit, de s'y réserver la seigneurie directe, & une rente raisonnable : les exemples en sont communs, & nous ne rappellerons pas ici les observations que nous avons déjà faites touchant ce contrat ; seulement remarquerons-nous qu'une des principales différences qui sont entre le Fief & l'Emphitéose seigneuriale, est que le Fief est un bienfait absolument gratuit, ce que l'Emphitéose n'est pas.

* L'Emphitéose est un contrat inventé par les Grecs. Le mot d'Emphitéose est Grec ; c'est *plantatio* & *insertio* en Latin. Il ne se trouve que dans deux Livres des Pandectes, & il y a une addition de Tribonien, ce

Gg 3

qui fe prouve par ces termes *id eft ;* comme dans la rubrique *ager vectigalis, id eft emphyticarins,* pour expliquer un contrat qui n'étoit pas fort connu des Grecs. Les fonds vectigaux étoient ceux qui appartenant au public, avoient été donnés à des particuliers, en payant *decimam aut aliam partem fructuum.*

(*a*) Cet article n'eft pas de Guy Pape. Les premiers Seigneurs des Terres étant entrés dans les droits des Rois, comme les Rois étoient entrés dans ceux des Empereurs Romains, ceux-ci dans ceux de la République, s'acquirent la propriété feigneuriale des fonds vectigaux : ils retiroient des poffeffeurs la quantité de grains qu'ils devoient chaque année; mais dans la fuite des temps, il y eft bien arrivé du changement. Voilà la véritable & premiere origine des rentes & des cenfives dans les Terres des Seigneurs jurifdictionnels. La rente & la penfion acquife à prix d'argent, quoiqu'elle foit ftipulée comme emphytéotique, portant lods & ventes, eft néanmoins prefcriptible par quarante ans ; comm'il a été jugé par *Arrêt.* Arrêt du 2 1 de Novembre 1680, contre le Chapitre de l'Eglife Cathédrale de Grenoble ; elle eft confidérée comme rente emphytéotique fimple, qui fe prefcrit par ce même efpace de temps; *Arrêt.* ce qui a été déterminé par Arrêt, fait, les Chambres confultées, le 28 de

Juin de l'an 1645, en la caufe du curateur de l'hoirie de Claude Roux & d'Antoine Tivole. Penfion & rente font fynonymes. Les *penfions foncieres* font celles defquelles un Emphytéote s'eft chargé. Comm'elles affectent tout le fonds fur lequel elles font impofées, elles font auffi divifibles : lorfque le fonds eft divifé entre plufieurs poffeffeurs, chacun d'eux les doit fupporter *pro rata* ; mais cette égalation, on parle ainfi, fe fait à leurs dépens. Si une penfion d'une fomme certaine eft créée en faveur de l'Eglife, à prendre fur tous les biens de celui qui l'a créée, & particuliérement fur un fonds ; n'étant pas fonciere, elle eft indivifible. Jugé par Arrêt du 7 *Arrêt.* de Septembre 1674, remarqué par M. le Préfident de Sayve dans fes Mémoires. L'ufage des rentes conftituées commence à s'établir plus univerfellement en Dauphiné depuis quelques années, qu'il n'avoit encore fait ; elles participent de la nature des immeubles, & l'hypotheque des créanciers les fuit, après même qu'elles font entrées dans les Couvents des Ordres Religieux, pour les enfans. de celui en faveur duquel elles ont été conftituées. Ce qui a été jugé par Arrêt du *Arrêt.* 8 de Mars 1682, contre les Peres Minimes du Couvent de Vienne, pour quelques créanciers de Flory Chol.

ARTICLE II.

Des Reconnoiffances.

IL fe peut faire auffi que le légitime propriétaire d'un fonds ait reconnu de le tenir d'un autre en Emphitéofe. Dans cette efpece, une feule reconnoiffance ne fuffit pas, parce que la fimple reconnoiffance ne transfere point la propriété, & qu'elle n'eſt pas un des moyens d'acquérir que le Droit autoriſe. C'eſt pourtant l'opinion de notre Auteur, qu'elle eſt une preuve *qu.* 171. de ſeigneurie & de domaine, quoiqu'elle ne s'acquiere point: une confeſſion judicielle eſt ainſi une preuve de la dette qu'on a avouée, quoiqu'elle ne ſoit pas une véritable obligation; le Parlement & toutes les Cours de Dauphiné, dit-il, ſuivent cette opinion; il ſe trouve, ajoute-t-il, plus de cent Jugemens faits de mon temps, par leſquels le commis a été déclaré ouvert en vertu d'une ſimple reconnoiſſance, même contre les tiers-poſſeſſeurs. Il faut ſe conformer à la coutume dans cette occaſion, ſur-tout la plupart du patrimoine de la Nobleſſe de ce Pays conſiſtant en cenſes, en rentes, & en ſemblables revenus : elle ſeroit ruinée, s'il lui falloit d'autre preuve de l'Emphitéoſe que la ſeule & ſimple reconnoiſſance (*a*) ; toutefois s'il y étoit fait quelque mention de la tradition réelle, ou s'il y avoit des clauſes tranſlatives du domaine, il y auroit moins de matiere de controverſe. Il faut faire le même juge-ment, lorſque l'Emphitéoſe intéreſſe des perſonnes privilégiées. Cependant il eſt certain que l'Emphytéote ne peut ſe diſpen-ſer de reconnoître, en conformité du contrat ; ce ſera en vain que pour l'éviter, il dira qu'il ne fera jamais difficulté de payer la rente qu'il doit ; il faudra qu'il en faſſe une reconnoiſſance *qu.* 417. ſolemnelle par acte public. S'il la refuſe, le Parlement l'y condamnera, comm'il a toujours condamné les refuſants.

(*a*) Mais ſi la reconnoiſſance n'a été ſuivie du paiement effectif de la rente reconnue, & s'il n'eſt certain que le reconnoiſſant poſſédoit le fonds ſur lequel on la prétend due ; la queſtion n'eſt pas ſans difficulté. Néan-moins il a été jugé par des Arrêts, que le Seigneur n'eſt pas obligé de prou-ver cette poſſeſſion du reconnoiſſant; *Arrêt.* premiérement par un de l'an 1554, & depuis par deux autres, l'un du 8 *Arrêt.* de Mai 1618, rapporté par M. Ex-pilly dans le chap. 185 de ſes Arrêts, *Arrêt.* & l'autre du 19 de Novembre 1661, pour une reconnoiſſance ancienne de près de cent ans. Comme la *rente ſe preſcrit par* 30, *ou par* 40 *ans*, la poſſeſſion d'exiger durant ce même temps l'aſſure ; quoique le titre n'en paroiſſe pas, elle en tient lieu. Ainſi l'Abbé de Lyoncel a été reçu par *Arrêt.* Arrêt rendu, les Chambres ayant été conſultées, à la preuve de la poſſeſſion où il étoit depuis 30 ou 40 ans, d'exiger deux agneaux chaque année, encore qu'il lui fût oppoſé que pour cela il n'avoit aucun titre. Par la force de cette ſeule poſſeſſion, Jean & Claude Bonnard, & quelques-autres, ont été condamnés par Arrêt du 9 de Mars *Arrêt.* 1661, à payer à l'Abbé de Haute-combe la rente qu'il leur demandoit, & à reconnoître de nouveau, ſans s'arrêter à la preſcription, & à la nullité d'une reconnoiſſance unique qu'il avoit employée, ſur quoi ils fondoient leur exception. En effet cette poſſeſſion d'exiger ne permet pas que l'on conſidere le temps qui s'eſt écoulé depuis que la rente n'a pas été reconnue, comm'il a été jugé par *Arrêt* Arrêt du 16 de Décembre 1627. Et encore que Barthole *in L. cùm ſcimus, C. de agric. & cenſ. lib.* 11, & Gaſpard

Roderic *in tract. de annuis & menſtr. reditib. q.* 15, aient cru que la reconnoiſſance unique ne doit produire cette obligation qu'en faveur de la cauſe pieuſe; elle l'a indifféremment pour tout autre, ſur-tout lorſqu'elle a été ſuivie de paiement.

ARTICLE III.
De l'Aliénation de la choſe Emphytéotique.

LA choſe emphytéotique peut être librement échangée, donnée & vendue; mais ſi l'Emphitéoſe eſt ſeigneuriale, il faut que le nouveau poſſeſſeur prenne inveſtiture du Seigneur, (*a*) & qu'il lui paie ſes droits, qui ſont la cinquantieme partie du prix (*b*) dans le Droit commun. Il eſt certain néanmoins qu'aujourd'hui elle peut être donnée ſans ſon conſentement. Si eſt-ce que le Parlement a jugé par Arrêt du mois d'Avril de l'an 1454, confirmé par un autre du mois *qu. 46.* de Mars de l'an 1456, que (*c*) la ſeule inveſtiture du Seigneur transfere efficacement la propriété; & ç'a été pour un ſecond donataire, qui, plus diligent que le premier, avoit eu l'inveſtiture d'une maiſon donnée en temps différent à l'un & à l'autre.

(*a*) On ne s'arrête plus à l'inveſtiture pour lui donner cet effet à l'égard de la propriété, l'aliénation étant bonne, *irrequiſito domino.*

(*b*) *L. cùm dubitatur, C. de jur. emphyt.* Les lods ne devroient point aller au-delà de cette cinquantieme; mais la coutume, qui eſt la ſeule raiſon &

le ſeul ſoutien de la plupart des droits ſeigneuriaux, s'oppoſe à cette juſte & ſainte diſpoſition, juſques-là qu'il y a des lods au tiers den., qui eſt la moitié du prix. Boiſſieu *uſ. des Fiefs, ch.* 79.

(*c*) On ne jugeroit plus ainſi.

ARTICLE IV.
Du Tiers-Poſſeſſeur.

ENCORE que les tiers-poſſeſſeurs ne tirent pas leur *qu. 42.* droit des reconnoiſſances de leurs auteurs; ils ſont (*a*) néanmoins actionnés légitimement pour reconnoître & pour payer les rentes (*b*) & les penſions. Il y eut Arrêt dans cette *qu. 432. n. 17.* hypotheſe l'an 1442, pour le Prieur de St. Robert; & encore

l'an

l'an 1454, pour un particulier qui n'avoit point de privilege comm'en a l'Église.

(*a*) Les charges réelles suivent le fonds, & par conséquent l'action va contre le possesseur pour ces charges. Mais il ne devra la rente qu'à proportion de ce qu'il possédera des fonds qui y sont sujets, l'égalation en étant faite avec les autres possesseurs ; jugé *Arrêt.* par Arrêt de l'onzieme de Décembre 1589, rapporté par M. Expilly dans le chap. 106, & c'est l'usage commun.

(*b*) Et quand une rente est stipulée & promise en une espece, le possesseur ne peut, quelque prétexte qu'il ait, la convertir en deniers : celui d'une maison, sur laquelle le Prieur de Saint Martin de Miseré a une rente de trois minots de sel, ayant prétendu pouvoir la faire réduire & fixer à une somme certaine, fut condamné à la payer sans aucun changement, par Arrêt du 5 d'Avril 1634 ; de même *Arrêt.* si l'introge promis par le précédent possesseur est encore dû, le nouveau possesseur ne pourra non plus éviter de le payer que la rente ; comm'il a été jugé, de l'avis des Chambres consultées, par Arrêt du 14 de Juin 1614, *Arrêt.* pour le sieur Dallieres.

ARTICLE V.
De la Déclaration du Vendeur.

LA déclaration du vendeur, (*a*) que le fonds qu'il vend est de la mouvance de l'emphitéose d'un Seigneur qu'il nomme, n'est une suffisante preuve ni de mouvance ni d'emphitéose. Le Prieur de Connexe prétendoit qu'il n'en avoit pas besoin d'autre contre un acheteur qui refusoit de reconnoître sa directe, & pour appuyer sa prétention, il déclaroit lui-même avec serment qu'il avoit perdu son titre : le Parlement n'eut égard ni à la déclaration du vendeur, ni à celle du Prieur, & *qu. 14.* jugea pour l'acheteur. Néanmoins si le vendeur a affirmé par le contrat de vente, que le fonds est franc & allodial, l'acheteur sera en bonne foi pour éviter (*b*) le commis, qui auroit été, sans cette déclaration, la peine de son refus de reconnoître.

(*a*) Cette déclaration seroit plus forte si elle étoit faite au Seigneur même, stipulant & acceptant, & non dans un contrat, où il n'est point intervenu, & l'acheteur ne s'étant obligé précisément à rien. Elle suppose un fait ; ainsi la cession d'une somme suppose qu'elle est due, & si elle ne l'est point, la cession est inutile : de même la déclaration du vendeur, que le fonds qu'il vend est ou n'est pas sujet à une rente, ne sert à rien s'il n'y a pas d'autre preuve.

(*b*) Le commis commençoit déjà, du temps de Guy Pape, à n'être plus exercé pour les Seigneurs particuliers dans le Dauphiné, & depuis il y a été entiérement aboli, *per non usum.* (Cela n'est pas vrai ; V. M. de Boissieu us. des Fiefs, chap. 5 & 10.)

Hh

SECTION VI.
DU LOUAGE ET DES SERVITEURS A GAGE.
ARTICLE I.
Du Locataire dépossédé.

RÉGULIÉREMENT le locataire ne peut être dépossédé de la maison qu'il a louée, qu'après que le temps du louage est fini : c'est même une ancienne coutume dans la Ville de Grenoble (a) que le propriétaire peut alors, de sa propre autorité, fermer la porte de sa maison, pour en ôter l'entrée au locataire ; & cette coutume ne souffre pas de difficulté ni de contredit.

qu. 480.

(a) *De antiqua consuetudine*, dit notre Auteur. La coutume est une Loi qui abroge les autres, & c'en est encore une dans cette même Ville, que lorsqu'il n'y a point de contrat, ou qu'il n'y a qu'une tacite reconduction, le locateur & le conducteur peuvent se contremander, c'est-à-dire se départir du louage, pourvu que cela se fasse depuis le premier jour de l'an jusqu'à celui des Rois ; Fr. Marc. en traite dans la question 165 de la premiere partie ; *migrationis dies Romæ* idus quintiles : à Grenoble c'est le jour de la Croix du mois de Septembre ; & les louages des maisons n'y donnent point lieu à de légitimes récusations contre les Magistrats, dans les affaires de ceux de qui ils les ont louées pour y habiter. Il y en a un Arrêt du 7 de Février 1664, de l'avis des Chambres, pour Messieurs les Présidens & Conseillers ; & cela avoit déjà été jugé pour le Vibailli de Graisivodan, par Arrêt du 20 de Janvier 1655.

Arrêt

Arrêt

ARTICLE II.
Du Successeur du Locataire.

LE *successeur universel* de celui qui a loué est obligé d'entretenir le contrat ; le *successeur particulier* ne le doit, s'il ne le veut. La raison de la différence est que le premier représente son prédécesseur, les droits actifs & passifs duquel sont tous venus à lui. Cette regle souffre quelques limitations, à l'égard du successeur particulier ; la premiere est, si le locateur a obligé tous ses biens au locataire ; les autres sont si le louage est passé pour plusieurs années ; car en ce cas il semble que le domaine utile est acquis au locataire, comme il est de l'emphitéofe à l'Emphyteote; fi le Fifc a loué ou donné à ferme; fi le fuccelfeur (*a*) particulier n'a pas un plein droit à la chofe; & enfin fi le locataire y a fait des réparations. On ne peut affujettir le Fifc à des dommages & intérêts, & il n'eft pas jufte que le locataire qui y a fait des réparations, foit dépoffédé avant que ce qu'elles lui ont coûté lui foit rembourfé. Toutefois plufieurs Docteurs (*b*) font dans ce fentiment, que nonobftant l'hypotheque ftipulée, & même acquife au locataire par le contrat, il peut être contraint de vuider, fi on lui offre fes dommages & intérêts; mais l'opinion contraire eft plus jufte.

(*a*) Ni l'héritier de l'ufufruitier, ni celui du mari, n'eft tenu de maintenir le conducteur dans la chofe louée dépendante de l'ufufruit ou de la dot, parce que l'ufufruit finit avec l'ufufruitier, & que le mari *fructuarii loco eft, quoad res dotales pertinet*. Néanmoins fi le locataire a fait des réparations utiles dans les biens qui lui ont été loués par l'ufufruitier, le propriétaire les lui paiera, ou le laiffera jouir; la chofe ayant été jugée en ce cas par Arrêt du 18 de Novembre 1639, contre la Demoifelle de Villeneuve, pour le Fermier d'un pré, que fa belle-mere ufufruitiere avoit loué. V. *fup. fect.* 4, *art.* 2, *pag.* 230. **Arrêt.**
(*b*). *In L. filio, §. fi vir, ff. folut. matrim.*

ARTICLE III.

Du Rabais.

IL y auroit de l'équité que le locataire obtînt quelque rabais du loyer de la maifon qu'il n'a pas occupée durant une guerre ou une pefte (*a*). Notre Auteur traite cette queftion, mais il ne la décide point; il dit même qu'il ne fe fouvient pas (*b*) qu'elle l'ait été par aucun Jugement, à l'égard de la maladie contagieufe. **qu. 630.**

(*a*) Le loyer n'eft pas dû pour le temps durant lequel on n'a pu jouir, *L. fi quis domum, §. id fibi; L. fi uno anno, §. fi ubicumque; L. fi fundus, ff. locat.* mais une légere incommodité n'eft pas confidérée, s'il n'y a rien du fait du locateur dans la non-jouiffance; hors de ces deux cas, de guerre & de pefte, il ne fait aucun rabais, comm'il a été jugé par Arrêt du 28 de Janvier 1597, pour Jacques Bernard. **Arrêt.**

(*b*) Elle l'a pourtant été de fon temps par Arrêt de l'an 1467, comme elle l'a été encore depuis par Arrêt général de l'an 1630, qui déchargea les locataires du loyer de quatre mois. M. Expilly dans le chap. 2 de fes Arrêts. La location a du rapport avec la vente; la Loi 2, *de refcind vendit.* n'y a pas pourtant lieu pour le locataire. *Sicut ex parte emptoris locatio, venditio nullo modo refcinditur ob id folùm* **Arrêt. Arrêt.**

quòd immenso pretio emerit, ita nec ex parte conductoris locatio, conductio, quæ emptioni, venditioni respondet, quòd nimiùm magno conduxerit; adeò ut nec ob eam causam conductor, qui modo conductionis tempore major fuit 25 annis, remissionem petere non possit. Cujac. *observ. l. 16, c. 39.* Il n'y a point de rabais en ce cas pour le locataire, qui peut être emprisonné pour le prix de sa ferme, quoique septuagénaire. *Arrêt.* Jugé par Arrêt du 19 de Janvier 1650, pour la veuve de Didier Marchand de Grenoble, cessionnaire du Sieur de Marcieu, contre Antoine Lormeau son Fermier. Mais les intérêts du prix de la ferme ne sont dus qu'après *Arrêt.* l'interpellation judicielle. Par Arrêt du 19 de Février 1685, contre le Sieur Marquis de Saint Maurice. C'est encore un privilege de la location, que *invecta & illata*, sont tacitement hypothéqués pour le loyer, d'où qu'ils viennent. Si est-ce qu'il a été jugé par *Arrêt.* Arrêt du 10 de Février 1667, pour Foi Coulombe, contre M Boson, Avocat, qu'un coffre qu'elle avoit mis en *dépôt* chez une de ses locataires, n'avoit pu être saisi pour les loyers qui lui étoient dus d'une Chambre, où il étoit depuis plus de dix mois. Il fut même condamné aux dépens. Le privilege du dépôt l'emporta. *V.* Tondut. *resol. civil. cap. 31;* Grivell. *decis. 9;* Surd. *decis. 326, n. 55.*

ARTICLE IV.
Du Louage d'Œuvres & de Services.

qu. 252. COMME on loue des maisons & des terres, on loue aussi les œuvres & les services des (a) personnes mercenaires. Si on ne leur a rien promis de certain en les louant, mais seulement ce que donneront les autres pour les mêmes œuvres, comm'il arrive souvent dans cette Ville de Grenoble; ce sera au plus bas prix que l'on fixera ce loyer, au cas que les uns aient plus payé, & les autres moins.

(a) *Servus, ut placet Chrysippo, perpetuus mercenarius est.* Senec. *de benef. lib. 3;* Seneque parle des serfs en ce lieu. Le mercenaire est serf pour un temps limité; mais *servi are parati* dit Saluste, *injusta Dominorum imperia non perferunt.* Ce qui fait dire au Crocheteur Corax dans Pettone: *Quid vos jumentum me putatis, aut lapideam navim? operas hominis locavi, non caballi.* Quant à la fixation du salaire, M. le Président de la Croix Chevrieres est d'un avis plus raisonnable que celui de Guy Pape, disant sur cette question, qu'il seroit plus juste de choisir un milieu entre le plus grand & le moindre prix. Celui de la journée des Vignerons chez les Juifs étoit une dragme, ou un denier d'argent; ce qui revenoit, comme le remarque Savot, à huit sols de notre monnoie.

SECTION VII.

DES OBLIGATIONS, DES CESSIONS,
des Cautionnemens & des Paiemens.

ARTICLE I.
De l'Obligation contre les bonnes Mœurs.

LEs obligations (a) qui offenfent les bonnes mœurs, n'ont jamais de force ni d'effet. François Petillon de Grenoble s'étoit foumis à perdre le poing, s'il ne difoit la vérité ; il fut convaincu de menfonge, & néanmoins le poing ne lui fut pas coûpé : nul n'eft fi bien maître de fes membres, qu'il lui foit permis d'en difpofer fi mal ; il doit fuffire aux hommes qu'il leur foit libre, comm'il eft, de faire de leurs biens ce qu'il leur plaît ; s'ils ont la liberté de les perdre par leur mauvaife conduite, il leur eft avantageux de n'avoir pas celle de fe perdre eux-mêmes. *qu. 178.*

(a) Une promeffe, ou une convention qui offenfe les bonnes mœurs, ne peut jamais être rendue légitime, ni par Statut ni par coutume, ni par ferment. Chez les Turcs, les conventions font exécutées à la lettre ; ce qui donna lieu au célébre Jugement du grand Soliman, entre un Chrétien & un Juif. Mais parmi nous il y a des exceptions que l'on y peut oppofer ; en voici quelques cas : 1°. de fimples recommandations d'un parent ou d'un ami, pour fon parent ou pour fon ami malade, à un Médecin ou à un Apothicaire, n'obligent à rien celui qui les a faites ; jugé *Arrêt.* par Arrêt du 16 de Décembre 1677, contre de Lorme, Apothicaire de Grenoble ; 2°. la promeffe de payer une fomme, Prêtre mort ou marié, eft nulle, comm'il a été jugé par deux Arrêts, l'un de l'an 1620, & l'autre *Arrêt.* du 30 Juillet 1636 ; 3°. celle de payer une fomme gagnée en un jeu défendu eft de même nulle ; mais on n'eft pas reçu à la preuve, que celle qui eft pure & fimple pour caufe de prêt, procéde de jeu, & le créancier ne fera condamné qu'à jurer litisdécifoirement fur la vérité de la caufe ; comm'il a été jugé par Arrêt du 16 de Mai *Arrêt.* 1664, pour le Sieur Comte de Laubepine, contre N. Etienne Richard ; 4°. l'obligation dè la femme féparée de biens, dans laquelle elle n'a pas été autorifée par fon mari, eft fujette à refcifion par Lettres-Royaux, même après fa mort, & quoiqu'elle n'en ait point formé elle-même de recours ; jugé par Arrêt du 13 de Juin 1687, *Arrêt.* en la caufe de M. Pierre Vaugelet, & de Martin Comte. La femme qui s'eft obligée au créancier de fon mari, en vertu de la permiffion qui lui en a été donnée par Arrêt en Jugement contradictoire, pour le tirer de la prifon où il étoit détenu, eft néanmoins reftituée en fon entier, fi la dot fe trouve confumée par cette obligation; *intereft Reipublica*, dit la Loi, *mulieres dotes falvas habere*; l'intérêt public appuie en cette occafion l'intérêt particulier. Jugé par *Arrêt.* Arrêt du 18 de Février 1668, contre M. Dalmas, premier Huiffier en la Cour. Mais celles-ci font bonnes & valables : un homme fe voyant dans une riviere qui l'emportoit, quelqu'un de ceux qui le voyoient dans ce danger, promit dix piftoles à qui voudroit l'en aller tirer ; il fe trouva qui accepta la promeffe, & fe hafarda pour fauver cet homme, qu'en effet il fauva : cette récompenfe lui étant refufée, celui qui l'avoit promife y fut condamné, fauf fon recours contre celui qui y avoit donné caufe, par Arrêt du 22 *Arrêt.* de Juillet 1639. Régulièrement les obligations des mineurs ne font valablesqu'en certains cas; les fournitures faites utilement à la guerre à un foldat, en font un. Le Sieur de Saint Gervais étant *in extremis*, dans l'armée, paffa obligation au fieur Pimperron de la fomme de douze cens livres, pour diverfes fournitures utiles qu'il lui avoit faites : le paiement en étant contefté au créancier, il lui fut adjugé *Arrêt.* avec dépens, par Arrêt du 26 de Juin 1674: les devoirs auxquels la nature oblige, doivent être plus facrés que ceux auxquels on n'eft obligé que par des actes civils. Néanmoins quoique le pere ne puiffe régulièrement fe difpenfer d'entretenir fes enfans ; il n'eft point obligé de payer pour les tirer de prifon, les amendes & les dommages & intérêts auxquels ils ont été condamnés pour caufe procédant de crime; comm'il a été jugé

par Arrêt du 11 du mois de Juin *Arrêt.* 1687, pour le Sieur de Montagu, contre le Sieur de Montagu fon fils, détenu depuis plus de dix-huit mois dans les prifons du Parlement, où il s'étoit remis de fon gré, pour l'entérinement de Lettres de grace, concernant un meurtre qu'il avoit commis. Ainfi la mere eft tenue de fournir les alimens à fes enfans, & elle ne peut, fielle a du bien, rejetter cette fonction après la mort de fon mari, fur l'aïeul paternel, qui n'y devra contribuer que fubfidiairement; comme l'a jugé un Arrêt du 23 de Juin 1687, *Arrêt.* pour Claude Perrin, contre Anne Pinfot. Mais l'obligation entre les freres & les fœurs, à cet égard, ceffe en divers cas. Un frere demandant les alimens à fa fœur, elle lui oppofa qu'il avoit été héritier de leur pere, & qu'il en avoit diffipé les biens par fes débauches, & par fa mauvaife conduite; elle fut déchargée de cette demande par Arrêt du 30 d'Août 1639: *Arrêt.* elle s'appelloit Marguerite Efcoffier. Au refte les intérêts peuvent être ftipulés & promis avec effet, nonfeulement par actes publics, mais auffi par promeffe particuliere, & fous feing privé. Jugé, *confultis Claffibus*, par Arrêt du mois de Juillet 1672. *Arrêt.* Mais on n'eft reçu à la preuve d'aucune fomme au-deffus de cent livres, que par actes, & non par témoins; & après avoir demandé 300 livres, par exemple, on ne peut réduire fa demande à cent livres, pour en faire la preuve par témoins. Jugé par Arrêt du 19 de Février 1678, en la caufe de M. Galbert, Concierge des prifons de Grenoble, contre M. Patras Notaire.

ARTICLE II.

Des Traités avec les Prisonniers de Guerre.

CELUI qui s'oblige doit être en parfaite liberté. C'est ce qui a fait douter de la validité des traités faits avec les (*a*) prisonniers de guerre pour leur rançon : des raisons politiques les approuvent ; mais il n'y en a pas dans le Droit (*b*) qui ne les condamnent, & cela principalement si la cause de la guerre n'est pas juste. Quoiqu'il en soit, un second traité fait avec eux, s'il leur étoit moins avantageux que le premier, n'aura pas d'effet, & le premier en aura C'est ce qui a été jugé pour Antoine Moiroud, par Arrêt du mois d'Avril *qu. 113.* de l'an 1437, contre Noble Bertrand de la Poipe, qui l'avoit fait son prisonnier en la guerre de Savoie de l'an 1454.

(*a*) Par le droit des Armes, le vainqueur est le maître de la vie & des biens du vaincu. Plusieurs ont exercé cruellement ce droit ; les uns ont fait couper les mains à leurs captifs, comme César aux Gaulois ses prisonniers ; d'autres leur ont fait crever les yeux, comme l'Empereur Basile Porphyrogenetes ; & d'autres les ont fait étrangler dans les prisons, comme le fut Emilien, l'un des trente Tyrans. Si est-ce qu'il est vrai que *nature injuria fit, & humanitatis jus ab eo violatur, qui iracundia ultra victoriam indulget.* Nicetas Choniar. La Loi Chrétienne a modéré ce pouvoir, en introduisant pour la liberté l'usage de la rançon.

(*b*) Pour s'obliger valablement, il faut être en toute liberté : c'est ce qui fait que notre Auteur doute de la validité des promesses des prisonniers de guerre ; & assurément elles sont nulles, si ayant été mis en liberté, ils ne les confirment ou par un acte nouveau, ou par une exécution volontaire.

ARTICLE III.

Des Obligations des Prisonniers dans les Prisons des Seigneurs, & de ceux qui sont aux Arrêts.

DE LA, si ceux qui sont détenus dans les prisons des Seigneurs dans leurs Terres, & (*a*) à leur pourfuite, ou de leurs Officiers, traitent & transigent avec eux, il n'en *qu. 113.* peut naître aucune obligation qui produise ni action ni exécution légitime. Le Parlement en décharge ceux qui se sont ainsi obligés, encore qu'étant en pleine liberté, ils aient ratifié ce contrat ; il les renvoie après à leurs Juges, pour leur rendre droit sur l'affaire principale qui avoit donné cause à *qu. 253.*

qu. 316. leur emprifonnement, & quelquefois auffi il en retient la connoiffance par de juftes confidérations : à ce même égard, ceux qui font aux arrêts, ou comme ôtages pour fait civil, ou comme accufés pour fait criminel, font confidérés comme prifonniers, & ils en (b) ont le privilege; ce même Arrêt en décida, ainfi il fuffit de dire qu'ils ne font point dans une entiere liberté.

(a) C'eft une commune opinion, que les contrats faits entre les prifonniers & ceux qui les ont fait emprifonner font valables, fi la caufe de l'emprifonnement eft jufte; ce qu'ils ne feront point, fi elle n'eft pas légitime. Ranchin

(b) Elle s'entend de l'obligation que paffe celui qui eft aux arrêts, à fa partie qui l'y tient; car à l'égard de tout autre, & pour autre caufe ils font libres.

ARTICLE IV.
Des Obligations & Jugemens contre les anciens Habitants.

qu. 5.

qu. 6.

qu. 79.

qu. 87.

LEs obligations contractées par les anciens habitants & les Jugemens rendus contr'eux, font exécutoires contre les modernes, quoique ni ils n'en foient les héritiers, ni ils n'en poffedent les biens; il fuffit qu'ils les repréfentent habitants comm'eux dans la même Ville & dans la même Communauté, & qu'ainfi ce n'eft qu'un même peuple. Les habitants d'Herbeys fe fervoient de ces deux confidérations, pour fe mettre à couvert de l'exécution d'un Arrêt de l'an 1407, obtenu par le Chapitre de l'Églife Cathédrale de Grenoble, concernant les dîmes : le Parlement n'eut pas d'égard à ce qu'ils objectoient, qu'ils n'étoient ni héritiers des condamnés, ni poffeffeurs de leurs biens; il permit l'exécution de cet Arrêt contr'eux, par un autre de l'an 1458 (a).

(a) Quand il s'agit des devoirs ou des dettes des Communautés, on ne met pas de la différence entre les anciens & les nouveaux habitants: ce n'eft toujours qu'un même corps. *Quod fi aliquis putaret partibus commutatis aliam rem fieri, fore ut ejus ratione nos ipfi non iidem effemus, qui ab hinc anno fuiffemus. Quapropter cujus rei fpecies eadem confifteret, rem quoque eandem exiftimari*, dit le Jurifconfulte Alphenus dans la Loi *proponebatur*, 76 ff. de *judic*. Ce Jurifconfulte étoit de la Secte de Démocrite & d'Epicure. Il a été jugé fuivant fon fentiment, & en conformité de cet Arrêt de 1458, dans toutes les occafions qui s'en font préfentées, & entr'autres par trois Arrêts; le premier de l'an 1667, pour la Communauté de Beaurepaire; le fecond, du mois de Juillet de l'an 1678, pour celle de Loriol; & le troifieme du 29 de Mai 1679, pour celle de Seyffins; tellement qu'il ne peut plus s'en faire de controverfe raifonnable.

Arrêt.

Arrêt.

Arrêt.

ARTICLE V.

Du Prêt à moitié de perte & de profit.

LE contrat par lequel on (a) prête à moitié de profit & de perte, n'eſt point uſuraire, comme le croient quelques-uns : il eſt légitime & valable ; la Coutume générale de ce Pays l'approuve, & le Droit Canon ne le condamne point : qu. 186. de fait il eſt une véritable ſociété, en laquelle l'un met ſon argent, & l'autre ſon induſtrie, quoiqu'il ait le titre de prêt.

(a) Ce genre de prêt eſt utile & à celui qui le fait, & à celui à qui il | eſt fait : *Una communis utilitas ſocietatis maximum vinculum eſt.* Tit. liv. lib. 36.

ARTICLE VI.

De la Ceſſion de Dette.

UN créancier peut céder à un autre ce qui lui eſt dû ; mais le ceſſionnaire doit faire ſignifier la ceſſion au débiteur (a), & l'en inſtruire par l'exhibition de l'acte. Juſqu'à cette intima- qu. 530. tion, le cédant peut exiger la ſomme qu'il a cédée, & le ceſſionnaire n'aura rien à prétendre contre le débiteur cédé, qu. 567. qui aura payé. Après cette ſignification, le cédant n'aura plus d'action contre ce débiteur, la directe qui lui reſte n'ayant qu. 273. plus de force, au préjudice de l'utile acquiſe dès-lors au ceſſion-naire. Néanmoins la même compenſation qui auroit pu être oppoſée au cédant, peut l'être auſſi à ce ceſſionnaire, comme il a été jugé par Arrêt du mois de Mars de l'an 1467.

(a) La ceſſion n'eſt conſommée que par la ſignification qui en eſt faite ; mais il y a de la différence, pour les ſuites & pour l'effet, entre celle d'un immeuble & celle d'une ſomme cer-taine. Dans la premiere, quoiqu'elle ait été acceptée, l'hypotheque a ſuite en faveur des créanciers hypothécaires, Arrêt. comme il a été jugé par Arrêt du 18 de Juillet 1656 ; & par cet Arrêt il a été ainſi jugé, que la penſion impoſée ſur une maiſon, dont le capital eſt le prix, eſt immeuble. Dans la ceſſion d'une ſomme, ou *rei mobilis*, il y a diverſes obſervations à faire ; 1°. ſi la femme eſt en perte de ſes droits, & que la *ſomme* que ſon mari a cédée ſoit *encore dans les mains du débiteur*, quoi-que la ceſſion lui ait été intimée, & qu'il ait répondu qu'il aime autant payer au ceſſionnaire qu'au cédant, il lui ſera libre de l'arrêter ; & elle lui ſera adjugée au préjudice du ceſſion-naire, s'il eſt poſtérieur à elle ; c'eſt ce qui a été jugé en une cauſe évoquée de Provence pour Iſabeau de Montoux, par Arrêt du 19 de Décembre 1680 ; 2°. *Arrêt* les déclarations du cédant, après que la ceſſion a été ſignifiée, ne nuiſent point au ceſſionnaire ; elles ſont con-

Iij

fidérées comme collufoires avec le débiteur délégué : jugé par Arrêt de l'onzieme de Juillet 1615, contre le fieur de la Liegue, pour Jean Jetaron de Romans ; 3°. le débiteur délégué, après la fignification, ne peut payer qu'au ceffionnaire, & s'il le fait c'eft à fon péril : jugé par Arrêt du 21 de Mars 1679, pour les Janons, contre Varnier ; 4°. fi un comptable a accepté & promis de payer au ceffionnaire, il ne pourra s'en difpenfer, quoiqu'ayant compté depuis, il paroiffe qu'il ne doit rien ; comme il a été jugé pour le fieur Tréforier Perrachon, contre Sibilat, Receveur d'un rôle des tailles impofées fur la Ville de Grenoble, par Arrêt du 20 de Mars 1680, qui le condamna envers le fieur Perrachon, ceffionnaire de cette Ville, qu'il condamna à le garantir ; 5°. le ceffionnaire d'une fomme due par une Communauté, & maintenue exigible, ne peut revenir contre le cédant, fous prétexte des difficultés qui fe préfentent dans l'exécution ; comme il a été jugé par Arrêt du 23 de Juillet 1643, pour le fieur Janon, Préfident de l'Election de Grenoble, qui avoit cédé à un de fes créanciers une fomme qui lui étoit due par la Ville de Grenoble ; 6°. comme la ceffion acceptée eft un paiement, à l'égard du cédant, quoiqu'elle ne foit que verbale, & d'une fomme au-delà de cent livres, la preuve en peut être faite par témoins: jugé par Arrêt de l'onzieme du mois d'Août 1655, en la caufe de Gafpard Borel, & de Jeanne Brunet ; 7°. fi après que la ceffion a été fignifiée, le débiteur délégué devient infolvable, ce fera au péril du cédant, au cas qu'il n'y ait point de temps limité pour la maintenue : il a été ainfi jugé par Arrêt du 26 de Juin 1674, pour fieur Gilles de Gayan, contre le fieur de Loras, qui lui avoit cédé une fomme contre un de fes Fermiers ; le délégué étoit même entré en paiement. Le prix d'une vente étant délégué par le contrat, ne peut être faifi avec effet par un autre créancier au préjudice du délégataire, quoique la délégation n'ait pas été acceptée : jugé par Arrêt du mois de Février 1659, au rapport de feu Monfieur le Confeiller de Belmont, homme très-favant en tout genre de littérature. La deftination d'une fomme faite par un rôle de taille, pour un créancier certain de la Communauté, la lui affure ; de même un autre créancier n'a pas droit de la faifir, encore que ce ne foit, enfemble, qu'une indication : jugé par Arrêt du 15 de Juin 1667, pour le fieur du Claux de Montelimar, contre la veuve du fieur Vernet & quelques autres.

ARTICLE VII.

De la Ceffion à Privilégié.

LA condition du débiteur ne doit pas devenir pire par ce changement de créancier ; & elle le deviendroit fi la ceffion étoit faite à une perfonne privilégiée, comme le font les Écoliers des Univerfités. Les Loix & les Docteurs veulent néanmoins qu'elle fubfifte, fi le ceffionnaire privilégié eft parent du cédant, ou s'il affirme avec ferment qu'il n'y a dol ni mauvaife foi : mais le Parlement ne le veut pas toujours ; il n'approuve point les ceffions faites aux Écoliers à caufe de leur privilege ; (a) il les confidere comme celles qui étant faites à plus puiffants, font nulles de droit.

(a) *Potentiorum loco habentur qui pu-* | *privilegiorum confervatoribus remiffionem* *blicas curas & vices gerunt, Rege ju-* | *& fori exceptionem obtinere.* Matthæus. *bente, & qui poffunt coràm Judicibus &* |

ARTICLE VIII.
Des Fidéjuffeurs.

LEs fimples cautions, qui ne font qu'acceffoires à la dette, & qui n'ont pas renoncé à l'exception d'ordre, c'eft-à-dire, de convenir & de contraindre le débiteur, avant que de venir à eux, (a) ne doivent point être inquiétés, non pas *qu. 570.* même quand de cette dette ils auroient fait leur propre dette comme principaux débiteurs ; fi ce n'eft que le débiteur ne paroiffe point, qu'il fe cache, & qu'il latite, comme on parle dans la langue du Barreau. Le Parlement avoit condamné le fieur d'Eftapes à cinquante marcs d'argent ; le Seigneur de la Terre de Diefme, & Valentin Baquelier le cautionnerent, & même s'obligerent au corps pour lui, qui non-feulement ne fatisfit point au paiement dans le temps qu'il avoit promis, mais auffi difparut dès ce moment ; les contraintes obtenues contre lui étant inutiles, le Parlement enjoignit à fes cautions, par Arrêt du 15 d'Août 1461, de le repréfenter dans la quinzaine, & ordonna qu'après ce temps-là, ils feroient contraints au paiement de toute la fomme, même par emprifonnement.

(a) C'eft l'opinion des Praticiens, que fi le débiteur eft long-temps abfent, ou s'il latite, ou s'il refufe avec obftination de payer, ou s'il eft mort, le fidéjuffeur peut être convenu, quoiqu'il n'ait pas renoncé à l'exception d'ordre & de divifion. Le cautionnement fait pour un temps, finit avec le temps limité ; s'il eft pur & fimple, il ne finit pas même par la prolongation du terme de payer, accordée à l'infu de la caution par le créancier. Matth. *in not.*

ad q. 117. Le débiteur étranger eft abfent : trois Marchands de Provence ayant été cautionnés dans le Dauphiné, envers leur créancier Dauphinois, par un de leurs amis, auffi Dauphinois ; le créancier qu'ils négligeoient de payer fut contraint de fe pourvoir au Parlement contre leurs cautions, à qui, par Arrêt du 21 de Juin 1608, il fut *Arrêt* enjoint de procurer fon paiement dans deux mois, & de payer après ce temps-là, encore qu'ils n'euffent pas renoncé à l'exception d'ordre; & ce Jugement fut fondé fur l'Authentique *præfente, C. de fidejuff.* Quant aux certificateurs ou collaudateurs, qui font une efpece de cautions, ils font à couvert de toute recherche dans le cas de l'infolvabilité de celui qu'ils ont certifié folvable, fi lorfqu'ils l'ont fait, il l'étoit pour la fomme, & fi de leur côté il n'y a ni dol ni mauvaife foi; comme il a été jugé par Arrêt du 7 de Juin 1638, dans la caufe de la Demoifelle de Cadaule, & du Sieur Préfident de Rochedure.

Arrêt.

ARTICLE IX.
De la Caution de l'Eccléfiaftique.

qu. 392.

QUOIQUE les exceptions du principal débiteur fervent à fa caution, celle des Eccléfiaftiques ne peut jamais fe défendre par aucun des privileges de la Cléricature: ils font perfonnels, & d'eux ils ne paffent pas à d'autres; tellement (*a*) que dans la même obligation, pour laquelle il faudroit convenir ce débiteur devant le Juge d'Églife, fa caution fera actionnée devant le Juge temporel.

(*a*) Les Ordonnances faites depuis le temps auquel Guy Pape vivoit, ont réglé les deux Jurifdictions, & le cas de cette queftion ne fouffriroit plus ni doute, ni difficulté.

ARTICLE X.
Que la Caution contraint fon Garant. Jugement:

qu. 221.
qu. 94.
qu. 570.

RÉGULIÉREMENT le principal obligé, qui eft le vrai débiteur (*a*), doit être difcuté avant que l'on puiffe agir contre la caution, qui doit oppofer de cette exception, & fi elle ne le fait, on n'y a point d'égard; néanmoins celui qui a promis de payer pour un autre, & qui s'y oblige, pourra être convenu, & même être contraint de fatisfaire à fa promeffe. Cela eft conforme (*b*) au Statut, qui n'admet que fept exceptions contre les actes obligatoires; & celle de n'avoir pas renoncé à l'exception de convenir le débiteur avant la caution, n'en eft pas une; joint qu'elle n'eft que dilatoire, & qu'il y a de la différence entre cautionner le débiteur, & promettre de payer fa dette pour lui. C'eft l'ufage du Parlement. Mais la caution a fa garantie contre celui qu'il a cautionné; il peut même le forcer en trois cas de le décharger de l'obligation dans laquelle il eft entré pour lui faire plaifir. Le premier eft fi le cautionnement eft ancien, & dure (*c*) depuis long-temps; le fecond, fi le créancier a agi contre lui, & l'a fait condamner ; le troisieme, si le débiteur, *qu.* 117. qu'il a cautionné, dissipe ses biens. Dans le Droit, un acte est dit ancien, qui pourtant n'est fait que depuis deux ans : cela étant, il semble qu'un cautionnement peut passer ancien, après ce temps-là ; si est-ce qu'on laisse au Juge la liberté d'en ordonner, comme il le croira raisonnable. La Cour a fait Arrêt sur cette question le 1er. Décembre 1459, pour Eusebe *qu.* 25. Bourgeois. Au reste, la Sentence rendue contre le principal débiteur, qu'elle condamne, (*d*) est exécutoire contre la caution, *qu.* 215. sans qu'il soit nécessaire de lui faire un nouveau procès pour la faire aussi condamner ; c'est la décision de notre Auteur, dans la question 215, après néanmoins avoir dit dans la 26, qu'elle ne l'est point contre la caution du contrat, quoiqu'elle le soit contre la caution du Jugement, c'est-à-dire de payer le Juge, si ce n'est que la caution n'ait aucune raison pour l'éviter ; & en ce cas il approuve l'opinion d'Oldrade.

(*a*) L'exception de discussion, n'étant que dilatoire, doit être opposée avant aucune contestation ; après laquelle elle n'est plus reçue, non pas même en cause d'appel.

(*b*) Ce que dit notre Auteur des exceptions reçues dans le Statut n'est plus en usage ; on suit le Droit commun, en faveur des cautions. Notre Langue donne indifféremment ce nom aux fidéjusseurs, aux constitutaires, aux mandateurs, aux expromisseurs, & à tous ceux qui interviennent pour les autres dans les obligations, qui en effet ne se considerent eux-mêmes dans ces actes, que comme cautions.

(*c*) La caution qui paie entre dans l'hypotheque du créancier sans subrogation, jugé par deux Arrêts, l'un du *Arrêt.* 23 de Juin 1627, & l'autre du 19 de *Arrêt.* Janvier 1661 ; & si elle est intervenue dans un contrat de constitution de rente, elle ne pourra être déchargée, même après trente ans, jugé par Arrêt du 14 de Février 1635, les Chambres ayant *Arrêt.* été consultées ; de sorte qu'elle ne peut prétendre d'être déchargée qu'en fait de dette à jour. *L. Lucius Titius, L. pro eâ, C. mandat.*

(*d*) Cette opinion souffre des difficultés, & Barthole, Balde, Jean Fabri & Jason tiennent que le Jugement rendu contre le débiteur, ne nuit point à la caution ; & même il a été jugé par Arrêt de l'an 1615, en la cause *Arrêt.* de Cugnet, que l'action hypothécaire sur les biens de la caution se prescrit pendant que le créancier plaide avec son débiteur, sans y appeller la caution.

ARTICLE XI.

Le Créancier ayant pu être payé ; Exception.

S'IL n'a tenu qu'au créancier d'être payé de son débiteur, il n'aura plus d'action ni de droit contre la caution. Ce cas est remarquable : Noble François d'Orli avoit cautionné un de ses amis envers Noble Pierre de Bellecombe, pour la somme de 800 florins qui lui étoient dus pour reste de la dot de sa femme ; il avoit renoncé à l'exception de premier convenir, & de discussion non-faite des biens du débiteur : mais ce créancier avoit procédé à saisie de plusieurs fonds contre son débiteur pour son paiement ; il les avoit fait vendre publiquement, & en étant le dernier enchérisseur, il en avoit été l'adjudicataire ; toutefois ayant discontinué ses poursuites, il avoit négligé d'en prendre possession, de sorte que les ayant abandonnées, il demandoit à Orli le paiement de cette somme de 800 florins, comme il s'y étoit obligé : ses raisons étoient qu'il n'étoit pas incompatible d'agir premiérement contre le débiteur, & après contre la caution, & qu'en ce cas il ne pouvoit être obligé que de céder ses actions à la caution : il en ajoutoit d'autres ; mais il y en avoit de plus fortes pour la caution ; en premier lieu, ce créancier étoit devenu, par la délivrance qui lui avoit été faite des biens de son débiteur, acheteur de ces biens, & ce qui lui étoit dû étoit le prix de la vente, qui étoit ainsi consommée ; & quand la vente est consommée & parfaite, il n'est plus permis à l'acheteur de s'en départir ni d'en répéter le prix qu'il en a payé ; d'ailleurs, le créancier n'a pas la liberté de quitter un gage pour en prendre un autre ; & c'étoit une foible objection de dire que celui-ci n'étoit pas entré dans la (a) possession réelle des fonds qui lui avoient été délivrés, parce qu'il n'avoit tenu qu'à lui, & que tout y étoit disposé. Cette question sembloit problématique ; mais la Cour la décida pour la caution, par Arrêt du mois de Décembre de l'an 1459.

qu. 348.

(a) Le gage saisi au débiteur ayant été vendu, la caution est dès-lors déchargée, si le prix suffit au paiement de la somme due, quoique le gage soit péri avant la mise en possession ; M. Gasp. Baro dit que cela a été jugé par Arrêt du 22 d'Août 1591.

Arrêt.

ARTICLE XII.
De la Prescription pour la Caution.

L'OBSERVATION faite dans l'article X, que la Sentence obtenue contre le débiteur est exécutoire contre la caution, sans qu'il faille lui faire un nouveau procès, souffre une limitation ; car c'est aussi l'opinion de notre Auteur, que l'interruption de la prescription faite en la personne du débiteur, ne passe point à celle de la caution (a), & n'a aucun effet contr'elle, ni à son préjudice.

qu. 416.

(a) Gl. in L. cùm quis, §. si quis pro eo reverso, ff. de solut. & ibi Bartholus C'est l'autorité qu'emploie notre Décisionnaire, avec celle de Cynus in L. final. C. de duob. reis, pour appuyer son sentiment ; qui ne souffre pas de doute, si la caution n'a pas renoncé à l'ordre & à la division, & si elle ne s'est pas obligée ut corea debendi. Néanmoins il a été jugé pour la caution qui a renoncé en ce même cas ; l'Arrêt est du 5 de Juillet 1678, pour Jean Rigaud caution, contre Chomel créancier. Et certes il y a bien de la différence entre le coobligé & le fidéjusseur, qui même a renoncé, comme le montre le savant du Perier, dans la question 7 du livre 3 ; & c'est dans l'espece de duobus reis qu'il a été jugé pour Laurent & Marguerite Rabasteau, contre N.... Saleman, par Arrêt rapporté sans date par M. le Président de Sayve, dans ses Mémoires MSS. que l'interpellation faite en la personne de l'un d'eux interrompt la prescription à l'égard de l'autre que l'on a laissé en repos pendant cinquante ans. La Loi cùm quidam, C. de duobus reis, est le soutien de cet Arrêt.

Arrêt. *Arrêt.*

ARTICLE XIII.
De la Caution de représenter un Accusé.

EN fait criminel, celui qui s'est obligé (a) de représenter, & qui ne le fait pas, s'il est exempt de fraude & de mauvaise foi, ne sera sujet à aucune peine corporelle ; quoique le criminel, qui se sera évadé à la faveur de ce cautionnement, soit digne de mort, il ne sera condamné qu'en une peine pécuniaire.

qu. 26. *qu. 570.*

(a) Cæso Quintus est le premier des Romains, qui, en fait criminel, évita la prison, en donnant caution, que les Tribuns fixerent à une somme considérable en ce temps-là ; c'étoit l'an 289 de la Ville de Rome : Tribuni vadem 3000 æris, dit Tite-Live, lib. 3, num. 44, obligarunt. Il y a fidejussor Judicii & fidejussor contractûs ; contre le premier, de judicato solvendo, fit executio Sententia, absque novo processu ; non ità contrà fidejussorem contractûs. Le cautionnement dans l'instance de dévolut est de la premiere espece ; il est réguliérement de 300 liv., & le dévolutaire ne peut s'en dispenser ; il y a Arrêt du 18 de Février 1659. Mais cette somme peut être augmentée par de justes considéra-tions, comme elle le fut à 1000 l. par un autre du 7 de Décembre 1665. Depuis, l'Ordonnance de 1667 a fixé cette cau-tion à 500 liv. dans l'article 13 du tit. 15.

ARTICLE XIV.
De la Liberté de s'acquitter.

LE Droit commun (a) permet aux débiteurs de s'acquitter en tout temps ; mais il ne l'est pas si absolument par la Coutume de Dauphiné : si la somme due est payable avec intérêts, à un terme préfix, le débiteur n'anticipera point ce terme pour se décharger des intérêts ; si de même il a imposé une rente sur une maison, sous faculté de rachat, il sera contraint de payer cette rente pour toute l'année, au cas qu'il se propose de la racheter, quelque temps seulement avant le terme : cela s'est toujours pratiqué.

(a) *Debitor qui solvit ante diem libera-tur, quia & plus solvit quàm debeat ; non si obtulerit vel obsignaverit ante diem & pecunia perierit, quia moram non facit creditor, qui ante diem accipere recusat, & importunum atque incommodum fortè creditori est, alio die accipere, quàm quo dari convenit : oblatio verò debet fieri congruo loco & tempore. Cujac. Observat. lib. 23, cap. 23.* Seneque dit que *qui nimis citò cupit solvere, invitus debet.*

Nonobstant cette décision 271, la consi-gnation faite avant le terme du paie-ment, après que le créancier a refusé de le recevoir, est bonne ; comme il a été jugé pour le sieur de Gales, Avocat Général, contre le sieur Boufier, duquel il avoit acheté cette Charge au Parle-ment de Grenoble, par Arrêt du 3 de Septembre 1653 ; & sur l'évocation en celui de Provence, il fut confirmé par un autre.

ARTICLE XV.
De la Compensation.

LA compensation (a) est un paiement ; néanmoins quoi-qu'elle se fasse de droit, on n'y aura point d'égard si elle n'est pas demandée. Il y a bien des cas semblables où l'on ne s'arrête pas aux exceptions, encore qu'elles soient péremp-toires, s'il n'en est pas opposé.

(a) Quoique la compensation ne se fasse que de liquide à liquide, il a été jugé par Arrêt du 19 de Juillet 1679 qu'une somme qui n'a été liquidée qu'en jugeant, la Cour en cela faisant fonction d'arbitre de droit, doit faire cesser les intérêts de la somme à laquelle elle est compensable, depuis qu'il en a été

Arrêt. été opposé. De même par un autre Arrêt du 27 de Septembre 1653, un débiteur d'une somme bien liquide a été reçu à compenser une quantité de grains qui lui étoient dus par le créancier, suivant l'évaluation des gros fruits de la Chambre des Comptes. Cette évaluation générale tient lieu d'une liquidation particuliere dans les occasions. Mais si le débiteur délégué, qui avoit à compenser avec son créancier, a accepté purement & simplement la cession faite contre lui, il ne peut plus faire de compensation au préjudice du cessionnaire. *Ferrer.*

ARTICLE XVI.

Du paiement d'une chose pour autre.

ON n'a pas raison de vouloir payer (a) une chose pour une autre que l'on a spécifiquement promise; non-plus que de la demander : le paiement doit être fait comme il a été stipulé. Noble Antoine de Montaigu avoit épousé la sœur du Seigneur de Saint-Laurent du Pont, qui lui avoit promis des habits de noces de la valeur de 100 florins; celui-ci fut actionné devant le Parlement, & on conclut contre lui au paiement de 100 florins; notre Auteur fut le Commissaire du procès, & à son rapport, ce défendeur fut congédié de l'instance, par Arrêt du mois de Décembre 1459. Il avoit promis des habits du prix de 100 florins; mais il n'avoit pas promis 100 florins.

qu. 358.

(a) *Ea est solutionis & liberationis forma, ut eodem omnino modo solvatur, quo debetur, nam prout quid contractum est, solvetur : quemadmodum autem non licet aliud pro alio, invito creditore, solveres sic nec creditor à suo debitore aliud pro alio exigere potest: quo genere obligatus, hoc solvere debet,* dit le Jurisconsulte Pomponius, *in L. prout 8, ff. de solution. quo genere obligatus, hoc fidem exsolvit.* Seneca, *de benefic. l. 5, cap. 14.* Cette regle est le soutien d'un Réglement fait l'an 1534, par lequel l'offre du débiteur de donner de ses biens à son créancier pour le paiement d'une somme qu'il lui doit, ne le décharge point de l'obligation au corps. Néanmoins il a toujours été permis aux Villes, & aux Communautés de cette qualité, de payer ce qui leur a été prêté en deniers, non-seulement en même espece, mais aussi en fonds qu'elles leur remettent : cet usage est ancien. Sous le Consulat de Sergius, Sulpitius Galba & de C. Aurelius Cotta, il fut ordonné dans le Sénat Romain, qu'il seroit donné aux créanciers de la République des fonds publics, *intrà quinquagesimum lapidem,* suivant l'estimation qui en seroit faite. Ce qu'ils accepterent, ayant même consenti, *ut in jugera assez vectigales, restandi causâ publicum agrum esse, imponerentur.* Ex Livio. Nous avons déjà parlé des fonds vectigaux, qui sont l'origine de la dîme, des rentes & des censes Seigneuriales.

K k

ARTICLE XVII.

Du Paiement promis en Florins d'Or.

CELUI pourtant qui s'est obligé à payer en florins d'or, ou qui est chargé de payer un legs en cette espece de monnoie, *qu. 498.* qui ne se fabrique point dans le Dauphiné, paiera en écus d'or, puisque c'est la volonté des contractans ou du testateur que ce paiement soit fait en or (a) ; mais on rapportera la (b) *qu. 179.* valeur des florins d'or à celle des écus d'or. La Cour l'a ordonné ainsi dans les occasions.

(a) *Si aurei tantùm sunt expressi, sine valoris expressione, aurei debent solvi & restitui, aut eorum valor, qui est tempore solutionis, non autem valor qui erat tempore contractûs,* dit Baro qui ajoute que *à multis amicis & citrà ità judicatum,* & même contre le Roi Dauphin dans le rachat de la Terre de Saint-Julien, & *posteà sæpè.*

(b) Il y a valeur extrinséque & valeur intrinséque : celle-ci est en l'aloi, & l'autre au prix. Si un paiement est promis en louis d'or valant 11 liv., il suffit qu'il soit fait de sorte que la somme totale en liv. s'y trouve, soit en louis, soit en autres especes. Si des louis d'or simplement ont été promis, la seule valeur intrinséque sera considérée : toutefois le rachat d'une pension de 15 écus d'or *eum sole,* acquise par le Chapitre de Saint-Maurice de Vienne, fut, par Arrêt du mois d'Août 1647, accordé à la Dame de Montgontier, en payant le capital, eu égard à la valeur des écus d'or au temps de la création de la pension, & non en especes : il a ses motifs particuliers. Par un autre du 28 de Février de la même année, un paiement ayant été stipulé aux mêmes especes d'or que le prêt avoit été fait, le prix de ces especes étant augmenté, il fut jugé qu'il seroit fait en mêmes especes d'or, mais suivant le prix courant. La même chose avoit été ordonnée en même cas, où il s'agissoit du paiement de deux cens pistoles, par Arrêt du 11 de Mars 1643. *Arrêt.*

Arrêt.

Arrêt.

ARTICLE XVIII.

Changement au Prix des Monnoies.

LE changement qui arrive au prix des monnoies fait souvent naître des difficultés. Celui qui a promis cent florins, si le terme du paiement étant échu, le prix des florins est diminué, doit néanmoins payer cent florins, en ajoutant pour remplir le prix qu'ils avoient au temps de la promesse (a). On considére dans ces paiemens qui ne sont pas réitérables, le temps où la dette a été conçue ; tellement que ni par le rehaussement *qu. 492.* ni par le rabais du prix de ces especes, le créancier ne doit *qu. 493.* ni gagner ni perdre : mais aux paiemens réitérables, comme aux rentes, aux cenfes & (*b*) aux penfions, en quelque efpece de monnoie qu'ils foient promis, elle ne peut être refufée, de quelque prix qu'elle foit alors : on l'obferve ainfi.

(*a*) C'eft un devoir de rendre ce que l'on a emprunté, dans la même mefure que le prêt a été fait, & même à plus grande, dit Hefiode, *oper. & dier. lib.* 2. Le débiteur homme de bien ne fe prévaudra pas du changement des monnoies qui pourroit lui être favorable ; il doit s'attacher étroitement à la bonne foi : *fi adulterinos nummos acceperit imprudens pro bonis ; cùm id refcierit*, il ne les donnera pas pour bons à fon créancier. Cette queftion étant agitée problématiquement entre les Stoïciens,

quelques-uns d'entr'eux croyoient qu'il le pouvoit ; mais Antipater le nioit : *cui potiùs affentior*, dit Ciceron, *de officiis, lib.* 3. *S. Gl.*

(*b*) Une penfion annuelle de 50 écus, impofée l'an 1576, fous le capital de 600 écus, fut déclarée par Arrêt du mois de Septembre 1662 rachetable, & les arrérages qui en étoient dus, payables à raifon de 3 liv. 5 f. pour chaque écu, fuivant l'Edit de Monceaux de l'an 1602, en la caufe de fieur Pierre Allian, & de la Communauté d'Alois. *Arrêt.*

ARTICLE XIX.

Du Paiement fait au Receveur.

LE paiement de la rente, fait au (*a*) Receveur employé à l'exaction des droits Seigneuriaux, & qui l'a faite publiquement, ne peut être défavoué par le Seigneur, encore que ce Receveur n'ait ni pouvoir exprès ni procuration par écrit. La bonne foi ne confentiroit pas à ce défaveu. *qu.* 175.

(*a*) Le Procureur pour exiger, peut compenfer, comme il a été jugé par Arrêt du mois de Mai 1614 entre le Sieur de Forefta, le Sieur de Serenon & *Arrêt.*

la Communauté de Roquebonne. La compenfation eft un paiement, *qui compenfat folvit.*

SECTION VIII.

DES * CRIMES, DES PEINES, & de la Confiscation.

ARTICLE I.

Du Crime de Lese-Majesté.

LEs crimes sont comparés aux contrats : ils en sont même une espece, puisque par eux on oblige sa personne, son honneur & ses biens à tous les ressentimens de la Justice offensée. Le crime de (*a*) Lese-Majesté est le plus dangereux de tous aux Corps Politiques ; & souvent il leur est fatal, parce qu'il les frappe à la tête, en attentant à la vie de ceux qui les gouvernent. Il n'y a, par le Droit Civil, que ceux qui entreprennent sur la vie du Souverain, qui ne releve que de Dieu, qui puissent être accusés de ce crime. C'est néanmoins aujourd'hui en être coupable que d'attenter à la vie d'un Prince qui jouit des droits de la Souveraineté, encore qu'il releve d'un autre. Jean Largiret, Docteur aux Loix, qui avoit conspiré contre la vie d'Amé VIII, premier Duc de Savoie, fut condamné, comme criminel de Lese-Majesté, à perdre la tête, & ses biens furent confisqués, quoique ce Prince fût feudataire de l'Empire.

qu. 341.
qu. 344.

* *Delicta & contractus æquiparantur, L. omnem ff. de judic.* Franc. Marcus, *q. 903, part.* 1. C'est pourquoi les décisions de notre Auteur touchant les crimes, suivent ici celles qui concernent les contrats.

(*a*) Le crime de Lese-Majesté a plusieurs chefs. Le premier & le plus punissable est l'attentat sur la vie du Prince. *Et inquisitum in hoc fortiùs nemo, qui quidem rectè sapiat, reprehendit : nec enim abnuimus salutem legitimi Principis, propugnatoris bonorum & defensoris, undè salus quæritur aliis, consociato studio muniri debere cunctorum : cujus redimenda causâ validiùs ubi Majestas* *pulsata defenditur, à quæstionibus vel cruentis nullam Cornelia Leges exemere fortunam.* Ammian. Marcellin. *lib. 19.* Il est juste qu'alors la clémence & la pitié cédent à toute l'insensibilité de la vengeance. Les autres chefs de ce crime sont la conspiration contre l'Etat, la rebellion, la sédition ; & les Empereurs Arcadius & Honorius y ajoutent la violence commise contre les Ministres & les Conseillers du Prince, *qui illi à latere sunt,* parce que *ipsi pars corporis Principis sunt,* comme ils parlent dans la Loi *quisquis* 5. *Cod ad Leg. Jul. Majest.* L'attentat sur la personne des autres Officiers du Souverain, & sur celle des

Magiftrats, lorfqu'ils font dans les fonctions de leurs charges, en eft encore une efpece : il y en a dans la queftion 287 de Joann. Gallus un Arrêt célébre de l'an 1493. En effet, le Légiflateur Charondas met au rang des plus grands crimes le mépris des Magiftrats.

ARTICLE II.

De la Rebellion.

LA rebellion eft un crime contre le Prince, & celui-là eft rebelle qui refufe de lui obéir, & non-feulement qui fe fouleve & prend les armes contre lui ; & celui-là l'eft encore qui forme des deffeins contre fon honneur ou contre fon intérêt (a). qu. 589.

(a) Nul ne peut être confidéré comme rebelle, qu'il ne foit fujet. Un des chefs du crime de Lefe-Majefté eft la rebellion des fujets ; c'en eft encore un d'avoir intelligence avec les étrangers, pour les armer contre le Prince & contre l'Etat ; & enfin c'en eft un autre d'avoir pu vaincre l'ennemi & de ne l'avoir pas fait ; ce qui tombe dans la trahifon, qui a auffi divers chefs. Qui en a connoiffance, eft coupable s'il ne la révéle ; *fola fcientia pro confcientiâ habetur*, comme parle le favant Petr. Ærod. *Decretorum lib. 5, ubi multis agit de crimine lefa Majeftatis*. La Majefté des Princes eft un écoulement de celle de Dieu.

ARTICLE III.

Des Guerres des Particuliers, Port d'Armes, Violence publique.

LA liberté (a) du port des armes infpire fouvent des penfées que fans cette licence on n'oferoit concevoir. La Nobleffe l'avoit dans le Dauphiné & en abufoit. Il étoit permis aux Gentilshommes de s'entrefaire la guerre ; ils exerçoient tous actes d'hoftilité les uns contre les autres pour leurs querelles particulieres : mais le Dauphin Louis oppofa une défenfe expreffe à cet abus ; il abolit ce privilege par fes Lettres-Patentes du 10 de Décembre 1451 ; elles défendent aux Gentilshommes de fe faire ni défi ni infulte, & de rien entreprendre les uns contre les autres par la voie des armes. Néanmoins Rodolphe de Commiers, Seigneur de la Bâtie de Champrond & Bailli des Montagnes, ne laiffa pas d'envoyer un cartel de défi à Noble Jacques de Bompar, & de lui déclarer la guerre : Bompar étant à Grenoble, il y vint accompagné de 60 hommes armés ; il monta même, pour le braver, au banc de Malconfeil, & après il fe retira fans faire autre chofe ; ce fut au mois de Mai de l'an 1460. Le Parlement ne jugea pas qu'une action fi audacieufe & fi téméraire dût être diffimulée ; il qu. 437.

Kk 3

commença contre Commiers un procès criminel, & Commiers en
fut si irrité qu'il se proposa d'en faire un aussi à tous les Officiers du
Parlement : il se cantonna à Allevard dans le Graisivodan, & les fit
ajourner pour y comparoître en personne devant lui ; & deux
Notaires écrivant sous lui tous les actes de ce procès, il déclara
contumax les ajournés qui n'avoient point obéi. Ces deux actions
étoient d'une témérité insupportable ; c'est pourquoi Jean du Palais
fut envoyé de la Cour pour en informer & pour juger, comme
Commissaire du Roi Dauphin, Commiers & ses complices. Il con-
sulta notre Auteur en toutes choses & suivit ses conseils. Ces deux
Notaires méritoient le dernier supplice ou du moins la déportation, à laquelle le bannissement perpétuel a succédé ; si est-ce
qu'ils ne furent condamnés qu'à des peines pécuniaires. Leur
excuse étoit que Commiers leur avoit persuadé qu'il ne vouloit
que conférer avec le Parlement sur certaines choses dont le
Dauphin l'avoit chargé. L'injure faite à ce Corps supérieur étoit
des plus extraordinaires ; elle participoit du crime de Lese-
Majesté, cette Compagnie tenant, comme elle fait, la place
du Dauphin, pour les fonctions de la justice distributive. Forcer
des maisons, & en tirer ceux qui y habitent, est encore un
crime atroce ; c'est une violence (b) publique. Le onzieme de
Juin de cette même année 1460, certaines gens s'étant attroupés
forcerent un Château où étoit Antoine Bolomier ; c'étoit
environ l'heure de minuit : ils le lierent & l'emmenerent hors de
la Province ; étant dans un bois, ils le contraignirent de leur
promettre une grosse somme, pour laquelle il s'obligea à eux ;
on disoit même qu'ils lui avoient pris jusqu'à mille florins ; ainsi
ce crime étoit un mêlange de plusieurs crimes tous capitaux. Le
Parlement en ayant pris connoissance, ceux qu'on accusoit
furent ajournés de son autorité pour comparoître en personne ;
mais ils n'obéirent point. L'amende de deux cens marcs d'argent
fut déclarée indicte contr'eux, & ils furent réajournés pour
comparoître, à peine d'annotation de leurs biens & de bannissement. Le génie du Parlement penchant à la clémence plutôt
qu'à la sévérité, se découvre dans ces deux Jugemens.

(a) Dans la politique, le port des armes offensives n'est permis à personne :
la Noblesse même n'a pour cela nul
droit propre & naturel, comme le
remarque Tiraqueau dans son traité de
Nobilitate, cap. 7. il faut que le Souverain y consente. Aussi les Romains n'en
portoient qu'à la guerre, ou dans quelques grands désordres. L'Empereur
Justinien, dans sa Constitution 85, en
défend la fabrique & l'achat aux personnes privées. Cet ordre de la politi-

que Romaine eſt obſervé dans tout l'Orient chez les Turcs, chez les Perſes & même chez les Tartares ; ils n'ont dans leur pays, ni épées ni armes à feu. Mais dans la Monarchie Françoiſe, cette défenſe n'eſt ni ſi générale , ni ſi abſolue ; les armes y ſont des membres du Soldat, comme parle un ancien. Les Réglemens , les Arrêts & l'uſage les laiſſent auſſi aux Gentilshommes aux Officiers de Juſtice, & à quelques Commis dans les affaires du Roi. Elles ſont défendues à tous les autres ſujets , & la contravention n'eſt pas impunie. Sa peine eſt une amende de cent livres, & même la priſon durant deux mois , ſi cette ſomme n'eſt payée. *Arrêt.* C'eſt ce qu'ordonne l'Arrêt du Parlement du 7 d'Avril 1661 : & par un *Arrêt.* autre du 28 Juillet 1684, cette défenſe du port des armes a été réitérée ſous la même peine.

(*b*) La force privée, *vis privata*, eſt celle qui ſe fait ſans armes. La force publique, *vis publica*, eſt celle qui ſe fait avec armes. Celle-ci eſt le ſujet de la Loi Julie, *de vi publicâ*, dans laquelle ſont compris ceux qui forcent les maiſons, qui en rompent les fenêtres, & qui en enfoncent les portes. La Loi Plautie *de vi*, eut pour principal motif de réprimer cette violence. Elle porte le nom de P. Plautius Tribun du peuple , & elle fut faite l'an 675. V. C. cet article en étoit le plus remarquable : *qui alienas ædes ſaxis , ignibus , aut ferro occuparint , de iis quotidiè quæ-rito; eis damnatis, aquâ & igni interdicito.* Cette Loi fut ſuivie de trois autres juſqu'à l'empire d'Auguſte, qui com-

prit tous les chefs de ces Loix dans celle dont il fut l'auteur , qu'il attribua à Jules ſon oncle, en l'honorant de ſon nom. Il ne nous en reſte qu'une obſcure idée dans les Pandeêtes & dans le Code, ſous les titres *ad Legem Juliam de vi privatâ & de vi publicâ.* Ce qui y eſt traité ne répond pas bien fidellement aux titres. Attaquer quelqu'un , & le contraindre de faire injuſtement ce qu'on lui commande, eſt auſſi un crime qui tombe dans celui de la force publique. Ceux qui le font ſont des voleurs, contre qui il eſt permis à chacun de s'armer ; car *prædones publici omnium mortalium hoſtes ſunt* , dit Petrarque. La plupart des crimes qui participent de celui-ci, ſont cas Royaux. Les incendiaires ne ſont pas moins ennemis que les voleurs : *Nam appellatur inimicus qui cum telo ferit, qui hominem occidit , qui incendium fecerit.* Cicer. *paradox.* 4. Néanmoins l'incendie n'eſt pas un cas Royal, quelque volontaire & prémédité qu'il ſoit: tellement que l'incendiaire ne ſort point de la juriſdiction de ſon Juge naturel. Un incendie ayant été fait dans le lieu de Vaulnaveys , le Prévôt & en même temps le Vibailli de Graiſivodan en voulurent prendre connoiſſance comme d'un cas Royal ; mais par Arrêt du 10 de Juin 1683, elle *Arrêt.* fut renvoyée au Juge du lieu où le crime avoit été commis. Il avoit été jugé autrement par deux Arrêts, l'un de l'an 1597, & l'autre de l'an 1611, *Arrêt.* en faveur du Prévôt; ce qui eſt remar- *Arrêt.* qué par Monſieur Expilly dans le chap. 120 de ſes Arrêts.

ARTICLE IV.

Du Rapt des Vierges.

LE (a) raviſſement des Vierges (dans la langue des Praticiens on dit rapt) eſt un crime des plus oppoſés au repos des familles, & à l'honnêteté publique. Si on attente, ſans rapt & ſans violence, à la pudicité d'une fille qui eſt encore au-deſſous de l'âge de douze ans, on ne doit pas être puni de mort. Un malheureux ayant attenté, mais ſans effet (b), de corrompre une fille âgée ſeulement de dix ans, ce fut l'opinion du Préſident Jean de Baile, qu'il ne méritoit pas la mort; il dit même qu'étant à Embrun, il y avoit vu juger pluſieurs fois ſuivant cette opinion, *qu. 555.* à laquelle notre Auteur ſe joignit. D'autres étoient dans un ſentiment contraire à celui-là; ils ſoutenoient que dans ce crime, il falloit ſeulement conſidérer la volonté, quand on s'étoit porté à un acte extrinſéque; & c'eſt ainſi, diſoient-ils, que la Loi (c) de l'Empereur Jovien condamne comme un rapt conſommé, le rapt ſeulement entrepris des Vierges conſacrées à Dieu. Il eſt néanmoins certain dans l'eſpece des Vierges de cet âge-là, que (d) par les Loix, ce crime qui n'a pu être achevé, n'eſt pas puni du dernier ſupplice. La peine des hommes de qualité y eſt la déportation, & celle des autres eſt d'être condamnés aux métaux; c'eſt-à-dire, au travail des minieres pour en tirer les métaux. Ce fut cette opinion que le Parlement ſuivit. Notre Déciſionnaire ne s'explique pas mieux; peut-être y avoit-il alors des mines dans la Province auxquelles on travailloit, & ſi cela eſt, ce miſérable y fut conduit: peut-être auſſi fut-il condamné à une autre peine qui pouvoit avoir quelque rapport avec celle-là. Quoiqu'il en ſoit, le châtiment inévitable aux méchants eſt une ſûreté publique.

(a) Il y a *deux genres de rapt*; l'un eſt celui *de la Loi*, qui ſe fait par la force, par la violence & par l'enléve-ment; l'autre eſt celui *de l'Ordonnance* du 15 de Janvier 1640, qui ſe fait par la ſubornation des filles qui ſont en la puiſſance de leurs peres, ou de leurs tuteurs & de leurs curateurs. Le premier eſt toujours puni de mort; le ſecond eſt pardonné ſi les deux parties conſentent au mariage, comme il fut *Arrêt.* jugé par Arrêt du 18 de Février 1640, en la cauſe du Sieur du Coudrai & de Demoiſelle Marie de Flecelles, ſur les concluſions de Monſieur l'Avocat Géné-ral de Rabot de Buffieres. La peine cor-porelle, comme il le remarque dans ſes mémoires, ceſſe alors, & il n'y en a que de pécuniaire: le mariage efface la faute; & c'eſt ce qui fait dire à Phædre pour Hypolite:

Forſan jugali crimen abſcondam face;
Honeſta quædam ſcelera ſucceſſus facit.

Iſaac Carier, mineur de 15 ans, ayant débauché

débauché une fille auffi mineure, mais un peu plus âgée que lui, l'action de rapt fut intentée par le pere contre ce fuborneur qui avoua le crime, & déclara qu'il étoit dans la volonté d'époufer cette fille fi fon pere lui le permettoit. La caufe étant portée à l'Audience publique, il y réitéra fa déclaration & fon offre, & pria même fon pere, étant à genoux devant lui, d'y confentir ; mais ce pere attaché à d'autres deffeins le refufa : par Arrêt du 18 de *Arrêt.* Janvier 1680, l'accufé fut mis hors de Cour & de procès fur le rapt ; mais condamné envers la fille en 500 livres pour dommages & intérêts, & le pere feulement à prendre & à nourrir, fuivant fes offres, l'enfant né de cette fille & de fon fils. La Déclaration du Roi Louis XIII, de l'an 1638, fur la célébration du mariage, regarde auffi le crime de rapt. Autrefois on étoit plus favorable dans ce pays aux filles trompées ; la maxime *aut ducat, aut dotet,* y étoit régulièrement obfervée: *in Delphinatu,* dit Jofeph Scaliger, *in Scaligeranis, fi quis puellam compefferit, tenetur eam ducere, ut Bafilea ;* mais les artifices des unes, & les facilités des autres, ont fait naître un autre ufage. On met facilement hors de Cour celui qui a abufé de l'indigne complaifance d'une fille, fur la demande des dommages & intérêts qu'elle lui fait, principalement s'il eft moins âgé qu'elle ; il a été ainfi jugé par plufieurs Arrêts, & entr'autres par un du mois *Arrêt.* de Juin 1687, en faveur d'un jeune homme, & fi jeune, qu'en effet il étoit encore dans la minorité, contre une fille âgée de 27 ans. Les parties étoient d'Embrun. Lorfqu'il paroît un défordre vicieux dans la conduite des filles, elles ne méritent ni pitié ni impunité.

Marie-Charlotte Garnier, ayant déclaré devant le Juge de la Ville de Grenoble, qu'elle étoit enceinte du fait d'Ennemond Cholier Janon, avoit obtenu contre lui en fa coutumace, une adjudication de 400 livres pour dommages & intérêts ; elle avoit fondé fon action fur cette maxime, que *creditur virgini juranti fe ab aliquo cognitam & ex eo pregnantem,* qui eft autorifée par les Docteurs, & entr'autres par Monfieur le Préfident Faber dans fon Code, *tit. de prob. def.* 78. Les deux parties ayant appellé de ce Jugement, Janon établit fon principal grief fur la calomnie de l'accufation, n'y ayant point eu de groffeffe. Mais le pere de cette fille intervenant dans la caufe, fe rendit demandeur en punition de crime de rapt, & le pere de l'accufé fut même mis en caufe. Celui-là foutenoit que la déclaration de fa fille, fortifiée de fon ferment, fuffifoit feule pour la preuve de fa défloration, & il y joignoit celle qu'il prétendoit avoir faite par une information : mais il en réfultoit qu'il n'avoit pas ignoré les fréquentations de Janon avec fa fille ; qu'il y avoit confenti, & qu'elle avoit vécu dans une grande liberté avec ce jeune homme, qu'elle avoit porté par fon peu de retenue à fe vanter publiquement du commerce & des habitudes qu'il avoit avec elle. La caufe ayant été plaidée en la première Chambre du Parlement, fut jugée le 17 de Février 1689, par Arrêt qui mit les *Arrêt.* appellations au néant, & par nouveau Jugement, les parties hors de Cour & de procès, dépens compenfés ; & condamna néanmoins le pere de cette fille & Ennemond Cholier Janon, chacun en une amende de vingt livres. Trop d'indulgence pour ces filles peut leur être une persuasion de ne résister que foiblement comme la Corine d'Ovide.

Qua cùm ità pugnaret tanquàm quæ vincere nollet,
Victa est non ægrè proditione suâ.

Il y auroit néanmoins, ce semble, cette réflexion à faire, que ce ne sont pas elles qui font les premieres recherches, & qu'on n'a pas bien raison de vouloir qu'elles soient plus fortes que la nature ne les a faites. Quoiqu'il en soit, c'est pour elles seules, que dans cette commune faute l'agression n'est pas considérée pour rendre leur cause favorable.

(*b*) Moins la fille violée est âgée, plus celui qui l'a forcée est criminel. Par cette raison, Vital Bargoin qui avoit forcé une fille, âgée de quatre ans & neuf mois seulement, fut condamné à la roue par le Juge-Mage de Valence, & ce Jugement fut confirmé par Arrêt du dernier jour du mois d'Août de l'an 1616. Le fiancé qui a connu sa fiancée impubere, quoiqu'elle soit *proxima pubertati, puniendus est pœnâ stupri, etsi illa consenserit,* dit le Conseiller Fr. Marc dans la

Arrêt.

q. 70. de la seconde partie ; mais si ç'a été *per vim & nolentem, puniendus est pœnâ raptoris.* Le mariage de Gemonie de Reynaud, âgée seulement de neuf ans & trois mois, qui avoit été conduite dans la maison de son beau-pere, & livrée à son mari, lui donne occasion d'agiter cette question, parce que l'on avoit intenté une action criminelle contre ce mari : mais l'Evêque de Gap les ayant épousés *secuta erat copula*; quest. 8. Ce qu'il dit dans une autre, qui est la 645 de la seconde partie, est digne de remarque, touchant la peine du rapt. Guillaume de Serio du lieu d'Oursieres, en ayant été convaincu, fut néanmoins seulement condamné en cinq cens livres pour les réparations du Palais ; & *ad pœnam de raptoribus,* au cas qu'il ne satisfît pas, dans le temps qui lui en fut prescrit, au paiement de cette somme. Il y a pourtant peu de rapport dans cette alternative, de l'une de ces peines avec l'autre.

Arrêt.

3. *L. si quis non dicam, C. de Episcop. & Cleric.*

4. *L. si is qui, §. qua nondùm, ff. de pœn. L. si stuprum, ff. de injur.*

ARTICLE V.

De l'Adultere.

LA Ville de Grenoble a des Statuts, que les Evêques & les Dauphins ont confirmés. L'amende (*a*) de cent sols y est la peine de l'adultere. Ils ont subrogé à la peine ordinaire, qu'ordonne le (*b*) Droit commun, cette peine en argent. Les Statuts ont ce pouvoir ; mais comme les Juges ont la liberté d'augmenter ou de diminuer les peines ordonnées par les Loix, ils l'ont aussi d'augmenter ou de diminuer celles des Statuts, lorsqu'ils le croient nécessaire, ou utile, ou honnête ; cette opinion est la seule qu'il faut suivre. Donc, quoique les Juges de cette Ville jurent, en entrant dans l'exercice de leur charge,

qu. 206.

qu. 178.

d'obferver ces Statuts, ils feront pour la punition de ce crime, réflexion aux perfonnes, & aux circonftances de l'action : mais ils ne fortiront pas des bornes de la raifon, ni pour la févérité, ni pour la clémence : il en eft de même pour les peines pécuniaires. On le pratique de la forte dans toutes les Jurifdictions de Dauphiné. Le Parlement ne s'éloigne pas de cet ufage, & notre Auteur nous apprend, qu'étant Juge de Grenoble, il s'y conformoit dans fes Jugemens.

(a) Le mariage eft un Sacrement dans l'Eglife Catholique, quoique dans l'Eglife Réformée, de même que dans le Droit Civil, il ne foit qu'un contrat civil de fociété; mais indivifible & inféparable. Et par la confidération de cette qualité de Sacrement, les Juges d'Eglife s'attribuoient la connoif-fance de tous les différens qui en naiffoient, & elle ne leur étoit pas difputée dans le Dauphiné. Ils n'affu-jettiffoient l'adultere qu'à des peines pécuniaires. Ce qui en provenoit faifoit partie des revenus des Prélats, & étoit un article de leurs fermes. Le Statut de la Ville de Grenoble, duquel notre Auteur entend parler, eft de l'an 1310, il eft conçu en ces termes : *Si aliqui in adulterio fuerint deprehenfi, centum folidos Curiæ dabunt; quibus folutis ab altero, ambo liberabuntur; & fi folvere non poffunt, arbitrio Curiæ puniantur.* Et celui-là eft furpris en adultere, *qui deprehenfus eft membra in membris habere,* comme parle la Loi des douze tables : *Nam ubi nulla fanguinis commixtio eft, partufve nullus ex altero femine conceptus effe poteft; nec etiam adulterium dici & effe poteft.* Et par cette raifon l'Eunuque Bagoas, accufé d'adultere, fut abfous. Lucian. *in Eunucho.* Aujourd'hui, quoique l'adul-tere foit un des crimes que l'on qualifie mixtes, l'Eglife n'en connoît plus à

l'égard de la conviction & du châti-ment.

(b) Nul, que le mari, ne peut accufer d'adultere la femme mariée; fi ce n'eft que le mari *etiam lenocinii poftuletur,* comme confentant aux dé-bauches de fa femme pour fe prévaloir d'un gain infame, *quod ei uxor quoti-dianis dotibus fuis quæfivit,* comme parle Apulée *in Apolog.* Mais celui avec qui elle a commis adultere, peut être accufé *à quovis extraneo :* c'eft la remarque de Cujas dans le chap. 15 du livre 20 de fes Obfervations. Caton d'Utique prêta fa femme Martia à fon ami Hortenfius, *ad fobolem fufcipiendam,* & après qu'elle eut fait un fils à Hortenfius, il la reprit. Il n'en fut pas moins eftimé, & elle ne paffa pas pour moins honnête femme. Auffi la peine de l'adultere a fouvent changé chez les Romains; elle n'y a pas toujours été uniforme. Dans la République, le Conful Q. Fabius Gurges *matronas ftupri damnatas pecuniâ damnavit.* Tite-Live *lib.* 10. La Loi Julie *de adulteriis,* que quelques-uns attribuent à Jules Céfar, & d'autres avec plus de raifon à Augufte, a été plus févere : elle relegue les adulteres de l'un & l'autre fexe, & confifque la moitié de la dot de la femme, & le tiers de fes biens. Sous l'Empire de Tibere, Apuleïa Dame Romaine, convaincue d'adultere, fut feulement reléguée à dix milles loin de Rome, comme nous l'apprend Tacite *Annal. lib. 2.* Mais fous celui de Conftance, Claritas & Flaviana, Dames de qualité, furent traitées avec plus de cruauté & de honte: Ammien Marcellin raconte dans le liv. 18, que lorfqu'on les menoit au fupplice, *Flaviana indumento, quo veftita erat, abrepto, ne velamen quidem fecreto membrorum fufficiens retinere permiffa eft.* Etienne, Roi des Triballiens, imita ce mauvais exemple en partie: *Eudoxiam uxorem adulteram fpoliatam, folâ interulâ undique præcifâ, ut pudenda vix tegeres, ejecit, & quo velles abire permifit.* Cette nudité étoit une peine, qui choquoit l'honnêteté outrageufement. Néanmoins elle a été en ufage dans les refforts de quelques Parlemens du Royaume: la Robe étoit coupée à la femme adultere, & elle étoit fouettée en cet état par l'Exécuteur fur la partie nue; c'eft ce qui a donné lieu à une menace qui eft comme tombée en proverbe, *couper la robe au cul.*

ARTICLE VI.

Des Excès contre les Sergens.

C'EST une violence que l'on fait à la Juftice même, quand on en fait aux Sergens qui exécutent fes commiffions. S'ils ont été battus & maltraités dans ces occafions, la peine de ce crime, dans le Royaume, eft la perte de la vie ou du poing, à caufe de l'injure faite au Souverain & à la Juftice. Mais dans le (a) Dauphiné elle eft arbitraire, & même pécuniaire, eu égard à la perfonne qui l'a commife; le Parlement ne s'écarte non-plus de fa clémence naturelle dans cette occafion que dans les autres. Si on enleve (b) un prifonnier d'entre les mains des Sergens, on s'expofe à diverfes peines. Deux Sergens menoient aux prifons de la Cour un nommé Bigorde, débiteur d'un Marchand de Lyon, qui avoit obtenu des contraintes contre lui, que la Cour avoit accordées, pour la fomme de cinquante écus: Noble Humbert de Virieu les ayant eu en rencontre, le leur ôta, & lui donna le moyen d'échapper. La partie fe plaignit de cette violence; & le Procureur Fifcal fe joignit à elle: on ne manqua pas d'exagérer fortement l'atrocité de ce crime; & par Arrêt de la veille des Rameaux de l'an 1461, le criminel fut condamné en tous les dépens, dommages & intérêts du Marchand, & en trente livres envers le Fifc. Si on ne fait (c) qu'ôter au Sergent les Lettres qu'il exécute, c'eft l'opinion de Balde, que cette violence tombe dans le crime de faux. Notre Auteur n'ajoute rien à cette obfervation, qui nous apprenne quel étoit fon fentiment, ni fi le Parlement avoit fait alors quelque Jugement

qu. 579.

fur ce cas. Les Lettres de Juſtice ont à leur tête le nom du
Gouverneur du Pays (d) ; c'eſt de même un crime de les déchirer
& de les biffer, lorſqu'elles ſont ſcellées du Sceau du Gouverneur.
Il fut informé, de l'autorité du Parlement, contre le Prieur de
Saint-Donat, qui en avoit déchiré avec mépris le 22 du mois
de Mars de l'an 1441, dans la place du banc de Malconſeil ;
néanmoins cette information n'eut pas de ſuite, rien ne fut jugé : *qu. 23.*
il auroit, ce ſemble, dit notre Déciſionnaire, dû être condamné
ſuivant le Droit, en une amende de cinq cens écus, comme
l'étoient ceux qui déchiroient, ou qui effaçoient les Ordonnances
& les Edits du Préteur affichés au poteau public : en tout cas,
ajoute-t-il, il y auroit eu lieu de le punir comme fauſſaire ; car
celui qui traite de la ſorte les Edits du Préteur, ou qui les
corrompt (c'eſt l'expreſſion des Loix) s'engage dans le crime
de faux. Enfin, ce qui outrage la Juſtice ne peut jamais paſſer
pour innocent, ni même pour indifférent ; & par conſéquent il
ne doit pas être pardonné.

(a) Cet uſage qui rend en ce crime la peine arbitraire & même pécuniaire, a toujours été obſervé dans le Dauphiné, & non l'article 54 de l'Ordonnance de Moulins, ni l'article 190 de celle de Blois, non-plus que le premier article de l'Edit d'Amboiſe de l'an 1572 ; c'eſt la remarque de Monſieur Expilly dans le chapitre 91 : ce qu'il confirme par un Arrêt de l'an *Arrêt.* 1584, qui condamna un Gentilhomme qui avoit battu chez ſoi un Sergent & ſon Recors, ſeulement en quelques réparations envers la Juſtice, & en une amende envers le Roi. Une femme ayant pris aux cheveux un Sergent qui exécutoit ſa commiſſion, lui en ayant arraché, & l'ayant même voulu frapper d'un couteau qu'elle avoit dans la main, ne fut condamnée, par Arrêt du *Arrêt.* 17 de Juillet 1678, qu'en dix livres d'amende & aux dépens. Elle propoſoit quelques faits contre le Sergent, à la preuve deſquels elle prétendoit être reçue. Mais ſi le Sergent qui a été outragé, & qui s'en eſt plaint, ſe départ de ſa plainte, ce département eſt une juſte fin de non-recevoir contre la partie qui l'a employé, & qui veut pourſuivre la punition de l'excès, comme il a été jugé par Arrêt du 27 de Juin 1679, pour le Sieur de Gardanne, Conſeiller au Siege Préſidial de Touloufe.

(b) Si le priſonnier eſt accuſé de crime, celui qui l'aura enlevé, ou qui aura cauſé ſon évaſion, ſera plus puniſſable que s'il n'eſt débiteur que de quelque ſomme, pour laquelle on le menoit en priſon. Au premier cas, il mérite une peine rigoureuſe & ſévére ; au ſecond, il ſera condamné aux dommages & intérêts de la partie. Nous avons parlé dans le livre premier d'un cas particulier, qui eſt d'un Prêtre conduit aux priſons de l'autorité du Juge temporel incompétent.

(c) La peine de ce crime ſera corporelle ou pécuniaire, ſuivant la qualité du criminel, qui eſt toujours conſidérée dans les peines.

(d) Qui arrache les affiches du lieu où elles ont été mises par l'ordre du Magistrat, commet un crime. C'en étoit un chez les Romains de rien changer ni altérer *in albo Prætoris.* Cujas en traite dans le chapitre 24 du livre 21 de ses Observations. De même celui qui brûle *scripturam publicam*, tombe dans le crime de faux; il peut être mis à la question pour lui faire avouer quel a été son motif : ainsi, celui qui y ajoute, qui en retranche, ou qui l'efface, tombe dans le même crime, Franc. Marc. q. 739, p. 1. & q. 259. *part.* 2. Isabeau Sauriac ayant fait crier à trois briefs jours le sieur Avocat Cossas, les affiches de l'exploit furent faites, *ex more.* La Demoiselle de Bran de Rossas les arracha, où il fut informé contre elle. Quoiqu'elle ne manquât pas de raisons pour sa justification, elle **Arrêt** fut condamnée, par Arrêt du 16 de Mars 1665, aux dépens, qui furent liquidés & fixés à deux cens livres.

ARTICLE VII.
Du crime de Faux.

O N va par le parjure au crime de faux. Ceux (a) qui falsifient les Lettres du Pape, du Roi, des Evêques, de leurs Vicaires & de leurs Officiaux, sont punissables de mort, si elles sont de pure Justice ; c'est-à-dire, si elles ordonnent ou **qu. 455.** déterminent quelque chose : mais à l'égard de celles de simple Justice, comme le sont celles de citation, ou d'autres semblables, que l'on peut obtenir une seconde fois sans peine, rien ne peut être présumé contre ceux qui sont accusés de les avoir falsifiées; ce qui est encore moins douteux, s'ils ne s'en sont pas servi.

(a) L'Empereur Alexandre Severe, *eum Notarium, qui falsum causâ Brevem in Consilio retulisset, incisis digitorum nervis, itâ ut nunquàm posset scribere, deportavit.* Lamprid. Les Secretaires de l'Empereur avoient le titre de Notaires. Celui-ci qui fut banni après avoir eu les nerfs des doigts coupés, fut châtié comme il le méritoit, pour avoir osé commettre une fausseté en la présence même de l'Empereur, & dans son Conseil. Mais le supplice auquel le Pape Leon X condamna Sébastien de Trévise, qui étoit le plus fameux Jurisconsulte qu'eût l'Italie, passa toutes les bornes d'une juste sévérité : il le fit brûler vif dans le Champ de Flore, pour avoir participé à la falsification d'un acte public. L'Ordonnance d'Abbeville faite pour le Dauphiné, veut que la fausseté évidente soit punie de la peine de la Loi, & que celle de la simple présomption soit arbitraire, dans l'article 417. L'Edit du 31 du mois de Mars 1680, condamne absolument à la mort tous les dépositaires de la foi publique, qui commettent des faussetés dans les fonctions de leurs charges, comme Notaires, Greffiers, Garde-Livres & Archivaires; & cet Edit n'est qu'une exécution de celui de François I, de l'an 1531. Mais peut-être que la consignation portée par l'Ordonnance du mois d'Août 1667, dans l'article 5 du titre 9, pourra souvent être aux faussaires un retranchement contre l'accusation.

ARTICLE VIII.

Du faux Témoin.

LE témoin qui dépofe fauffement dans une affaire criminelle, doit être condamné à la mort : fi le crime dont il s'y agit eft tel qu'il ne mérite pas la mort, la peine du faux (a) témoin fera auffi plus légére. Jean Villars avoit dépofé que Noble Jean *qu. 44.* de Guers avoit affafiné un Cordelier ; la fauffeté de fon témoignage fut découverte, & lui-même l'avoua : il fut condamné à être pendu par Arrêt du 13 du mois de Septembre de l'an 1453, & cet Arrêt fut exécuté.

(a) Le faux témoin eft digne de mort : jugé par plufieurs Arrêts. Les témoins qui avoient dépofé fauffement dans le procès criminel pourfuivi par Meffire Galatoire de Marca, Abbé de Saint-Aubin & Préfident au Parlement de Pau, contre N. Jean de Saint-Jean, Abbé d'Abos, & quelques autres, furent, par Arrêt du 19 de Juillet 1674, condamnés à la mort, & *Arrêt.* exécutés dans Grenoble. Il s'agiffoit d'un affafinat que le Sieur de Marca difoit avoir été attenté fur fa perfonne par ces accufés.

ARTICLE IX.

De la Chaffe dans les Garennes & aux Pigeons.

LA (a) chaffe dégénere de plaifir innocent en crime, lorfque fans le confentement des propriétaires on chaffe dans les garennes. Cette chaffe injurieufe étoit déjà défendue dans le *qu. 211.* Dauphiné, par une ancienne coutume ; mais elle l'a été depuis plus étroitement, par Édit du Dauphin Louis, fait à la Côte-Saint-André le 21 de Décembre de l'an 1448, & enrégiftré dans le grand Livre du Parlement. Cet Édit condamne auffi ceux qui chaffent aux pigeons, auprès des colombiers, & la peine des uns & des autres eft corporelle ; mais arbitraire aux Juges. En effet ceux-là, par le Droit, commettent un larcin, qui prennent les Pigeons dans les Colombiers : il n'eft pas même permis de tendre des rets ou des lacs, que pour la chaffe des ours, des fangliers & des loups.

(a) La chaffe eft permife aux Gentilshommes, & principalement dans le Dauphiné ; elle ne l'eft que par privilege à ceux de l'ordre inférieur : mais elle ne l'eft jamais dans les garennes des Seigneurs des lieux, ni même dans celles des particuliers.

Voy. le Régl. du Parlement de Grenoble du 26 Mars 1768, dans le grand Recueil de Giroud.

ARTICLE X.
Du Jeu de Dés.

qu. 581.

LEs plaisirs auxquels la Loi ne consent point , ne sont pas sans blâme & sans peine. Le jeu de (a) dés est de ce nombre : néanmoins celui qui en donne l'occasion & qui propose d'y jouer, est plus coupable que celui qui ne fait que suivre la proposition ; c'est pourquoi celui qui a été provoqué à jouer, n'est pas obligé de rendre ce qu'il a gagné , comme l'est celui qui l'a provoqué.

(a) Dans cette question, taxilli & alea sont la même chose. Petrarque les distingue ; taxilli sont les échecs ; alea est proprement le jeu de dés, & ce jeu n'est point défendu par aucun vice qui lui soit essentiel, mais seulement à cause des maux qui en peuvent naître ; tellement que ce qui s'y gagne, s'il n'y a eu ni fourberie , ni tromperie , est bien acquis, & même in judicio anima, D. Thomas 2. 2. q. 32, art. 7 ; mais in foro fori , il doit être restitué , & ce qui a été prêté pour jouer , ne doit pas l'être. Il n'y a pourtant point d'action pour ce qui a été gagné à quelque jeu que ce soit. Le Juge de Guillestre ayant condamné Arnaud de Vers à payer à N. Robert la somme de trente livres , qu'il avoit perdues au jeu de boule , le condamné en appella , & par Arrêt du 20 de Février 1685 , les parties furent mises hors de Cour & de procès. Au reste , la pensée de Petrarque est véritable : *Nihil ulli donat alea , eorum maximè qui familiariùs aleam colunt. Sed mutat aliquid, & extorquet, eò semper immitior quò blandior visa erat : nulla enim amarior est jactura , quàm lucri dulcedinem degustare orso.* V. Capel. Tol. q. 193. M. A. de Amat, *decis.* 87 ; Journ. du Pal. *part. 3, pag.* 432 ; Despeiss. *tit. des restitut. sect.* 4 , *n.* 4. **Arrêt.**

ARTICLE XI.
Des Usures des Banquiers.

qu. 587.

L'USURE infecte les contrats (a), & il est défendu aux Notaires d'en recevoir d'usuraires. Si est-ce que l'établissement des banques (b) n'est pas répréhensible ; cette sorte de négociation, par laquelle on retire d'une somme un profit qu'elle ne devroit pas produire dans les regles ordinaires, est comme une société, dans laquelle l'industrie de l'un & l'argent de l'autre concourent également : de sorte que dans le Dauphiné il est permis à qui le veut , de tenir banque ouverte & publique ; mais il ne l'est pas de même dans le Royaume ; il y faut une permission expresse du Roi , sans laquelle qui entreprendroit ce commerce, seroit châtié.

(a) L'usurier

(a) L'ufurier peut être pourfuivi criminellement, l'ufure étant un crime par la Loi de Dieu, & par celle des hommes. Les Canons la défendent abfolument ; la Loi civile la permet en certains cas, & entr'autres dans le prêt. Nous l'appellons alors *intérêt*, d'un nom plus doux, celui d'ufure étant toujours odieux. L'intérêt de dix pour cent étoit fréquent dans ce Royaume ; c'eft le *dextans de l'as* ou de la livre de l'ancienne Jurifprudence. Philippe-le-Bel approuva l'ufure trientale, qui eft de quatre fols pour livre, & la permit par un Edit de l'an 1311. Elle fut en un fréquent ufage, qui dura jufqu'au regne de Louis XII, qui la réduifit à cinq pour cent, qui eft la quincunciale. L'Ordonnance d'Orléans la permet entre Marchands au denier douze, qui eft d'un fol huit deniers pour livre, & de huit livres fix fols huit deniers pour cent ; & entre tous autres au denier quinze, qui eft de fix livres treize fols quatre deniers pour cent livres. Mais par un Edit fait depuis, la fixation en a été faite au denier feize, qui eft de fix livres cinq fols feulement pour cent livres. Quoique l'Ordonnance d'Orléans veuille que l'intérêt ne foit dû qu'après l'interpellation judicielle, *l'ufage de Dauphiné* eft que s'ils font ftipulés, ils foient dus *ex ftipulatu*, fans interpellation, au denier vingt, qui eft de cent livres cinq livres, & après au denier feize, comme il a été jugé par plufieurs Arrêts ; 1°. par *Arrêt.* un du 16 de Novembre 1587, entre le fieur Paviot & fieur Claude Barde ; *Arrêt.* 2°. par un du mois de Juillet 1618, *Arrêt.* pour le fieur Troilleur ; 3°. par un autre contre Louis Belleton ; 4°. par un *Arrêt.* autre du 21 de Février 1642, en la

caufe de Fiatet demandeur, contre N. Nicolas de Magnin. L'ufure en prenant ainfi le nom d'intérêt, n'eft pas due dans ces cas fimplement *pro ufurâ*, pour l'ufage de l'argent prêté ; mais pour les dommages & intérêts de celui qui a prêté, qui ne peut fe fervir de fon argent dans fes befoins. Saint Louis ne fit pas cette réflexion quand il défendit à tous fes fujets toute forte d'ufure par un Edit de l'an 1254, où il dit qu'il entend par ce mot d'ufure *quidquid eft ultrà fortem* ; ce qui eft fondé fur le paffage fi célèbre de Saint Luc, *mutuum date, nihil inde fperantes*. On appelle ufure tout ce qui eft exigé du débiteur au-delà du légitime intérêt, permis par les Ordonnances & autorifé par l'ufage ; & ufuriers, ceux qui tombent dans cette contravention : ils font l'objet de la haine publique & de la vengeance des Loix. Louis XII étant à Lyon l'an 1510, y fit une Ordonnance, par laquelle il enjoignit à tous les Juges d'informer foigneufement contre tous ceux qui commettroient *ufure manifefte*, & par contrats feints & fimulés, comme elle parle ; elle veut ainfi que la preuve en foit littérale. Celle de Blois, qui l'a fans doute pour fuppôt, défend l'ufure dans l'art. 202, & enveloppe les entremetteurs dans la peine. Elles furent les prétextes des recherches faites contre les ufuriers fous le regne de Henri III, en vertu d'un Edit de l'an 1576 ; les confifcations & les amendes en furent le motif. Cet Edit confifquoit au Roi les fommes prêtées par les contrats ufuraires : l'enrégiftrement en fut refufé long-temps. Sous ce regne, nul Edit prefque n'étoit exempt des qualités fufpectes des Edits burfaux. Néanmoins

Mm

cette recherche fut renouvellée sous le Grand Henri IV, par Edit de l'an 1594, qui fut adreſſé à la premiére Chambre des Enquêtes du Parlement de Paris ; ce Monarque n'ayant été porté à l'ordonner que *parce qu'il s'en pourroit tirer* quelques bonnes ſommes de deniers à cauſe des amendes & des confiſcations, comme il y parle, témoignant en cela que ſon intention n'étoit pas qu'il y eût d'autre peine, & qu'ainſi elle ne fût que pécuniaire. L'Arrêt de vérification du 2 de Septembre 1597, enjoint à tous ceux qui auront pris à *groſſe uſure* & intérêt excédant le cours limité par les Ordonnances, de le venir déclarer, &c. ce qui avoit déjà été ordonné ſous le regne précédent, par un Arrêt du premier de Février 1577. On ſe propoſoit en cela de porter dans le cœur des accuſés, une terreur qui les portât à vouloir calmer l'orage. Y auroit-il rien de plus oppoſé à la raiſon, que de faire dépendre du témoignage d'un débiteur mal ſatiſfait, les biens, l'honneur & la vie de ſon créancier ? L'Ordonnance du Roi Louis XIII, enrégiſtrée l'an 1629 dans tous les Parlemens, défend dans l'article 151, de recevoir *plus haut intérêt* que du denier ſeize, & n'aſſujettit l'uſure qu'à la confiſcation des ſommes principales, & à des amendes. Mais l'intérêt au denier ſeize n'eſt plus permis ; l'Edit du mois de Septembre 1679 lui a fait ſuccéder celui du denier dix-huit ; & comme il regarde le Dauphiné, il y a été publié le 27 du mois de Novembre de l'année ſuivante. L'*anatociſme* eſt uſuraire ; on ne peut jamais exiger légitimement intérêt d'intérêts ; comme les fruits ne produiſent pas d'autres fruits, les inté-

rêts qui ſont les fruits de l'argent, ne produiſent pas d'autres intérêts. Les créanciers qui les ont prétendus, ont même été condamnés à imputer ſur le principal ceux qui leur avoient été payés volontairement. M. Expilly en rapporte deux Arrêts dans le chap. 149; *Arrêt.* l'un du 9 Juillet 1611 ; & l'autre du 3 *Arrêt.* d'Août ſuivant. Caton le Cenſeur ne mettoit pas de la différence entre les uſuriers & les aſſaſſins : il en purgea l'Iſle de Sardaigne par la ſévérité de ſes ordres. Jean II, Roi d'Aragon, imita cet exemple ; il confiſqua tous les biens des uſuriers manifeſtes, & les déclarant infames, il les bannit de ſes Etats. Marin. Sicul. *De reb. Hiſpan. lib.* 12. Il n'y a pas de peſte plus dangereuſe dans la ſociété civile, ni d'ennemis plus à craindre. Il ſe fit diverſes pourſuites contre les uſuriers ſous le regne de Henri III, par des Commiſſaires députés dans toutes les Provinces du Royaume ; mais les peines auxquelles ils furent condamnés, furent pécuniaires ſeulement, par des amendes adjugées au Roi. Ainſi dans le Dauphiné, Eſprit Gaufferet, du lieu de Mens, dans le pays de Trieves, ayant été convaincu de ce crime, les Commiſſaires le condamnerent par leur Jugement du 1ᵉʳ. d'Août 1584, ſeulement en cent cinquante livres envers le Roi.

(b) *Campſores, Collybiſtæ, Nummularii, Trapezitæ, Menſarii, Argentarii,* ſont les noms des Banquiers dans les livres des Juriſconſultes. Les fonctions des Banquiers conſiſtoient principalement à changer des monnoies d'une eſpece en celles d'une autre, moyennant une récompenſe raiſonnable. Delà ils furent appellés *Changeurs,* & le lieu où ils s'aſſembloient le Change. Après ils paſſerent à une négociation plus étendue, & on leur a confié des sommes importantes, par le lucre des intérêts avantageux dont ils se sont chargés. On n'en est pas toujours satisfait : il faut pourtant avouer qu'un Banquier homme de bien est très-utile à la Républi-que. Au reste, le Réglement du Par-lement de Grenoble de l'an 1560, ne permet qu'aux Juges séculiers de con-noître de l'usure, des conventions illi-cites, & n'en exclut aucun de cette connoissance.

ARTICLE XII.
Des Injures verbales.

ON juge (a) des injures verbales par l'intention de ceux qui les ont proférées : si après des discours outrageants, on use de quelques paroles obligeantes pour en adoucir l'aigreur, ni on ne se justifiera, ni on ne s'excusera. De maniere que lorsque l'on dit à quelqu'un qu'il a menti, *sauf son honneur*, cette réserve ne diminue pas l'injure ; elle ne sert de rien, & le Parlement ne s'y arrête point. Ce seroit une redite superflue de rappeller ici ce que nous avons déjà remarqué dans le second Livre, touchant les crimes d'impiété, d'hérésie, de simonie & de parjure. Nous n'avons rien à y ajouter.

qu. 469.

(a) Il n'est pas permis d'informer pour les simples injures verbales : on en est quitte par le repentir, & par la déclaration que l'on tient celui contre qui elles ont été dites, pour une personne de bien & d'honneur ; *nollem dictum, nollem factum.* On ne présume pas alors qu'on ait eu une volonté déterminée d'offenser ; & dans ces questions, *sensus non sermo fit crimen*, comme parle Saint Hilaire. Alors *minor est injuria quam queri magis quàm exequi possimus, quam Leges quoque nullâ dignam vindictâ putarunt.* Seneca. Si on en a du ressentiment, ajoute-t-il, *hujusmodi affectus concitat animi humilitas contrahentis se, ob dictum factumve inhonorificum.* Ceux-là ne sont pas sages, dit le même Philosophe, qui croient qu'une femme peut les offenser : *Tanta quosdam dementia tenet*, dit-il, *ut contumeliam sibi posse fieri putent à muliere; in sapientem non cadere injuriam*, lib. 1,

c. 14. Le plus souvent dans ces occasions, ce n'est que notre imagination qui nous offense. Personne, dit Epictete, n'est offensé que par soi-même. Mais quand l'injure est effectivement du nombre de celles que l'on nomme *atroces*, il est juste qu'elle ne demeure pas impunie ; tellement que si on a dit à une femme mariée, qu'elle est une putain, quoiqu'elle ait remis & pardonné cette injure à celui qui l'a commise, son mari, comme y étant intéressé, peut en poursuivre la réparation ; comme il a été jugé par Arrêt du 16 du mois de Février 1667, pour la demoiselle Rollet, contre Me. Guillet, Procureur au Bailliage de Saint-Marcellin, qui avoit néanmoins déclaré qu'il la tenoit pour femme d'honneur, & offert de réitérer cette déclaration devant le Vibailli, en la présence de tous ceux que l'on voudroit y appeller. L'injure réelle emprunte son atrocité de la qua-

Arrêt.

lité de celui en la personne de qui elle a été commise. N. Claude Maréchal, qui avoit frappé du bâton le Seigneur des Adrets, dans la Terre duquel il *Arrêt.* habitoit, fut condamné, par Arrêt du 27 de Juin 1681, à tenir prison durant quinze ans, avec défenses d'en sortir, à peine de la vie; & après ce temps-là, à déclarer dans l'Audience publique du Parlement, ayant les genoux en terre, que brutalement il avoit frappé du bâton ce Seigneur de la Terre des Adrets, qu'il s'en repentoit & lui en demandoit pardon; & en outre il fut condamné en deux cens livres d'amende, le tiers au Roi, le tiers à l'Hôpital-général de Grenoble, & le tiers à la partie; ce sont les propres mots de l'Arrêt. L'Avocat honnête homme doit éviter de rien dire qui participe de l'injure, s'il n'est essentiellement utile à sa cause; cette liberté ne lui doit point être impunie. Epictete, fameux Avocat, *dum vult impensius placere suscepto, sanctum Sabinum, probatum omnibus bonis, incauto sermone perstrinxit. Ea res omnium vestrûm, quibus ille cura est, animos*, dit Symmachus, *lib. 5, Epist. 41, creditur exasperasse, nec immeritô. Querela Rectoris pratorianas etiam acuit potestates. Quid multa? Epictetus toga forensis honore privatus est, plurimis praferendus qui firmo patrocinio proteguntur.* A plus forte raison il ne doit pas être permis à la partie d'offenser l'Avocat qui plaide contre elle. Un Notaire s'étant laissé emporter à sa colere, il lui échappa de donner un démenti à l'Audience publique à l'Avocat de sa partie, qui disoit quelque chose qui ne lui plaisoit pas. Cet Avocat ainsi offensé ne put refuser à son juste ressentiment de se plaindre de cette injure; qui lui étoit d'autant plus sensible, qu'elle lui étoit faite dans le Sanctuaire le plus sacré de la Justice. Sur sa plainte & sur les conclusions du Procureur-Général du Roi, il fut ordonné sur le champ qu'il seroit informé. Cependant il s'étoit évadé, & toute la formalité du procès criminel ayant été remplie, après qu'il se fut remis dans les prisons de la Cour, il fut condamné par Arrêt du 8 de Juin 1689, à com- *Arrêt.* paroître en Audience publique, & là, tête nue & à genoux, déclarer qu'insolemment il avoit donné ce démenti à M. Meney plaidant, qu'il en demandoit pardon à la Cour & à lui; & en outre en 300 livres d'amende envers le Roi, & en 150 envers M. Meney, le tout payable avant son élargissement, avec défense de revenir à semblable acte, à peine de punition exemplaire. Le sieur Meney faisant voir qu'en cette occasion il n'avoit écouté d'autre intérêt que celui de l'honneur, pria la Cour de disposer de ces 150 livres qu'elle lui avoit adjugées, en faveur d'autre que de lui, & déclara qu'il n'en prétendoit rien. La Cour ne put que louer sa générosité; néanmoins elle ne toucha point à son Arrêt, que Meney a exécuté à la derniere rigueur.

ARTICLE XIII.
Des Crimes méritants la Corde.

AU reste (a) les crimes qui méritent la (b) hart, ou la corde, sont le larcin, & même le premier larcin, la volerie, le brigandage, le sacrilege, la trahison contre son Prince, & l'infidélité contre son service ; les déserteurs, les qu. 589. transfuges qui passent aux ennemis, les auteurs des séditions, & les Schismatiques, méritent le même supplice.

(a) *Rarò antecedentem scelestum deseruit pede pœna claudo*, dit Horace. L'Ordonnance criminelle de l'an 1670 traite des peines, dans l'art. 13 du tit. 25.

(b) Constantin abolit le supplice de la Croix, auquel succéda celui de la fourche. *Furca erat lignea materia vinculum, & laqueus, lignum duplex, quo mediâ parte collo inserto vincitur cervix rei.* Suétone *in Nerone*, décrit ce supplice en ces termes : *More Majorum, cervicem inseri furca, & corpus ad necem cadi.* Cujas représente la figure de cette fourche, dans le chap. 7 du liv. 16 de ses Observations. Ce supplice est aussi aboli, & celui dont parle notre Auteur est venu après. Il est le plus ordinaire pour les criminels de basse qualité, & pour certains crimes dans lesquels on ne considere point la qualité de la personne qui les a commis. Mais dans cette Monarchie on ne pendoit point les femmes avant l'an 1449. Cette année seulement, il en fut pendue une à Paris, où ce spectacle attira un grand concours de peuple : *Car onques plus n'avoit été au Royaume de France*, dit Enguerrand de Monstrelet, dans la troisieme partie de son Histoire. Notre Auteur ne fait aucune mention du meurtre, parce qu'il ne mérite pas toujours la mort : quand il paroît évidemment que ce n'est qu'un accident, & que la volonté n'a point agi, le Juge ordinaire peut, sans Lettres de grace, ni de pardon, condamner celui qui l'a commis à une peine légere. Le Juge de Serres ayant dans cette même espece, condamné le meurtrier convaincu à absenter seulement durant trois ans, il fut jugé par Arrêt du mois de Juillet 1675, que ce condamné qui avoit satisfait à cette Sentence, ne pouvoit plus être inquiété par une nouvelle information. *Arrêt.*

ARTICLE XIV.
Des Bêtes punies.

QUOIQUE (a) les bêtes soient incapables de commettre des crimes, n'étant pas raisonnables, il y en a pourtant pour lesquels elles sont punies de mort ; les commandemens en sont même faits dans l'Exode & dans le Lévitique. Notre Auteur raconte à ce propos, que revenant de Bourgogne, il vit un pourceau qu. 138. pendu aux fourches patibulaires de la Ville de Châlons, & qu'il

Mm 3

apprit que cet animal ayant tué un enfant, avoit été condamné à être pendu pour ce crime : il en fait la remarque, qu'il accompagne de celle-ci, qu'il n'a pas vu que cela se soit jamais pratiqué dans le Dauphiné.

(a) *Ubi delictum locum habere non potest, ibi nec pœna imponatur. L. licet, C. si adverf. delict.* Néanmoins nonseulement des bêtes, mais auffi des chofes inanimées ont été condamnées comme criminelles. On a fait le procès à des vers mal-faifants dans le territoire de la Ville de Conftance, & aux environs. Il étoit permis dans l'Ifle de Chypre aux poffeffeurs des fonds, où les pourceaux étrangers avoient fait du dégât, de leur arracher les dents. Athanafe, qui fut Patriarche de Conftantinople, fous l'empire de Michel Paleologue, coupa les oreilles à un ane qui lui avoit mangé fes choux. Ce fut un ancien ufage, dit Suidas, d'appeller en Jugement, même des chofes inanimées. Quand le trait, l'épée ou la pierre, par lefquels un homme avoit été tué, paroiffoit, & non le meurtrier, les Juges de Pritanée les condamnoient. Durant les Fêtes de Jupiter Polien dans l'Attique, une hache qui avoit été jettée contre un bœuf du Temple, & qui l'avoit bleffé, fut condamnée. Dans l'Elide une ftatue d'airain qui avoit écrafé un enfant en tombant, fut condamnée à être jettée dans la Mer ; comme le furent dans la Ville de Syracufe, celles des Tyrans qui y avoient régné. Ainfi ce que raconte notre Auteur ne doit pas paffer pour une merveille furprenante. On auroit été ridicule fi on s'étoit propofé de punir un automate, ou un métal : l'action puniffable étoit ce que l'on avoit uniquement en vue ; l'animal ou l'inftrument n'entroient dans la procédure que comme une circonftance fenfible, & non comme un fuppôt véritable de la vengeance publique.

ARTICLE XV.
De la Confifcation.

qu. 76.
qu. 143.
qu. 413.
LA confifcation des biens des condamnés n'a lieu dans le Dauphiné (a) qu'en deux cas ; l'un eft le crime d'hérésie, & l'autre celui de Lefe-Majefté. L'hérésie eft un crime de Lefe-Majefté Divine. Notre Auteur fait même cette obfervation, qu'il fut déterminé dans le procès de Rodolphe de Commiers, que la prife des armes contre la défenfe du Dauphin, n'emportoit pas avec elle la confifcation des biens dans le Dauphiné. Dans les cas où elle a lieu, elle enveloppe entiérement tous les biens du criminel, & non feulement ceux qu'il tient en Fief ou en

qu. 437.
arriere-Fief du Prince qu'il a offenfé ; le Seigneur immédiat d'un riere-Fief, dépendant du Fief de ce criminel, ne perdroit pas néanmoins fon droit, n'étant pas jufte, (b) comme parle la

qu. 76.
Loi, que l'infortune du crime d'un autre lui caufe cette perte ;

& la confiscation étant générale, un seul Jugement suffit, en quelques lieux que les biens confisqués soient situés; aux Seigneurs desquels ils sont acquis par elle, sans nouveau procès & sans autre Jugement.

(*a*) Cet usage a pour suppôt l'article 24 des libertés accordées par le Dauphin Humbert II l'an 1349, à ses sujets de Dauphiné, & approuvées par le Dauphin Charles son successeur, & par les Rois Dauphins jusqu'au Roi Louis XIII. Si est-ce qu'on ne peut dissimuler que la Terre de Perins n'ait été confisquée, par la seule raison que le Seigneur à qui elle appartenoit avoit battu un Sergent dans les fonctions de sa charge; que l'an 1440, celle de Montorsier ne l'ait été sur celui qui la possédoit, seulement parce qu'il avoit battu le Prieur de Grane; que pour d'autres causes celles de N. Bolomier, de Humbert de Vinay, & quelques autres, ne l'aient aussi été sous le Roi Louis XI. Il est vrai qu'il faisoit passer toutes les offenses qu'il croyoit qu'on lui avoit faites, pour crimes de Lese-Majesté. Dans le Royaume la confiscation a lieu en trois cas, réguliérement; 1°. en cas de crime de Lese-Majesté Divine & humaine; 2°. en cas d'hérésie; 3°. en cas de crime de fausse monnoie. On y ajoute aujourd'hui celui des duels, & quelques autres portés par les nouveaux Edits. Néanmoins le Parlement procédant à la vérification de l'Edit contre les duels, ordonna, par Arrêt du 26 d'Avril 1646, que la confiscation des biens des contre-

venants n'auroit lieu au préjudice des descendants, *lesquels*, dit cet Arrêt, *succederont à la forme du Droit, & suivant l'usage observé jusqu'à présent dans la Province.* Et quant à la fausse monnoie, le Parlement ayant condamné, par Arrêt du dernier de Janvier 1628, à la mort pour ce crime le Sieur de Saint-Esteve & Matthieu Peisson, confisqua aussi leurs biens. Les transfuges chez les ennemis, sont criminels de Lese-Majesté. Noble Humbert de Rochas ayant fait son testament, par lequel il avoit institué son héritier le Sieur Président de Lescot, passa en Espagne, où il mourut l'an 1642, dans le service de cette Couronne ennemie. Ses biens furent confisqués après sa mort, & son héritier ne se les est conservés que par le don du Roi, vérifié dans la Chambre des Comptes de Grenoble en 1658. S'il y en avoit eu de substitués, ils n'auroient point été compris dans cette confiscation; n'y ayant que le crime de Lese-Majesté au premier chef, qui confisque tout sans exception; comme il a été jugé par Arrêt du mois de Juillet 1632, dans la discussion des biens du Sieur Comte de la Roche.

2. *L. res uxoris, C. de donat. inter vir. & uxor.*

Fin du Livre quatrieme.

LA
JURISPRUDENCE
DU CÉLÉBRE CONSEILLER
ET JURISCONSULTE
GUY PAPE,
DANS SES DÉCISIONS.
LIVRE V.

LES obligations contractées civilement ou crimi-nellement, produifent les actions : de celles-là naiffent les actions civiles, & de celles-ci les criminelles. Nous aurons peu d'occafions de parler des dernieres, notre Auteur s'y étant peu arrêté. Voyons ce qu'il dit dans cent quatre-vingt de fes décifions, des unes & des autres, de leurs formalités, de leurs Jugemens, de leurs exécutions, & de celles des actes obligatoires ; & enfin, des appels & des recours aux Tribunaux fupérieurs.

SECTION

SECTION PREMIERE.

De * ceux qui peuvent être en Jugement pour eux & pour les autres.

ARTICLE I.

Des Evêques, des Seigneurs, des Communautés.

ON a mis en question (a) si le Seigneur Jurisdictionnel est recevable à poursuivre l'injure faite à son Vassal ; & (b) la Communauté celle qui l'a été à un des particuliers qui la composent : le Parlement a jugé qu'ils le peuvent, si l'injuriant les a eu en vue, & s'est porté à cette action pour *qu.* 464. leur faire outrage : ainsi le Seigneur peut appeler pour son sujet, & l'Evêque pour sa Ville Épiscopale, sans avoir d'eux, ni mandat, ni pouvoir ; & par conséquent (c) ils peuvent *qu.* 203. agir pour eux ; car appeler est plus que simplement agir. Comme celui à qui appartient la jurisdiction, est offensé en la personne du Juge qu'il a établi pour l'exercer ; s'il a reçu une injure en faisant les fonctions de sa charge, (d) il a droit *qu.* 557. d'agir de son chef contre le coupable par l'action d'injure ; il en est de même de l'Agent & de l'Homme d'affaire.

* Chez les Romains & chez les Grecs, les parties agissoient par elles-mêmes, les accusés se défendoient de leur bouche. Dans la Grece, les Rhéteurs faisoient les plaidoyers, mais ils ne les prononçoient point. Lysias composa une apologie pour Socrate, qui la loua & la refusa. *In usu erat*, dit l'Empereur Justinien, *alterius nomine agere non posse, nisi pro populo, pro libertate & pro tutela*. La Loi Hostilie y ajouta les absens, *Reipublicæ causâ. Sed quia hoc non minimam incommoditatem habebat, quòd alieno nomine neque agere, neque excipere actionem licebat, cœperunt homines per procuratorem litigare : hodiè agere potest qui-* *libet suo nomine, aut alterius, veluti procuratorio, tutorio, curatorio.* Instit. *de his per quos agere possumus in princ.*

(a) Si l'injure intéresse le Seigneur, comme ayant été faite à sa considéra-tion, il pourra agir, *habitâ ratione affectûs illius qui intulit injuriam.* Ranchin. Joannes Gallus en rapporte deux Arrêts du Parlement de Paris dans la question 42 *styl. Parisiensis* de l'édition de M. Charles Dumoulin.

(b) Le bétail d'une Communauté de Provence ayant été séquestré entre les mains des habitans de Vors dans le Dauphiné, en exécution d'Arrêt, qua-rante-deux habitans contre lesquels elle avoit été faite voulurent les enlever ; les

Nn

sequestres en firent informer, & les Consuls ayant déclaré au nom de la Communauté, qu'ils prenoient cause en main pour ces quarante-deux accusés, la Cour n'y eut aucun égard, & ordonna que le procès leur seroit fait & parfait, par Arrêt du....

Arrêt.

(c) Si le Seigneur poursuit lui-même la cause en laquelle son Procureur d'Office est en qualité, les dépens qui lui seront adjugés ne seront taxés que comme ils le seroient au Procureur d'Office même; comme il a été jugé par Arrêt du 16 de Mars 1681; contre

Arrêt.

le Sieur Marquis de Montlaur. Néanmoins une taxe qui accordoit plus à un solliciteur, Procureur de Vienne, qu'il n'auroit été à la partie, fut confirmée par Arrêt du 9 de Juin 1649. Les motifs en furent, qu'un tel solliciteur avoit procuré une plus prompte expédition pour le Jugement, pour la levée de l'Arrêt, & pour la taxe, que la partie, qui étoit un paysan, n'auroit pu faire.

Arrêt.

(d) Le Seigneur doit sa protection à son Juge, en la personne duquel la jurisdiction est offensée.

ARTICLE II.

Du Fils de Famille.

TOUS ceux qui sont libres par leur naissance & par leur âge, peuvent être en Jugement; c'est ce que les Jurisconsultes Latins appellent *stare in Judicio*; & les Praticiens François *ester à droit.* Cela étant, ni le fils de famille, ni le mineur, ne peuvent intenter, ni soutenir de procès, que de l'autorité de ceux qui les ont en leur puissance.

qu. 54.

Néanmoins cette exception n'étant pas du nombre de celles que le Statut (a) qu'observe le Parlement, & que celui de Saint-Marcellin admettent, on ne s'y arrête point: d'ailleurs

qu. 410.

le Parlement considere peu le consentement & l'autorité des peres, lorsque les fils de famille sont *majeurs*, & qu'il ne s'agit que de leurs intérêts, principalement en action personnelle: en tout cas il ordonne aux peres de les autoriser, & à leurs refus il les autorise, & s'ils sont mineurs il leur nomme des curateurs.

(a) Le Statut qu'observoit alors le Parlement, est celui de l'an 1449, qui n'admet que sept exceptions, *excommunicationis, falsi, transactionis, rei judicata, solutionis, prascriptionis, & pacti de non petendo.* Celui de Saint-Marcellin n'en écoute que trois; nous les rapporterons ailleurs. François Marc allegue les questions de Guy Pape 54 & 410 dans deux des siennes, qui sont la 69 de la premiere partie, & la 531 de la seconde. Il en faut demeurer à l'usage, qui veut que le fils de famille puisse être autorisé par le Magistrat, & que cela suffise. V. J. à *Sand.* lib. 1. tit. 2. defin. 2. *Bertrand.* vol. 6. consil. 220. *Jul. Clar.* §. fin. q. 14. n. 5. & seqq.

ARTICLE III.

Du Fils de Famille Procureur.

LE fils de famille, quoique mineur, peut être valablement conftitué Procureur, fans le confentement de fon pere ; & le mineur qui n'a point de pere, en conftituer lui-même fans *qu. 34.* l'autorité de fon curateur, pourvu que ce foit avec ferment, qui dans cette occafion le fait confidérer comme majeur ; il a été jugé *qu. 35.* ainfi par Arrêt du 4 de Septembre de l'an 1449. Le fils de famille (a) peut auffi agir librement pour fon pere, intenter fes actions, contefter, produire témoins, & pourfuivre l'appel ; cela a été jugé par Arrêt du mois de Mars de l'an 1459, pour Jean Filin, contre Amblard d'Iffeaux.

(a) *Pro conjunctis perfonis conjuncta perfonæ agere poffunt ufque ad decimum gradum. Innocentius in c. nonnulli, de refcript. in 6.* la Loi *exigendi,* 12 ff. *de procurat.* eft expreffe pour ce cas. Néanmoins le pere ne peut appeller pour fon fils condamné en contumace pour fait criminel ; jugé par Arrêt du 28 Février *Arrêt.* 1633.

ARTICLE IV.

Des Tuteurs, de leurs Salaires. Du Faux Tuteur, ci-après, Art. 7.

LE tuteur (a) actionne, & eft actionné pour fon pupille : mais il faut réguliérement qu'avant qu'il entre dans les fonctions de fa charge il ait fatisfait à ces préliminaires ; 1°. qu'il ait reçu par Ordonnance du Juge les chofes dépendantes de la tutele ; 2°. qu'il en ait fait inventaire ; 3°. qu'il ait prêté ferment ; 4°. qu'il ait donné caution ; 5°. qu'il ait promis de défendre fon pupille comme il y eft obligé. Néanmoins par la coutume de ce Pays, tout ce qui a été fait pour ou contre le pupille avec le tuteur, avant qu'il y ait inventaire, fubfifte, comme fait légitimement : par le même ufage, il lui eft *qu. 30.* permis d'exercer cette charge fans caution ; & quand il n'auroit fatisfait à aucun de ces préalables, ce qu'il auroit fait à l'avantage du pupille, ne laifferoit pas de fubfifter. Mais s'il eft créancier il eft obligé de fe déclarer, & s'il ne le fait pas il perd fa dette. En cela, on fuppofe que le teftateur qui *qu. 144.* l'a nommé tuteur l'a ignoré ; car s'il l'a fu, rien ne lui peut être imputé, & fa dette ne court aucun danger ; comme il a été jugé pour N. Jean Alleman. Il doit, felon le Droit, être déclaré judiciellement capable de cette administration; mais par cette même coutume, il suffit que le Juge l'ait nommé purement & simplement, après qu'il a été informé de sa capacité, & de sa solvabilité. Il accorde aussi au (a) tuteur & au curateur, les salaires qu'ils lui demandent, & les fixe. S'il n'y en a pas d'adjugés, ils n'en auroient pas à prétendre : mais les frais & les fournitures qu'ils auront faits ne leur seront pas contestés. Leurs charges ne sont que personnelles, elles ne les obligent point à y employer leur bien en pure perte.

(a) *In Judicis jubentur esse tutelâ, qui à parentibus deferuntur.* Symmach. lib. 9, Epist. 45. Les comptes tutelaires se rendent année par année, avec intérêt des intérêts, & fruit des fruits; l'anatocisme est permis en ce cas, comme il a été jugé par plusieurs Arrêts. Les intérêts d'intérêt sont adjugés jusqu'au jour de la clôture du compte, & non seulement pour le temps de la minorité. Ils l'ont été à *Arrêt.* demoiselle Sibylle Rostaing, par Arrêt du mois d'Août 1659, le partage qu'il y avoit eu entre les Juges ayant été vuidé à son avantage.

(b) *Tutoris officium debet esse gratuitum, cùm sit munus publicum, & ad illud assumendum quis cogi possit. Pro itineribus, & laboribus per eum impensis in causam pupilli, aliud non petet tutor quàm expensas, bonâ fide factas, non autem salaria, nisi à Judice priùs ei fuerint constituta.* Baro in not. Le tuteur n'est pas vrai tuteur, qui ne peut disputer la qualité de vrai pere au pere naturel.

ARTICLE V.
De la Mere Tutrice. Du Beau-Pere.

qu. 535. LA mere du pupille peut être sa tutrice si elle le veut: (a) mais elle perd la tutele en convolant à de secondes noces : la Loi ne veut plus se fier à elle des soins qui sont dus à ce pupille, à cause de la foiblesse de son âge. Elle ne consent point non-plus qu'il soit nourri chez elle, ni élevé par elle, quand même son pere auroit ordonné qu'elle seroit sa tutrice tant qu'elle vivra, n'y ayant pas apparence qu'il l'eût voulu s'il avoit prévu le second mariage de sa femme, & les dangers dont il menaçoit son enfant. Le beau-pere (b) peut pourtant lui être nommé tuteur, mais il n'en aura pas l'éducation, qu'aura la mere si le tuteur est substitué.

(a) Mais la mere peut être obligée à donner caution pour cette tutele; *Arrêt.* jugé par Arrêt du 26 d'Avril 1555; rapporté par Bonneton; & les parens nominateurs d'une mere insolvable, qu'ils n'ont pas obligée de donner cette sûreté, sont responsables de son administration, & en demeurent

Garants ; comme il a été jugé en la cause du Sieur de Verone de Nions, contre le Sieur de Verone de Royans, par Arrêt remarqué par Monsieur le Président de Sayve dans son recueil. Les circonstances donnent les motifs qu'on a à suivre. M. Expilly emploie

Arrît. ce même Arrêt de 1555 dans le chapitre 40. Si la mere a demandé un tuteur, & rendu compte, le pupille étant devenu mineur & pubere, sera élevé par elle ; ce qu'il ne sera pas dans

Arrît. sa pupillarité : jugé par Arrêt de l'an 1659. Au reste, la mere qui passe à un second mariage, n'aime point, ou aime peu ses enfans ; la bonne mere n'est qu'où est l'honnête femme, &

celle-là n'est pas bien honnête qui succombe aux tentations de la volupté contre le devoir. Persephone est la premiere qui ait convolé à de secondes noces, s'étant remariée à Oëbalus après la mort de Periere son mari. *Pausan.*

(b) La marâtre n'est jamais admise à cette tutele. D'Olive, dans le chapitre 32 du premier liv. de ses quest. où il cite cette question 539, si le beau-pere est tuteur, avant que d'être beau-pere, il ne perd point la tutele. *L. fin. C. de contrar. tut.* Cujas enseigne que non-seulement *tutelam sed etiam educationem habere potest,* Observat. lib. 6, c. 29.

ARTICLE VI.

Le Curateur du Prodigue.

LE curateur donné au (a) prodigue a la même autorité que celui du mineur. Il seroit juste, ce semble, que comme la charge de celui-ci finit dès le moment que le mineur est devenu majeur, celle de l'autre finît d'abord que le prodigue est devenu capable de gouverner sagement son bien, sans autre déclaration. Toutefois le sentiment de notre Jurisconsulte est qu'il *qu. 160.* faut éprouver durant deux ou trois ans le prodigue, sans se fier ni tôt ni facilement à l'apparence, avant que de l'abandonner à lui-même & à sa propre conduite.

(a) *Decoctores Hadrianus catamidiari jussit.* Spartian. Casaubon expliquant ce que c'est, dit que le prodigue, *per forum, theatra & amphitheatra, magno rerum verborumque ludibrio, traducebatur ; quare quo major etiam omnium esset cachinnatio, vel asino imponebatur, vel joculariter ornatus producebatur.* Une

honte publique fait plus d'impression qu'une plus sensible, mais plus secrete. Si est-ce que la prodigalité est moins blâmable que l'avarice insatiable ; on peut enrichir quelqu'un par la prodigalité ; on appauvrit toujours les autres par l'avarice : que l'on juge laquelle est la plus ridicule.

ARTICLE VII.
Du Procureur Tuteur.

IL faut un acte exprès pour l'établissement d'un Procureur. Si la (*a*) partie comparoît pardevant le Juge avec Pierre Belion, & lui donne la qualité de son Procureur, cela ne *qu. 40.* suffira point pour les autres formalités, ni pour toute l'instruction du procès. Le pouvoir du Procureur finit réguliérement avec la vie de celui qui l'a constitué : mais s'il y a eu contestation dans la cause, son effet ne finit pas, la chose *qu. 119.* n'étant plus en son entier; (*b*) c'est l'usage du Parlement : & ce fut dans le Concile de Vienne qu'il fut déterminé que le décès du Bénéficier mettroit fin à sa procuration, à l'égard même des affaires contestées; ce qui s'entend de la mort naturelle (*c*) & non de la civile, si ce n'est celle à laquelle donne cause la perte de la liberté & des droits de la Cité; tellement que la procuration du Bénéficier conserve toute sa force après qu'il a été déposé ou qu'il a renoncé à son Bénéfice, *qu. 547.* ou qu'il a été transféré à un autre : (*d*) mais le chapitre des Clementines, qui a introduit cette nouveauté, ne parlant que du Procureur du demandeur, il est hors de doute que celui du défendeur n'a pas le même privilege; joint que le successeur du Bénéficier reste chargé des dettes que son prédécesseur a contractées pour le Bénéfice, & que par cette raison l'action en passe à lui. Comme l'on procede quelquefois dans les instances avec un faux (*e*) Procureur, il peut arriver que l'on *qu. 320.* agisse contre un faux tuteur. On appelle faux tuteur celui que l'on a cru tuteur, & qui ne l'est pas. Néanmoins le vrai tuteur aura la liberté d'approuver ce que celui-ci aura fait dans les intérêts de la tutele; mais le pupille ne l'aura pas, non plus que le mineur, à l'égard du faux curateur.

(*a*) Le titre 4 de l'Ordonnance du mois d'Avril 1667, prescrit aux parties la maniere de se coter par Procureur; & en tout état de cause, il peut être opposé de l'insuffisance & de l'illégitimité de la procuration. *Sicut exceptio falsi Procuratoris in quâcumque Judicii parte objici potest. L. non utiliter, C. de eo qui protutor. &c.*
Ordonn. (*b*) Révocation de Procureur n'a

effet, si en même temps il n'en est constitué un autre. *Abbeville art.* 182. Un Procureur étant constitué en une affaire particuliere, par un Procureur général, son pouvoir ne finit point par la mort de celui qui a fait la constitution générale. *Joannes Faber in §. si quis, Inst. de mand.* & on le juge ainsi.
(*c*) Ferriere parle assez amplement des divers genres de mort civile sur

la q. 547; il mérite d'y être consulté.

(d) C'est le chap. dernier *de Procurat. in Clementin.*

(e) Ce qui a été fait par un faux Procureur peut être validé par la partie en le ratifiant ; & ce qui est fait par le faux tuteur, s'il est avantageux au pupille, peut l'être par le vrai tuteur. Les mandateurs, c'est-à-dire ceux qui ont passé une procuration, sont tous solidairement obligés, soit que tous aient signé l'acte, soit qu'il n'y en ait qu'un : jugé par Arrêt du 24 de Mai 1685, pour M. Bois chargé de quelques poursuites à Paris, contre M. Villat. Le Procureur qui exige pour ses droits de ses parties, plus qu'elles ne lui doivent légitimement, tombe dans le crime de concussion. G. Tiers, Procureur au Parle-

Arrêt.

ment, fut condamné en sa coûtumace comme concussionnaire, par Arrêt du 27 de Juillet 1658. Par l'Ordonnance d'Abbeville dans l'article 176, les Procureurs n'ont que deux ans pour faire demande de leurs salaires, (comme elle parle) : on leur donne abusivement le nom de patrocines ; mais cette prescription ne commence que lorsque le procès remis au Greffe en a été retiré après le Jugement : il a été ainsi jugé pour Borel Procureur au Parlement, acquéreur de l'Office d'Eraud, contre Montigni, qui offroit de jurer qu'il avoit payé à Eraud, mort dix-sept ans auparavant, tout ce qu'il lui devoit, moi plaidant, de Lorme.

Arrêt.

Arrêt.

SECTION II.

DES ACTIONS.

ARTICLE I.

De l'Action pour Rente & Prestation annuelle.

L'ACTION (a) personnelle est exercée indistinctement & indifféremment pour les dîmes, pour les anniversaires, & pour d'autres charges d'autre qualité, contre les possesseurs des fonds qui y sont sujets, quoiqu'ils n'en aient pas fait de reconnoissance ; & que dans les regles ordinaires cela ne se dit point.

qu. 576.

(a) Ce n'est pas proprement action personnelle, mais action réelle, qui s'exerce contre le possesseur; qui cessera d'y être sujet en cessant de posséder : il en a été déjà parlé dans l'article 15 de la section 5 du premier Livre.

ARTICLE II.

De la Possession d'exiger.

LA possession (*a*) de quarante ans d'exiger est un titre suffisant pour les redevances annuelles. Notre Auteur les appelle prestations, & ce sont les rentes, les censes, & les servis. Le Parlement a jugé pour cette possession en la cause du Seigneur d'Aix & de Sorant, contre quelques habitants de ces lieux. Il suffit que celui qui les prétend prouve qu'il est dans cette possession en vertu d'un titre légitime : quoiqu'il ne le représente point, elle lui tiendra lieu de titre, sans qu'il ait besoin d'en produire d'autre. Ce temps est nécessaire pour effacer le soupçon de la violence & de la force, que les Barons & les Seigneurs ont coutume d'exercer sur leurs sujets dans ces occasions.

qu. 407.

qu. 408.

(*a*) Le Président Faber n'approuve pas la décision de la question 408, dans le livre 7, chap. 8, n. 1 & 2. *Conjecturarum,* parce que *tempus non est modus tollenda obligationis, & ideò nec inducenda.* Ce qui est vrai pour la prescription *longi temporis,* mais non *longissimi ;* & les Réglemens faits pour cette Province touchant les censes, les pensions & les rentes y ont pourvu.

ARTICLE III.

De l'Action de Revendication confessoire.

L'ACTION de (*a*) revendication regarde les choses corporelles ; & la confessoire, les droits incorporels. L'Évêque de Saint-Paul-Trois-Châteaux avoit intenté celle de revendication contre Noble Gabriel de Bernis, Seigneur de Targes, pour le Château de Baumes, & pour les droits qui en dépendoient, consistants entr'autres en la jurisdiction au (*b*) pulvérage, & au péage : on lui opposa que ces droits incorporels étant la principale matiere du procès, il devoit s'être pourvu par action confessoire, & que par conséquent il étoit mal fondé en celle de revendication : il fut pourtant jugé par Arrêt de l'an 1458, que cette action convenoit bien à cette espece, ce Prélat ne prétendant pas seulement ces droits incorporels, mais encore le Château & toute la Terre de Baumes solidairement.

qu. 148.

(*a*) C'est

(a) C'eſt une regle, que *actio rei vin-dicationis non datur ad incorparalia, niſi veniant acceſſoriè ad rem corporalem.* La raiſon eſt, que cette action eſt réelle.

(b) Le pulvérage eſt un droit qui ſe leve pour le paſſage de troupeaux d'une terre en une autre.

ARTICLE IV.

De la Poſſeſſion dans l'Action confeſſoire.

DANS l'action confeſſoire, la poſſeſſion effective (a) ſert beaucoup à la régler, de même que dans la négatoire, qui lui eſt oppoſée. Si le Juge reconnoît que le demandeur en action confeſſoire eſt dans la poſſeſſion actuelle, ou dans la quaſi-poſſeſſion du droit qui lui eſt conteſté, (b) il l'y main-tiendra pendant l'inſtance ; & au contraire ſi celui qui agit pour la négatoire, eſt en quelque poſſeſſion de la franchiſe & de l'exemption, il l'y laiſſera juſqu'au Jugement définitif : c'eſt une regle, ſur-tout entre les particuliers, que le poſſeſſeur doit être maintenu durant le cours du procès ; le Droit l'or-donne, & l'uſage de toutes les Cours de ce Pays le veut ; le Fiſc n'a pas même en ceci plus de privilege que les particu-liers, ſi ce n'eſt qu'il y ait ſujet de craindre que le poſſeſſeur n'uſe mal de la choſe : en ce cas elle doit être miſe en ſequeſtre, comme le Parlement le pratique ; mais ſi perſonne ne la poſſede légitimement, le Fiſc la mettra ſous ſa main. Le Statut *ſi quis per litteras,* que notre Auteur a commenté, & duquel il parle en pluſieurs de ſes queſtions, protege les poſſeſſeurs dans leur poſſeſſion, & ne permet pas qu'ils y ſoient troublés.

qu. 376.

qu. 366.

qu. 212.
qu. 38.
qu. 436.

(a) *Qualiſcumque ſit poſſeſſor, hoc ipſo quòd poſſeſſor eſt, plus juris habet quàm ille qui non poſſidet. L. juxtà 2, ff. uti non poſſidetis.* De la réintégrande, voyez l'Ordonnance de 1667, tit. 18.

(b) Néanmoins notre Auteur dit dans ſon Conſeil 123, n. 2, que c'eſt l'uſage & le ſtyle du Parlement, *ut lite pendente inter Fiſcum & privatum res contentioſa reducatur ad manum*

Delphini, vel ponatur in ſequeſtro tertii. Voilà deux opinions bien contraires dans le même ſujet : la véritable, qui eſt ſuivie, eſt que le Parlement ne prive point le poſſeſſeur de ſa poſſeſ-ſion, s'il n'y eſt porté par de puiſ-ſantes conſidérations : la maxime que le Roi plaide les mains garnies, ſeroit autrement un principe d'injuſtice.

ARTICLE V.

Des Jonctions des Actions réelle & personnelle.

LA diverfité des prétentions produit la diverfité des actions. Il eft permis au créancier d'agir réellement & perfonnellement *contre* fon débiteur, ou contre l'héritier de fon débiteur (*a*). Notre Auteur remarque qu'étant Avocat, il avoit cumulé l'action réelle à la perfonnelle pour la Dame de Montaigu, contre le Seigneur de Saffenage, fon neveu : le Parlement approuva cette jonction, & adjugea perfonnellement & hypothécairement à cette Dame, contre fa partie, ce qu'elle lui demandoit; il s'eft depuis fait plufieurs Arrêts dans cette même efpece. Cette remarque nous apprend que c'eft Guy Pape qui s'eft avifé le premier de cumuler, comme parlent les Praticiens, ces deux actions.

qu. 108.

(*a*) L'action réelle n'a rien de la perfonnalité, ni la perfonnelle de la réalité : fi eft-ce qu'encore qu'elles n'aient rien de commun, elles peuvent être exercées par le créancier, conjointement contre l'obligé & contre fon héritier, cette jonction fe faifant même après la conteftation. Fr. Marc. q. 80, part. 2. *quo jure utimur.*

ARTICLE VI.

De l'Action hypothécaire.

L'ACTION hypothécaire (*a*) fuit le fonds & le poffeffeur : mais il faut que le débiteur & fes cautions aient été entiérement difcutés, avant qu'elle puiffe être intentée ; & fi on foutient qu'ils ne poffedent rien, il fera enquêté fommairement fur ce fait, par le Châtelain, ou par le Greffier du lieu de leur réfidence, en vertu de l'Ordonnance du Juge de la caufe ; quelques voifins dignes de foi feront ouis, & la procédure étant rapportée, cette action fera ouverte. On fera néanmoins difpenfé de faire cette preuve, fi l'infolvabilité eft notoire. Cette exception de difcuffion non faite des biens du débiteur, de fes héritiers & de fes cautions n'eft que dilatoire ; elle doit être oppofée par le poffeffeur, fans quoi il fera condamné, encore qu'il n'y ait ni difcuffion, ni preuve d'infolvabilité : le Parlement l'a jugé de la forte par Arrêt de la veille des Rameaux de l'an 1457 pour Peron Decombes, Marchand de Valence, contre Alan, Orfèvre de cette même Ville ; & cet Arrêt a été fuivi d'autres. Mais cette exception a cela de parti-

qu. 432.

qu. 94.

culier, que quoiqu'elle ne soit pas péremptoire, comme l'ont cru quelques Docteurs, elle peut être opposée en tout temps, & en tout état de cause : c'est l'usage du Parlement ; comme ce l'est aussi de pouvoir, pendant l'instance commencée contre le tiers, introduire la discussion du principal débiteur, & en poursuivre le Jugement.

(4) Le possesseur du fonds hypothéqué peut être convenu pour toute la somme due, & non seulement à concurrence de la valeur de ce fonds. Mais il doit être remboursé, avant que de pouvoir être dépossédé, des réparations utiles & permanentes, des méliorations, & des paiemens faits à la décharge du fonds, ou du domaine pour lequel il est actionné, & cela avec intérêt. Baro croit que si ce possesseur offre la valeur du fonds ou du domaine, sans y avoir égard aux réparations & aux méliorations qu'il y a faites, il pourra se le conserver ; c'est dans ses notes sur la question 432 ; il suit en cela l'opinion de Neguzance. La restitution des fruits dès le plaid contesté est une suite nécessaire de l'évacuation : ils sont compensés avec les réparations, les méliorations, & le reste, qui l'est aussi avec les détériorations, s'il y en a quelques-unes. Et pour donner lieu à cette compensation réciproque, il est procédé par experts, ou convenus ou pris d'office, à l'estimation de toutes ces choses, pour le demandeur & pour le défendeur : mais la maniere n'est pas uniforme. Les uns soutiennent que les fruits de chaque année doivent être compensés avec les intérêts de chaque année, & s'il en reste quelque chose, que ce surplus doit l'être avec le capital : de sorte que par cette imputation, il se trouve quelquefois qu'au jour de la clôture du compte & de la procédure, tout le capital est épuisé. On appelle cela compter *par échelette.* D'autres, au contraire, veulent bien que la liquidation se fasse des intérêts & des fruits de chaque année ; mais que la compensation & l'imputation s'en fasse seulement la derniere, & au jour de la procédure. C'est compter *par colonnes* ; car il se fait comme une colonne de tout ce qui est dû au possesseur tant en principal qu'en intérêts chaque année, & au bas est marquée la somme grosse qui en résulte, premiérement en principal, & après en intérêts ; & il s'en fait une autre des fruits de chaque année, que le possesseur doit rendre au demandeur, & de la somme totale à laquelle ils montent : on impute ensuite ces fruits, premiérement sur les intérêts, & après sur le capital. La premiere forme de compensation & d'imputation par échelette a été généralement reçue par les Praticiens ; & ayant été mise en controverse la premiere fois en 1640, elle fut confirmée par Arrêt du 2 du mois de Novembre de cette même année, en la cause de Masseron. On réveilla depuis cette même question pour le compte par colonnes, moins commun, & même presque inconnu : néanmoins il a été ordonné par quelques Arrêts ; 1°. par un du 6 du mois de Juillet 1645, en la cause du Sieur Comte de Grignan ; 2°. par un autre du premier

Arrêt.

Arrêt.

Arrêt.

Arrêt. d'Août de la même année, en celle du Sieur de la Grange; 3°. par un du 7 de Septembre 1682, entre M. Alexandre Dulor, Avocat en la Cour, & sieur Gabriel Mathieu, Châtelain de Villar-

Arrêt. bonod; & enfin par un quatrieme du mois de Mars 1684, entre M. Charlin, & M. Monduel, Avocats à Vienne. Il y a des raisons pour chacune de ces formes d'imputation; celles-ci favorisent la premiere : 1°. ces fruits sont compensés de droit, avec ces intérêts, procédants de même cause, qui est celle de la possession, entre mêmes parties & pour mêmes années : 2°. un paiement qui se fait chaque année, doit être imputé sur les intérêts de chaque année, & après *in sortem* en la forme prescrite par le Droit, sans quoi il arriveroit qu'un paiement réel & effectif seroit inutile au temps qu'il est fait : 3°. les fruits peuvent devoir leur production aux réparations & aux méliorations; ce qui les rend dépendants les uns des autres, & les met en parallele avec les intérêts de ces méliorations, & avec elles-mêmes, & en rend par conséquent la compensation annuelle plus juste & plus naturelle : 4° cette imputation se fait chaque année dans l'action de revendication & en d'autres semblables; mais il n'y a pas de la différence entre le possesseur qui vuide par revendication, & celui qui vuide par hypothécaire, le premier pouvant avoir un titre aussi légitime que celui du second, & le titre de celui-ci étant entiérement supprimé & anéanti d'abord qu'il a choisi de vuider, sans qu'il y puisse revenir. Les raisons qui soutiennent le compte & l'imputation par colonnes, sont 1°. que le possesseur qui vuide, ne perd que la possession, puisqu'il n'en transfere point la pro-

priété à celui à qui il évacue; qui en effet ne possede que par droit de gage & d'hypotheque, & ne peut non-plus vendre ni transmettre aucune propriété; 2°. que les intérêts sont liquidés chaque année, étant fixés par les Ordonnances & par les Réglemens; ce que ne sont pas les fruits : mais la compensation ne se fait que de liquide à liquide. Néanmoins on peut, ce semble, répondre à cette raison par ces deux; l'une, que les fruits peuvent être liquidés promptement, *& sine altiori indagine :* en ce cas la compensation n'est pas rejettée; l'autre, qu'ils sont en effet liquidés par les évaluations qui s'en font dans les Chambres des Comptes, conformément auxquelles l'Ordonnance veut que se fassent les liquidations des fruits adjugés. Quoiqu'il en soit, jusqu'à ce qu'il y ait un Arrêt général, *consultis Classibus,* qui décide ce problême, il sera toujours vrai de dire que l'usage du compte par échelette est plus fréquent que celui qui se fait par colonnes; jusques-là que de cent procédures qui se sont faites, ou qui se feront en exécution des Jugemens rendus sur des actions hypothécaires, il n'y en a pas eu, ni il n'y en aura pas deux qui ne le soient en la premiere forme; qui est la plus ancienne, & la seule usitée jusqu'à l'an 1640. Plusieurs difficultés de différente nature ont été jugées par des Arrêts sages & judicieux : ces aphorismes en peuvent être formés.

En premier lieu, les réparations & les méliorations doivent être estimées en détail, & non en gros *& confusé :* jugé par Arrêt du 23 de Novembre 1650, pour René Gache, Procureur de Die, contre Pierre Nicolas. *Arrêt.*

2. Il faut rendre au possesseur de bonne foi le prix des fonds qu'il a

acquis par la seule considération de ceux qu'il est condamné de vuider, les lods qu'il lui y en a coûté, le prix des bâtimens qu'il a fait construire pour sa commodité, & généralement tout ce qui augmente la valeur de ceux qu'il vuide : jugé par *Arrêt.* Arrêt du 20 de Mai 1630, pour Martin Barton, contre M. Jean Marel.

3. Le possesseur n'est pas reçu, par la raison de la qualité & de l'importance de ses réparations & de ses constructions, à l'offre de la valeur du terrein *Arrêt.* & du sol : jugé par Arrêt du 13 de Mars 1663, en la cause de Jean Lombard, d'Antoine & de Marguerite Vulson.

4. Les réparations & les méliorations ne peuvent conserver le fonds au possesseur, qui les a faites, au préjudice des hypothèques précédentes, ni les rendre inutiles ; mais il sera vendu, & le prix employé à leur paiement : jugé *Arrêt.* par Arrêt du 10 Mai 1662.

5. L'affranchissement de la taille acquis au fonds par la qualité du possesseur, suivant le Réglement de 1639, est estimé sur le pied du tiers du prix de la *Arrêt.* vente : jugé par divers Arrêts de 1668, de 1669 & de 1670.

6. Réguliérement, jusqu'à ce qu'on soit payé des sommes pour lesquelles on agit hypothécairement, on a droit de contraindre tous les tiers-possesseurs à vuider, ou à payer, sans avoir égard à la valeur des biens desquels on a déjà obtenu l'évacuation. Mais le Parlement, qui suit toujours l'équité, a modéré cette rigueur ; il veut que l'on impute sur sa dette la valeur des biens que l'on possède, sans pouvoir agir avec effet contre d'autres tiers-posses- *Arrêt* seurs ; il a ainsi jugé par Arrêt du mois de Septembre 1674, en la cause du

sieur Guy, Lieutenant en l'Election de Vienne, & de M. Thibaut : de sorte que si cette valeur égale la dette, il ne reste plus d'action hypothécaire.

7. Par le même principe d'équité, il n'est point permis au créancier, auquel les fonds & les biens de son débiteur ont été évacués, de procéder contre lui par exécution personnelle, en le faisant emprisonner ; il est obligé de les faire vendre ou estimer auparavant, se pouvant faire qu'il se trouvera payé par leur valeur : jugé pour le sieur Avocat Monduel, contre M. Charlin, par Arrêt *Arrêt.* du 8 de Janvier 1686, qui cassa l'emprisonnement du premier.

8. Quoique l'exception de discussion non faite ne soit pas une de celles que le Statut du Bailliage de Saint-Marcellin reconnoît, il a été néanmoins jugé par Arrêt du 17 de Mars 1558, rapporté *Arrêt.* par M. Expilly dans le chapitre 53, qu'elle y doit être reçue.

9. Le possesseur qui n'a point été appellé à la discussion des biens de son débiteur, peut opposer de discussion non faite : jugé par Arrêt de l'an 1584, rap- *Arrêt.* porté aussi par M Expilly dans le chap. 89. Mais si l'insolvabilité est notoire, une sommaire emprise suffit. On observe encore, quand l'insolvabilité est proposée, de sommer celui qui la nie d'indiquer des biens du débiteur, que l'on offre de discuter à son péril.

10. Le créancier n'est nullement obligé de discuter les biens de son débiteur, qui sont situés hors la Province, si ce n'est qu'ils lui soient hypothéqués spécialement : jugé par *les Chambres consultées*, par Arrêt du 10 *Arrêt.* de Décembre 1631.

11. Quant aux choses mobiliaires, données par le débiteur à son créancier, en nantissement & pour gage, le créan-

cier y eſt préférable à tout autre, à concurrence de ce qui lui eſt dû : jugé, *de*
l'avis des Chambres, par Arrêt du 17
de Février 1635, en la cauſe de Laurent Poids, Marchand de Grenoble,
& des héritiers du Sieur de Saint-Laurent, Correcteur dans la Chambre des
Comptes.

Arrêt.

11. Les contrats des François, entr'eux
paſſés hors de la Monarchie, y ont néanmoins hypotheque dès le jour qu'ils
ont été faits. Ainſi Iſabeau Menot ayant
contracté mariage dans la Ville de
Livourne en Toſcane, il fut dit, par
Arrêt du 3 de Janvier 1681, contre
Paulin, qu'elle ſeroit rangée dans le
décret des biens de ſon mari, introduit
devant le Juge de la Ville de Grenoble,
ſelon le jour de ſon contrat, pour ſes
droits matrimoniaux & avant les créanciers poſtérieurs. On ſoutenoit qu'il ne
pouvoit avoir d'hypotheque en France,
que dès le jour qu'il y avoit été re-

Arrêt.

connu, n'étant juſqu'alors conſidéré
que comme une ſimple écriture privée.

13. Enfin le créancier qui a fait
vuider un fonds par action hypothécaire, n'eſt point comptable de la valeur
des fruits qui ſurpaſſe les légitimes
intérêts de la ſomme pour le paiement
de laquelle il a agi ; ils ſont abſolument tout à lui : jugé par Arrêt du 14
de Juillet 1683, dans la cauſe de
Dimanche Rancutel & de Marguerite
Darenes.

Arrêt.

14. Mais le Seigneur direct condamné à vuider avec reſtitution de
fruits la Terre qu'il poſſede, doit
compter de tous les lods ſans diminution, ſoit qu'ils lui aient été payés
entiérement, ſoit qu'il ne lui en ait
été payé qu'une partie, & qu'il en ait
fait grace : jugé par Arrêt du 16 de
Juin 1660, entre le Sieur de Rodet
& le Sieur de Vulſon.

Arrêt.

ARTICLE VII.
Des Cauſes ſommaires.

LE Parlement ne s'aſſujettit point aux ſolemnités du Droit,
ni à la rigueur des formalités dans les cauſes (a) ſommaires : il les juge quelquefois par ſes Commiſſaires, & même
ſouvent ſans aucune conteſtation précédente & ſans attendre la
publication des enquêtes. Le Statut attribue ce pouvoir aux
Juges : il ne faut pas groſſir un fêtu par des procédures qui ne
ſervent qu'à ruiner les parties.

qu. 369.

(a) La gloſe ſur la Loi *in hâc actione*,
ff. *de exhibend.* compte juſqu'à onze
eſpeces de cauſes ſommaires. Le chap.
diſpendioſam de judic. in Clementin. &
la gloſe ſur ce chap. en remarquent d'autres. On appelle cauſes ſommaires
celles, qui ſont telles, ou par les perſonnes, ou par leur ſujet, & on en
laiſſe le diſcernement *arbitrio Judicis.*

L'Ordonnance d'Abbeville, art. 166
& 267, & celle de 1667 dans le titre
17, traitent des matieres ſommaires.
Le Réglement de 1656 du Parlement
de Grenoble en propoſe quinze eſpeces
dans l'article 7, & un ſeul défaut y
donne gain de cauſe. On peut auſſi
conſulter le Réglement de 1618 dans
l'article 31 & ſuivants.

ARTICLE VIII.

Implorer l'Office du Juge.

DANS les occafions où l'on a un jufte droit, & où néanmoins on manque ou d'action, ou d'exception, on n'a qu'à implorer l'office du Juge (a) : comme fi en certains cas *qu. 192.* un Statut exclut une action, ou ne reçoit pas une exception, qui pourtant font infailliblement fi juftes dans le Droit commun, que c'eft une injustice vifible de ne s'y arrêter pas. Notre Jurifconfulte en donne un exemple dans l'exception de la chofe non *qu. 362.* eue, quoique l'on fe foit obligé, comme fi on l'avoit reçue. Les Statuts de *Chabeuil* & de *Saint-Marcellin* n'admettent que *trois exceptions* (b) contre les actes obligatoires, & celle-ci *qu. 15.* n'en eft pas une : le Juge fuivra l'équité. Il y a auffi d'autres occafions où l'office du Juge eft imploré utilement ; c'eft un fecours extraordinaire que l'on peut librement demander.

(a) *Officium Judicis datur in fubfidium, cùm deficit actio ; & competit pro omni actu bonæ fidei, pro quo deficit actio, & ubicumque æquitas fuggerit* quid faciendum fit. Rambaud. *not. in* q. 292.

(b) Ces trois exceptions font, *faux*, *paiement*, & *novation*. G. Pap. q. 15.

ARTICLE IX.

Du Changement de la Perfonne.

LE (a) changement de la perfonne fait changer l'état de la caufe : où l'on auroit pu procéder par exécution, il faut venir par action : c'eft ce que le Parlement obferve, à l'égard *qu. 21.* même des héritiers.

(a) L'héritier peut procéder par exécution contre le débiteur, *in caufis inchoatis per compulforias:* on fuit en ceci l'Ordonnance d'Abbeville dans l'art. 233 ; mais corrigée par l'Edit de l'an 1549. C'eft le cas de cette queftion 21.

SECTION III.

PROCÈS CIVIL, REQUÊTE, AJOURNEMENS,
Communication, Péremption, Sequestration.

ARTICLE I.

Requête pour Prestation annuelle.

IL ne suffit pas de proposer par sa requête, pour se faire adjuger un cens, une rente, une redevance annuelle, qu'elle a *qu.408.* été payée durant quarante ans (a) : il faut remarquer en vertu de quel contrat ce paiement a été fait. On doit, dit notre Auteur, exprimer une cause suffisante, & proposer à son sujet, *causam idoneam*, comme il parle, encore qu'on ne la prouve point, & que même il ne soit pas besoin de la prouver ; autrement le défendeur sera absous, & le Parlement l'a ainsi jugé.

(a) La possession de quarante ans | une cause, & un titre. Nous en avons d'exiger suffit ; mais il lui faut supposer | parlé ci-dessus dans la section 2, art. 1.

ARTICLE II.

De la Plurispétition.

LA demande de plus qu'il n'est dû (ce qu'on appelle plurispétition) ne met point le débiteur (a) en demeure à l'égard de ce qu'il doit légitimement, quoiqu'il ne l'offre pas: *qu.17.* notre Jurisconsulte dit qu'il l'a vu décider ainsi dans le Parlement ; de maniere que si le créancier demande le paiement d'environ cent écus par sa requête, & ne prouve qu'il lui en soit dû que quarante-cinq, il ne sera pas excusé, ni son débiteur mis en légitime demeure. La demande doit être certaine, & quoique l'on se puisse départir de tout le procès, on ne peut néanmoins renoncer à une partie de sa demande, au préjudice de celui à qui elle a été faite, comme le Parlement l'a souvent *qu.290.* jugé. Il seroit facile de faire quadrer de cette maniere une demande injuste, & faite de mauvaise foi, à tout ce que l'on se proposeroit pour la rectifier. On n'excuse non-plus celui qui aura posé en fait qu'on lui doit environ cent écus, & qui n'auroit prouvé qu'il lui en soit dû que quatre-vingt & dix.

(a) II

(a) Il seroit juste d'observer cet ancien usage; mais il s'en introduit un nouveau, qui assurément est moins juste: les Juges condamnent en tous les dépens de l'instance le débiteur qui n'a pas offert ce qu'il doit légitimement, à cause de sa mauvaise foi. Mais le créancier doit être certain de son droit; & n'y a-t-il pas de la mauvaise foi à demander & à prétendre plus qu'il n'est dû? il y auroit lieu en tout cas de compenser la mauvaise foi de l'un avec celle de l'autre, & par conséquent tous les dépens. Ainsi la demeure d'une partie est compensée avec celle de l'autre partie, *L. & post edictum*, §. *final.* *ff. de act. empt.* Le Parlement, qui juge *ex æquo & bono*, fait quelquefois la fonction d'Arbitre dans ses Jugemens; il fait subsister des exécutions qui ont procédé pour plus qu'il n'est dû, quand le débiteur ni ne paie, ni n'offre ce qu'il sait bien qu'il doit ; par cette raison, que *in majori summâ minor inest*;

de sorte que celui qui demande plus qu'il ne lui est dû, demande aussi nécessairement le moins qui lui est dû: il a été jugé de la sorte par Arrêt du 9 d'Août 1678, pour le Sieur Vibailli de Graisivodan : les circonstances sont des motifs à ces Jugemens, qui semblent s'éloigner du Droit commun. Mais quand la nullité est si évidente qu'elle est inexcusable, on prend ce détour, on condamne le débiteur à payer ce qu'il doit, dans le temps qui lui est préfixé, & on compense les dépens: c'est comme il a été jugé par Arrêt du 19 de Janvier 1686, pour Gaspard Charrel, contre Marguerite Ferron. On est moins favorable aux exécutions personnelles : si le débiteur avoit été emprisonné, & que cette exécution fût nulle, elle seroit cassée comme injurieuse, avec dépens, dommages & intérêts. Faber, *de execut. rei judic.* *defin.* 26 & 53. *Arrêt.*

ARTICLE III.
De la Plurispétition en Action réelle.

ON encourt la peine de la plurispétition dans les actions réelles ; celui qui y demande plus qu'il ne prouve, doit, par le Droit, (a) déchoir de sa cause. C'est pourquoi lorsque l'on procédoit au Jugement de la cause de N. Jean Boniface, demandeur en revendication, on mit en délibération, si n'ayant prouvé que pour le tiers des fonds dont il prétendoit l'évacuation, les particuliers qu'il avoit actionnés, ne devoient point être congédiés de l'instance purement & simplement, & même avec dépens: l'opinion de Barthole (b) réunit celles des Juges; ils s'y conformerent ; ces possesseurs furent condamnés à vuider ce tiers au demandeur, qui le fut envers eux en tous les dépens: l'Arrêt fut prononcé la veille de la Fête de S. Jean-Baptiste de l'an 1458. *qu. 27.*

(a) Cette rigueur qui faisoit perdre sa cause à celui qui demandoit plus qu'il ne lui étoit dû, a été changée par la Loi *Zenonis, C. de plurispetit.* qui le condamne au triple de ce qu'il a demandé. On peut confulter Cujas fur la plurifpétition, dans le chap. 27 du livre 7 de fes Obfervations.

(b) Barthol. *in L. fi conftante*, §. *fi bona*, *ff. folut. matrim.*

ARTICLE IV.

De la Demande de moins qu'il n'eft dû.

qu. 177. SI au contraire on fait demande (a) de moins qu'il n'eft dû, le Jugement qui aura été rendu fur cette demande, n'empêchera pas que le créancier n'agiffe pour le furplus de fa légitime dette, & qu'il ne lui foit adjugé.

(a) *Qui minùs petit in Judicio, in nullo laditur. L. omnes, §. quod 5; L. Zenonis, §. qui autem, Cod. de plurifpetit.* Dans la demande de moins, il n'y a pas de préfomption de mauvaife foi, comme il y en a dans celle de plus.

ARTICLE V.

De la Claufe des Requêtes.

qu. 263. CETTE claufe (a) ordinaire dans les requêtes & dans les demandes, & AUTREMENT JUSTICE LUI ÊTRE MINIS-TRÉE, produit cet effet, qu'encore que la requête ou la demande ne dût être admife, pour être trop vague, ou à caufe de fes conclufions impertinentes, elle le fera néanmoins; on lui donnera pour cela le fens & le tour le plus favorable qui lui *qu. 403.* puiffe convenir. Cette claufe fert auffi à faciliter l'adjudication d'un acceffoire, omis dans celle du principal; & c'eft ce que pratique le Parlement.

(a) Les formules doivent être fuivies à la lettre, pour l'introduction des actions : c'eft pourquoi les Avocats étoient principalement employés à faire les requêtes, *verbis conceptis*, jufqu'à ce que la Loi de Juftinien a aboli ces formules & cette rigueur, ne voulant pas que l'erreur des Avocats nuife aux parties. C'eft à quoi tend cette claufe, puifqu'elle fait que *libellus ineptus non rejicitur, licèt ex eo non conftet quæ fit intentio libellantis, modò ei actio competat.* Panormit. *in cap. cùm dilectus, Extra. de ord. jud.*

ARTICLE VI.

Des Lettres ajournatoires.

COMME les ajournemens, les affignations & les exécutions fe font (a) en vertu des Lettres des Magiftrats, il faut qu'elles foient d'une foi fans reproche, & non fufpecte. Elles n'en font pas, encore qu'elles foient fcellées, fi les témoins n'y

ont fouferit : mais la coutume l'a emporté au contraire. Celles qu. 175.
de la Chancellerie de Dauphiné étant fcellées & fignées par un
des Greffiers, n'ont befoin d'aucun fecours étranger ; il en eft
de même des autres Jurifdictions, il n'y faut pas d'autre folem-
nité : cela fut décidé dans le procès des Carmes de Royans, qu. 487.
contre le Sieur de la Sone. Mais quel jugement doit-on faire des
Lettres d'un Juge de Saffenage, qui étant à la Côte S. André,
commit Odon Ancelin, Licencié aux Droits, pour faire l'inventaire des biens de Jean Attacher, par des Lettres fcellées de fon
fceau, que Jean Berenger fon Greffier figna ? outre que ces
Lettres n'avoient point été accordées judiciellement, elles
n'étoient fignées d'aucun témoin. Notre Jurifconfulte, excellent
Praticien, réfout cette difficulté par une diftinction, (b) qui eft
que les Lettres de Juftice font foi, étant fcellées & fignées, &
que les autres qui n'ont pas ce caractere, n'en font point fans
témoins, parce que la coutume ne leur donne pas ce privilege
comme aux autres ; & le Parlement obferve cet ufage.

(a) Par l'Ordonnance du mois d'Avril 1667, il ne faut plus ni Lettres ni Commiffions, que pour ajourner au Confeil, & aux Juges qui jugent en dernier reffort. Cette Ordonnance eft une commiffion générale aux Sergens & aux Officiers exécutants, à l'égard des autres Juges : mais il faut que l'affignation foit donnée dans le domicile de la réfidence actuelle ; & l'Officier eft préfumé avoir la fienne là où eft fa charge, fi ce n'eft qu'il demeure ailleurs depuis tant d'années, qu'il y ait lieu de croire qu'il a abandonné les fonctions de fa charge. Par le Droit Romain, *nemo poteft effe civis duarum civitatum* ; de même nul ne peut avoir deux domiciles de réfidence.

(b) Les Juges ne peuvent réguliérement exercer leur jurifdiction, que dans le territoire qui y eft fujet. Cette diftinction de Lettres qui viennent d'eux, n'eft pas de grand ufage, parce qu'en quelque lieu qu'ils accordent leurs Lettres, fi elles font de qualité à être exécutées, il fuffit qu'ils les aient fignées avec leurs Greffiers.

ARTICLE VII.

De l'Ajournement au Mari abfent.

L'AJOURNEMENT (a) donné au mari abfent en la perfonne de fa femme, & en fon domicile, eft valable, n'y ayant qu. 445. pas apparence qu'elle ne l'en avertiffe : c'eft pourquoi il pourra être procédé contre lui en fa contumace, fur-tout en matiere de peu d'importance.

(a) L'Ordonnance du mois d'Avril 1667 parle des ajournemens, dans le titre 2, art. 3, 7, 8, 9. L'ajournement en la perfonne de la femme, mais

Pp 2

en domicile & avec copie, est bon, comme il le seroit en celle d'un domestique. Imbert emploie cette question co mme remarquable, *Instit. lib.* 1. *cap.* 3 *in not.*

ARTICLE VIII.

De l'Ajournement à Femme grosse.

qu. 256. SI la femme (a) grosse ne satisfait à l'ajournement qui lui a été donné pour comparoître en personne, elle sera excusée par la considération de sa grossesse, quand même elle seroit grosse du fait d'un autre que d'un mari légitime : le Parlement suit pour elle dans cette occasion la disposition du Droit.

(a) Néanmoins le Parlement n'eut point d'égard à cette excuse, il accorda par Arrêt du mois de Novembre 1566 défaut au Procureur Général, contre une femme de Chorges, grosse, & qui avoit exoine. On n'excuse pas facilement en fait criminel. De la femme condamnée à la mort, qui se déclare enceinte, *voyez* l'Ordonnance criminelle de 1670, tit. 25, art. 23.

ARTICLE IX.

Des Ajournemens au Corps.

qu. 321. DANS les intérêts des Communautés & des Corps, les ajournemens donnés aux Villes en la personne de leurs Consuls (a); aux Chapitres des Églises, en celle de leurs Économes ; aux Moines & aux Religieux, en celle des Procureurs de leurs Couvens, sont valables ; c'est l'usage du Parlement, & des Jurisdictions inférieures à la sienne.

(a) Les citations des Villes se font à leurs Consuls & à leurs Officiers. De la maniere de faire le procès aux Communautés, aux Corps, & aux Compagnies, *V.* l'Ordonnance criminelle de 1670, dans le titre 21.

ARTICLE X.

De deux Ajournemens pour même Fait.

qu. 421. UN créancier ayant fait ajourner son débiteur pour même fait devant l'Official de Grenoble, & encore devant le Juge Majeur de Graisivodan, ce débiteur comparut devant le Juge, & demanda d'être (a) renvoyé à l'Officialité, où il y avoit instance commencée ; mais le créancier repliqua qu'il n'y avoit point de contestation : l'opinion de notre Auteur fut que ce débiteur y devoit être renvoyé, parce qu'il y avoit été premiérement convenu. Mais fi le créancier abandonnant fes pourfuites devant l'Official, & s'adreffant au Parlement y obtenoit des compulfoires, ce débiteur n'auroit plus de renvoi à prétendre, parce qu'un renvoi n'eft pas une des exceptions que le Statut reçoit contre les compulfoires.

(4) Celui qui eft ajourné devant deux Juges différents, & d'égale autorité, a le choix ; & s'étant préfenté devant l'un, il ne fera point condamné par l'autre : s'il ne fe préfente devant aucun, il pourra l'être par les deux. *Matthieu. Ranchin.*

ARTICLE XI.

Des Ajournemens pour Faits différens.

SI pour des faits différens on eft ajourné (a) à comparoître devant divers Juges, à même jour, & à même heure, en fe préfentant devant le plus autorifé, on fera exempt de toute repréhenfion à l'égard des autres. Il eft permis aux Juges d'ordonner les comparutions. Cela étant, celui qui aura été ainfi ajourné devant le Parlement & devant l'Official, ne fera pas excufé au Parlement, ayant comparu à l'Officialité ; comme il le feroit, fi ayant été affigné devant l'Évêque & devant le Parlement, il avoit comparu devant l'Évêque. Les Princes temporels ont de la déférence pour les Évêques en bien des chofes.

qu. 443.

qu. 255.

qu. 276.

(a) *Citatum ad duo Tribunalia, jufta excufatio tuebitur, fi ad majus compareat, nifi caufa, pro quâ vocatur ad minus Tribunal, tanti fit momenti ut perfonalem præfentiam requirat, cùm ex alterius caufæ qualitate, per procuratorem agere poffit.* Cette décifion eft au cas de l'ajournement perfonnel en fait criminel, & de la comparution en perfonne ordonnée en fait civil.

ARTICLE XII.

Du jour de l'Affignation ; des Délais.

L'AJOURNEMENT eft le premier pas pour entrer dans l'inftance : le jour qu'il eft donné (a) n'eft pas compris dans le terme. Le délai que le Juge prefcrit, commence feulement le lendemain de l'Ordonnance. Mais s'il eft d'aujourd'hui en trois jours, par exemple, il courra de moment en moment. Toutefois le Parlement ne fait point cette diftinction : fon ftyle & celui des Jurifdictions inférieures veut que ce délai foit franc, le jour du terme préfix n'y étant pas même compris ; tellement

qu. 170.

qu'une Sentence rendue le jour du délai expirant, ne seroit pas soutenable : elle seroit nulle, comme trop précipitée.

(a) Tous ajournemens seront libellés, suivant l'Ordonnance de 1667, tit. 2. Et dans les délais des assignations & des procédures, ne seront compris les jours des significations des exploits, ni les jours auxquels les assignations écherront, tit. 3, art. 6. *Regulare est in jure diem termini non computari in termino, qui in dubio computatur de momento in momentum*, dit le Conseiller G. Baro : l'usage ne s'accommode pas avec cette distinction : tous les autres jours du délai seront continus & utiles, & même le Dimanche, par la même Ordonnance, tit. 3, art. 7. Mais on peut se présenter le jour même de l'assignation, & le défaut qui sera levé au préjudice de cette présentation, sera nul : jugé par Arrêt du 15 de Février 1645. *Arrêt.*

ARTICLE XIII.
Du Recours des Délais.

LA plupart des délais sont péremptoires. On est néanmoins (a) reçu à la preuve des empêchemens qui sont la cause qu'on n'y a pas satisfait dans le temps préfix, à ce qui a été *qu. 64.* ordonné, & à ce que l'on devoit ; comme si on n'a point appellé, ou si on n'a pas relevé son appel dans le temps que le veut le Droit ou le Statut ; & si la partie est de bonne réputation, son serment suffira pour cette preuve : la Cour l'a jugé *qu. 205.* ainsi par Arrêt, qui reçut des appellants à la preuve de leurs faits, même par leur serment, sans en desirer d'autre. Ces appellants étoient Guillaume Brutel & Nicolas Buellier, contre les Consuls de Montrigaud.

(a) Constantin, sur l'Ordonnance de 1539, dit que la preuve de tels empêchemens se fait encore par le ser- | ment. *In commentar. ad Constitut.* 1539, *art.* 98 & 104.

ARTICLE XIV.
De la Contumace.

C'EST aussi du style du Parlement, que celui qui est condamné en contumace, pour n'avoir pas comparu aux ajournemens & aux assignations qui lui ont été donnés, soit *qu. 99.* reçu (a) à donner ses défenses après avoir purgé la contumace par le paiement effectif de tous les dépens qu'elle a causés au demandeur. Le Parlement en fit un Arrêt en 1456, qu'il a voulu tenir lieu de Réglement général.

(a) Des Lettres Royaux pour ester à droit, après cinq ans de la contumace en procès criminel, *V.* l'Ordonnance de 1670, tit. 16, art. 5; & tit. 17. Le Parlement a jugé en conformité de ce que dit Guy Pape, par Arrêt du 22 de Novembre 1537, rapporté par le Conseiller de Rabot, sur cette question 99.

ARTICLE XV.

De la Communication.

LA preuve des demandes & des exceptions se fait par actes, ou par témoins, & souvent par tous les deux ensemble. Le demandeur est obligé de communiquer (a) par copie les actes qu'il emploie dans la demande, si le défendeur le desire. Mais cette regle souffre quelque limitation; car ou ils fondent l'action, ou ils la restreignent par quelque précision. Au premier cas, comme si je propose que Titius me doit dix écus, & qu'un tel Notaire en a reçu l'acte, il n'y a point de copie à donner. Mais si je dis que Titius me doit dix écus, comme il conste d'un tel instrument, il y a dans ce second cas une distinction à faire; si ce défendeur doit par sa qualité avoir cet acte, comme s'il est héritier, & qu'on lui demande le paiement d'un legs, ce seroit de mauvaise foi qu'il desireroit la communication du testament, de sorte qu'elle lui sera refusée; s'il n'est pas tel qu'il doive avoir nécessairement cet acte entre ses mains, la copie lui en sera donnée avant la contestation, parce qu'il est employé pour limiter précisément l'action, & non pour la prouver. Néanmoins en ce premier cas, où la preuve suppose une négative, après que le défendeur aura contesté la communication de l'acte qui prouve la demande, il lui en sera donné copie, s'il la souhaite: & il ne suffit pas lorsqu'il s'agit de la preuve d'un fait, d'employer la clause ou la partie du contrat qui le concerne; il faut nécessairement (b) le produire, & le communiquer entier & dans toute son étendue.

qu. 115.

qu. 582.

·(a) Les procès commençoient du temps de Guy Pape, ou par libeaux, ou par compulsoires. Le demandeur formoit sa demande, & le défendeur donnoit ses défenses, mais il n'y pouvoit employer aucune exception qui ne fût du nombre des sept qui étoient alors reçues par le Statut. Les compulsoires étoient des Lettres levées sur l'acte obligatoire: si le débiteur n'avoit pas d'exception pour empêcher l'effet, le Juge en accordoit de précises contre lui, en vertu desquelles l'acte étoit exécuté. Les contrats reçus par les Notaires n'avoient point d'exécution préparée; ce qui se recueille du Statut de l'an 1399. Au reste, qui établit sa demande ou son exception sur un acte, doit le communiquer à ſes frais ; mais s'il en fait ſeulement mention, ſans l'employer, celui qui en voudra la communication en ſupportera les frais.

(*b*) C'eſt ce qui a été jugé par Arrêt du 18 de Mars 1584, rapporté *Arrêt* par Monſieur Expilly dans le chap. 23, & ce n'eſt plus un doute.

ARTICLE XVI.

De la Reſtitution de Procès.

qu. 471.

LORSQU'UNE partie a (*a*) produit dans ſon procès un acte qu'elle en veut tirer, il ne lui ſera pas permis, s'il regarde ſpécifiquement & uniquement la cauſe ; comme il le ſera, s'il peut ſervir à d'autres affaires & à d'autres intérêts : & c'eſt l'uſage obſervé, que quelques pieces, & quelques inſtrumens que la partie veuille lui être rendus, ils le ſoient après qu'ils auront été vus & enrégiſtrés dans le procès, ſi ce n'eſt que la partie veuille s'inſcrire en faux contre ces actes.

(*a*) Les procès n'étoient pas alors remis aux Juges en pieces détachées ; ils étoient couſus & ſouvent reliés, de ſorte qu'il étoit bien difficile d'en rien tirer. C'eſt par cette raiſon qu'il eſt parlé dans cette queſtion 471, *de actis regiſtratis in proceſſu.* Les procès ſembloient & avoient la forme des regiſtres, & chaque procès ainſi relié, contenoit les écrits & actes des deux parties ſuivant l'ordre des conteſtations ; comme je l'ai vérifié.

ARTICLE XVII.

Des Actes du Procès, & du Jugement.

qu. 616.

IL y a deux ſortes (*a*) d'actes dans les inſtances ; les uns ſont actes de la cauſe, & les autres du Jugement. Les premiers conſiſtent en ce qui eſt fait pour l'inſtruction, aux confeſſions judicielles des parties, aux dépoſitions des témoins, & aux procédures qui regardent la forme : il ne s'en donne que des certificats. Ceux du Jugement ſont les ſatisdations, les cautionnemens & les conſeils, c'eſt-à-dire, les avertiſſemens des parties : on les qualifie ordinairement, *avertiſſemens hors du procès*, parce qu'ils ne ſont qu'actes du Jugement & non du procès.

(*a*) *Appellatione actorum comprehenduntur omnia quæ fiunt in Judicio, ſive ſint in formâ Judicii, ſive non.* Rambaud. Matth.

ARTICLE

ARTICLE XVIII.

Des Actes montrés, des Actes employés.

LEs actes qui font montrés au Juge en particulier pour fa feule fatisfaction, ne font point actes (a) du procès, on n'y fait aucune confidération, & par conféquent il ne s'en donne pas de copie. Ceux qui font employés dans l'inftance demeu-rent communs, tellement que la partie ne peut plus les retirer, fous prétexte qu'elle ne veut pas s'en fervir; & fi les ayant retirés, elle refufe de les rapporter, la peine de ce refus fera qu'à l'avenir on n'y ajoutera plus de foi : cela eft de l'ufage du Parlement.

qu. 241.
qu. 242.
qu. 243.
qu. 245.
qu. 616.

(a) Les actes qui ne font pas com-pris dans l'inventaire ne font point *ex actis caufa*, & la communication n'en eft point due. *De actorum litis editione*, Imbert. *Inft. Forenf. lib. 1. cap. 4, 17, 40 & 47, in notis.*

ARTICLE XIX.

Des Actes du Poffeffoire employés au Pétitoire.

LEs actes de premiere & de feconde inftance (a) concer-nant le poffeffoire, font foi au pétitoire entre les mêmes parties & leurs héritiers : le Parlement l'a jugé.

qu. 136.

(a) L'un & l'autre ne tend qu'à même fin, qui eft de donner un légi-time poffeffeur à la chofe contentieufe.

ARTICLE XX.

Des Actes d'Inftance périmée.

ET quoique l'inftance foit tombée en péremption (a), les preuves & les confeffions qui y ont été faites fubfiftent; il n'y a d'anéanti que les actes de la formalité.

qu. 136.

(a) La péremption feroit une injuftice introduite pour favorifer la mauvaife foi, fi elle privoit la vérité du fecours des preuves dont elle a befoin. En Dauphiné l'inftance ne fe périme que par 30 ans.

ARTICLE XXI.

Perte d'Actes.

qu. 144. SI on allègue la perte d'un acte, (a) le serment de celui qui la propose en sera une preuve suffisante, pourvu qu'il passe pour homme de bien ; il pourra même, après qu'il l'aura recouvré, l'employer & s'en servir, quoiqu'il ait conclu en la cause.

(a) La forme de ce serment se voit dans la Loi finale *C. de fid. instrum.*

ARTICLE XXII.

De la Copie de Copie.

qu. 471. SI l'instrument perdu ou égaré a été communiqué par copie (a) l'extrait collationné qui en sera fait de l'autorité du Juge, fera foi & sera valable ; l'usage du Parlement le permet & le veut.

(a) Le procès d'une partie s'étant égaré, elle demande à l'autre communication du sien ; & aux copies qu'en donne celle-ci, ou aux extraits qui en sont faits, on ajoute foi, suivant l'article 75 du Réglement de 1618. Si le Commissaire-Rapporteur du procès en a fait & écrit l'extrait de sa main, & qu'il se soit perdu chez lui, on ajou-tera foi à cet extrait, pour juger, comme l'on auroit fait sur le procès même : ce qui fut déterminé par Arrêt du 29 de Septembre 1680, pour *Arrêt.* un procès perdu chez Monsieur le Conseiller Roux après sa mort ; mais qui en avoit fait lui-même, & écrit de sa main l'extrait.

ARTICLE XXIII.

De la Sequestration de la chose contentieuse.

LA sequestration (a) de la chose contentieuse n'est permise pendant l'instance, que dans le concours de ces circonstances : 1°. que le droit de celui qui la demande soit prouvé, du moins sommairement ; 2°. qu'il agisse de bonne foi pour la conservation de ce droit ; 3°. que du chef du possesseur il y ait des causes légitimes de soupçon, comme s'il est un qu. 146. grand (b) barateur, c'est-à-dire, un grand fourbe & frippon, qu'il soit suspect de fuite, qu'il soit très-nécessiteux, ou qu'il soit un prodigue. Il y aura encore lieu à cette sequestration, si l'on craint que les parties en viennent aux mains & à la

violence. Ce fut par cette raiſon que notre Auteur fit exiger
par un Receveur qu'il commit, les droits du péage du Chapitre
de l'Egliſe Cathédrale de Vienne, où il avoit été député
pour ouir des témoins ſur les plaintes des habitans, s'étant
apperçu qu'ils ſe diſpoſoient à la voie de fait.

(*a*) La partie intéreſſée y doit être appellée, à peine de nullité: jugé par Arrêt de l'an 1557, contre le Procureur-Général du Roi.

Arrêt.

(*b*) Barateur eſt un mot encore uſité parmi le peuple, pour dire un trompeur; mais le Conſeiller Marc appelle barateries, les malverſations des Magiſtrats dans leurs charges, & celles de leurs domeſtiques; c'eſt dans les queſtions 646 & 686 de la première partie. Il y a une foire dans le Viennois qu'on appelle la *Foire de Charatbarat*; il s'y fait vente & troc de chevaux, & y trompe qui peut.

SECTION IV.
DES PREUVES.
ARTICLE I.
De la Conteſtation.

DAns les (*a*) regles ordinaires la conteſtation eſt de la ſubſtance de la cauſe, & même de celle du Jugement, juſques-là que le conſentement des parties que le procès ſoit jugé, ſans qu'elles ſoient entrées en aucune conteſtation, & ſans y garder l'ordre judiciaire, eſt nul. On ne peut ſe diſpenſer de ce qui eſt de l'eſſence des choſes, & ſur-tout dans les Jugemens.

qu. 38.
qu. 116.

(*a*) *L. quoties, C. de dignitat. lib. 2. gloſſ. in cap. de cauſis, extra. de offic. deleg.* Le conſentement des parties ne fait rien *in iis qua ſunt de ſubſtan-tiâ Judicii.* C'eſt une regle que *preces Principi per libellum oblata litis conteſtationem inducunt. L. dubium, C. quand. Libell. Princip. oblat.*

ARTICLE II.
Des Faits niés; néceſſité de la Preuve.

LEs Statuts & l'uſage permettent aux parties (*a*) la preuve de tous les faits qu'elles ont articulés; mais avec cette reſtriction, SANS PRÉJUDICE DE L'IMPERTINENCE. La preuve de ceux qui ne doivent point être admis, n'eſt pourtant pas

qu. 347.
qu. 365.

inutile ; fi elle peut fervir à la décifion de la caufe, elle ne fera point rejettée, quoique les faits éuffent dû l'être. C'étoit dans la rigueur de la Jurifprudence, une néceffité de prouver tous les faits que l'on avoit avancés ; on prétendoit même (b) que la preuve des faits inutiles devoit être faite, & que celui qui y manquoit devoit perdre la caufe, à moins qu'il n'eût protefté qu'il n'entendoit fe charger d'aucune preuve fuperflue : c'eft d'où vient cette claufe ordinaire aux Praticiens dans la pofition des faits, SANS SE CHARGER de preuve fuperflue : mais il fuffit qu'entre plufieurs on en ait prouvé un feul qui foit capable d'obtenir gain de caufe.

(a) Il n'eft maintenant permis que de propofer & de prouver des faits pertinents, c'eft à-dire, utiles à la décifion. La preuve par monitoire n'eft réguliérement permife en fait civil, fuivant l'Ordonnance d'Orléans art. 18, fi ce n'eft pour quelque fait important. *Arrêt.* Ainfi fut-elle permife par Arrêt 11 de Septembre 1684, pour un fidéicommis de quarante-cinq mille livres, qui dépendoit de la preuve d'un prédécès, contre la Dame de Laneau.

(b) C'étoit ce qui faifoit dire *fummum jus, fumma Crux, fumma injuria* ; on appuyoit un fentiment fi injufte fur quelques Loix du Digefte, qui femblent vouloir que celui *qui aliquid proponit in Judicio, ad quod probandum fe adftringit, fi non probet caufâ cadat.*

ARTICLE III.

De la Confeffion.

La plus forte des preuves eft la (a) confeffion de la partie ; celui qui avoue étant contre foi-même un témoin irréprochable, l'aveu qu'il a fait dans une inftance lui nuit dans une autre, & même avec d'autres parties, n'y ayant pas apparence que l'on puiffe anéantir un fait de la vérité duquel on eft déja tombé d'accord, comme parle l'Empereur, & de réfifter de cette maniere à fon propre témoignage. Réguliérement la confeffion extrajudicielle ne caufe aucun préjudice à celui qui l'a faite ; mais fi elle l'a été dans une inftance non légitime, & non légitimement inftruite, ou dans une requête inepte (c'eft le mot dont fe fert notre Auteur) qui n'aura pas dû être reçue, elle ne laiffera pas de donner lieu à une Sentence jufte & légitime ; le Parlement qui ne fuit que la vérité, qu'il a toujours en vue, l'a ainfi jugé par Arrêt de l'an 1454 ; & par cet Arrêt, il jugea auffi que la confeffion extrajudicielle du créancier, d'avoir été payé de fon débiteur, produit la libération. Néanmoins la confeffion de celui qui s'avoue débiteur, fi elle eft fans caufe, eft fans effet; elle ne l'oblige point comme elle feroit fi elle avoit été faite judiciellement.

(a) *In L. generaliter, C. de non numer. pecun. Nimis indignum judicamus quòd fuà quifque voce dilucidè proteftatus eft in eundem cafum infirmare, teftimonioque proprio refiftere*: ainfi telles confeffions **Arrêt.** ne font pas révocables; jugé par Arrêt du 8 de Mai 1607, pour Noble Melchior de Geras, rapporté par M. Expilly: mais auffi elles ne peuvent être divifées, quelque raifon qu'on en eût connu; il a été ainfi jugé, de l'avis des Chambres con- **Arrêt.** fultées, par Arrêt de l'an 1672, entre Lambert Cordonnier, & Friet Tailleur d'habits. C'eft une maxime que *confeffio in civilibus fcindi non poteft*; & il l'avoit **Arrêt.** déja été jugé par Arrêt du mois de Juillet de l'an 1642, pour le Sieur de la Marcouffe, contre la Dame de Saint-Paul. La confeffion eft une preuve qui vient du défendeur contre lui-même; & le *ferment en plaid* en eft une du demandeur pour lui dans les cas où il eft déféré; il l'eft principalement contre les tuteurs & les adminiftrateurs, & même de leur chef contre leurs héritiers. Louis

de Vinay de Gangailles y ayant été reçu par le Vibailli de Graifivodan, jufqu'à la fomme de deux mille livres contre le Sieur de Vinay fon frere, héritier du Sieur de Vinay, pere & adminiftrateur légitime du Sieur de Gangailles, il y en eut appel au Parlement, qui confirma la Sentence du Vibailli par **Arrêt.** Arrêt du 19 de Juillet 1661, quoique ce ferment *ratione doli potiùs quàm culpa deferatur L. five ff. de in lit. jurand.* & que l'action *de dolo* ne puiffe être exercée contre le pere, ni contre la mere, ni même réguliérement contre les héritiers. Mais il eft de l'honnêteté publique de n'épargner jamais la fraude & la fourberie, qui eft plus répréhenfible quand elle eft commife par ceux qui en devroient être les plus éloignés, & auxquels on doit du refpect, que lorfqu'elle l'eft par les plus étrangers; joint que l'action *in factum* ayant fuccédé en cette occafion à celle *de dolo*, le ferment en plaid n'en eft que le foutien.

ARTICLE IV.

Des Livres des Marchands.

LEs Marchands ont une preuve contre leurs débiteurs dans leurs livres de raifon, quoique par le Droit l'écriture privée ne faffe foi que contre celui qui écrit; mais fix (a) circonftances doivent s'y rencontrer: il faut premiérement que le Marchand, de l'intérêt duquel il s'agit, foit dans la réputation d'être homme de bien; 2°. qu'il ait écrit lui-même l'article de la dette qu'il demande; 3°. qu'il foit en coutume d'écrire la vérité; 4°. qu'il ait remarqué la caufe de la dette; 5°. qu'il ait écrit dans ce même livre ce qu'il doit, auffi bien que ce qui lui eft dû; 6°. qu'il y ait qu. 442. des circonftances qui rendent la dette vraifemblable, comme eft celle de la demeure du débiteur dans le lieu où elle a été

Qq 3

contractée, & d'autres qui peuvent se tirer de la qualité des personnes. Lorsque Guy Pape exerçoit sa profession d'Avocat, il posoit en fait ces six articles, pour donner à l'écriture privée la force qu'elle n'auroit pas eue sans cet appui ; & l'on jugeoit ainsi pour le livre, pour le Marchand & pour la dette.

(*a*) De grands personnages n'ont pas eu des sentimens favorables pour les Marchands. *Qui est distractor aut emptor, qui lucri gratiâ habet de cupiditate tractatus, plerumque pejerat, semper mentitur, sine hoc vitio Negotiator aut rarus est, aut nullus est.* S. Laurentius Novaricus, Episc. *homil.* 1. *de pænitentiâ. Quid aliud est Negotiantium vita,* dit Salvien, *quàm fraus atque perjurium?* de gubernat. Dei, lib. 3. *Repentinos emptores,* c'est-à-dire, les acheteurs trop prompts, *sæpè circumvenit astutia venditorum,* ajoute Arnulph. Episc. Lexoviensis *in Epist.* 4. Ce n'est pas donc sans raison que notre Auteur desire ces six circonstances pour donner aux livres des Marchands, qui vendent en détail, quelque force de preuve, étant très-difficile qu'elles se rencontrent toutes ensemble dans un même sujet. Il est dangereux d'y ajouter foi, principalement après la mort des parties. C'est aussi ce que le Parlement ne fait pas, & Monsieur *Arrêt.* Expilly en rapporte des Arrêts du 20 *Arrêt.* Novembre 1606, du 18 de Mars 1603, *Arrêt.* du 10 de Mars 1609 & du 25 de *Arrêt.* Juin 1618. Il a été jugé par un autre

du 16 de Janvier 1674, en la cause de Montchamoux, qu'il faut que pour faire foi, ces livres soient des journaux qui suivent l'ordre des temps, que celui des fournitures y soit gardé, & enfin, qu'ils ne concernent que le fait du négoce & de la marchandise. Les fournitures des Marchands aux enfans de famille, sont une espece de contravention au Sénatus-Consulte Macédonien : c'est pourquoi il leur a été défendu par Arrêt du 9 d'Août *Arrêt.* 1675., de leur en faire aucune à l'insçu de leurs peres. La prescription de six mois contre les Marchands vendant en détail est un grand secours contre la mauvaise foi : c'est un bien public qu'elle soit exactement observée ; aussi quand le prétendu débiteur en a opposé, & qu'il a juré qu'il ne doit rien, le Marchand n'est point reçu à la preuve au contraire : jugé par Arrêt du 20 *Arrêt.* d'Août 1622, & depuis par plusieurs autres. *Aliud autem est de libris Gabellariorum & aliorum, qui etsi non sint personæ publicæ, potestatem tamen habent de publico ;* comme il a été jugé par Arrêt du 30 de Mars 1618. *Arrêt.*

ARTICLE V.

De la preuve d'une Valeur en deux fois.

UN même fait peut être prouvé en deux fois. Ce cas est remarquable : s'agissant du prix (*a*) & de la valeur d'une chose, le demandeur a premiérement mis en fait qu'elle vaut cent écus, ce qu'il a prouvé par témoin ; depuis il se ravise & soûtient qu'elle vaut cent cinquante écus; il demande encore d'être reçu *qu. 583.* à la preuve de ce nouveau fait : il y fera reçu, car si ce fait est différent du premier, il ne lui est pas néanmoins contraire ; le Parlement a ainsi décidé cette question dans la cause de Noble Claude Alleman, contre N. Jean Alleman, ayant permis à celui-ci de prouver que la Terre de Rochechinard surpassoit de beaucoup la valeur qu'il avoit premiérement proposée & prouvée. Mais on juge de cette valeur eu égard à l'état de la chose *qu. 157.* lorsqu'elle a été ou vendue, ou donnée, ou usurpée, & non de celui auquel elle est dèmandée.

(*a*) Le Conseiller Marc traite au long de la preuve de la valeur des choses dans sa question 484 de la premiere partie.

ARTICLE VI.

De la Preuve en cause d'Appel.

SI par surprise ou par inadvertence, le Parlement a permis dans la cause d'appel, la preuve (*a*) des mêmes faits sur lesquels il a été enquêté dans la premiere instance, il ne s'arrêtera ni à ce qu'il aura ordonné à cet égard, ni à ce qui aura été prouvé en conséquence ; il y a lieu de présumer que ces nouveaux *qu. 14.* témoins ouis après la premiere instance, auront été subornés & gagnés. C'est par cette raison qu'il ne permet point d'enquêter de nouveau sur les mêmes faits, ou sur de semblables, ni même sur de contraires. Il a été jugé conformément à cela par Arrêt de l'an 1445, entre l'Abbé de Boscodon, & les habitants des Crottes.

(*a*) Ce qui pourtant est permis pour l'éclaircissement, ou l'explication d'un fait. *Matth.*

ARTICLE VII.

Du Procureur Témoin.

QUOIQUE le Procureur ne puisse être témoin pour sa partie en la cause où il la (*a*) sert ; néanmoins si l'adverse partie l'emploie & le produit, il ne sauroit refuser de déposer, & s'il *qu. 45.* ne le fait il y sera contraint. Les Célestins de Colombier obtinrent un Arrêt l'an 1444 contre Jean Hugon, Procureur d'Antoine Neiret, qui l'obligea de déposer dans cette même cause, où il occupoit pour celui-ci : on ne considéra point son excuse, qu'il fondoit sur sa qualité de Procureur.

(*a*) L'opinion de J. Gallus *in q.* 98, est au contraire que *Advocatus & Procurator causâ produci non poteʃt in teʃtem nec cogi ad hoc.* Il ajoûte que *hoc fuit dictum in Parlamento*, *anno* 1386, *ʃed non per Arreʃtum.* Depuis il y a été jugé conformément à l'Arrêt du Parlement de Grenoble, par un que Papon rapporte dans le liv. 9 de ʃon recueil. tit. 1, art. 31, où il employe celui de Guy Pape. *V.* Guenois ʃur Imbert, liv. 1. ch. 61, let. G. La volonté & le conʃentement des parties habilite en bien d'occaʃions, ceux qui ʃont incapables & inhabiles réguliérement : ainʃi deux freres étant en procès peuvent employer leur ʃœur pour témoin, & ʃi après qu'elle a été ouïe l'un d'eux veut la reprocher, ce ʃera inutilement, ʃa dépoʃition ne laiʃʃera pas de ʃubʃiʃter : jugé par Arrêt du 28 d'Août 1671, *conʃultis Claʃʃibus*, quoique l'Ordonnance de 1667, dans l'art. 11 du tit. 22, rejette ces dépoʃitions de perʃonnes ʃi proches Chez les Romains, le Patron ne pouvoit jamais être obligé de dépoʃer contre ʃon Client : le Sénat jugea ainʃi pour C. Herennius, contre C. Marius.

ARTICLE VIII.

Des Témoins en leur fait. Limites.

ON ne peut être ni Juge ni témoin dans ʃon intérêt. Les habitans des Communautés que l'on prétend ʃujettes à des ʃervitudes univerʃelles, ne ʃont pas reçus à témoigner dans les procès dont ces ʃervitudes ʃont la matiere, parce qu'ils ʃont intéreʃʃés dans le ʃuccès : ils ne le ʃont pas non plus dans ceux (*a*) d'où il leur peut venir, ou avantage, ou dommage. Mais comme ils n'ont ni à eʃpérer ni à craindre, lorʃqu'il s'agit ʃeulement (*b*) des limites des terres où ils habitent, leur témoignage n'y ʃera pas rejetté : il eʃt vrai que cette preuve ne ʃe fera pas ʃeulement par témoins ; elle ʃe fera de même par les pierres anciennes érigées pour cela, par la renommée, & par l'opinion publique : les Arrêts du Parlement ont autoriʃé ces genres de preuves.

(*a*) Si eʃt-ce que *iniquum eʃt omnes ad quos aliquid emolumenti ex aliquâ re pervenit*, *in ʃuʃpicionem maleficii devocare.* Autor ad Herennium *lib.* 2. *ʃ.* 4.

(*b*) Les limites ʃont impreʃcriptibles, & elles doivent, nonobʃtant toute poʃʃeʃʃion contraire, être remiʃes où le marquent les anciens actes ; comme il a été jugé par Arrêt du mois de Septembre 1666, dans la cauʃe des Communautés de Saint-George & de Beauvoir. *V.* Baʃʃet *tom.* 2, *liv.* 7, *tit.* 12 ; Henr. *tom. I, liv.* 4, *chap.* 6, *qu.* 80 ; Mynʃing. *cent.* 6, *obʃ.* 24, 25, 27, 28.

ARTICLE IX.

Du Bruit commun & de ses effets.

EN effet la renommée, ou le bruit commun, (a) peut beaucoup dans l'un & l'autre Droit : qui le suit est présumé être dans la bonne foi. Ce fut par cette raison que dans le procès de Chrétien *qu. 301.* de la Motte, Vice-Châtelain de Voiron, qui avoit fait visiter une fille, que l'on croyoit, par bruit commun, s'être accouchée d'un enfant, qui ne paroissoit point, quoique cela ne fût point, l'opinion de notre Auteur fut qu'il n'y avoit pas de la justice de *qu. 446.* l'inquiéter.

(a) *Ubi agitur de modico præjudicio, fama facit plenam probationem :* Ramb *fama autem est communis opinio publico rumore & patenti existimatione prodita :* Bart. & comme dit Ciceron, le premier des Romains, *fama vulgi quoddam vulgi testimonium est* ;in orat. *proSextio.*

ARTICLE X.

Des Inscriptions.

LEs anciennes (a) inscriptions ne font une pleine foi, comme la font les instrumens & les actes : elles établissent pourtant *qu. 193.* une notoriété qui n'est pas inutile.

(a) Dans les choses anciennes & douteuses les inscriptions font foi, comme encore pour les limites des Terres & des Jurisdictions. Monsieur Expilly ch. 80; *Franc. Marc.* q. 416, *p.* 2. *Arbiter populi lapis,* dit Seneque. Les inscriptions, dans la pensée d'Horace, font des preuves publiques qui immortalisent ; *inscripta notis marmora publicis, per quæ spiritus & vita redit bonis post mortem Ducibus,* dit ce Poëte.

ARTICLE XI.

De l'Audition de Témoin.

LA partie doit être assignée pour voir jurer les témoins ; & (a) si le jour auquel elle l'aura été se trouve férié, leur *qu. 542.* serment sera pris le lendemain : quoique dans les regles ordinaires il fallût une nouvelle assignation à un jour certain, il n'y aura point là de (b) nullité ; non plus qu'il n'y en aura pas si aucune assignation n'a été donnée à la partie, pourvu qu'elle consente à la procédure.

Rr

(*a*) On fuit l'équité, & non fcrupuleufement les fubtilités des Praticiens & la rigueur des formalités.

(*b*) Si l'enquête eft nulle par la faute de la partie, les témoins qui y ont été ouis pourront l'être de nouveau dans une feconde, comme le font les témoins ouis dans une infor-

mation annullée, qui font pourtant recenfés : jugé par Arrêt du 7 de Février 1685, les Chambres ayant été confultées, & cet Arrêt a été remarqué par Monfieur le Préfident de Sayve dans fes Mémoires, tirés des Recueils de l'Avocat de Lorme, qui avoit plaidé pour l'une des parties. *Arrêt.*

ARTICLE XII.

De l'Audition des Témoins hors du délai.

qu. 124.
qu. 125.
LEs témoins ayant prêté ferment (*a*) dans le délai d'enquêter, ou un jour non férié, peuvent être ouis hors du délai & un jour férié.

(*a*) Imbert dit la même chofe, il cite notre Auteur. Des enquêtes, *Inftit. Forenf. lib.* 1, *c.* 41 *in not.* où *V.* l'Ordonnance de 1667, tit. 22.

ARTICLE XIII.

Des Reproches, des Salvations.

qu. 500.
LEs intéreffés dans l'enquête civile & dans l'information pour crime, ont la liberté de reprocher les témoins ; s'ils ne l'ont pas été dans la premiere inftance, ils (*a*) pourront l'être dans celle d'appel ; la preuve des reproches y fera facile : c'eft le ftyle du Parlement, qui permet auffi d'alléguer des faits contraires à ceux qui auront été avancés contre les témoins, & d'en faire la preuve.

(*a*) *Licèt pars*, dit notre Auteur, *habuerit terminos in caufâ principali ad probandum.* Il ne s'agit pas dans cette efpece, de nouveaux reproches donnés ; mais de la preuve de ceux qui l'ont déjà été en premiere inftance. L'Ordonnance d'Abbeville traite des repro-

ches, dans l'article 217, & celle de 1667, dans le titre 23. Mais dans les inftances criminelles, l'accufé les doit donner de fa bouche & de vive voix, & non par écrit ni les lire : jugé par Arrêt du 15 de Juin 1668. *Arrêt.*

ARTICLE XIV.

Les Reproches ne donnent lieu à Actions.

qu. 500.
LEs reproches injurieux fondés fur des crimes, ou fur des méchantes actions des témoins, ne donneront pas occafion au Juge de procéder contr'eux criminellement : & quoiqu'ils ne foient pas véritables, ceux qui les ont propofés ne feront non

plus déclarés infames, pour avoir, au préjudice de leur ferment, (a) menti au Magiſtrat : ce que l'on propoſe par voie d'exception, n'eſt pas une accuſation ; & c'eſt ſeulement dans les accuſations, que le Juge peut prendre connoiſſance des crimes imputés aux accuſés.

(a) La raiſon eſt que ces reproches ſont objectés aux témoins, non pour les accuſer, pour les convaincre, & pour les faire punir, mais pour détruire leurs dépoſitions : c'eſt par cette conſidération qu'ils ne produiſent aucune infamie contre les témoins, & qu'ils ne donnent lieu ni à pourſuite, ni à con-damnation contr'eux. *Franc. Marcus q. 439, p. 1.* Dans l'eſpérance de cette impunité, les reproches ſont ſouvent auſſi puniſſables que des aſſaſſinats. Auſſi ſemble-t-il ſouvent que les parties viennent à la hardieſſe de mentir par l'obligation de ne dire que des vérités.

ARTICLE XV.

De la Diverſité & de la Variation.

IL y a de la différence entre la diverſité & la variation dans les témoignages. Au premier cas, ſi les témoins ont dépoſé différemment, non dans la ſubſtance de la choſe, mais ſeulement en quelqu'une de ſes circonſtances, leur dépoſition ne ſera point affoiblie par la conſidération de cette différence. Il s'agit du choix que Titius a fait de ſa ſépulture dans l'Egliſe du Couvent des Religieuſes de Sainte-Claire ; l'un des témoins dépoſe qu'il a ouï devant la boutique de Bottin, que Titius diſoit qu'il vouloit être enſeveli dans cette Egliſe ; & un autre dépoſe qu'il le lui a ouï dire dans la maiſon du Préſident Jean de Baile : la diverſité du temps & du lieu n'eſt pas de la ſubſtance de l'acte, ou du fait qui doit être prouvé ; la ſingularité dans cette circonſtance ne mérite pas d'être conſidérée ; le Parlement l'a jugé ainſi pluſieurs fois. On juge autrement quand le même témoin dépoſe premiérement d'une maniere, & après (a) parle d'une autre : la préſomption eſt qu'il a été corrompu : on ne doit, en ce cas, ajouter foi qu'à la premiere dépoſition, ſur-tout ſi la ſeconde a été faite après la publication de l'enquête, ou en une ſeconde inſtance, parce que dans celle-ci, il ſera évidemment parjure, y ayant dépoſé contre ſon propre témoignage.

qu. 544.
qu. 546.
qu. 593.

(a) Dans l'eſpece de cette queſtion, *teſtes etiam ſingulares, quia deponunt ſuper diverſis factis, dicuntur tamen conteſtes, quia in effectu conveniunt ſuper* eodem facto, licèt alio modo factum referant. Ranchin. Il a été arrêté dans la Chambre du Conſeil du Parlement de Grenoble le 5 Juin 1641, que les

Arrêt.

témoins qui feront contraires à eux-mêmes, ou qui varieront notablement feront mis aux arrêts, & même en prifon de l'autorité des Commiffaires : **Arrêt.** mais un Arrêt du 20 d'Août 1684, rendu les Chambres ayant été confultées, a expliqué celui-là ; il décide que le témoin en fait criminel, peut non-feulement ajouter ou diminuer à fa dépofition dans fon récolement ; mais auffi la changer entiérement, & qu'il ne peut être pourfuivi criminellement que lorfqu'il a varié à la confrontation ; c'eft un des Arrêts remarqués par Monfieur le Préfident de Sayve dans fon Recueil.

ARTICLE XVI.

Du Salaire des Témoins.

qu. 68. LE devoir, ou l'office des témoins, comme parle notre Auteur, doit être gratuit : il ne faut (a) pas néanmoins qu'il leur caufe du préjudice ; c'eft pourquoi l'ufage du Parlement eft de leur accorder des falaires : Guy Pape fe fert de ce mot pour dire leur dépenfe & leurs vacations.

(a) Un Artifan ou un Laboureur, qui vit de fon travail, aura fes journées, c'eft-à-dire, ce qu'il auroit pu gagner durant les jours & le temps qu'il a vaqué, *officium illi fuum non debet effe damnofum* ; le Juge eft même tenu de demander au témoin s'il requiert taxe, & il la lui fera, eu égard à fa qualité, fuivant l'Ordonnance de 1667, dans le titre 22, art. 19, & l'Ord. de 1670, tit. 6, art. 13.

ARTICLE XVII.

Des Enquêtes ouvertes.

qu. 586. LEs enquêtes doivent être publiées, & le Juge en ordonne l'ouverture ; néanmoins elle (a) ne laiffera pas de valoir fi elle a été ouverte fans ces préalables : la Sentence à laquelle elle aura donné lieu fera légitime ; ce qu'elle ne feroit pas au Parlement de Paris ; mais celui de Grenoble ne s'arrête point fcrupuleufement aux vaines fubtilités des Praticiens.

(a) *Publicatio teftium non eft de fubftantiâ Judicii ; & ideò omiffio ejus, fi à parte petita non fit, non infirmat Sententiam.* Matt. C'eft fur ce fondement que l'Ordonnance de 1667 en a abrogé l'ufage, dans l'art. 26 du tit. 12.

SECTION V.
DES EXCEPTIONS.
ARTICLE I.

Des Exceptions tirées des Statuts & des Styles.

LEs exceptions qui se tirent des (*a*) Statuts & des styles, sont presque toutes péremptoires : si est-ce que le Parlement en tempere la rigueur quand l'équité l'y convie. Le style (*b*) du Bailliage de Saint - Marcellin n'admet que trois exceptions contre les instrumens obligatoires, comme parle notre Jurisconsulte, par lesquels on s'est soumis à la rigueur de ce style ; ces exceptions sont que l'acte est faux ; que la dette a été payée ; qu'il y a eu novation ; celui de Chabeuil lui est conforme : tellement qu'ils abrogent la prescription, en ne la mettant pas au nombre des exceptions qu'ils approuvent. Généralement tous les Statuts, qui font des dispositions contraires à celles du Droit commun, doivent (*c*) être entendus dans leur sens étroit & littéral, & principalement dans les matieres douteuses : de sorte que comme ils ne parlent que des instrumens scellés, il sera inutile qu'à l'égard des actes non scellés, on se soit soumis à ces jurisdictions, on ne sera pour cela sujet à leur rigueur pour ces actes non scellés ; comme il fut jugé en la cause des Célestins du Colombier, demandeurs, contre Antoine Neiret Citoyen de Grenoble, par Arrêt du 24 de Mars de l'an 1458. Le débiteur pourra pourtant être attiré en ces jurisdictions, puisqu'il s'y est soumis ; mais il y sera jugé selon le Droit commun, une soumission générale à toutes Cours ne suffiroit point. Le Parlement, comme nous l'avons dit, modere la rigueur de ces Statuts quand il le juge à propos ; en voici un exemple. Le Prince d'Orange s'étoit obligé à une somme de trois mille florins envers Noble Louis de la Baume, & Dame Antoinette de Salusses son épouse, & parce qu'elle étoit absente quand l'acte fut fait, il y fut dit qu'elle le ratifieroit ; le terme du premier paiement, qui étoit de mille florins, étant échu, & avant que l'acte eût été ratifié, on obtint des compulsoires contre le débiteur, qui s'étoit soumis à la rigueur du style de Saint-Marcellin : il s'y opposa, & (*d*) fonda

qu. 15.
qu. 187.
qu. 319.
qu. 409.

qu. 15.

R r 3

ſon oppoſition, ſur ce qu'il ſoutint que cette ratification devoit précéder le paiement ; le Juge n'ayant pas égard à cette exception, ordonna que le Prince propoſeroit, ſi bon lui ſembloit, une des trois permiſes par le Statut, dans un délai préfix, paſſé lequel il ordonna contre lui des lettres préciſes, pour le contraindre au paiement de ces mille florins ; le Juge des appellations de tout le Dauphiné, confirma cette Sentence par la ſienne, de laquelle le Prince appella au Conſeil Delphinal, qui lui fut plus favorable, parce qu'il fut plus juſte ; il dit par Arrêt de l'an 1445 qu'il avoit été mal jugé, & ſon motif fut que l'obligation du Prince étoit en ſuſpens, juſqu'à ce que la condition en eût été remplie par le créancier, comme elle devoit l'être par la ratification. De même le Statut (e) de Jacques de Montmaur, Gouverneur de Dauphiné, fixe les exceptions contre les actes obligatoires en cet ordre : 1°. que le demandeur eſt excommunié : 2°. que l'acte eſt faux : 3°. qu'il y a tranſaction : 4°. qu'il y a Jugement : 5°. que la dette eſt payée : 6°. qu'elle eſt preſcrite : 7°. qu'il y a convention de ne rien demander : on n'en écoute pas d'autre.

(a) *Nihil contra Legem, aut conſuetudinem Civitatis aut Gentis ferendum ; ſi tamen ipſa conſuetudo nec religioni nocet, nec bonis moribus adverſatur, alioqui conſuetudo mala, niſi expellatur, occidit.* Ferrand. *in parenetico.* On doit dire la même choſe des Statuts qui choquent l'équité.

(b) Le Conſeiller Franç. Marc fait mention du Statut de Saint-Marcellin & de ceux de Chabeuil, & du petit ſceau de Montpellier, dans ſes queſtions 176, 177 & 371 de la premiere partie, & encore dans les queſtions 67, 511 & 927 de la ſeconde.

(c) Il eſt difficile que lorſque l'on étend le ſens du Statut il ne ſe diſſipe : ſi on lui donne trop de liberté de s'éloigner de ſon ſens naturel il s'échappe.

(d) L'exception *conditionis non impleta*, & celle de diſcuſſion non faite y ſont reçues ; comme il a été jugé par les Arrêts que rapporte Monſieur Expilly dans le chap. 53. Ce n'eſt pas étendre le ſens du Statut, mais y ajouter.

(e) Ce Statut eſt de l'an 1449 ; il fut fait en vertu des lettres du Roi Charles VI de l'an 1422, par le Préſident & les Officiers du Conſeil Delphinal ; & dans ces lettres, ce corps de Juſtice a la qualité de COUR SOUVERAINE.

ARTICLE II.

De la Minorité, de la Reſtitution, de la preuve de Léſion.

MAIS la minorité eſt une exception de Droit, qui attaque l'acte & qui l'anéantit, quand le mineur y ſouffre (a) quelque préjudice. C'eſt la Juriſprudence du Parlement de ne le

relever pas comme (b) mineur, mais feulement comme léfé ; c'eft
le mot des Praticiens. Le Seigneur de Clermont, étant mineur,
avoit accepté l'héritage de fon pere purement & fimplement ;
depuis étant dans la majorité, il obtint des lettres qui le reçu-   *qu. 141.*
rent au bénéfice d'inventaire, mais il n'en obtint point l'entérinement, parce qu'il ne prouva pas que cette acceptation lui
fût préjudiciable ; la même chofe a été jugée dans une autre
occafion pour N. Claude Alleman, contre N. Jean Alleman, par
Arrêt du 22 Septembre 1457. Donc il faut que les mineurs qui
fondent fur la léfion leur reftitution contre cette acceptation
pure & fimple, faffent voir que les dettes paffives furpaffent la
valeur de tous les effets de l'héritage ; c'eft ce qui fut jugé par
ce même Arrêt rendu contre le Seigneur de Clermont ; quoique
Balde (c) & Salicet foient dans ce fentiment, que l'on n'a qu'à   *qu. 141.*
montrer qu'il y a des dettes qu'on a ignorées, cette opinion
ne fut pas fuivie : ce fera à ceux qui foutiendront l'héritage
plus fort, après que l'inventaire en aura été fait, de le prouver.

(a) Une mere tutrice de fa fille fut relevée de l'acceptation pure & fimple qu'elle avoit faite pour elle de l'héritage de fon pere, fans aucune preuve de léfion, par Arrêt du 13 d'Août 1579, rapporté par Monfieur le Préfident de la Croix Chevrieres. C'étoit une femme qui avoit accepté fans l'avis des parens de fa fille.

(b) Les Officiers qui doivent avoir l'âge de 25 ans pour l'exercice de leurs charges, ne doivent être relevés, non pas même les Châtelains : jugé par Arrêt de l'an 1606, employé par Monfieur Expilly dans fon plaidoyer 18. S'ils ont été reçus avant cet âge par grace ou par furprife, la grace ne doit pas nuire au tiers, ni la furprife leur profiter ; nul ne tire avantage de fon dol : il a été jugé en conformité de ce fentiment par Arrêt du 7 de Mai 1661, contre le Sieur de Brillant Confeiller au Parlement d'Aix, & par Arrêt du 28 d'Août 1670, contre Noble

Pierre Brenier Tréforier de France. Tels Officiers font eftimés majeurs ; de forte qu'encore qu'ils foient véritablement mineurs, ils ne font pas obligés de fe nommer des curateurs dans leurs caufes : jugé pour le Sieur Defplans Confeiller de la Cour des Comptes de Montpellier, par Arrêt du 13 de Juillet 1642.

(c) Baldus *in L. fi vos, 1. C. fi minor ab hæredit. fi abftin.* Salicet *in Authent. fi omnes, C. eod.* Au refte fi le mineur demande d'être reftitué contre fes promeffes & fon obligation, le créancier qui lui a fourni ou prêté, doit prouver l'utilité de l'emploi : jugé par Arrêt du premier de Janvier 1674, en la caufe de René Caillat, la Blache, des Perrins & de Chabert. Nous avons parlé de la reftitution des Docteurs & des Avocats dans le fecond liv. fect. 8 ; nous ne rappellerons pas ici ce que nous avons dit.

ARTICLE III.

De la Prescription opposée, de la Bonne Foi.

qu. 221.

SI les parties (a) n'opposent de la prescription, le Juge n'y suppléera pas, quand même elle auroit éteint l'action ; comme il fut jugé par Arrêt du 4 du mois d'Août de l'an 1459, dans le procès de Claude Constaing & d'Antoine Armuet ; celui-là fut condamné pour n'avoir pas opposé de la prescription de trente ans qui lui étoit acquise. Mais le Droit Canon n'en reçoit aucune pour légitime (b) que la bonne foi ne la soutienne : toutefois le Parlement ne l'y desire point ; il s'agissoit dans un procès d'Artaud de Fontaines, demandeur, contre Innocent & Pierre de Salignon, de la prescription d'une action personnelle, & on ne voyoit pas de la bonne foi dans cette prescription ; néanmoins le Parlement l'approuva par Arrêt du 8 de Mars 1458 (c) ; il n'y

qu. 199.

eut que Guillaume Guillon qui ne fut pas de cet avis, s'attachant à l'opinion qui veut qu'en ce point on juge suivant le Droit Canonique. Il y a deux especes de prescriptions, les unes sont réelles, les autres sont personnelles : en celles-là il y a du fait de l'homme, comme parlent les Docteurs, car il faut que celui qui prescrit possede ; aux autres il ne faut rien, il n'y a que la négligence de celui qui pourroit agir & qui ne le fait point, qui le prive de son droit. Quelques-uns croient qu'il faut de la bonne foi dans les premières ; mais le Parlement ne fait point de distinction, parce que la prescription a été introduite par la puissance souveraine ; tellement que celui qui prescrit ne sauroit être sujet à aucune repréhension légitime, puisqu'il ne fait que suivre le canal de l'obéissance. Enfin cette même puissance, qui a établi & formé les actions, a bien pu aussi les abolir & les supprimer (d) pour punir la négligence.

(a) La prescription *non tollit ipso jure actionem, sed solvit ope exceptionis.* Elle doit être objectée par la partie, & le Juge ne peut suppléer pour elle à cet égard, nonobstant la rubrique du Code, *ut que desunt Advocatis partium Judex suppleat,* lors même que le procès est jugé par défaut contr'elle, quoique l'Ordonnance veuille qu'en ce cas on n'adjuge au demandeur ses fins, si elles ne sont justes & bien justifiées : il y a eu Arrêt pour cela, les Chambres consultées, le 19 de Janvier 1680, que M. le Président de Sayve a remarqué dans ses Mémoires. Notre Auteur divise dans la question 416, les prescriptions en trois genres, ou si l'on veut en trois classes : les unes sont odieuses en haine

Arrêt.

haine de la négligence ; les autres sont favorables en faveur des possesseurs, avec titre & bonne foi, *bonorum mobilium* ; les dernieres participent de ces deux-là : mais il y en a aussi, où ni la faveur ni la haine n'ont point de part, & qui suivent leur nature.

(*b*) Les actions réelles étoient perpétuelles, *nullis saculis interitura*, contre les possesseurs de mauvaise foi. Les personnelles & les mixtes l'étoient aussi dans les Provinces, *quibus Leges non præscripserant certum tempus*. Théodose le Grand est l'auteur de la prescription de 30 ans ; qui ne fut néanmoins introduite dans les Gaules, que sous l'empire de Valentinien III. Comment se peut-il faire que celui qui usurpe injustement le bien d'autrui, en demeure le maître légitime, par la seule raison qu'il aura eu le bonheur & l'adresse de se maintenir si long-temps dans son usurpation? *Præscriptio industria vocita-*

tur, dit Saint Zenon Evêque de Vérone, dans le Sermon de la justice ; *& appetitio rei aliena, sub prætextu propria defensionis & diligentia, callidissimis argumentis urgetur, ut quis indefensus, aut innocens, quid Legibus perdat ; quod est omni violentiâ deterius, quòd illud quod vi eripitur, non unquam repeti potest, quod Legum circumscriptionibus, non potest.*

(*c*) Le Conseiller de Rabot remarque sur cette question 199, que par Arrêt qu'il ne date point, il a été jugé au contraire de cette décision ; & le Conseiller Marc, dans la quest. 198 de la premiere partie, dit que dans une cause où l'on opposoit contre l'héritier de la mauvaise foi de son auteur, on n'eut pas égard à cette exception : il s'y agissoit d'une obligation causée pour vente. *Arrêt.*

(*d*) *Contra desides & sui juris contemptores inducta sunt præscriptiones. S. Stephan. Episcop. Tornacens. Epistol.*

ARTICLE IV.

Pour qui dort la Prescription.

Toute prescription (*a*) dort pour les pupilles, pour l'Eglise & pour l'Empire vacants, & durant que n'étant pas vacants ils sont en schisme. Elle dort même pour les majeurs durant une guerre si violente & une peste si enflammée qu'elle eût fait cesser tout commerce. La peste est une guerre de Dieu contre les hommes, bien plus cruelle que toutes celles que les hommes font entr'eux. *qu. 146.*

(*a*) La *prescription de* 40 *ans* ne court point contre les pupilles, comme elle fait contre l'Eglise, *non vacante* : il a été ainsi jugé pour le pupille devenu *Arrêt.* majeur, par Arrêt du 14 d'Août 1674, en la cause de sieur Claude-Denantes, contre Marguerite Durand ; & contre cette prescription de 40 ans, hors du cas de la pupillarité, on n'est point relevé, suivant la délibération & l'Arrêté du Parlement du 22 de Décembre 1516 dans le livre verd. *V. infr. art.* 6. *Arrêt.*

ARTICLE V.

La Prescription court contre les Mineurs.

MAIS la prescription qui *dort contre les pupilles*, (a) veille & *court contre les mineurs ;* si bien que si elle a commencé contre des majeurs, elle continue contre ceux-ci, leurs successeurs, comme elle auroit fait contre les auteurs. Il est vrai *qu. 31.* que les mineurs sont facilement relevés ; & pour toute lésion ils n'ont qu'à proposer que le temps dans lequel ils ont dû agir, s'est écoulé sans qu'ils l'aient fait, leur lésion est apparente en cela. Le Parlement suit cette doctrine pour les pupilles & pour les mineurs, & même dans le Jugement qu'il a fait entre les héritiers du Seigneur de la Baume de Meilan, qui étoient pupilles, & ceux de Demoiselle Alix de Loche.

(a) M. *Guerin*, Conseiller en la Cour des Aides de Vienne, & d'un mérite distingué, a recueilli dans le chapitre 6 du style de cette Cour-là, duquel il est l'Auteur, toutes les especes de prescription depuis celle de trois jours jusqu'à celle de cent ans. Cujas avoit déjà fait presque la même chose, mais plutôt pour l'Ecole que pour le Palais, dans le Traité *de diversis temporum prascriptionibus*, qui est dans le premier tome de ses Œuvres. Ces observations sur les prescriptions, leurs effets & leurs cas contre les mineurs, les femmes, & même contre les pupilles, ne seront pas inutiles.

1. La *prescription de 30 ans* pour le tiers a son plein effet, quoique le cas & le droit pour exercer l'action ne soient *Arrêt.* arrivés qu'après : jugé par Arrêt du 17 de Décembre 1659.

2. Le créancier, pour l'éviter, doit dénoncer au possesseur son hypotheque *Arrêt.* sur le fonds ; comme il a été jugé dans le procès des Cordeliers de Briançon, contre le sieur Rol, Prêtre.

3. Notre Auteur veut que le *mineur* puisse être restitué contre cette prescrip-

tion de 30 ans sans cette précaution. (*V. du Per. liv.* 1, *q.* 11.) Il a été *Arrêt.* néanmoins jugé par Arrêt du mois de Juillet 1667, dont le motif est dans cette clause : N'apparoissant de la pupillarité alléguée, qu'il ne le doit être : les Chambres furent alors consultées. (*V. Ferr. sur la q.* 31 *de M. Guy Pap. où il dit qu'il faut recourir dans les* 35 *ans. V. contr. Henr. tom.* 2, *liv.* 4, *q.* 24, *tom.* 1, *liv.* 8, *tit.* 2, *ch.* 9.)

4. La femme est de même sujette à cette prescription de 30 ans pendant son mariage, & au préjudice de sa dot ; *Arrêt.* comme il a été jugé par deux Arrêts, *Arrêt.* l'un rendu au rapport de M. le Conseiller de Bardonnenche, & l'autre du mois de Juillet 1667, pour Adam Jaquiet appellant du Vibailli de Graisivodan, qui avoit accordé l'hypotheque après 30 ans. Le motif de cet Arrêt fut, que comme le mari avoit pu exiger la dot, & la dissiper, il avoit pu la laisser prescrire, sauf à la femme son recours contre lui, s'il a de quoi. *Voy.* Louet lettre P. tit. 1 & 16 ; Brod. *L. in rebus, C. de jur. dot.*

5. Mais elle ne court point contre

les fils de famille durant la vie de leur pere, qui les a en sa puissance; comme il a été jugé par Arrêt du 9 d'Août 1684, en la cause du Sieur de Luc, & de Silvestre Gordes, suivant la Loi premiere, *C. de annal. præscript.*

6. La faveur de la pupillarité cesse contre la *prescription de quarante ans*, *Arrêt.* comme il fut jugé par un Arrêt solemnel du 19 de Juillet 1618, contre le Sieur de Molans, & le Sieur de S. Saire. Cette prescription, *omnem restitutionem excludit.* Le Parlement en a fait un *Arrêt.* Arrêté le 22 de Décembre 1626, qui est dans le livre verd. Il ne prononce rien contre la pupillarité, Basset, tom. 2,

liv. 6, tit. 8, chap. 1. *V. sup. hîc* art. 5. (*De præscriptionibus*, *V.* Dyn. & Balb. *Tractatus ex professo*, & mes Recueils de Droit tom. 1, pag. 211, *& seqq. Non valenti agere non currit præscriptio, L.* 1, §. *ult. C. de ann. except. gloss. ad L. sicut* 3, *C. de præscript.* 30, *vel* 40 *annor. in verb.* servanda sunt, *not.* 6, *ubi enumerantur casus in quibus non currit nec incipit præscriptio; inter quos est in rebus dotalibus mulieris, contra quam non currit constante matrimonio*, Balb. part. 1, 6. part. principal. cas. 16, *nisi à die quo claruerit mariti infortunium*, id. Balb. ib. cas. 20, *L. in rebus* 30, *C. de jur. dot.*)

ARTICLE VI.

*De la Prescription de 40 * ans contre l'Eglise.*

LA prescription de 40 ans (*a*) a effet contre toute autre Eglise que (*b*) la Romaine, même en matiere féodale : ce qui a été donné en Fief (*c*) des biens des autres Eglises, ne peut plus, après ce temps-là, être révoqué. Ce fut une des décisions *qu. 416.* du Parlement dans le procès de l'Evêque de Saint-Paul-Trois-Châteaux, pour la Terre de Baumes, qui avoit été inféodée par l'Evêque Deodat, aux auteurs du Seigneur de Targes. Nous ne rappellerons point ici ce que nous en avons remarqué dans le premier Livre.

* On admet la restitution en entier contre cette prescription. Basset, tom. 1, liv. 2, tit. 29, chap. 6, & tom. 2, liv. 6, tit. 8, ch. 1; *Fab. def.* 1, *C. de præscr.* 30 *vel* 40 *annor.*

(*a*) La prescription de quarante ans contre l'Eglise, est du Droit François aussi bien que du Droit Romain. *Ne decem anni, neque vicenii, neque triginta annorum præscriptio*, dit un des Capitulaires de Charlemagne & de L'Empereur Louis son fils, *lib.* 5, *n.* 236, *Religiosis domibus opponatur, sed* *sola quadraginta annorum curricula; & non solùm in cæteris rebus, sed etiam in legatis & hæreditatibus.*

(*b*) Voyez l'article suivant. Nulles lettres pour être restitué contre cette prescription ne sont reçues, non pas même pour l'Eglise; c'est un des articles de l'ancien style du Parlement de Grenoble de l'an 1526.

(*c*) Ni en ce qui a été aliéné pour autre cause, quoique le contrat d'aliénation soit nul, les solemnités nécessaires n'y ayant pas été observées;

Arrêt. comme il a été jugé par Arrêt du 14 de Mars 1665, contre les Carmes du Pont de Beauvoisin, pour sieur Pierre Michel, Prêtre, possesseur d'un fonds que le Supérieur de ce Couvent avoit vendu sans nécessité, sans cause, sans utilité & sans solemnité à son propre frere.

Arrêt. Il avoit déja été jugé par Arrêt du 14 de Décembre 1653, pour la même prescription, contre les Augustins, en faveur de la Dame de Dantesieu ; & il

Arrêt. l'a encore été depuis par Arrêt du 16 de Mars 1672 pour Claude Bassert, contre Mess. Alex. du Pilhon, Conseiller en la Cour, & Chanoine de l'Eglise Cathédrale de Grenoble. Les corps de Communautés séculieres n'ont point de privileges, & même n'en devroient pas avoir autant ; de maniere que réguliérement, l'Ordonnance qui ne permet aucun recours contre les contrats, sous prétexte de nullité, après dix ans, & en tout cas cette prescription de trente ans, éteint toute l'action pour la rescision des ventes qu'elles ont faites : jugé par Arrêt du 2 de Juin *Arrêt.* 1674, en la cause de la Communauté de Meilan contre Caton. (*Voyez* Ant. Fab. *def.* 1, C. *si adv. usucap. def. un.* C. *quib. non objicit. long. temp. præscr. & def.* 1, C. *de præscrip.* 30 *vel* 40 *annor.*)

ARTICLE VII.

De la Prescription contre l'Eglise Romaine.

L'EGLISE Romaine n'est sujette ni à la prescription de 30 ans, ni à celle de 40, mais seulement à celle de cent ans (*a*), qui
qu. 36. éteint toutes ses actions contre les tiers-possesseurs des choses
qu. 416. corporelles qui lui ont autrefois appartenu. Les Eglises qui lui sont soumises immédiatement n'ont pas ce privilege. Le Parlement s'est déterminé sur ce point, qui est controversé entre les Docteurs, par l'opinion de (*b*) Balde, dans le procès des Freres Mineurs de Crest contre le Dauphin, jugé par Arrêt du 5 du mois de Septembre 1469.

(*a*) *Ecclesia Romana, proprie intelligitur ubi est Papa, nam ubi est Papa, ibi etiam censetur Ecclesia Romana.* Ranchin, post Panormit. & Franc. Marc. L'Eglise d'Emise ou d'Emese acheta premiérement ce privilege de l'Empereur Justinien, par l'entremise de Tribonien, comme l'écrit Procope *in Anecdotis*, & depuis il fut communiqué à l'Eglise Romaine par le même Prince, & vraisemblablement par les mêmes motifs. Cujas prouve dans le ch. 5 du livre 5 de ses Observations, que ce privilege ne subsiste plus, ni ne doit plus subsister.

(*b*) *Baldus in Authent. quas actiones, C. de Sacro-sanctis Ecclesiis.*

ARTICLE VIII.

De la Prescription contre le Domaine. Preuve de la Prescription de 100 ans.

LA prescription de moins d'années que celle de 100 ans, *qu. 416.* n'a pas plus de force contre le sacré (a) Domaine du Prince, *qu. 357.* que contre la sainte Eglise Romaine. D'abord la preuve de cette prescription paroît difficile, ce que pourtant elle n'est pas ; il suffit qu'elle soit faite présomptivement, ne pouvant l'être absolument ni directement. L'opinion publique sert beaucoup à la preuve des choses anciennes ; elle en produit la notoriété Lorsque la preuve démonstrative est si difficile qu'elle semble impossible, la présomption en est une ; comme le sont aussi des actes faits successivement dans le progrès des temps , touchant la possession & la jouissance des fruits : c'est ce qu'observe le Parlement.

(a) Aucune prescription n'a lieu contre le Domaine Delphinal & Royal ; il est imprescriptible : M. Expilly en a fait un chapitre qui est le 217, où il emploie la q. 416 de Guy Pape, & l'Edit de François I, de l'an 1539, vérifié au Parlement de Grenoble l'année suivante ; & dans le chap. 183, il reconnoît que le droit de Seigneurie directe, à l'égard des Seigneurs particuliers, se prescrit par l'espace de 100 ans , en faveur des successeurs universels ou particuliers des reconnoissants, *Arrêt.* & il rapporte six Arrêts à ce sujet ; M. de Boissieu est du même sentiment dans son Traité de l'usage des Fiefs, chap. 14 : mais à l'égard du Roi il n'y a que les arrérages & le casuel qui soient prescriptibles ; (*Voy. tamen* M. de Boissieu, us. des Fiefs , chap. 14, & la Déclaration de Henri II, du 15 Janvier 1555) ; le Domaine est le bien propre de l'Etat qui ne doit ni ne peut prescrire contre soi-même. Les Chevaliers de l'Ordre de S. Jean de Jerusalem ont aussi prétendu à l'imprescriptibilité, pour leurs droits & pour leurs actions : mais par Arrêt du 5 de Février 1616, *Arrêt.* il a été jugé contr'eux pour Matthieu Duron, qui leur avoit opposé de la prescription de 100 ans ; le Parlement n'eut égard ni à l'Edit de Melun , ni à la Bulle du Pape Pie IV, & ce Jugement a depuis été suivi de plusieurs autres.

ARTICLE IX.

De la Prescription des Droits corporels & incorporels des Seigneurs.

LES droits incorporels des Seigneurs jurisdictionnels dans
leurs Terres, leur sont quelquefois contestés quoiqu'ils
soient purement Seigneuriaux, leurs jurisdictiables prétendants
qu'une coutume & une possession (a) contraire leur ont acquis un
droit négatif. Mais il faut nécessairement que deux circonstances concourent dans cette action négatoire; l'une, que de
la part de celui qui l'exerce, il y ait eu empêchement, contra-
diction, & comme parle notre Jurisconsulte, prohibition; &
l'autre, que du chef du Seigneur il y ait eu consentement &
tolérance. On ne présumera pas qu'il y en ait eu, il faut le
prouver, ces droits étant une dépendance & comme un écoulement de la Jurisdiction, & la Jurisdiction étant du Droit
public; c'est pourquoi si on ne propose qu'un non usage dans
lequel n'entre aucun fait, ni de la part du Seigneur, ni de
celle de la Communauté, ou des particuliers, la prescription
leur sera inutile; ce non usage, passé en coutume, n'est qu'une
privation, & la privation n'est pas un être : quel moyen que
ce qui n'est pas produise quelque chose? d'ailleurs il est hors
de doute que si le Seigneur a joui de quelques-uns de ces droits
universels en quelques endroits de sa Terre, ils subsistent tous
pour toute la Terre, quoique pour quelques-unes de ses parties,
ils semblent être tombés dans l'oubli : c'est ainsi que celui qui
touche un homme seulement à la main, touche tout l'homme;
de même, qui conserve une partie d'un droit de cette qualité
le conserve tout. Le Parlement a fait plusieurs Arrêts dans le
cas de cette question 631.

en. 613.

(a) Quand la *possession* du Seigneur
est *intervertie* par un refus formel &
positif, trente ans suffisent pour prescrire ; & s'il y a eu interpellation, la
prescription ne commence que depuis
qu'elle a été faite. M. Expilly, ch. 185.
Trente ans après le désaveu de l'emphytéote prescrivent la rente. M. de
Boissieu ch. 17. Le désaveu & le refus
formel de payer est ce qu'on appelle
interversion ; & c'est une vérité qui
peut passer pour regle, que les droits
universels ne se prescrivent point par
les particuliers, & que par l'exercice
qu'en font les Seigneurs contre quelques-uns, ou dans un endroit de leur
Terre, ils se conservent contre tous &
sur toute leur Terre; comme il a été
jugé pour M. de la Baume, contre Me.
de Saint-Just, par Arrêt du mois de *Arrêt*
Mars 1676.

ARTICLE X.

De la Prescription des Pensions & des Prestations annuelles & simples.

IL ne faut que trente ans pour prescrire les pensions & les prestations annuelles simples, & non Seigneuriales. Notre Décisionnaire s'en explique assez clairement, en ce qu'il dit que touchant cette prescription il est (a) dans l'opinion de Martin, & non dans celle de Bulgare, & qu'il faut la suivre dans les Jugemens, comme étant plus conforme à la Loi *cùm notissimi*, *C. de præscription. 30 vel 40 ann.*

(a) L'opinion de Martin est qu'il n'y a qu'une prescription, qui commence à l'année qu'on a cessé de payer. Bulgare veut au contraire que chaque année commence une prescription, de sorte que la trentieme année en commence une & ne l'acheve pas : dans cette opinion, il n'y a de véritable prescription qu'après cent ans. M. Expilly dans le ch. 211. En tout cas les *prestations annuelles se prescrivent par 40 ans :* jugé par Arrêt du 28 Juin 1645, de l'avis des Chambres, pour Claude Roux, possesseur d'un fonds donné en emphytéose à ses auteurs.

ARTICLE XI.

Que la Servitude discontinue la Possession.

UNE possession immémoriale acquiert le droit de péage, parce que dans cette servitude, & dans d'autres qui ont une cause (a) discontinue, il entre du fait de l'homme, & qu'on n'en use pas continuellement. La *possession immémoriale est* celle *de cent ans;* (b) mais s'il y a eu quelque Jugement de maintenue, ou si l'on paie quelque droit au propriétaire de la forêt, par exemple, ou des prés, dix ans suffisent ; c'est ce qui a été jugé pour le Seigneur de la Baume d'Ostun, contre les habitants de la Motte, qui prétendoient avoir droit de (c) faire paître leurs bestiaux dans la forêt de Gervant sans lui rien payer : ils furent condamnés par Arrêt du 28 de Mars 1461, bien qu'ils eussent prouvé leur possession de dix, de vingt & de trente ans (d): qu. 573. en ces occasions la question de la propriété n'est qu'incidente, & celui-là est présumé propriétaire qui prouve qu'il possede. Les habitants d'Auberive, auprès de Vienne, prétendoient avoir ce même droit de pâturage dans un pré qui dépend de la Communauté des Côtes d'Arey, qui résistoit à cette prétention par l'action négatoire ; elle prouva dans l'instance qu'elle étoit réputée publiquement propriétaire de ce pré, & qu'elle en avoit *qu. 28.* la possession : la Cour jugea que cette preuve faite par des actes possessoriaux, suffisoit, quoiqu'elle ne fût pas nécessairement concluante, & cette Communauté fut maintenue.

(*a*) *Omnium servitutum causa perpetua esse debet, non continua; assidua sine intermissione, sed naturalis. Quod naturaliter fit videtur etiam esse perpetuum, tametsi non fiat assiduè, proptereà quod natura causa certa & perpetua est, &c.* Cujac. *Observat. lib.* 11 *, c.* 3.

(*b*) *Voyez contr.* Cravett. *de antiq. tempor. part.* 4*, n.* 2*, & seqq.* Schneidew. *sup. Inst. tit. de usucap. &c. de specieb. prascript. n.* 31 *;* Mynsing. *cent.* 1*, obs.* 30*, n.* 5 *: V.* Guer. style de la Cour des Aides, page 88.

(*c*) *Servitus pecoris pascendi realis est & pro certâ anni parte constitui potest, ità tamen ut moderatè utatur.* Fr. Marc.

q. 223 *, part.* 1 *, où il dit qu'après la récolte des fruits le pâturage est commun & libre à chacun.

(*d*) La possession immémoriale assure cette servitude, & s'il y a titre 30 ans suffisent : jugé par Arrêt du 6 de Juillet 1639, en conformité de la décision de Guy Pape; il a été jugé par Arrêt du 12 de Juillet 1678, en la cause de M. Daniel Heurard, Avocat, appellant du Vibailli de Saint-Marcellin, contre Jean Odier intimé ; comme il a été encore par Arrêt du 13 d'Août 1687, pour Pierre Arnaud, contre Catherine Rubichon.

Arrêt.

Arrêt.

ARTICLE XII.

De la Prescription, de la Nullité du Testament, & de la Légitime.

qu. 597. L'ACTION de la nullité du testament du pere fondée sur la prétérition de ses enfans, & celle du supplément de légitime, ne durent que trente ans: elles se prescrivent par cet espace de temps ; le Parlement l'a toujours jugé.

ARTICLE XIII.

De la Renonciation à la Prescription.

qu. 408. LES contractants peuvent renoncer à la prescription, & les testateurs défendre à leurs héritiers d'en opposer : c'est l'opinion de notre Décisionnaire, qui remarque néanmoins que (*a*) Barthole & Balde écrivent que l'on renonceroit inutilement à celles qui sont absolument odieuses. En effet cette *qu.* 319. clause dans les contrats : Nonobstant prescription, n'empêche ni le cours ni l'effet de la prescription de trente ans, ou de 40 ans : c'est aussi l'observation de notre Jurisconsulte.

(*a*) *Barthol. in L. bonorum, ff. de usurp. & usucap. L. nemo potest, ff. de legat.* 1.

ARTICLE

ARTICLE XIV.

De l'Interruption par Exploit.

TOUTES prefcriptions peuvent-être interrompues (a) quand elles font purement odieufes & introduites pour la peine de la négligence : l'exploit libellé & inftructif les interrompt. La négligence ceffant, la peine en doit ceffer.

qu. 416.

(a) *L. Omnes, L. ficut, L. cùm notif-fimi, C. de præfcript. 30 vel 40 ann.* Cette interruption fe fait *variis modis,* par affi-gnation & par exploit ; 1°. par affigna-tion donnée en temps de guerre & de maladie contagieufe ; par exploit affi-ché à la porte du château, où le Sergent n'ofe entrer. Arrêt du 2 d'Avril 1617.

Arrêt.

2°. Par exploit libellé, fans préfen-tation de l'affigné. Arrêt du 12 de Septembre 1641. Mais fi le deman-deur ne fe préfente point, l'exploit quoique libellé, n'interrompra pas : jugé par Arrêt du 17 d'Avril 1617, entre

Arrêt.

Arrêt.

Noble Nicolas Baile, & le Seigneur de Charpey. Par un fimple renvoi par le Commiffaire qui procede à la rénova-tion des reconnoiffances. Arrêt du 30 de Juillet 1661. Par commandement fait de l'autorité d'un Juge incom-pétent ; mais fuivi d'une requête & compulfoire du Juge naturel, & d'une affignation à la partie, pour voir ex-traire l'acte fur lequel on prétend éta-blir l'action : jugé par Arrêt du 4 de Mars 1679, pour la veuve de Faure Brachet.

Arrêt.

Arrêt.

ARTICLE XV.

De l'Interruption par Jugement.

LA prefcription qui court pour le poffeffeur de bonne foi d'une chofe mobiliaire, & qui a titre, n'eft interrompue que par un Jugement, parce qu'elle eft introduite en faveur du poffeffeur.

qu. 416.

ARTICLE XVI.

De l'Interruption par Conteftation.

CELLE (a) de dix ans entre préfents, & de vingt entre abfents, pour les immeubles poffédés avec titre & avec bonne foi, eft en partie favorable, & en partie odieufe : par cette confidé-ration on prend un milieu pour elle : la conteftation en caufe l'interrompt, & non le fimple exploit libellé.

qu. 416.

(a) Cette prefcription n'a pas lieu en Dauphiné : on n'y eft affuré dans fa poffeffion que par celle de 30 & de 40

ans. On n'y connoît d'autre prefcription de dix ans que celle de Louis XII, qui s'oppofe à la refcifion des contrats faits entre majeurs ; mais elle ne concerne que les cas qui y font marqués spécifiquement. La nullité qui vient d'autres caufes dure trente ans, comme celle d'une transaction fur la tutele, *nec vifis, nec difpunctis tabulis* : jugé *Arrêt.* par Arrêt du mois d'Août 1612, pour Michel de Bourges. De même l'Ordonnance de François I, qui défend tout recours contre les contrats après trente-cinq ans, ne s'étend point à d'autres cas que ceux qui y font déduits. Elle ne regarde point l'interceffion d'une femme qui s'eft obligée pour autrui ; comme il a été jugé par Arrêt du 24 de Mai 1561, pour Noble *Arrêt.* Pierre de Giliers Sieur de Valiers, & Demoifelle Sufanne de Berenger fa femme, contre demoifelles Françoife, Catherine & Eléonor Briffet. Néanmoins elle s'étend au mineur qui s'eft obligé à fon curateur, quoiqu'il ne lui ait pas rendu compte : jugé par Arrêt du *Arrêt.* 14 de Mars 1673, en la caufe de Jeanne du Moulin, appellante, contre Felix Guerre : mais il fut enjoint par ce même Arrêt au curateur de rendre compte, & cependant l'obligation qui lui avoit été paffée, & la Sentence qu'il avoit obtenue furent furfifes.

ARTICLE XVII.

De l'Effet de l'Interruption.

qu. 416. L'EFFET de l'interruption caufée par l'exploit libellé, eft qu'il faut qu'une nouvelle prefcription commence dès le jour de cet exploit, telle que celle qu'il a interrompue l'étoit : mais celui de l'interruption qui fe fait par la conteftation en caufe, eft que l'action eft perpétuée jufqu'à quarante ans (*a*).

(*a*) Le Réglement du Parlement de Grenoble veut que toutes actions foient périmées par 30 ans ; tellement que de quoi qu'il s'agiffe dans l'inftance, quand ce ne feroit que de fimples rentes, l'interruption continue cette action encore jufqu'à 30 ans ; après quoi même on n'eft plus recevable appellant d'une Sentence : jugé par Arrêt du 27 d'Avril 1638. *Arrêt.*

SECTION VI.

DES JUGEMENS ET DE LEUR EXÉCUTION.

ARTICLE I.

De la Conclufion en Caufe.

qu. 201. APrés la (*a*) conclufion en caufe, réguliérement les parties ne peuvent plus rien propofer de nouveau, ni rien ajouter à leur production (*b*) : fi eft-ce que le Parlement, & les autres Juges le permettent quand ils le croient ou jufte, ou néceffaire.

(a) L'appointement à remettre pour être jugé est la conclusion en cause. | (b) *V.* le Réglement de 1687, art. 6 & 7.

ARTICLE II.

Du Style dans les Jugemens.

ON ne peut se dispenser (a) de suivre le style, non plus que la Loi, dans les Jugemens: mais si la coutume d'un lieu est contraire au style du Parlement, il faut préférer ce style à cette coutume, à cause de la subordination. qu. 191.

(a) Le Juge doit d'office déclarer nul ce qui a été fait contre le style, quoique la partie n'en oppose point; cela a été jugé par Arrêt. *M. Expilly,* ch. 20. Le Juge Ecclésiastique n'est pas néanmoins obligé de suivre les formes introduites par les Juges sécu- | liers ordinaires. M. Basset, tom 1, tit. 2, ch. 14; Fevret, *de l'abus, liv.* 1, ch. 7, *n.* 3. Il est aujourd'hui tenu de se conformer à la disposition de l'Ordonnance de 1667, tit. 1, art. 1, touchant les formalités & l'instruction des procès. *V.* Chenu, quest. 8.

ARTICLE III.

De la Différence des Jugemens.

IL y a trois genres de Jugemens: les uns sont (a) définitifs; d'autres sont interlocutoires; & d'autres mêlés, qui participent de la nature de ces deux-là. Ceux qui mettent fin au procès, en terminant le différent qui en est le sujet, sont définitifs; les interlocutoires le disposent à être jugé. Sur le fondement de cette distinction, proposée par le Président Jean de Baile, il fut jugé que l'appel de Jeannette Julien, d'une Sentence interlocutoire rendue par le Juge général des appellations, qui n'avoit pas été fait par écrit, étoit nul & ne pouvoit avoir d'effet: cette Sentence l'avoit condamnée au paiement de huit florins par provision, & avoit laissé indécise la question de la légitimité de la dette; de sorte qu'il falloit, suivant le Statut, appeller par écrit; ce qui n'avoit pas été fait. Il fut aussi fait un semblable Arrêt le 24 d'Août 1449. qu. 16. qu. 220.

(a) Le Jugement définitif contre le mineur non défendu, & qui n'a point eu de curateur, est nul *ipso jure*; c'est la décision 494 de notre Auteur, de laquelle il n'a point fait d'article particulier, parce qu'il n'y rapporte aucun *Arrêt.* Arrêt: mais il a été jugé par un du 19 | de Juillet 1685 pour le Sieur Baron de Railhanete, contre Claude Martel, qu'une Sentence rendue contre lui mineur, & sans curateur, étoit nulle, quoiqu'elle fût juste, & que même il eût obtenu sa garantie: aussi fut-elle cassée avec dépens.

ARTICLE IV.

Des Jugemens contre les anciens Habitants.

qu. 5, 6, 7, 87. LEs Jugemens rendus (a) autrefois contre les anciens habitants d'une Ville ou d'une Communauté font exécutoires contre les modernes.

(a) Nous ne rappellerons pas ici ce que nous avons déjà obfervé fur cette même queftion dans le Livre 4, fection 7, art. 4, touchant les obli- gations de ces anciens habitants, & les dettes qu'ils ont contractées pour le fait de la Communauté.

ARTICLE V.

De la Sentence qui condamne & réferve.

qu. 67. C'EST le fentiment (a) de Balde, que la Sentence qui condamne, & qui réferve néanmoins fes exceptions au condamné, eft nulle. Si eft-ce que le Parlement condamne quelquefois le débiteur au paiement, & lui permet de prouver dans un délai péremptoire qu'il a payé ; comme il fit en la caufe de Felicien & de la Communauté de Thorane, par Arrêt du 23 de Septembre 1454 ; il s'y agiffoit d'une fomme de 40 ducats.

(a) Balde, in L. fi peremptorias, §. fi bona, ff. folut. matrim.

ARTICLE VI.

De la Reftitution de Fruits non demandée.

qu. 405. QUoique l'on ait omis dans une action réelle de conclure (a) à la reftitution des fruits, le Juge y peut condamner l'injufte poffeffeur ; la Cour l'a fait par Arrêt du dernier jour du mois de Mars de l'an 1460, en la caufe de Guillaume Villaret & de Michel Ollier de Gap. Mais s'ils ont été demandés, & que le Juge n'ait rien prononcé fur cette demande, il n'en fera pas fait de nouvelle : c'eft le ftyle du Parlement.

(a) De la reftitution des fruits, voyez l'Ordonnance de 1667, tit. 30.

ARTICLE VII.

De la Condamnation aux Dépens non demandés. Transaction.

LE vaincu, dit la regle de Droit, (a) doit les dépens au vainqueur. La partie qui est dans la bonne foi au commencement de l'instance, est obligée d'accorder Sentence ou Arrêt *qu. 137.* à son adversaire, d'abord qu'il l'a instruite suffisamment de son droit; si elle differe, (b) elle sera condamnée aux dépens; comme le fut Dame Marie de Mirabel envers Noble Jacques Robe, par Arrêt du 2 d'Octobre 1457. La mauvaise contestation a un effet rétroactif au préjudice de la bonne, qu'elle infecte; on est *qu. 56.* même condamné aux dépens, encore que la partie n'y ait point conclu, & ne les ait pas demandés. Si on a transigé sur *qu. 436.* un procès, sans faire mention des dépens; il a été jugé qu'on pourra (c) les demander, n'y ayant pas lieu de présumer qu'ils soient entrés dans la transaction: mais si le Juge a omis d'y condamner lorsqu'on les a demandés, ce sera une juste cause d'appel.

(a) Des dépens, *v.* l'Ordonnance de 1667, tit. 31; & des dommages & intérêts, tit. 32. Les dépens étant compensés entre deux parties, on ne peut les contraindre au paiement des dépens, ni même en celui des épices, que *pro rata.* Arrêté pour les épices en Novem. *Arrêt.* bre 1637, par les Chambres assemblées.

(b) Cette condamnation se fera pour les voyages & pour le séjour, suivant les actes d'affirmation faits aux Bureaux établis par Edit du mois d'Août 1669. La condamnation est solidaire en fait criminel, tant pour l'amende que pour les dépens, contre tous les complices: jugé par Arrêt du 4 de Juillet 1639, contre *Arrêt.* le Sieur du Poet, qui, pour l'exécution d'une prise de corps contre le Sieur de Puigiron, avoit assemblé & armé plusieurs de ses jurisdictiables; cette violence fut jugée punissable.

(c) Le contraire a été jugé par Arrêt *Arrêt.* du 22 de Janvier 1664, & encore par un autre du . . . . . . dans *Arrêt.* le cas d'une transaction où il n'étoit nullement parlé des dépens. Et ce que dit notre Auteur touchant les dépens non demandés, & néanmoins adjugés, semble tomber dans cette maxime: *Fatuus Judex qui ultrà petita concedit.*

ARTICLE VIII.

De la Détraction sur les Dépens adjugés.

QUELQUES-UNS ont cru (a) qu'il faut détraire des dépens adjugés, ceux qu'auroit fait dans sa maison celui qui les a obtenus, s'il n'en étoit point sorti; mais c'est ce qui ne se pratique point; on a coutume de taxer cinq gros pour chaque jour à un homme qui a un cheval; Le style des Cours de ce Pays a dérogé en cela au Droit commun.

qu. 55.

(*a*) Les nouveaux Réglemens ont fixé les taxes de ces dépens.

ARTICLE IX.

Du Jugement nul.

SI un Jugement est nul par l'incompétence du Juge, ou (a) par la contravention aux formes, ou au style, il ne pourra être confirmé par aucun autre; & si le Juge d'appel l'a confirmé, il pourra néanmoins être opposé de cette même nullité à l'exécution de ce Jugement qui n'y a pas eu d'égard.

qu. 194.

(*a*) Il a été jugé par Arrêt du 26 d'Août 1676, de l'avis des Chambres, qu'après une année que la forclusion a été obtenue contre une partie, l'autre ne peut faire juger le procès sans nouvelle signification; après laquelle on attendra trois jours: on évite ainsi les surprises; le Jugement qui seroit rendu sans cela seroit précipité & nul.

ARTICLE X.

De la Sentence surannée.

SI la Sentence est surannée, celui qui l'a obtenue ayant négligé durant deux ou trois années de la mettre à exécution, (a) le condamné sera ajourné pour la voir déclarer exécutoire, & pour l'empêcher s'il peut; mais ce sera sans procès & sommairement; c'est l'usage.

qu. 319.

(*a*) On a aujourd'hui le secours des lettres que l'on prend au Greffe du Juge, pour exécuter nonobstant la surannation, ou un simple décret sur requête, ou ordonnance au bas de la Sentence surannée.

ARTICLE XI.

Du Jugement en la perfonne du Procureur mis en qualité.

IL eſt indifférent que le Jugement ſoit conçu en la perſonne de la partie, ou en celle du Procureur ; c'eſt-à-dire que la partie ou ſon Procureur ſoit en la qualité de la cauſe : comme le Parlement ne conſidere que la ſubſtance de la vérité, il ne s'arrête point ſcrupuleuſement aux formes : cela a été jugé par Arrêt dans le procès de Noble Jacques de Ramuſat, Seigneur d'Alan, & de Noble Jean Piet, Seigneur du Puy ; l'Arrêt fut conçu en la perſonne de celui-ci ; Reymond Roux ſon Procureur étant mort, le Parlement ſuivit ſon ſtyle : (a) mais ſi la partie & le Procureur ſont morts, le même ſtyle veut que les héritiers ſoient appellés avant que l'on procede au Jugement. Si la partie condamnée eſt morte, le Jugement rendu contr'elle ne ſera pas exécuté contre ſon (b) Procureur qui n'en a pas fait ſa propre affaire, non plus qu'il ne. le ſeroit contre le tuteur ou contre le curateur. *qu. 431.*

(a) Le Jugement du procès qui ſe trouvera en état d'être jugé, ne ſera différé par la mort des parties, ni de leurs Procureurs. *Ordonnance de* 1667, *tit.* 26.

(b) Ce qui cauſoit la difficulté, eſt que les Procureurs étoient mis preſque toujours dans la qualité de la cauſe, comme les parties doivent l'être ; ce qui ſe pratique encore en quelques Juriſdictions. Mais quand le Juge, par ſa prononciation, condamne la partie d'un tel Procureur, comme on fait ordinairement dans les cauſes d'Audience ; cela ne peut faire aucune difficulté, quand le Procureur viendroit à mourir, parce que ce n'eſt pas lui, mais la partie, qui eſt condamné.

ARTICLE XII.

De l'Exécution des Arrêts, Coutume des lieux.

PENDANT l'inſtance ·de la requête civile, les Arrêts (a) ſont exécutés moyennant caution ; le ſtyle du Parlement eſt en cela conforme au Droit commun ; & ni l'erreur ni la (b) nullité évidente n'empêchent cette exécution dans le ſtyle & dans l'uſage : mais l'exécution qui eſt faite (c) dans une Juriſdiction étrangere, le ſera ſuivant les formes qui y ſont uſitées, & non ſuivant celles du territoire du Juge qui a fait le Jugement qui s'exécute. *qu. 420.* *qu. 184.* *qu. 3.*

(*a*) L'Ordonnance de 1667, dans le titre 35, art. 18, a changé l'ordre introduit par l'Ordonnance d'Abbeville pour l'exécution des Arrêts. Les Jugemens promettent la paix & le repos aux peuples ; les exécuter c'est l'établir.

(*b*) Si ce n'est que la nullité pro-cede *ex defettu jurifdictionis* ; comme il a été jugé dans l'une cause évoquée du Parlement d'Aix, dit le Conseiller de Rabot, *in qu. 50.*

(*c*) Quoique le condamné n'y soit point sujet.

A R T I C L E XIII.

De la Caution juratoire.

qu. 50.
qu. 187.
SI celui à qui il a été permis d'exécuter moyennant caution (*a*), n'en peut trouver, la (*b*) juratoire suffira ; il l'a été jugé en la cause de Chauvet contre Guillet ; mais elle doit être prêtée avant l'exécution.

(*a*) Les Sentences des Juges ressortissants au Parlement, desquelles on est appellant, sont exécutoires sans caution, après les délais d'appeller & de relever. Ordonn. d'Abbeville, art. *Arrêt* 372 ; jugé aussi par Arrêt du 28 de Mai 1545, rapporté par M. Expilly,

dans le ch. 19. *Idem*, des Sentences des autres Juges, non Royaux, qui en permettent l'exécution en ce cas.

(*b*) *De cautione juratoriâ, V.* Rob. *def. 9, C. de satisdand.* Mornac *ad L. 15, ff. de ufufr.* Rachin, *Controvers. lib. 8, cap. 40.*

A R T I C L E XIV.

Nonobstant l'Appel.

qu. 223.
LE Statut de l'an 1449 permet au Juge de la Sentence duquel on a appellé de (*a*) l'exécuter, si l'appel n'a pas été relevé (*b*) dans le temps qu'il doit l'être : comme il le peut
qu. 74. aussi quand il est tombé en désertion ; & encore s'il est visiblement injuste, ou s'il n'est que d'une interlocutoire.

(*a*) Des Sentences exécutoires non-obstant l'appel, Abbevill. art. 287.

(*b*) Cela s'observe même par les

Juges Bannerets & non Royaux : mais si l'appel a été relevé, quelqu'injuste qu'il puisse être, ils n'y touchent plus.

ARTICLE

ARTICLE XV.

Des Lettres de Clames.

LE commis ouvert en faveur du Seigneur, & la difcuffion du débiteur principal, empêchent l'exécution (a) des lettres de clames de la Cour de Chabeuil, comme le Parlement l'a jugé par Arrêt du mois de Juillet de l'an 1460.

qu. 181.
qu. 319.

(a) Pour être fujet à la clame, il faut une foumiffion expreffe. M. Expilly, chap. 109. Clain, reclain & clameur, eft la même chofe que clame, qui eft une efpece d'amende & de peine contre le débiteur qui ne paie pas au temps qu'il a promis.

ARTICLE XVI.

Du Choix du Créancier pour les Gages.

LE créancier a la (a) liberté de procéder à (b) gagement & à faifie des meubles & des immeubles, des cenfes & des actions de fon débiteur, à fon choix. Le Statut du Gouverneur Jean le Meingre, dit Boucicaut, vouloit que l'on exécutât premiérement fur les meubles; mais la Cour l'a abrogé par fon ftyle depuis l'an 1450 : néanmoins fi la chofe faifie eft d'un prix qui aille au-delà du double de la dette (c), le gagement fera révoqué : les Statuts le veulent ainfi, quoiqu'il ne foit pas nul de droit.

qu. 181.
qu. 310.

(a) Il n'eft pas permis d'exécuter dans les maifons des Nobles, s'ils ont ailleurs des gages fuffifants; c'eft l'article 7 des libertés de Dauphiné; & Franc. Marc. q. 51, n. 7, p. 2. Les Avocats du Parlement de Grenoble font Nobles : nulle contrainte par corps ne doit être exécutée contr'eux allant au Palais en robe, ou en revenant; cela a été défendu par Arrêt du 7 de Septembre 1668, enrégiftré & affiché fur la requête de leur Syndic. Un Avocat ayant été ainfi emprifonné fut élargi. Il n'eft pas non-plus permis de faifir toutes chofes indifféremment; une faifie de la robe nuptiale & des chemifes d'une femme fut déclarée *Arret.* nulle par Arrêt du 26 de Janvier 1549

(b) Le gagement fuppofe l'établiffement d'un fequeftre, & il a été jugé par Arrêt du 24 de Juillet 1677, que l'âge de foixante-dix ans, & non le nombre de huit enfans, exempte de cette charge; ç'a été pour Boyer Pons contre Olivier. Le fequeftre volontaire ne repréfentant pas les gages dans le temps qui lui eft ordonné, doit dédommager le créancier, de même que le fequeftre forcé; jugé par Arrêt du 14 de Mai 1678, pour M. Puiffant, Secretaire du Parlement, contre Rival.

(c) Mais il en faut oppofer avant le troifieme encan. Ordonn. de la Cour de 1560; Expilly, ch. 39 & 42.

Arret.
Arret.
Arret.

ARTICLE XVII.

De la Vente des Gages, même au Créancier.

qu. 329. L'USAGE n'oblige pas d'assigner le débiteur aux encans ; mais après la (*a*) vente il sera ajourné devant le Juge, pour dire les raisons qu'il pourra avoir pour empêcher que les gages vendus ne soient délivrés à l'acheteur ; qui pourra (*b*) être le créancier même (*c*), s'il ne s'en présente pas d'autres, suivant (*d*) *qu. 98.* l'estimation qu'en ce cas des Experts en feront ; & si le prix qu'ils avoient fixé ne suffit pas pour son paiement, ils y ajouteront des meubles ou des immeubles, à son choix, qu'ils priseront aussi en la présence du débiteur.

(*a*) De la vente des gages, *V.* l'Ordonnance de 1667, tit. 33, art. 11, 12, 13, 20, 21.

(*b*) Si le tuteur demeure adjudicataire comme dernier enchérisseur, le *Arrêt.* pupille s'en prévaudra : jugé par Arrêt du 15 de Juillet 1666, pour Demoiselle Marianne du Bonnet du Potet, contre le Sieur de Musy son tuteur.

(*c*) Le Statut de l'an 1400 est le suppôt de ce que dit notre Décisionnaire ; ces ventes ne se faisoient que par simple subhastation.

(*d*) Cela n'est plus en usage, & avoit du rapport avec le Statut de Provence, qui permet seulement aux créanciers de prendre des biens de leurs débiteurs, suivant l'estimation qui en est faite. Ainsi un malheureux débiteur n'est pas ruiné par la vente à vil prix de ses fonds & par les frais. Au reste, quand le créancier a fait encanter & vendre quelques immeubles de son débiteur, si celui-ci meurt avant qu'il y ait eu interposition de décret & mise en possession, le créancier ne pourra continuer son exécution, ni obtenir Sentence d'interposition de décret contre son héritier, s'il n'a accepté que sous le bénéfice d'inventaire, parce que jusqu'à la réelle mise en possession, le fonds saisi n'est pas présumé être hors des biens du débiteur ; jugé par Arrêt du 1er de Juin *Arrêt.* 1655, en la cause du Sieur Baron d'Arzeliers & de la Dame de Chatelar-du-Menil ; & par un autre du mois de Mai précédent de la même année, qui ne permit point au créancier de continuer ses exécutions contre l'héritier sous inventaire. Néanmoins il a été jugé par un Arrêt du 5 de Septembre 1667, pour *Arrêt.* Guigues Robert contre Michel Tupin, que les encans & la délivrance subsistent, & ont effet durant trente ans contre le débiteur, quoiqu'il n'y ait eu ni Sentence d'interposition de décret, ou mise en possession, & qu'au contraire il ait toujours possédé. Lorsqu'un créancier a fait saisir pour son paiement un fonds qui est vendu de l'autorité du Juge, & délivré au dernier enchérisseur qui en demeure adjudicataire, le péril de l'éviction du fonds ne regarde point le créancier qui a poursuivi la vente, mais le débiteur sur qui elle a été faite ; cette question a été décidée ainsi, pour la Dame de Ponterrey, contre Antoine Martin, Châtelain de

Arrêt. Moreftel, par Arrêt du 11 de Mai 1687, donné de l'avis des Chambres confultées; tellement qu'il n'y a plus à douter, quelque fujet que femblent en donner M. Expilly, dans le chap. 103 de fes Arrêts, & M. Baffet, dans le 2e. vol. des fiens, liv. 7, tit. 8, chap. 5. Depuis quelques années on a commencé à introduire dans ce Pays l'ufage des faifies & des ventes décrétales, à la forme prefcrite par l'Edit de Henri II. Il y caufera les mêmes défolations qu'il a caufées dans les autres Provinces où il a été d'abord reçu ; il n'y a prefque point de famille qui ne foit périe fans aller à la troifieme génération ; les décrets les ont ruinés, & les defcendants de ceux qui ont cru ne pouvoir bien acquérir que par le décret, ont été ruinés par le décret. Celui qui a plufieurs créanciers les pourroit infenfiblement payer tous, s'il ne s'en faifoit un gros qui l'accable. C'eft une merveille qu'on n'y faffe pas réflexion, ni à la certitude infaillible que les chofes n'y font jamais vendues qu'à un prix qui ne répond pas à ce qu'elles valent. Pour éviter un petit mal, en fe mettant à couvert des actions hypothécaires, on s'eft précipité dans un gouffre de fourberies, de mauvaife foi & de miferes : quand on ne confidere que le préfent, on eft expofé à mille maux à venir. La femme n'a pas plus de privilege dans le décret des biens de fon mari qu'un étranger : elle ne peut fe difpenfer de configner en deniers ; de maniere qu'elle n'eft pas reçue à enchérir fans cette condition, de configner feulement en argent pour les créanciers antérieurs à elle, & en adjudications utiles, ou en donnant caution pour le furplus; comme il a été jugé par Arrêt *Arrêt.* du 28 de Novembre 1682, contre Ifabeau Gouman, femme du fieur Charuis Libraire de Grenoble. Ce Parlement a fixé les frais des décrets, & reçoit encore les créanciers qui font la condition meilleure à en faire la pourfuite au préjudice des faififfants qui feront établis: jugé par Arrêt du 25 de Février 1679, *Arrêt* contre M. Peiffon, Procureur au Parlement, dans le décret des biens de Jean Auger.

ARTICLE XVIII.

De l'Emprifonnement des Débiteurs.

LE débiteur d'un particulier peut être emprifonné, s'il s'y eft foumis (a), & celui du Fifc même fans foumiffion : mais les *qu. 61.* Fermiers Delphinaux n'ont pas contre les Fermiers de leurs fermes, le même privilege que le Fifc a contre fes Fermiers; ces débiteurs ne feront point contraints par corps, s'ils ne s'y *qu. 111.* font point obligés.

(a) Ce fut une des Loix de Solon, que l'on ne prêteroit plus de l'argent que le débiteur ne s'obligeât au corps. *Plutarch.* Le Roi néanmoins par un motif plus raifonnable, parce qu'il eft plus humain, a abrogé l'ufage des foumiffions perfonnelles, de même que les contraintes par corps en matiere civile, fi ce n'eft en certains cas, par l'Ordonnance de 1667, dans le titre de la décharge des contraintes par corps. On avoit cette déférence dans le siecle dernier pour les Seigneurs de la premiere qualité, que lorsqu'il y avoit des contraintes par corps contr'eux, ils n'entroient pas pour cela dans la prison, mais ils étoient mis aux arrêts dans l'Hôtel des Gouverneurs de la Province; *Arrêt.* comme il fut jugé par Arrêt de 1534, pour le Sieur Baron de Saffenage, contre le Seigneur de la Terre de Sillans. On n'a pas toujours fait cette réflexion; il fut permis, de l'avis des Chambres, à un Conseiller de la Cour par Arrêt du 4 *Arrêt.* l'Août 1666, *attendu le fait dont il s'agissoit*, dit l'Arrêt, *Arrêt.* de contraindre par exécution personnelle un Président de la Chambre des Comptes, au paiement d'une somme qu'il devoit.

ARTICLE XIX.

De l'Emprisonnement des Femmes.

QUOIQUE (a) les femmes n'aient pas des biens au Soleil, *qu. 256.* comme l'on parle, sur lesquels leurs créanciers puissent exécuter, elles ne sont pas sujettes à emprisonnement pour cause (b) civile; comme il a été jugé pour Catherine de Masso, contre Jean Frere des Échelles, par Arrêt du 7 de Février 1460.

(a) Les femmes qui exercent publiquement l'Art de Marchandise, peuvent être emprisonnées pour fait qui les concerne. Les femmes ont peu d'usage de la liberté dans tout l'Orient: elles n'y ont aucune part aux affaires civiles, & peu aux économiques; aussi n'y a-t-il ni emprisonnement, ni prison pour elles.

(b) Elles ne sont non-plus emprisonnées pour crime, dont la peine n'est pas inflictive au corps. Une femme ayant été contrainte par exécution personnelle pour des dépens qui procédoient d'une action d'injure, fut déchargée de cette contrainte, & son emprisonnement cassé par Arrêt du 15 de Décembre 1646. *Arrêt.* Une autre le fut aussi par Arrêt du 23 *Arrêt.* de Juin 1660 en même espece de fait; mais il fut permis au créancier de continuer ses exécutions sur les biens dotaux de la femme au préjudice du mari, parce qu'il avoit eu part à l'action de la femme, & qu'il étoit son complice.

SECTION VII.

EMPÊCHEMENS AUX EXÉCUTIONS.

ARTICLE I.

De l'Opposition du Pere.

L'OPPOSITION du pere n'empêchera pas l'exécution (a) sur les biens propres de son fils condamné ou obligé, si les fruits ne lui en appartiennent, comme sont ceux des biens *qu. 54.* maternels ; au cas que les fruits soient à lui, il ne s'y peut faire d'exécution à son préjudice. Il n'a pourtant pas droit d'exiger le *qu. 410.* paiement de ce qui est dû à son fils, si celui-ci n'y consent, encore qu'il soit en sa puissance.

(a) *Tua non interest*, est une exception pour laquelle il n'y a point de replique. Elle est la plus forte de toutes, si *veritate nitatur*. Fab. *C. de exception.* | *def.* 28 ; *L. posthumus*, §. *si quis*, *ff. de inof. testam. L. si vana*, *ff. de pœnis*; & *bic* Barthol. *Voyez* l'Ordonn. de 1667, tit. 27, art. 11.

ARTICLE II.

De la Dette saisie entre les mains du Débiteur.

SI la dette a été saisie entre les mains du débiteur, il sera bien fondé à s'opposer à l'exécution que son créancier prétendra faire contre lui (a), jusqu'à ce que cette saisie soit levée : *qu. 340.* il y auroit de l'injustice à le permettre.

(a) Le débiteur devient sequestre en ce cas, & le sequestre ne doit pas se | dessaisir que par ordre du Juge, de l'autorité duquel il a été établi.

ARTICLE III.

Des Quinquenelles, Répits.

L'USAGE désordonné des (a) quinquenelles & des répits fut réprimé l'an 1456, par délibération du Grand Conseil du Dauphin, après que Jean Girard Archevêque d'Embrun & Vice-Chancelier y eut représenté que le Parlement de Paris n'avoit pas coutume de déférer à ces lettres : le Gouverneur Louis de Laval, Louis de Montenard son Lieutenant, le Bâtard d'Ar- *qu. 97.*

magnac, Maréchal de Dauphiné, le Préfident Jean de Baile, & les Confeillers Matthieu Thomaffin & Guy Paye affifterent à ce Confeil. Le délai que les quinquenelles accordent, court dès le jour qu'elles ont été obtenues, & elles n'ont d'effet que contre les dettes (*b*) déjà conçues.

(*a*) Les quinquenelles font un répit de cinq ans. Aujourd'hui il n'en peut être expédié des lettres qu'au grand Sceau, ni elles ne peuvent être entérinées que les créanciers appellés ; Ord. du mois d'Août 1669, tit. 6, art. 1 & fuivants. Un feul créancier en peut empêcher l'entérinement en s'y oppofant ; & fuivant le Réglement de la Cour, du mois de Décembre 1560, il faut caution pour la fûreté des créanciers ; jugé par Arrêt ; & quoiqu'il en foit, elles ne font jamais reçues pour avoir effet, ni pour ni contre la caution ; jugé auffi par Arrêt du 14 d'Août 1653.

(*b*) Et pour ces dettes, il eft permis au Parlement d'accorder au débiteur un délai de payer, tel qu'il jugera raifonnable, fi le plus grand nombre des créanciers y confent, & le débiteur affurant leurs dettes par une caution fuffifante ; *Franc. Marc. q.* 229 & 311, *part.* 2. Mais les lettres de répit qui viennent du Prince, ne font point entérinées que fous cette caution. M. Expilly, ch. 41, où il rapporte un Arrêt du 5 de Février 1556.

ARTICLE IV.
De la Ceffion * de Biens.

LA (*a*) ceffion de biens met le débiteur à couvert de toute exécution (*b*) fur fa perfonne ; & fi cette ceffion eft faite (*c*) avec ignominie, comme on le pratique dans Lyon, elle le décharge de la dette, quelque favorable que la fortune puiffe lui devenir. Comme elle eft une grace du Droit, il n'y peut être renoncé : celui qui contraint fon débiteur d'y renoncer, offenfe les bonnes mœurs, l'humanité & la liberté : le ferment y eft inutile, il ne fortifie point cette renonciation ; comme il fut jugé par Arrêt du 22 de Novembre 1459, en faveur de Vincent Maza (*d*) Piémontois, contre un Hôte de Briançon, quoiqu'il n'eût pas été difpenfé de fon ferment. Néanmoins quelque protection que le Droit donne à la ceffion de biens, elle n'a jamais d'effet ni de force contre le Fifc pour fes débiteurs.

* Voyez *tit. ff. de ceff. bonor. C. qui bon. ced. poff.* Novell. 135.
Confér. des Ordonn. liv. 7, tit. 12.
Brun, *Tract. ex profeff.*
Edit du Commerce en 1673, tit. 10, & ibi Bornier.

La Ceffion de biens fe fait en l'Audience publique du Parlement par le débiteur, tête nue & à genoux, s'il n'eft Gentilhomme, lequel la fait debout.
Voyez Socin. *reg.* 46.
Hunn. *Encyclop. part.* 2, *tit.* 27, *c.* 2.

Theven. liv. 2, tit. 23, art. 3.

Coquill. qu. 207 & alibi.

Louet, c. 14 & 56.

Petr. Jacob. rub. 17.

Papon, liv. 10, tit. 11.

Thefaur. decif. 182.

Gregor. Synt. lib. 22, tit. 9 & 10.

Baffet, tom. 1, liv. 2, tit. 30 ; & tom. 2, liv. 7, tit. 5.

Boniface Tom. 2, part. 2, liv. 4, tit. 9.

(*a*) La ceffion de biens eft refufée en quelques cas ; 1°. entre *Marchands* ; 2°. aux *Fermiers* & aux *Grangers*, par Arrêt du Confeil 1606, fait pour le Dauphiné ; 3°. *in delictis & quafi delictis* ; 4°. à ceux qui ne peuvent rien imputer à la mauvaife fortune , *qui fuo, non fortuna vitio ex accidenti*, comme parle la nouvelle Conftitution 130 , *fupinâ negligentiâ cogantur* ; 5°. s'il y a de la mauvaife foi. Sieur Jean Borel étant mené en prifon à la requête de Girautru fon créancier, Charles Paulin le prit aux libertés de la Ville : on parle ainfi dans Grenoble : c'eft un ancien ufage dans cette Ville, confirmé par des Arrêts , que les habitants folvables peuvent tirer leurs amis des mains des Sergens & de pareils Officiers , en ces occafions où il ne s'agit que d'un intérêt purement civil ; mais il faut qu'ils les repréfentent & les remettent vingt-quatre heures après , fi l'affaire n'a pas été accommodée dans cet intervalle ; tellement que Girautru, que Borel n'avoit point fatisfait, s'adreffa à Paulin qui s'étoit ainfi rendu fa caution, & le contraignit de lui payer ce que Borel, qui cependant s'étoit mis à couvert , lui devoit : mais Paulin eut le moyen de le faire emprifonner pour fon dédommagement. Celui-ci pouffant fa réfiftance à bout, prétendit être admis à la ceffion

de biens ; mais cette grace du Droit lui fut refufée, par Arrêt rendu dans l'Audience publique de la premiere Chambre le 8 de Février 1689 : fon ingratitude & fa mauvaife foi en furent le motif. Les débiteurs font reçus à cette ceffion , contre leurs créanciers, par la Jurifprudence des Arrêts, s'il n'y a ni mauvaife foi ni fraude à leur imputer ; car *deceptis, non decipientibus, jura fubveniunt*.   *Arrêt.*

(*b*) Par cette raifon, celui qui a fait ceffion ne peut être retenu dans la prifon pour droit de geole ; par Arrêt du onzieme d'Août 1679 : le Concierge ayant même en ce cas une action directe pour les droits de la geole, contre celui qui a fait procéder à l'emprifonnement ; comme il a été jugé pour M. Galbert , Concierge des prifons de Grenoble , par Arrêt du 10 de Septembre de la même année , contre le fieur Roger Laplaine , Marchand à Grenoble.   *Arrêt.*

(*c*) Il a été jugé par deux Arrêts, l'un du 13 d'Août 1665 , & l'autre du 27 de Mai 1667, que ceux qui ont fait cette ceffion doivent porter un *bonnet* ou un chapeau *verd* ; mais fi c'eft une femme, elle n'eft point obligée à porter le chaperon verd, *propter pudorem fexûs*. Ainfi ce bienfait du Droit eft devenu un opprobre. Après cela , ils ne peuvent plus être inquiétés pour le paiement des dettes qui leur ont caufé cette infamie , s'ils viennent *ad pinguiorem fortunam*. (En Dauphiné cependant on prononce d'une autre façon, & on fait jurer le débiteur de fatisfaire à fes créanciers, dans le cas auquel il parviendra *ad pinguiorem fortunam*.) C'eft non-feulement l'opinion, mais la décifion expreffe de notre Auteur, dans la queft. 343 ; & la glofe fur la Loi *ubicumque* , ff. *de fidej.* la confirme & l'appuie.   *Arrêt.*

(d) Les Négocians *étrangers*, qui n'ont point de lettres de naturalité, ne font point reçus à cette ceffion, fuivant l'Edit du Commerce du mois de Mars 1673, art. 10. Et fi quelque Marchand à qui elle n'a dû être refufée, l'a faite, ce même Edit veut qu'il le déclare en perfonne dans l'Audience Confulaire, s'il y en a, ou dans les Hôtels-de-Ville. Il a été auffi jugé que les étrangers du Royaume, Efpagnols, Italiens & autres, ne doivent point être admis à cette cef-

Arrêt. fion, par Arrêt du 23 d'Août 1640. Et il l'avoit été déjà pour Matthieu Piquet, appellant du Vibailli de Vienne, contre André & Vincent Parfican. Un d'eux fut néanmoins élargi pour procurer le paiement de ce qui étoit dû à Piquet; pour qui M. Jean-François Renaud, célébre Avocat en ce temps-là, plaida: auffi il a remarqué cet Arrêt dans fes Mémoires, mais fans date. Dans la Ville de Smyrne, ceux qui ne fatisfaifoient leurs créanciers, étoient bannis: les Jugemens qui les banniffoient s'appelloient types, c'eft-à-dire modeles, parce que les autres y devoient prendre exemple. Chez les Romains, ils étoient livrés à ceux à qui ils devoient, qui avoient la liberté de les déchirer: mais depuis cette rigueur fut corrigée, & on fe contenta de les leur donner en efclavage, *nexui, mancipioque*, comme l'on parloit.

ARTICLE V.

Des Jours Fêtés & Fériés, Saifie.

IL y a des jours auxquels il eft dû du refpect (a); on n'y peut faire d'exécution ni fur la perfonne ni fur les biens. Les uns font Fêtes, les autres font fimplement fériés. Dans la premiere efpece, le Dimanche eft un jour faint. Les fériés font établis, ou pour l'honneur de Dieu, ou pour la commodité des hommes. Une *faifie* & un gagement eft permis en ces jours-là, excepté le Dimanche; & encore c'eft l'opinion de notre Auteur qu'en conformité d'un ufage qu'il allegue, fi une faifie avoit été

qu. 255. faite un jour de Dimanche, elle devroit fubfifter. Quant aux *encans*, parce qu'ils fe font avec bruit & avec affemblée de gens, ils feroient nuls, s'ils avoient été faits un jour de Fête; mais ils ne le feront pas, s'il y eft procédé les autres jours, & durant les fériés ordonnées pour l'utilité des hommes, comme le font celles des moiffons. Toutefois (b) plufieurs actes peuvent être faits le jour de Dimanche; ce jour-là, & par conféquent les autres moins folemnels, on peut appeller, préfenter requête, adopter, émanciper, affranchir, excommunier, abfoudre, ajourner, déléguer, commettre, ouir les témoins defquels on aura reçu le ferment un jour libre, infinuer une donation, interpeller fon débiteur, & même être mis en poffeffion de fes biens. Si tous ces actes font permis, comme ils le font ces jours-là, par quelle raifon un fimple gagement pourra-t-il ne l'être pas?

(a) Les

(a) Les jours fêtés ou *fériés* du Parlement de Grenoble font *cent cinquante-un*; il n'y en a dans l'année de libres que deux cens quinze pour les fonctions de la Justice. L'Empereur Marc-Aurele le Philosophe réduisit tous les fêtés & fériés à cent trente. L'inftitution des féries eft un réfultat d'un raifonnement politique, judicieux & utile : *Legum conditores*, dit Séneque, *feftos inftituerunt dies, ut ad hilaritatem homines publicè cogerentur, tanquàm neceffarium laboribus interponentes temperamentum.*

(b) La raifon eft que ces actes fe font fans bruit, fans éclat, & pour tout dire, *fine ftrepitu Judiciorum.* De maniere que l'exploit d'un fimple *ajournement* fait un jour de Fête, eft valable : jugé de l'avis des Chambres, par Arrêt du 10de Mars *Arrêt.* 1660, dans la caufe de Lambert & des Confuls de Vinfobres, où il s'agiffoit de la nullité d'une enquête, fondée fur celle de l'exploit d'un ajournement donné un jour de Fête.

SECTION VIII.

DE L'APPEL * ET DE LA DÉSERTION.

ARTICLE I.

De l'Appel par autre que par la Partie.

IL eft indifférent (a) que ce foit la partie même qui appelle, ou un autre pour elle, pourvu qu'elle ratifie dans le temps prefcrit par le Droit & par le Statut pour appeller. Pierre Lavagier avoit appellé d'une Sentence rendue contre Michel Ravet, *qu. 13.* duquel il étoit Procureur en la caufe jugée ; le Parlement déclara, par Arrêt du 20 de Décembre de l'an 1457, cet appel péri & défert, pour n'avoir pas été ratifié dans le temps qu'il avoit dû l'être. *qu. 436.* Notre Auteur fut le Commiffaire-Rapporteur de ce procès. Un autre Arrêt fut encore rendu en pareil cas l'an 1463 contre Claude Villion. Le compromis fait entre les parties (b), ne retarde non-plus le cours des dix jours dans lefquels il faut appeller ; comme *qu. 115.* il a été auffi jugé par Arrêt de la même année 1457, en la caufe de Jean Lambert appellant, & de Pierre Galatier intimé en appel.

* *Accepi, & univerfa Ecclefia pradicat, quòd gravatis Judicio fubventus appellationis debeatur. Accepi quòd fufpectos habens Judices, aut infeftos, aut formidans vim multitudinis, eodem poffit & debeat relevari.* Hildebrand, Curon, Epifcop. *Epiftol.* 82.

(a) *Forfitan non eft neceffe quòd ratificetur introductio appellationis*, dit notre Auteur ; *Imò eft neceffe, ut fapè Senatus Gratianopolitanus judicavit*, dit le Confeiller de Rabot, *in not.*

(b) Mais fi l'acte de compromis porte que cependant le délai d'appeller ne courra point , cette convention aura tout fon effet, n'y ayant à douter que celui qui a obtenu le Jugement , ne puiffe déroger à un droit introduit pour lui.

ARTICLE II.

Du Juge d'Appel , Juge fuivant le Droit du premier Juge.

qu. 436. LE Juge de l'appel prend la place du premier Juge , & par conféquent , il doit en jugeant garder le ftyle & le Statut auquel le premier Juge eft fujet.

ARTICLE III.

De la Forme & du Fonds en l'Appel.

IL y a deux chofes à confidérer (*a*) dans les caufes d'appel : l'une eft la forme & les folemnités; l'autre eft la juftice de la Sentence dans la fubftance de la queftion. La preuve de la (*b*) premiere regarde l'appellant, & celle de l'autre l'intimé ; mais fi une partie pourfuit en la contumace de l'autre , ce fera à elle à faire ces preuves. Si toutes deux font en caufe , celle qui niera d'avoir été ajournée , ou d'avoir été condamnée avec connoif-fance de caufe , produira les actes & la premiere inftance pour qu. 436. l'éclairciffement de la vérité. S'il y a eu quelque preuve à faire par témoins ou par actes , elle fera faite par celui qui y étoit obligé en premiere inftance , l'appel n'empêchant pas qu'à l'égard des preuves , tout ne demeure au même état ; tellement que le demandeur qui étoit tenu de prouver fes faits , l'eft encore, foit qu'il ait appellé , foit que le défendeur foit appellant ; c'eft l'ufage de la Cour quand il s'agit d'une Sentence définitive : mais à l'Officialité d'Arles , l'appellant produit tous les actes; qu. 440. notre Auteur y avoit plaidé en fon fait. Enfin dans l'inftance d'appel, celui qui y eft intimé , prouve qu'il a été bien jugé , & l'appellant, au contraire, qu'il a été mal jugé ; mais dans l'appel d'une interlocutoire, l'appellant rapporte & produit les actes de la premiere inftance.

(*a*) Il faut que l'appel foit fignifié à Arrêt. la partie: jugé par Arrêt du temps même du Confeiller Marc , q. 545 de la feconde partie ; & après 30 ans on ne fera plus reçu à appeller : jugé Arrêt. par Arrêt du 27 d'Avril 1638, pour un tuteur contre fes pupilles devenus majeurs, appellants par Lettres-Royaux (*Voyez* Baffet, *tom. 1 , liv. 2 , tit. 38, chap.* 17) ;on ne le fera même après trois actes, s'il a été fait acte au con-damné, à la forme de l'Ordonnance de

1667, *tit. 37, art. 12 & 17.*

(b) La raison est que *in eo statu esse quo tempore pronunciationis fuerunt constitutum est. L. appellatione, 3. C. de appellat.* Tout appellant doit faire rapporter les actes de l'instance de laquelle est l'appel, suivant le Réglement de la Cour de l'an 1549, art. 80,

en matiere civile (*V. contra* L'Ordonn. de 1667, *tit. 11, art. 14, 17 & 18*), mais non en criminelle ; M. Expilly, ch. 101 : & même l'appellant comme d'abus, *licèt in Judicem non consenserit atque etiam declinaverit : sic judicatum in causâ Nobilis Balthasaris Flotta, Domini Rupis. incert. in not. ad q. 20.* *Arrêt.*

ARTICLE IV.

Des Effets de l'Appel.

LEs effets de l'appel méritent d'être observés. 1°. Il met l'appellant sous la protection du Juge auquel il a appellé, contre l'autorité de celui-ci, à l'égard du sujet du procès ; de sorte que si celui-là l'a mis aux arrêts, il peut n'y pas déférer, & s'il va au Juge de l'appel, rien ne lui sera imputé. 2°. Ce second Juge n'a droit que de prendre connoissance des différens qui lui sont portés par la voie de l'appel, & pour cela seulement il a jurisdiction dans le territoire du premier. 3°. Celui qui renonce à son appel est condamné aux dépens, & c'est l'usage du Parlement ; 4°. ce l'est encore qu'ayant jugé l'appel d'une interlocutoire, il puisse retenir la connoissance de la cause au principal : les Juges inférieurs n'ont pas cette liberté ; 5°. il peut aussi se réserver (a) l'exécution de la Sentence qu'il a confirmée, & il le fait par de justes motifs. *qu. 436. num. 1. 3, 17, 27, 36, 97.*

(a) *V. contra* L'Ordonn. de 1667, *tit. 6, art. 1, 2, 3 & 4.*

ARTICLE V.

De la Comparution devant le Juge.

SI après qu'on a appellé d'un Juge, on comparoit devant lui, (a) la protestation qu'on ne prétend point nuire à son appel, mettra à couvert de tout danger, elle conserve le droit & le soutient. *qu. 364.*

(a) A un appel formel, il faut une renonciation formelle.

ARTICLE VI.

De la Forme pour relever l'Appel.

L'APPEL, suivant le Statut, doit être introduit au Parlement (a) dans trente jours, qui courent de moment en moment, depuis celui où le Jugement a été rendu ; ce qui se fait par la réelle exhibition de l'acte de l'appel ou de vive voix : pour cela l'appellant demande au Juge duquel il a appellé, ses (b) lettres dimissoires, auxquelles on a donné le nom d'Apôtres, tiré de deux Loix des Empereurs Diocletien & Maximien. Le Juge de l'appel ne le recevroit pas sans ces lettres, & il en est arrivé des inconvéniens. Quelques habitants de Nevache, dans le Briançonnois, avoient appellé contre un des Seigneurs de ce lieu, d'une Sentence du Juge ; ils lui demanderent ses lettres, mais il les renvoya jusqu'à six fois sans les leur accorder, les leur faisant toujours espérer ; cependant le temps d'introduire leur appel devant le Juge général des appellations s'écoula, & alors il les leur donna : le Juge des appellations déclara leur appel péri & désert, & la Cour confirma ce Jugement par Arrêt du 20 de Mai 1447, son motif ayant été que ces appellants n'étoient obligés qu'à comparoître une fois devant ce premier Juge, pour lui demander ces lettres. Il peut aussi prescrire un délai à l'appellant, (c) dans lequel il ait à introduire son appel devant celui auquel il est porté ; mais le jour préfigé n'entrera pas dans ce délai. Néanmoins on a égard, dans certains cas, à l'ignorance & on l'excuse : comme si un paysan n'a pas demandé au Juge ses lettres dimissoires ; la Cour a coutume d'excuser sa simplicité.

(a) Le Statut est de l'an 1399, de litteris dimissoriis. Ces décisions 25 & 30, & ces articles qui en sont pris, sont aujourd'hui inutiles : un des condamnés ayant appellé & fait intimer son appel, l'autre peut déclarer qu'il se joint à cet appel, & s'en servir ; de sorte qu'il ne sera pas obligé de le relever, ni de l'exploiter de son chef : jugé, consultis Classibus, le 12 de Juin 1613, dans la cause de Remonde de Luan & de Louis Cuet ; & depuis par un autre du 8 Mai 1617, les Chambres ayant aussi été consultées. Régulièrement après l'appel, la Sentence n'est déclarée exécutoire que sous caution : néanmoins une Sentence arbitrale sur les différens d'un pere avec sa fille mariée, fut déclarée exécutoire nonobstant l'appel & sans caution, par Arrêt du 9 de Janvier 1676, en la cause d'Isabeau de Philibert, femme du Châtelain de Prajelas, & de Noble François de Philibert,

Sieur de Saint-Romain, fon pere ; la qualité des parties fut le motif de cet Arrêt.

(b) *Dimiſſoria litteræ, quæ vulgò Apoſtoli dicuntur.* L. *dimiſſoria* 106 , *ff. de verb. ſignif.* La rubrique de *libellis dimiſſionis, qui vulgò Apoſtoli dicuntur,* dit la même choſe. Il en eſt parlé en d'autres lieux : ce ſont des additions de Tribonien, dans les Loix des Em-

pereurs qui ont régné avant Conſtantin. Ce mot d'*Apoſtoli,* qui eſt Grec, n'étoit point connu dans la Juriſprudence Romaine, avant que l'Empire eût été porté dans Byzance, qui étoit une Ville Grecque. Cujas en parle dans le chap. 29 du livre 14 de ſes Obſervations.

(c) Tout ceci, de même que preſque tout ce qui ſuit, eſt hors d'uſage.

ARTICLE VII.

De l'Appel d'Empriſonnement.

MAIS en quelque temps (a) qu'on appelle d'un empriſonnement & de la détention effective de ſa perſonne dans la priſon, l'appel en eſt toujours reçu : nul délai d'appel ne court dans les griefs ſucceſſifs, & la détention dans la priſon eſt un grief continuel. *qu. 236.*

(a) Cela a été jugé par Arrêt de l'an 1555 , rapporté par M. Baſſet, dans le premier tome de ſon Recueil, liv. 12, tit. 23, ch. 2. Mais tout appellant, ou d'ajournement ou de priſe de corps, avant qu'il puiſſe être ouï, y doit ſatisfaire, en ſe préſentant au Juge, ou en ſe remettant dans la priſon. M. Expilly, ch. 35, où il cite cette queſtion 236, avec la précédente & la ſuivante.

ARTICLE VIII.

De l'Appel de Délai.

L'APPEL d'une Ordonnance qui accorde un délai trop long eſt légitime, parce qu'un tel délai retarde d'autant la fin du procès. *qu. 436. n. 77.*

ARTICLE IX.

De l'Appel d'Interlocutoire.

LE Statut de l'an 1449 ne permet d'appeller d'une interlocutoire qu'aux cas permis par le Droit ; c'eſt-à-dire lorſqu'elle a force de définitive ; & ces cas ſont en grand nombre. En (a) voici quelques-uns. 1°. Si le Juge a condamné un accuſé à la queſtion ; 2°. s'il a déclaré les cautions ſuffiſantes que l'on a ſoutenues ne l'être pas ; 3°. s'il n'a pas admis l'exqu. 75. cufe propofée par le tuteur nommé; 4°. s'il a refufé d'ordonner la communication des actes que l'on a demandée ; 5°. s'il a condamné un débiteur à faire un paiement à un mineur fans l'autorité d'un curateur ; 6°. s'il a lui-même jugé de fa compétence ; 7°. fi l'interlocutoire donnant atteinte au principal, doit être exécutée fans délai & fans renvoi ; 8°. fi le Juge a reçu une requête abfurde, & une demande impertinente.

(a) On peut ajouter celui-ci, fi le ferment décifoire ayant été déféré, & la partie à qui il l'a été refufant de le prêter, au lieu de l'en forclorre, le Juge a joint au principal le fait de la forclufion, l'appel en fera reçu; comme il a été jugé en ce même cas, par Arrêt du mois de Novembre 1678, pour le fieur Barde, contre demoifelle Sophie Paulet, veuve du fieur Sibut, Receveur général des Décimes de Dauphiné. *Arrêt.*

ARTICLE X.

De l'Appel de Grief futur.

qu. 436. n. 33. IL eft (a) permis d'appeller d'un grief futur, comme par exemple, fi l'on appréhende d'être troublé dans la poffeffion où l'on eft.

(a) Réguliérement *non appellabatur à futuro gravamine.*

ARTICLE XI.

De la Nullité portée au Juge d'Appel.

qu. 436. n. 38. & 88. LA connoiffance de la nullité eft portée par le fimple appel au Juge auquel on appelle, pourvu qu'il ne foit pas d'une interlocutoire : de forte que cette claufe dans l'acte d'appel, PROTESTANT de pouvoir pourfuivre fon appel par la nullité, n'eft pas inutile ; & régulièrement l'appel étant tombé en défertion, le Juge auquel il alloit, n'a plus de jurifdiction pour connoître de la nullité; comme il a été jugé par Arrêt du mois de Décembre de l'an 1460, dans le procès (a) de Claude Chabert & de George Arnaud, duquel notre Auteur fut Rapporteur. Cette action de nullité dure trente ans, & le Juge ordinaire fera feul compétent pour en connoître.

(a) On avoit appellé d'une Sentence & de procédures nulles ; mais l'appel étoit tombé en défertion : la Cour ne laiffa pas de les caffer par Arrêt du 7 de Mars 1551, que Boneton remarque fur cette queftion 436. *Arrêt.*

ARTICLE XII.

De la Sentence confirmée par nouvelles raisons.

UNE Sentence peut être confirmée par le Juge d'appel, sur d'autres motifs que ceux que le premier Juge a eus. Ce cas est digne de remarque : un Juge a condamné une partie *qu. 436. n. 1a.* par un motif injuste, duquel il s'est expliqué ; mais il résulte du procès que par d'autres raisons il devoit être condamné : que deviendra ce Jugement ? Le Jurisconsulte Paulus (a) décide cette question dans une espece semblable ; ce Jugement sera confirmé ; mais le Juge d'appel exprimera dans le sien la juste & solide raison (b) : le Parlement l'a jugé ainsi, & notre Jurisconsulte donne à cette décision l'éloge de DORÉE.

(a) *Paul. in L. final. ff. quod cum eo qui in alien.* &c.

(b) Cette question est inutile, parce qu'on n'exprime pas les motifs dans les Jugemens.

ARTICLE XIII.

De la Restitution contre la Désertion.

ON peut être relevé (a) & restitué en son entier contre la désertion par lettres du Prince ; mais les moyens de restitu- *qu. 185.* tion doivent être prouvés, & il ne faut pas d'autre commission pour cela que la clause ordinaire des rescrits : S'il vous appert de juste cause.

(a) Quand l'appel est bien fondé, la Cour ne s'arrête point à la désertion ; elle juge le fond ; il y en a deux *Arrêt.* Arrêts dans M. Expilly, ch. 132, l'un de l'an 1555, & l'autre de l'an 1603. Par un autre du 16 de Décembre 1618, Guigues Colomb, *mineur de* 25 ans, défendeur en désertion, fut reçu à donner griefs, quoiqu'il n'eût point été restitué contre cette désertion. La faveur de la minorité peut avoir fait juger ainsi. *V.* Pratique de Faber, chap. 12 ; Expilly, ch. 132 ; Boer. dec. 247.

ARTICLE XIV.

De l'Amende du fol Appel.

SI l'accusé qui a été condamné par le Juge du Seigneur Banneret appelle, & qu'il soit dit qu'il a été bien jugé, l'amende du fol appel sera adjugée au Seigneur (a), & le criminel qu. 437. fera renvoyé à ce premier Juge ; ce fera même dans les prifons de celui-ci qu'il fera détenu pendant l'inftance d'appel , fi ce fecond Juge n'a pas de juftes raifons de le faire traduire dans les fiennes ; c'eft l'ufage du Parlement & des Cours inférieures.

(a) Les amendes du fol appel appartiennent au Roi & non aux Seigneurs, non plus qu'aux parties. Ce que dit notre Auteur pour les Seigneurs Jurifdictionnels n'eft plus obfervé, non plus dans le criminel que dans le civil. De l'appel des accufés, de leur emprifonnement, ci-après , fect. 10, art. 9.

SECTION IX.
DES REQUÊTES CIVILES.
ARTICLE I.

Du Recours contre les Arrêts.

qu. 345. LE Parlement tient la place du Préfet du Prétoire , & il en a toute l'autorité. Il n'eft permis de recourir de fes Jugemens que par (a) fupplication au Souverain , & même ce recours n'eft permis qu'une feule fois.

(a) On n'a pas befoin de requête civile contre les Arrêts d'homologation des transactions , comme il a été jugé, les Chambres ayant été confultées , par *Arrêt.* Arrêt du 10 de Décembre de l'an 1672 ; mais en action criminelle on n'en reçoit point contre les Arrêts de condamnation ou d'abfolution : jugé *Arrêt.* par Arrêt du 3 de Décembre de l'an *Arrêt.* 1630 ; & depuis par un autre du 18 de Septembre 1663 , pour le Sieur de Truchis , contre le Sieur Procureur-Général qui rapportoit des informations plus amples contre lui , qui avoit été abfous par un Arrêt précédent. *Voyez* la remarque fur l'article fuivant. *Ne bis in idem, L. fi quis homicidii* 11. *C. de accufat.* Franc. Marc. *part.* 2. *qu.* 637, *n.* 2, *& q.* 817 ; Automn. *ad L.* 3. *C. ex quib. cauf. infr. irrog.* Journ. des Aud. tom. 2 , liv. 6 , chap. 38.

ARTICLE II.

Du Recours des deux Parties par Requête Civile.

qu. 345. MAis les deux parties peuvent exercer ce recours par requête civile , ou en même temps , ou l'une après l'autre. Les Seigneurs de Bouchage & de Miolans étant en procès pour la Terre d'Ornacieu , il y eut Arrêt , & contre Arrêt ils formerent l'un & l'autre ce même recours ; que le Parlement reçut.

(a) Cela

(a) Cela ne fouffre de la difficulté; il arriveroit autrement que fi le recours de l'une des parties excluoit le recours de l'autre, *iniqua alii per alium conditio inferretur.* Mais le même ne peut recourir par lettres en forme de requête civile contre l'Arrêt rendu fur une précédente, quoique ce n'ait été qu'en vertu de la forclufion ; comme il a été jugé par Arrêt du 5 de Mars *Arrêt.* 1657. On ne peut venir contre les Arrêts par requête civile, après les fix mois préfigés par l'Ordonnance de 1667 : mais il a été aussi jugé par Arrêt *Arrêt.* du 19 de Juin 1673, qu'ils ne commencent à courir que du jour de la fignification fpécifique qui a été faite de l'Arrêt à la partie condamnée ; de forte que la connoiffance qu'elle en aura d'ailleurs, non pas même quand elle l'auroit levé & employé contre quelque autre, ne fuffiroit point. Ils ne commencent non plus contre celui dont la production eft arrêtée dans le Greffe, d'où il ne peut l'en retirer, & qui par conféquent eft empêché de recourir ; il faut que cet empêchement ait ceffé : jugé par Arrêt du 18 de Juillet 1676, *Arrêt.* pour M. Thomas de Lorme, Avocat en la Cour, contre les héritiers de Me. Claude de Lorme, auffi Avocat. Au refte, *l'omiffion* dans l'Arrêt *d'une des qualités du procès*, ne peut être excufée par la confidération de cette claufe générale : Et fur les autres fins & conclufions des parties, la Cour, &c. de forte qu'elle eft un moyen refcindant infaillible : jugé par le même Arrêt du 18 de Juillet 1676. Mais fi *Arrêt.* le Procureur qui a occupé pour le condamné n'a point eu de pouvoir, & peut être défavoué avec raifon, l'Arrêt eft nul ; fi de même il en a figné un conventionnel, mais jufte, dans une caufe non foutenable, il n'y aura pas lieu à défaveu contre lui ; comme il a été jugé par Arrêt du 17 de Février *Arrêt.* 1661, pour Audrat, Procureur en la Chambre de l'Edit de Caftres, contre Jofferand & Feron ; & depuis par un autre du 30 de Janvier 1664, pour *Arrêt.* Me. Savoye, Procureur au Parlement, demandeur en ouverture de requête civile, pour être reftitué en fon entier contre un Arrêt du 27 d'Avril 1663, qui l'avoit condamné en tous les dépens, dommages & intérêts de Claude Arlon, pour en avoir, fans procuration expreffe, figné un conventionnel qui le condamnoit.

ARTICLE III.
Du Refcindant & Refcifoire.

DANS les inftances où il s'agit de reftitution en entier ; comme par exemple, de celle des mineurs, aucun privilege de l'âge ne fera que (a) le refcindant & le refcifoire ne doivent être traités féparément, comme ils le font entre les majeurs : cela fut jugé dans le procès de Noble Claude Aleman & (b) Jean Aleman ; le premier prétendant être reftitué en fon premier état à caufe de fa minorité, & concluant en même temps à revendication de la Terre de Rochechinard ; ce que la Cour ne permit point. La même chofe a été encore jugée

qu. 143. pour Dame Alix de Laire, ufufruitiere de la Baronnie de Montmaur, contre le Seigneur d'Aix qui avoit conclu, par fa requête
contr'elle, à la refcifion d'une tranfaction, & à l'évaluation de
quelques Terres ; le Parlement renvoya le Jugement de ce
fecond point qui regardoit le refcifoire, après celui du premier
qui étoit le refcindant : c'eft pourtant l'avis de notre Jurifconfulte, qu'il eft utile & jufte, pour éviter un circuit fuperflu &
qui ne peut fervir à rien, de traiter conjointement le refcindant
& le refcifoire, quand il y a apparence qu'ils peuvent être
vuidés par un même Jugement.

(a) Le refcindant confifte aux moyens par lefquels on prétend annuller l'acte; & le refcifoire, aux raifons du fonds. *Judicium refcindens eft per quod contractus dolo aut metu v. g. vel aliàs iniquè conceptus, refcinditur ; refciffo-* *rium, per quod contractu refciffo, agitur ad rei reftitutionem ; fed jure Romano, uno eodemque Judicio & unâ actione, & contractus refcinditur & res petitur.* Mais l'Ordonnance de 1667 défend encore cette jonction.

SECTION X.

DU * PROCÈS CRIMINEL.

ARTICLE I.

Du Dénonciateur.

SI l'accufation du (a) dénonciateur regarde individuellement quelqu'un, au cas qu'il ne la prouve fuffifamment, il fera
qu. 169. condamné aux dépens envers celui qu'il aura injuftement accufé ;
ce qu'il ne fera point, fi la délation eft générale & indéter-
minée, de forte qu'elle ne s'attache à perfonne.

* *In actione maleficii, confequentia expendenda, qualitas facti, numerus, locus, modus, tempus, confcii, focii.* Tertullian. *Apolog. c.* 1. Séneque dit prefque la même chofe, mais en d'autres termes : *Ubi fuiffe aut non fuiffe pronunciandum eft, prolatis cautionibus controverfia tollitur.* De benef. 6, 3, c. 67. Déclarer la guerre aux méchants par le procès, c'eft procurer la paix aux bons & affurer leur repos : qui épargne les criminels, ne hait pas les crimes. Les Procureurs particuliers du Roi dans les Sieges Royaux fuballternes font confidérés comme Subftituts du Procureur-Général : tellement que celui qui prend caufe en main pour eux dans les caufes criminelles qu'ils ont pourfuivies, & qui font portées au Parlement par appel, ils y font en qualité, & leurs Subftituts n'y paroiffent plus : mais par Arrêt du 14 *Arrêt.*

de Février 1677, il a été déterminé qu'en ce même cas le Procureur d'Office qui a fait cette pourfuite devant les Juges Bannerets & des Seigneurs, fera mis en la qualité des Arrêts, JOINT A LUI le Procureur-Général du Roi; en l'une celui-ci eft partie; en l'autre, il n'eft qu'adhérent & *confors litis*, & le fuccès regarde principalement le Procureur d'Office.

(a) *Malo loco eft qui habet rei fortunam , accufatoris invidiam.* Senec. *Delatores Macrinus Imperator , fi non probarent, capite affecit; fi probarent, delato pecunia præmio infames dimifit.* Dénonciateurs mal-fondés font condamnés aux dépens , dommages & intérêts des accufés. *Ordonn. criminelle de 1670, tit. 3, art. 7.*

ARTICLE II.

De l'Information fans le Fifc.

QUOIQUE par bien de raifons une information ne dût être faite fans la participation du Fifc , néanmoins fi elle a été faite à la pourfuite de la feule (a) partie, elle fubfiftera : le Droit Civil & le Droit Canonique femblent n'y confentir pas; mais le Parlement l'approuve , & condamnera l'accufé fur la preuve venue de la feule partie, s'il y a lieu de le faire ; c'eft l'ufage.

qu. 342.

(a) Les plaignants ne feront réputés parties civiles , s'ils ne le déclarent formellement , ou par la plainte , ou par acte fubféquent , & ne feront tenus des frais. Ordonn. criminelle de 1670, tit. 3 , art. 5. Mais dans l'efpece de cette décifion , le plaignant fe déclare évidemment partie. *Toute action criminelle* cesse après vingt ans; *L. querela 12, C. ad Leg. Cornel. de falf.* mais il a été jugé par Arrêt du 7 d'Août 1686 , contre Pierre Greynat , accufé de concuffion, & d'altération de rôles , que cette prefcription eft interrompue par Arrêt de réglement à l'extraordinaire.

Arrêt.

ARTICLE III.

De l'Emprifonnement fans Information.

LE Juge ne doit procéder , en fait de crime , à aucune exécution perfonnelle fans (a) information , ou certes fans de preffants indices ; s'il le fait , il n'évitera point d'être condamné aux dépens , fuivant (b) l'opinion de Cynus : ce qui fait contre les Procureurs Fifcaux , pour ceux qu'ils inquietent fous prétexte de crimes , fans en avoir auparavant informé. On n'a pas néanmoins coutume de les condamner aux dépens : l'ufage du Parlement & des Cours inférieures (c) les favorife.

qu. 169.

(*a*) Cela s'obferve & a été jugé par Arrêt du mois de Décembre 1638, fur les conclufions de Monfieur l'Avocat-Général de Rabot Buffieres, en une caufe d'appel du Vibailli du Buis, & du Juge de Venterol; il faut qu'il y ait information & Arrêt de prife de corps, fi ce n'eft que l'on foit furpris *in flagranti* par les Officiers de Juftice; 2°. que l'on foit vagabond, non domicilié. L'Ordonnance de 1670 & la Déclaration du 1ᵉʳ. de Janvier 1687, prefcrivent l'ordre & la forme des procès criminels: l'article 30 du tit. 13 de cette Ordonnance, porte que les Geoliers ne pourront empêcher l'élargiffement des prifonniers pour leur dépenfe. C'eft une regle que les Concierges des prifons font refponfables de l'évafion des prifonniers; mais elle fouffre quelque limitation. La Cour ayant commis un de fes Huiffiers pour en faire les fonctions,

parce que celui qui l'étoit en titre fe trouvoit en prévention, & ayant de même commis un Guichetier, un prifonnier, accufé de rapt, s'évada, néanmoins fans violence; ce qui donna lieu à un procès contre ces deux Commiffionnaires, & à un Arrêt, par lequel le premier fut mis hors de Cour & de procès; & il fut ordonné que le Guichetier qui s'étoit laiffé tromper, rétabliroit le prifonnier, auquel le procès feroit fait & parfait avant aucune adjudication de dommages & intérêts à la fille qui l'accufoit; ce fut le 4 d'Avril 1675, en la caufe de M. Cholier, Concierge commis.

(*b*) Cynus, *in L. feveriter, C. de excufation.*

(*c*) Il y a quelques Arrêts contre les Procureurs-Généraux du Roi; mais il y en a eu plus grand nombre contre leurs Subftituts dans les Sieges inférieurs.

ARTICLE IV.

De la Confeffion devant un Juge incompétent.

LA confeffion (*a*) d'un accufé devant un Juge étranger, ou incompétent, qui le renvoie à fon Juge naturel & légitime, après l'avoir oui, a autant de force que fi elle avoit été faite devant celui-ci; en tout cas, elle tiendra lieu d'indice très-preffant, quoiqu'il foit vrai que le procès fait par un Juge incompétent eft nul, & que par conféquent cette confeffion, qui en eft un acte, peut être confidérée comme nulle : mais il n'a pas encore été jugé (*b*) fi celle qui a été faite devant le véritable Juge, dans la procédure duquel il y a des nullités, doit avoir la même force.

(*a*) La confeffion de l'accufé, devant un Juge incompétent, n'a pas plus de force qu'une confeffion extrajudicielle, *etfi conftet de corpore delicti :* il pourra être appliqué à la queftion; c'eft l'effet d'une telle confeffion.

(*b*) Il n'y a pas de plus grande nullité que l'incompétence. Les nullités des procédures du Juge compétent n'empêchent pas que la confeffion qui y a été faite, n'ait du moins la force de l'extrajudicielle.

ARTICLE V.

De la Preuve de la Qualité du Crime.

LA preuve de la (*a*) qualité du crime est importante. C'est une matiere de controverse, si l'accusé ne doit pas être absous, lorsque celui qui se plaint d'avoir été battu jusqu'à effusion de sang, ne prouve point qu'il y ait eu du sang versé. La raison du doute est, que de cette circonstance résulte la qualité du crime, & que cette qualité manquant, le fait est changé par une altération évidente : néanmoins l'usage reçu ne permet point que l'on s'arrête à cette considération; il suffit que ce qui reste prouvé de l'action est punissable; on ne doit s'attacher qu'à la substance de l'action pour en juger; & c'est le style de toutes les Jurisdictions de Dauphiné.

(*a*) Si de la qualité du crime dépend sa consistance & sa peine, elle doit être prouvée; mais si elle n'altera point le crime, & ne diminue pas la peine, on ne s'y arrête point. *Matthieu.*

ARTICLE VI.

De la Preuve par le Duel.

LE combat étoit (*a*) un genre de preuve en ce temps-là, sur-tout entre les gens de qualité, dans les crimes atroces : la victoire couronnoit cette preuve : l'accusateur donnoit son gage; l'autre le recevoit, & cela s'appelloit gage de bataille. Le Roi Philippe-le-Bel avoit été persuadé d'abolir cet usage, il *qu. 617.* fut contraint de le rétablir; ce qu'il fit par ses Lettres (*b*) patentes données à Paris l'an 1306; il permit le duel pour l'homicide, pour le larcin, & généralement pour les crimes dignes de mort, dont il n'y avoit pas moyen de faire la preuve par témoins, ni autrement : en voici la forme, telle que notre Auteur nous l'apprend. Il faut premiérement, dit-il, que le Procureur dise à celui qu'il défie, qu'il a commis le crime, ou qu'il l'a fait commettre, sans néanmoins ajouter précisément par qui ç'a été; le Parlement l'a jugé ainsi pour Roger d'Anduse, contre Charles Artus : mais il faut circonstancier l'assassinat par le lieu & par le temps, sans pourtant en marquer l'heure, comme il fut jugé par le même Arrêt, & comme il l'a été depuis par un autre pour Arnaud de Montaigu, contre Armand de Durfort.

Si on avoit contrevenu à cette Ordonnance, le Jugement qui auroit accordé le combat, seroit nul ; comme il fut déclaré que l'étoit celui du Sénéchal temporel de l'Évêque de Brieux, qui fut condamné de rendre les armes & les chevaux de Guillaume du Boisloisel & de Jean Dignot, auxquels il avoit été mal permis de se battre. La permission en étoit demandée aux Magistrats en Audience publique, par la bouche d'un Avocat, qui ayant proposé & déduit le fait, déclaroit pour sa partie, que ne pouvant le prouver par témoins, elle offroit, s'il étoit nié, d'en faire la preuve par soi-même, ou par son Avoué ; c'est-à-dire, par son Champion, comme Gentilhomme ; *faisant retenue de cheval & d'armes, & de toutes autres choses nécessaires & convenables à gage de bataille, selon la Noblesse, & qu'il lui en rendroit son gage.* Ces paroles étoient essentielles à l'action, & celles-ci l'étoient à la défense : si l'Avocat du défendeur jugeoit qu'au cas proposé il échût gage de bataille, il en nioit tous les faits, & disoit que *celui qui les avoit fait proposer mentoit, & qu'il se défendroit comme bon & loyal Gentilhomme qu'il étoit, par lui ou par son Avoué, retenue faite de cheval & d'armes, & de toutes autres choses nécessaires ou convenables à gage de bataille, & qu'il bailloit son gage.* Le combat ayant été permis, celui qui l'avoit demandé devoit se présenter au Connétable, si c'étoit dans le Royaume, ou au Gouverneur Général, s'il étoit dans le Dauphiné ; mais il falloit que ce fût avant midi du jour assigné & préfix : il suffisoit que son adversaire se présentât devant l'heure de None, & celui qui ne comparoissoit point à ces heures perdoit sa cause ; comme il fut jugé par le Gouverneur général de Gaucourt pour Noble N. Pelerin qui avoit donné gage de bataille, contre un Bourguignon. Le provoquant entroit dans le champ clos, la visiere basse, avec toutes les armes dont il vouloit se servir ; car après il ne pouvoit plus baisser la visiere, ni se servir d'autres armes, non pas même de celles qu'il auroit fait porter. Le provoqué avoit plus de privilege ; il pouvoit entrer dans le champ la visiere haute, & après la baisser, & faire porter ses armes. Comme ils étoient entrés dans le champ, ils juroient que leur cause étoit bonne, & qu'ils ne s'étoient munis ni de billets magiques, ni de pierres & de plantes ou d'herbes, pour vaincre par leur secours. La forme du serment étoit qu'ils se tenoient l'un l'autre par leur main gauche, & qu'en le faisant ils avoient la droite sur le Livre des Saints Évangiles. Les contestations & les formalités ordinaires pour parvenir à ce

qu. 619. 620. 621. 622. 623.

Jugement, furent toutes mifes en ufage par le Seigneur Renaud du Pont, & par Bernard de Comminges, que celui-là accufoit de crime de Lefe-Majefté, & de fuppofition d'enfant : la procédure faite entr'eux, peut être le modele d'autres dans les occafions, dit notre Auteur.

(*a*) Le duel étoit permis par la Loi des anciens Bourguignons pour la décifion de tous leurs différens. Vienne étoit leur Ville Royale, & par conféquent le Dauphiné eft la véritable Bourgogne; c'eft pourquoi l'ufage des duels y a duré long-temps. Le troifieme Concile de Valence déclara celui qui y auroit tué, excommunié; & celui qui l'auroit été, homicide de foi-même & indigne de fépulture : ce fut dans le 9ᵉ. fiecle, mais fans effet. Ce méchant ufage avoit été porté dans l'Empire Grec. Pachimere remarque dans le Livre premier de fon Hiftoire, que par une ancienne coutume, la preuve d'un crime douteux s'y faifoit par le combat. On le pratiquoit encore dans ce Royaume, comme le prouvent ces combats defquels Guy Pape fait mention, Le Docteur Herman qui vivoit dans ce même fiecle, a fait un Recueil de diverfes formules; celle du duel en eft la 57ᵉ. Ces combats fe faifoient publi-

quement : le dernier a été celui de Châtaigneraye & de Jarnac fous le regne de Henri II. Tous les duels qui fe font faits depuis fans permiffion, & en des lieux écartés, n'ont été qu'affaffinats dignes de toute infamie, quelque gloire qu'on ait prétendu en tirer.

(*b*) Ces Lettres fe lifent dans la premiere partie du ftyle ancien du Parlement de Paris, de l'édition de M. Charles Dumoulin, dans le chap. 16, où il eft auffi traité du duel. La gloire de guérir notre Nation de cette horrible fureur étoit réfervée au Grand & Augufte Louis XIV. Il lui a rendu la raifon dont cette rage la privoit, en n'y employant d'autre remede que l'exécution exacte & rigoureufe de fes Edits du mois de Décembre 1679. S'il étoit permis de fe faire juftice à foi-même, la raifon ne jugeroit jamais qu'après que la paffion feroit fatisfaite; & jamais elle ne l'eft que par le concours infultant de l'infolence & de l'injuftice.

ARTICLE VII.

Du Recenfement.

SI le Juge procédant d'office contre un criminel, fans partie & fans dénonciateur, remarque, ou des nullités dans l'infor- qu. 72. mation, ou que les témoins ne fe font pas affez expliqués (*a*), il aura le choix, ou de les ouir une feconde fois, ou de faire une nouvelle information; il couvrira les nullités, & s'éclaircira; le Parlement le pratique ainfi : mais dans les procès où il y a partie civile, c'eft-à-dire partie privée, qui n'agit que pour fon intérêt particulier, elle n'aura d'autre fecours contre la nullité que la reſtitution en entier, qui ne lui ſera pas refuſée ; après cela les (b) mêmes témoins qui ont été ouis ſans effet dans une procédure nulle, le feront efficacement dans une ſeconde valable.

(a) Le Commiſſaire qui n'aura pas interrogé ſuffiſamment les témoins, ſoit en fait criminel, ſoit en fait civil, ſera condamné aux dommages & intérêts de la partie : jugé par Arrêt de 1544, rapporté par le Conſeiller de Rabot, *in not.* & il a été ſuivi de pluſieurs autres : de même, ſi la procédure eſt nulle par le fait du Commiſſaire; Ord. d'Abbe-

Arrêt.

ville, art. 204, & de 1667, tit. 22, art. 36.

(b) Les témoins ouis dans une premiere information nulle, pourront être ouis dans une autre ſans préjudice des reproches : arrêté pour cela dans le livre verd du Parlement, pour Picot, contre Claude Racloz, le 30 Janvier 1689.

ARTICLE VIII.
Du Procureur à l'Accuſé.

D ANS les regles ordinaires, l'accuſé doit ſe défendre (a) lui-même par ſa bouche, & non par le miniſtere d'un Procureur : c'eſt pourtant l'uſage des Cours de Dauphiné, de lui permettre d'en avoir un pour la formalité ſeulement, & *ad media cauſæ*, comme parle notre Déciſionnaire.

qu. 338.

(a) *Succurre, quiſquis eloquentior es, pereuntium pœnis.* Senec. *Ep.* 49. Et certes, *nihil minùs conveniens videtur partibus Advocati, quàm reo capite periclitanti ſubſidium miſerationis auferre.* Quintil. *declam.* 3. Il eſt permis par le Droit Romain, à qui le veut, de défendre *capitalis criminis reum, qui aut abſens damnari poteſt, aut præſens nullam ſalutis ſuæ curam habet;* Cujac. *Obſerv. lib.* 20, *cap.* 20 ; à plus forte raiſon, peut-il l'être par un Avocat & par un

Procureur. Néanmoins la mere d'un accuſé contumax voulant appeller & récuſer pour lui, n'y fut pas reçue : jugé par Arrêt du 19 de Mars 1611, pour Demoiſelle Alexandrine de Saint Ferreol, contre Demoiſelle Jeanne du Vache, mere de Noble Claude de Sicard. L'innocent n'eſt pas à couvert de la calomnie ; lui refuſer tout ſecours par l'obſtacle des formalités, ne ſeroit-ce point lui faire une injuſtice par un vain motif de juſtice ?

Arrêt.

ARTICLE IX.
De l'Amende, & à quel Fermier elle eſt due.

L ES Seigneurs Juriſdictionnels chargent quelquefois les Fermiers de leurs Terres de faire les pourſuites néceſſaires pour la punition des crimes qui y ſeront commis durant le temps de leurs fermes, comme y étant eux-mêmes obligés. Notre Juriſconſulte en chargeoit ceux de ſa Terre de Saint-Auban. Cela

qu. 535.

Cela étant, on a douté auquel des Fermiers devoit appartenir l'amende adjugée au Seigneur contre le criminel condamné, ou (a) à celui qui étoit dans la ferme lorsque le procès a commencé par l'information, ou à celui qui y étoit quand il a été terminé par le Jugement. Dans les fermes Delphinäles du Graïſivodan, du Viennois & du Valentinois, c'eſt au dernier; & notre Déciſionnaire dit qu'il ſe pratiquoit comme cela.

(a) Piſard rapporte un Arrêt du 9 de Décembre 1579, par lequel l'amende fut adjugée au Fermier qui avoit fait informer durant ſa ferme, & qui avoit commencé le procès; Arthus de Prunier, alors Conſeiller, & depuis Premier Préſident du Parlement, en fit le rapport, & Piſard lui donne l'éloge de *doctiſſimus & integerrimus*. Cet Arrêt fut un Jugement d'équité, par les réflexions qu'y fait Piſard, & après lui le ſavant Préſi-

dent de la Croix Chevrieres: auſſi a-t-il été jugé par Arrêt du 16 d'Août 1613, *Arrêt* contre les Fermiers de M. l'Evêque de Valence pour N. Saillet, que cette amende appartenoit à celui qui eſt Fermier dans le temps du Jugement, parce que c'eſt lui qui a fourni les frais de l'inſtruction, & ceux mêmes du Jugement. M. le Prêtre traite cette queſtion dans le ch. 41 de la Centurie 1re, De l'amende du fol-appel; ci-deſſus, ſect. 8, art. 14.

ARTICLE X.

De l'Appel de l'Accuſé, & de ſon Effet.

L'APPEL de l'accuſé ne lui rend pas la liberté, s'il eſt en priſon (a); il y doit demeurer juſqu'à ce qu'il ait été jugé. Les Jugemens criminels, ſoit de torture, ſoit de mort (b), ſont exécutés ſans délai & ſans renvoi, s'il n'y a appel ou défenſe.

qu. 74. qu. 136. qu. 237.

(a) Priſonniers ne ſeront élargis en matiere ſujette à confrontation. *Ordonnance d'Abbeville, art. 333.* L'appel réguliérement a un effet ſuſpenſif, & la priſe à partie l'a de même: ſi eſt-ce qu'il a été jugé par Arrêt du 10 de Juillet 1683, en la cauſe du Sieur de Caſeneuve, Aſſeſſeur au Bailliage de Gap, & de Sieur Claude Martel, que la priſe à partie n'empêche point l'inſtruction du procès criminel. *Voy.* l'Ordonnance de 1670, tit. 26, art. 3.

(b) M. Gaſpard Baro remarque ſur la queſt. 74, les raiſons qui font que l'exécution des Jugemens criminels ne doit point être différée. Ce n'étoit point

néanmoins l'avis du Sénat Romain ſous le regne de Tibere: *Factum Senatuſconſultum,* dit Tacite dans le 3e. livre de ſes Annales, *ne decreta Patrum ante diem decimum ad ærarium deferrentur, idque vitæ ſpatium damnatis prorogaretur.* L'Egliſe n'a jamais condamné à la mort, ni à la queſtion, ni à aucune peine corporelle; & dans les peines qu'elle ordonne, elle aime mieux, pour me ſervir des paroles de Tertullien, *ſanguinem ſuffundere quàm effundere.* Hildebert, Archevêque de Tours, ayant appris qu'un Prélat avoit taché d'arracher de la bouche d'un malheureux qu'il ſoupçonnoit de l'avoir volé, l'aveu de ce crime par les tourmens , lui en témoigne son indignation ; *reos tormentis afficere*, lui dit-il dans son Epître 30, *vel suppliciis confessionem extorquere, censura est, non Ecclesia disciplina. Unde & ab ejus animadversione abstinere debuisti quem pecuniam tuam furto suspicaris asportasse; neque enim carnifex es, sed sacrifex, pro reis quidem, non reos immolare constitutus.*

Au reste , il a été jugé, de l'avis des Chambres , par Arrêt du 4 de Mars 1633 , que s'il n'y a qu'un des Juges qui opine à la question , l'accusé ne répondra point par atténuation : il faut deux voix pour cela.

Arrêt.

A R T I C L E XI.

Des Procès faits aux Absens.

qu. 422.
qu. 423.
qu. 419.

ON suit les formes ordinaires dans les (*a*) procès que l'on fait aux absens ; & notre Jurisconsulte nous apprend dans trois de ses questions, quelles étoient les formes de son temps. Elles ont bien changé depuis, dans l'intervalle de plus de deux cens ans.

(*a*) Dans l'ancienne politique Romaine, on ne condamnoit jamais les absens ni à la mort ni au bannissement. C'est seulement dans les derniers temps que l'on s'est avisé de faire le procès figurativement aux absens : la figure a pris la place de la réalité ; on a donné à la fiction la force de représenter, avec effet, celui qui est dans la détermination de ne point paroître ; cette fiction, qui vient d'autrui, l'emporte sur la vérité qui vient de lui. Rien de ce qui laisse les crimes dans quelque sorte d'impunité, n'est louable ; & tout ce qui les appelle au châtiment qui leur est dû, par quelque chemin que ce soit, est utile & vertueux.

F I N.

TABLE GÉNÉRALE
DES MATIERES,
TANT SUR LE TEXTE QUE SUR LES NOTES.

Aaa

A a a iij

G.

Ccc

D d d

Fin de la Table des Matieres.

PRIVILEGE DU ROI.

LOUIS, PAR LA GRACE DE DIEU, ROI DE FRANCE ET DE NAVARRE: A nos amés & féaux Conseillers les Gens tenant nos Cours de Parlement, Maîtres des Requêtes ordinaires de notre Hôtel, Grand-Conseil, Prévôt de Paris, Baillis, Sénéchaux, leurs Lieutenants Civils, & autres nos Justiciers qu'il appartiendra, SALUT. Notre amé JOSEPH CUCHET, Imprimeur-Libraire à Grenoble, Nous a fait exposer qu'il desireroit faire réimprimer, & donner au public *la Jurisprudence du Conseiller & Jurisconsulte Guy Pape, dans ses décisions, avec les Remarques du Sieur Chorier, Avocat au Parlement de Grenoble,* s'il Nous plaisoit lui accorder nos Lettres de renouvellement de Privilege pour ce nécessaire. A CES CAUSES, voulant favorablement traiter l'Exposant, Nous lui avons permis & permettons par ces Présentes, de faire imprimer ledit Ouvrage autant de fois que bon lui semblera, & de le vendre, faire vendre & débiter par-tout notre Royaume pendant le temps de six années consécutives, à compter du jour de la date des Présentes. FAISONS défenses à tous Imprimeurs, Libraires & autres personnes, de quelque qualité & condition qu'elles soient, d'en introduire d'impression étrangere dans aucun lieu de notre obéissance ; comme aussi d'imprimer, ou faire imprimer, vendre, faire vendre, débiter, ni contrefaire ledit Ouvrage, ni d'en faire aucun extrait, sous quelque prétexte que ce puisse être, sans la permission expresse & par écrit dudit Exposant, ou de ceux qui auront droit de lui, à peine de confiscation des Exemplaires contrefaits, de trois mille livres d'amende contre chacun des contrevenants, dont un tiers à Nous, un tiers à l'Hôtel-Dieu de Paris, & l'autre tiers audit Exposant, ou à celui qui aura droit de lui, & de tous dépens, dommages & intérêts: A LA CHARGE que ces Présentes seront enregistrées tout au long sur le registre de la Communauté des Imprimeurs & Libraires de Paris, dans trois mois de la date d'icelles ; que l'impression dudit Ouvrage sera faite dans notre Royaume & non ailleurs, en beau papier & beaux caracteres, conformément aux Réglements de la Librairie, & notamment à celui du dix Avril mil sept cent vingt-cinq, à peine de déchéance du présent Privilege ; qu'avant de l'exposer en vente, le manuscrit qui aura servi de copie à l'impression dudit Ouvrage, sera remis dans le même état où l'approbation y aura été donnée, ès mains de notre très-cher & féal Chevalier, Chancelier de France, le sieur DE LAMOIGNON, & qu'il en sera ensuite remis deux Exemplaires dans notre Bibliotheque publique, un dans celle de notre Château du Louvre, un dans celle de notredit sieur DE LAMOIGNON, & un dans celle de notre très-cher & féal Chevalier, Vice-Chancelier & Garde-des-Sceaux de France, le sieur DE MAUPEOU: le tout à peine de nullité des Présentes ; du contenu desquelles vous mandons & enjoignons de faire jouir ledit Exposant & ses ayants causes, pleinement & paisiblement, sans souffrir qu'il leur soit fait aucun trouble ou empêchement. Voulons que la copie des Présentes, qui sera imprimée tout au long au commencement ou à la fin dudit Ouvrage, soit tenue pour duement signifiée, & qu'aux copies collationnées par l'un de nos amés & féaux Conseillers-Secretaires, foi soit ajoutée comme à l'original. Commandons au premier notre Huissier ou Sergent sur ce requis, de faire pour l'exécution d'icelles, tous actes requis & nécessaires, sans demander autre permission,

& nonobstant clameur de Haro , Charte Normande & Lettres à ce contraires: Car tel est notre plaisir. Donne' à Paris le seizieme jour du mois de Mars, l'an de grace mil sept cent soixante-huit , & de notre regne le cinquante-troisieme. Par le Roi en son Conseil. *Signé*, LE BEGUE.

Registré sur le Registre XVII de la Chambre Royale & Syndicale des Libraires & Imprimeurs de Paris', n°. 1775, fol. 406 , conformément au Réglement de 1723. A Paris ce 13 Avril 1768. Signé, GANEAU *, Syndic.*

Cession du Privilege de la Jurisprudence de Guy Pape.

JE soussigné ai cédé le présent Privilege à Mde. Veuve GIROUD, Imprimeur-Libraire du Parlement de Dauphiné, suivant notre convention du douze Septembre dernier. A Grenoble le six Décembre mil sept cent soixante-huit. CUCHET, Imprimeur-Libraire.

Registré la présente Cession sur le Registre XVII de la Chambre Royale & Syndicale des Libraires & Imprimeurs de Paris, n°. 747 , conformément aux anciens Réglements confirmés par celui du 28 Février 1723. A Paris ce 14 Janvier 1769.
Signé, BRIASSON, *Syndic.*

www.ingramcontent.com/pod-product-compliance
Lightning Source LLC
Chambersburg PA
CBHW060524220326
41599CB00022B/3422